作者
何清漣

何清漣，女，一九五六年生，經濟社會學家。

一九八三年畢業於湖南師範大學歷史系，一九八八年畢業於復旦大學經濟系，獲經濟學碩士學位。曾先後在湖南財經學院及廣東暨南大學任教，並長期在報社供職。

近年來專門從事中國當代經濟社會問題研究，主要代表作有《現代化的陷阱》（海外版名《中國的陷阱》）、《經濟學與人類關懷》、《我們仍然在仰望星空》、《人口：中國的懸劍》等。其著作在中國社會產生了巨大影響，尤其是《現代化的陷阱》一書，創下了中國學術書暢銷的首例，並被譯成日文等外文出版，美國著名書評雜誌《紐約書評》（一九九八年十月八日）刊發了長篇書評，給予該著作極高評價。其多篇學術論文也被譯成英文。

因作者在其著作中所表現的社會關懷與道德勇氣，中國讀者稱譽其代表了「中國改革的良心」，二零零零年十月因其著作《現代化的陷阱》，以絕對高的得票數，獲得中國首屆長江讀書獎讀者評選著作獎。《美國商業周刊》（一九九九年六月十四日）將其評為「亞洲之星」。

二零零一年六月中旬被迫辭國，現居美國。

中國現代化的陷阱

China's Descent into a Quagmire

最新修訂本

作者　何清漣

博大出版社
Broad Press Inc.

目　錄

修訂本前言

一

本書在中國的出版雖然已經是五年以前的事情了，但中國社會的發展趨勢卻正好驗證了本書的預測。諸如書中談到的以權力市場化為起點的高度政治腐敗、政府迅速地黑社會化與「黑白合流」問題、農村政權流氓化的趨勢、貧富差距懸殊……無一不是朝向更嚴重的方向發展。每每看到中國大陸那些令人頗感驚心動魄的惡性事件，看到政府為堵民冤採取的那些令人髮指的政治暴力手段(包括全力鎮壓法輪功)，以及一發不可收拾的政治腐敗與基層政權的流氓化，我就不由自主地想起當年還在大學期間，一位哲學教師上課談到馬寅初先生時所說的一段話：「作為學者，馬老是有幸的，因為他活着看到了自己的勝利，中國的現狀證明他當年要求控制人口的主張是完全正確的。但作為一個中國人，他一定感到非常悲哀，因為這種現狀正好是他最不願意看見的。」

這段話，也恰好表達了筆者的感受：作為一位學者，現實的發展驗證了我當年寫作這本書時的所思所想是正確的；但作為一個中國人，我確實寧願當年對中國社會的未來發展趨勢的預測是錯誤的。因為避免書中所預測的「西西里化」(另有學者稱之為「蘇丹化」)，即基層政權流氓化、政府與黑社會共同治理社會的局面，正好是我寫作《中國現代化的陷阱》一書的初衷。

正因為書中所談的一切為今日中國的現實反覆證實，這次修訂主要做了幾方面調整，一是增加了一九九八年以後的新數據與資料，並對舊資料作了一些刪節；二是做了一些結構性調整，如將二〇〇〇年發表在《書屋》雜誌、被中國讀者視為《中國的陷阱》的「姐妹篇」，令中國政府極為震怒的《中國社會結構演變的總體性分析》一文作為本書的第十一章，並重寫了序言與結語——以前在中國所寫的結語，因面臨太多不能直言的禁忌，充滿了曲筆——作為本人對中國「跛足改革」的基本判斷。

二

這本書問世以來的五年，中國發生了許多事情，其中最值得一提的是一個被西方社會視為中國政治民主化先聲的象徵，即中國政治精英與經濟精英之間的聯盟。這一聯盟的形成經歷了一段時期的政治鋪墊，先是通過一九九九年修憲保護私有經濟，繼之江澤民提出「三個代表理論」，正式宣告政治、經濟與知識三類精英的合流。但讓國際社會不解的是中國政府與新富人之間那種撲朔迷離的關係：一方面，江澤民大張旗鼓地提出「三個代表」，為中國政治精英與經濟精英的聯盟開闢了一條制度通道；另一方面，卻又有不少新富人（即「三個代表」中「先進生產力」與「先進文化」的代表）因各種原因而成為階下囚。如華晨集團的董事長仰融、東北富商楊斌，還有號稱「上海首富」、名下有兩家香港上市公司的周正毅。這些雄踞富豪榜的中國新富們紛紛落馬，於是國際社會想不通：為甚麼中國政府將富人捧上天，在「政治花瓶」即各級政協裏面給他們安放了座椅，以示「一家親」；一會兒卻又將他們作為罪犯拘捕，並歷數他們各種確鑿罪行，傳檄天下。人們被前後矛盾的各種訊息弄得恍恍然與惶惶然：這些富人們到底是罪犯還是中國政府的政治新寵？而許多投資中國大陸的商人也被折騰得一顆心有如十五個吊桶打水，七上八下：「我在中國投資到底安全嗎？這種昨為座上賓，今為階下囚的命運甚麼時候也會降臨我的頭上？」

其實，中國政府與新富人之間這種看起來令人眼花繚亂的關係，完全是由於中國社會轉型期新富人致富的「中國特色」所注定。中國的經濟改革其實就是「以權力創造市場」的過程，這一過程沿着兩條線路推進：一方面將原來以「黑市」形式存在的「第二經濟」合法化；另一方面是再分配權力從某些領域撤出，讓市場力量發揮作用。在這一進程中，國家壟斷雖有所減弱，但仍控制大部份政治經濟資源，官員仍掌握着大量再分配權力，私人經濟的發展取決於它們與官場關係的密切程度。商人們最好的經營策略是與政府部門做生意，從制度轉軌過程中賺取部份壟斷租金，贏利更像是國家權力庇護和施捨的結果，可以説，在當今中國，「官員是造就國王的人」。在官員與商人相互依存關係的形成過程中，財富越來越成為權力的攫取對象，但卻還遠未成為獨立的社會力量。私人經濟對於再分配權力的依附性，決定了金錢勢力在國家權力面前還缺乏獨立性，也正因其缺乏獨立性，富人們雖然非常富裕，卻缺乏安全感，這是中國近年來富人們大量移居海外，中國大量資本外逃的原因。

這幾個富人成為階下囚各有因由。仰融利用一些外界無法知曉的因素成功地逃到國外——他的落網可能會導致某一區域或某一層級的官僚系統癱瘓，為了「愛護黨的幹部」，有關方面有意放行。

楊斌投靠金正日，想利用一場非常複雜的政治賭博保護自己，卻觸怒了中國當局；而周正毅是因為「拆遷」讓眾多平民破產，逼得他們為了生存，不惜拼個魚死網破。至於周本人是否會被「繩之以法」，最終得視中共政界大鱷們博奕的結果。但從他們幾個致富的途徑中卻可以窺出中國新富們最典型的「登龍術」：股市（當然要靠種種黑幕手法）、房地產與銀行合謀貸款進行各種「空手套白狼」的遊戲。而這幾個部門正好是政府權力干預得最多的地方。

中國政府絕非好政府，但表面上畢竟暫時還不敢將貪污腐敗作為立國原則，還得制定一些法律作表面文章，以向國際社會表示自己並非文明化程度不高的前現代國家，與柬埔寨、北韓、蘇丹等國家多少有些區別。由於這一點，再加上政治利益集團因利益而分立，都在努力抓別人的把柄，以爭取更多的利益，於是反貪污腐敗成了打擊對手、爭奪利益的最佳藉口。每一個新富落網，引發的必然是一連串政治地震。可以說，這些富豪們演繹的故事只是中國當代政治經濟戲劇中的一幕而已，既非第一幕，也不是最後一幕，目前在台下觀戲的人，說不定哪天就又成為戲中人物。

總而言之，中國現在的政治制度決定了中國的富豪們其興也暴，其亡也速的命運。這架政治絞肉機每天製造大量的肉羹，今天的幸運者可以分一杯羹，而明天說不定又成為被別人分食的肉羹。所謂「法律」，在中國只是政府手中的工具與道具，絕對不是弱者與失敗者（包括這些曾經雄睨一時的富豪們在內）可以用來保護自己的工具。只要中國的企業家與商人們還醉心於「為商須學胡雪岩」，滿足於通過權錢交易積累財富，即使從蟲蛹化成了翩翩起舞的蝴蝶，最後也難保自己不步賴昌星、楊斌、周正毅的後塵，在監獄裏體會「獄卒之尊貴」。

三

這五年間，中國人的心態變化也是必須加以注意的現象。我記得五年以前這本書問世之初，確實有風生雷動之效應，有朋友用「飲井水處皆能歌柳（永）詞」來形容其讀者面之廣。許多讀者告訴筆者，這本書將改革背後的黑暗揭示出來，改變了他們思考中國問題的思維方向。我還記得當初汪道涵先生每到一處，總不忘記向當地政府官員推薦此書，一些中央政府部門與地方政府機關還用公款買此書，發給大家閱讀。即使是就在書出版之後的三個月時間裏就對筆者下了禁制令的深圳市政府，也還因汪道涵先生的推薦，運用公款買了三百多本。那時候，大家對中央懷抱希望：中央可能是被基層官員蒙蔽，不了解真實情況。現在，這些腐敗現象甚至根源都已經在這本書中做了淋漓盡致的分析，這麼觸目驚心，中央政府總得想辦法解決這些問題了吧？

我一直記得一位在深圳政府部門工作的處長對我講過的如下一段話：「你這本書，我們處裏大家都在看，但並不公開交流看法。政府官員並不喜歡你的批評，因為書中你批評的那些事情，有哪些我們沒幹過？但我們願意嗎？都是逼良為娼啊。比如深圳市福田區那塊幾平方公里的原生綠化帶，一直被作為深圳市淨化空氣的『肺』，所有的城市規劃都沒將這塊地列在開發之列。但因為位於黃金地段，多少高幹子弟打過主意，包括説句話中央就得聽的香港某巨富。深圳市實在是擋不住了，也得罪不起這些主兒，只好把荔枝林全部砍掉，將它建成一個城市公園，才算是擋住了這種需索。手握權力的高官變着方法搶，這就是我們現在的中國。這種政府能夠長期存在，才真是沒天理……我這些年到過歐洲與其它一些國家，相比之下，我們這些深圳人過的日子實在是太好了，我當然希望這種日子能這麼下去。但為甚麼這日子過起來總是不踏實，有幾個錢就想將子女往外送啊？就是因為政府與政府官員做的那些事，也讓我們明白，這日子長不了。這麼腐敗的政府，這麼腐敗的幹部隊伍，哪能過得長久？但我們沒辦法，身在衙門，不由自主。一個社會如果十個人中七個做賊，剩下的三個也得跟着做，要不然你就會被真賊當作賊來抓，因為你不貪污腐敗，別的人心裏就不踏實……我們真希望中央真能認真抓抓腐敗，大家圖個長遠發展吧。」

朱鎔基就是在這種背景下登上總理寶座的，不管他願不願意，他都承載太多的民意：清除腐敗、振興經濟、為中國帶來一番新氣象。頭角崢嶸的朱鎔基，果然出手驚人，接連推出了開罪人甚多的「三板斧」：一是令中國人民銀行於一九九五年七月頒佈「十六條」，緊縮信貸；二是果斷開倉放糧，一九九三至一九九四年，開倉放出國家儲備糧400億後，算是砸到了通貨膨脹這條「毒蛇」的「七寸」上；三是砍項目，防止重複建設，調整產業結構。這三招在當時那幾年，算是招招見血，尤其是砍項目，使不少既得利益者們暗中痛恨不已。據說，有人痛陳，砍項目太狠，砍得鬼哭狼嚎，朱鎔基慷慨陳辭：一路哭不如一家哭，只要於國家有利，赴湯蹈火，萬死不辭。

然而，朱鎔基忽視了一點：他個人的力量遠遠小於制度的力量。在利益集團已經開始「俘獲國家」，並形成了盤根錯節的關係網絡，政府政策日漸淪為少數人的謀利工具時，大國總理個人的力量也是弱小的。就在他領導的國務院裏，已經有人開始等着看笑話：「看這個堂・吉訶德還能再擋幾輛風車？」這位在中共政治史上少有的「堂・吉訶德」，在他不斷揮動「戰斧」之時，其失敗的命運已不可避免。

朱鎔基執掌國務院的十年裏，正是中國政治體制嚴重拖住中國經濟改革後腿之時。八十年代的改革是中共政府運用計劃經濟積累了幾十年的國家資源啟動改革的時期，容易見功收效；而九十年代的經濟改革，正是各方面資源挖掘殆盡之時，八十年代延續下來的問題尤其是財富分配問題、農村基層社會的破產以及地方基層政權流氓化、黑社會化的問題日益嚴重。平心而論，這些問題並非經濟領域的問題，而且其引發的後果也不僅僅只在經濟領域內。但朱鎔基也只能將這些問題當作「經濟問題」來對待與治理。這就有如用治感冒的藥來治理癌症一樣，只見大夫不斷用藥，卻絲毫不見藥效。

對朱鎔基的十年政績進行非議是極容易的一件事，用「說得多，做得少，做成功的更少」來形容就已經非常形象了。但關鍵是誰能比他做得更好？朱鎔基絕對清楚他將在青史上留下甚麼名聲。二〇〇〇年他已經說了一句「我只希望卸任以後，全國人民如果能說一句『他是一個清官，不是貪官』，我就很滿意了。」堅守清廉本來是任何民主國家的公務員必須遵守的基本職業道德，在中國卻成了一位人望頗高的總理對自己的最高期許，這中間的無奈，真需要細細品味。

四

筆者的人生軌跡也因為這本書而被迫改變。在一九九八年到一九九九年間，中國朝野對清除腐敗多少還抱有一點期望，筆者的生存空間還只在深圳受到各種政治限制。但當中共最高當局發現腐敗已經成了不可清除的政治之癌，筆者的批評自然也就成了「擾亂人心」之言，繼《陷阱》之後，筆者寫的一系列批評中國政府腐敗的文章，尤其是《當代中國社會結構演變的總體性分析》一文，深深激怒了中共當局。在經受了特務長達兩年多的全天候監視及其他種種政治迫害後，筆者不得不忍痛逃離中國。這兩年當中種種噩夢般的經歷，至今筆者都不願意多去回想。曾有朋友要求我將自己的經歷寫出來，但我卻一直沒有寫作的衝動。除了種種不得不顧及的因素之外，最主要是因為現在還不是時候。但是在夢中，我還是常常不由自主地回到中國，也常常因夢中「回去的經歷」而被驚醒，渾身冷汗。過去幾年的創痛，要想從心中徹底清除，恐怕不是短期內能夠做到的。

民眾的心態，尤其是精英的心態在這五年間也發生了很大變化，犬儒主義已經成了一種普遍奉行的生存哲學。不少中國人已經不願意面對現實，他們的想法是：「只要我過得好，別人怎樣，不關我的事。哪個社會都有失敗者。」優勝劣汰的社會，達爾文主義讓人們將自己的良心負擔輕輕卸掉。就在前幾天，兩位剛剛回大陸探親的朋友對我談到過他們回國的經歷，一位已經功成名就的名牌大學教授對他們談到：「《陷阱》寫的雖然都是中國的現實，但我看着就覺得堵心，寫這些幹甚麼？我已經不再年輕，也不想在自己年紀漸老，競爭能力與承受能力都弱化的時候，再在亂世中度過。有些事情，眼不見不煩。」我無意責備這位教授，也相信持這種看法的人不是個別。但我卻清楚地知道，這種心態並不能讓他們就此置身於中國的風風雨雨之外，該來的一切最終還是要來。只要這世界上有一個「奴隸」，因為罪惡的「奴隸制度」還存在，任何人就不能保證自己以及自己的子子孫孫能夠不成為「奴隸」。

這位朋友談到的另一件事情讓我為之動容，儘管我見慣了「黑夜」。她談到，與她父母同住一所軍隊大院的一位女孩，其祖父是軍隊高幹，其父母都是高校教師，女孩大學畢業前夕在公司實習，受到上司的性騷擾，憤而離去。回到學校宿舍與同宿舍的女同學談起此事，結果同學們異口同聲地勸她：「你可要想清楚呵，這是個機會，別後悔啊。」這位女孩痛苦莫名，其父母親也憤怒傷心，無奈中得出一個結論：「就算是父祖兩輩保住了中上層社會地位，但兒孫輩在這樣一個社會中怎麼活啊？難道真要當婊子？」

我想起了美國與美國民眾。我來美國之後不久，美國經歷了「九一一」劫難，但美國人民讓我看到了甚麼才是偉大的人民。我曾經兩次到一位美國農民家裏做客，男主人年事已高，不能夠再從事農活，現在幫電腦公司設計軟件。夫婦倆為人和善，心態開放，對美國政府、政治以及國際形勢都有自己的看法，中國許多大學教授的看法未必比他們高明。我喜歡他們，當聽到他們從容不迫地縱談天下大勢時，我就不由自主地想到，我們中國的民眾如果也能像他們一樣，能接受好的教育，能夠告別怯懦，不再崇拜權勢，可以無所顧忌地自由批評政府與總統而沒有任何擔心，那該有多好啊。我還想到了美國人的祖輩，是他們的負責任與勇於犧牲，使得他們能夠在地球上建立了一個自由的國家。我讀過這樣一個故事：美國獨立戰爭前夕，在「波士頓傾茶案」發生之時，移民們就要不要與英國這一宗主國開戰發生了爭論。最後的結論是：戰爭也許不是近期內必須的，但在未來卻不可避免。既然只是遲與早的問題，那麼就讓我們來解決這個問題，不要將它留給我們的後代。

五

我還必須提到Scholar at Risk與the Scholar Rescue Fund這兩個項目，及其負責人Rob Quinn先生的熱情幫助。在我最困難的時候，是他們給了我及時的幫助，為我從國內逃出來的最初兩年提供了必需的生活與學習條件，度過了人生最艱難的時期。我還要感謝芝加哥大學與紐約城市大學斯塔騰學院，以及我在復旦的同學夏明教授，我來美國的前兩年是在這兩個大學度過，這段時間使我能夠學習英文並從身心交疲的狀態中得以恢復。

我還要感謝宋永毅先生、普林斯頓大學與Perry Link（林培瑞）教授，他們給我提供了我極需的幫助。由於許多原因，還有一些曾給予我許多幫助的朋友，我不能一一列上他們的名字，但我將永遠記住他們的慷慨與熱情。在時下的中國，錦上添花之舉隨處可見，但能夠雪中送炭的朋友卻是越來越少。

我希望有一天，我，以及與我命運類似的其他流亡者都能夠在免除恐懼的狀態下，有人格尊嚴地回到中國。因為那樣一個中國，正是一個半世紀以來，中國無數仁人志士為之奮鬥的目標。

二○○三年七月上旬寫於美國東部

序言：火山口上的中國

對改革以前的中國，西方世界的看法比較一致，都知道毛澤東時代的治國方略，其必然結果是將中國推向災難的深淵。但對改革以後的中國，西方世界的看法卻很不一致。樂觀者認為，在持續的經濟改革推動下，中國國力不斷增強，正在成為世界上的經濟強國，持此論者所持的依據往往有二，一是以自己對中國北京、上海、廣州、深圳等現代化城市的觀感為依據；二是中國官方的統計數據與《人民日報》的報導。悲觀者則認為中國社會矛盾叢生，弊病百出，中國政府如果沒有能力改變現狀，最後的結果是走向崩潰。

由於中國是世界上少數沒有言論自由的國家之一，政府壟斷了所有的媒體，並將媒體的作用定義為「黨的喉舌」。在訊息不公開的情況下，即使是生活在中國的外國人，對這個龐大的國家也難窺其全豹。對中國的未來產生種種歧見，也就是情理中事了。

筆者一九九八年出版的《中國的陷阱》一書，被視為獨立知識份子對中國改革的一種具有代表性的解讀，這本書回答了一個問題：「經濟改革為中國帶來了甚麼後果？」自此以後，筆者所到之處，海內外人士向我提出的問題就成了這樣：「中國共產黨還能支撐多久？中國甚麼時候崩潰？」

回答這個問題有相當大的難度。無數歷史事件證明，要對未來某個時點上將發生某事件進行預測，恐怕沒人能成為那樣的先知。但是對某特定社會的結構性變動進行預測，則是一個對該國歷史與現實有着深刻瞭解的觀察家能夠做到的事情。

一、對中國改革幾種不同的計算方式

「改革是否值得？我們在改革中究竟得到了甚麼？」

回顧持續了二十三年的經濟改革後，許多中國人都不由自主地要提出這一問題。在經受了「改革」帶來的種種痛苦後，面對貪污腐敗肆虐、貧富差距日益擴大、生態系統遭到嚴重破壞、社會邊緣化階層已佔社會總人口的14％、危機叢生的局面時，大多數中國人已經認識到，今後中國所面臨的問題不再是「需不需要繼續改革」，而是「需要甚麼樣的改革」。目前這種缺乏政治民主化、日益向精英集團傾斜的「改革」，有如在傷口上大把撒鹽，只會使中國陷入深刻的社會危機。

對中國改革的得與失，從不同的立場出發有不同的計算方法。

1　政府展示的巨大「成就」

從中國政府的立場出發，理所當然只計算「成就」並力圖掩蓋改革帶來的一些災難性後果。中國政府樂於向世界展示每年的經濟增長率以及幾個亮麗的「現代化櫥窗」，如上海、北京、廣州、深圳等經濟發達的城市；而與財富的生產同樣重要的財富的分配狀況，以及在這些「現代化櫥窗」之外的廣大地區的貧窮卻被刻意掩蓋起來。「經濟增長」現在構成了政府的合法性基礎，也成了不少樂於與中國政府在研究項目上合作的外國學者對中國的發展持樂觀看法的依據。至於中國政府習慣性地對統計數據造假這一特點，卻被這些學者出於一些利益考慮而被有意忽視。在改革開放過程中，中國政府已經學會了用利益控制讓國際社會形成對中國有利的輿論，一些有正義感的學者出於道義批評了中國政府，因此被中國政府拒發入境簽證，多年來不能進入中國，因而影響其學術生涯。這種間接的打擊實際上起了「引導輿論」的作用，其他一些研究中國的學者（尤其是華人學者）發現讚揚中國能夠贏得中國政府好感，進入中國考察，並從中國政府部門那裏獲取一些他們自己也明知道並不真實的材料，而這是他們獲得研究基金的必要條件，也是他們在學術界贏得地位的「資本」。於是在中國政府與這些學者之間形成了一種值得注意的「循環」：壟斷了各種訊息供給的中國政府是所有研究資料的權威提供者，而一些外國學者根據這些資料所做的研究，不管與中國的現實有多大差距，又被中國政府有選擇地登載在《參考消息》及其它各種介紹國外的中國研究的報導中。中國政府藉此向本國民眾證明：中國經濟建設的成就已為外國學者的學術研究所論證並認可！在表面上民族主義情緒高漲、實則在西方文明面前深深自卑的大部份中國公眾當中，外國學者的「科學論證」還是有相當市場的。當然，中國政府與這些外國學者在資料與論證上互相賦予「合理性」的利益關係，對學者們來說畢竟不太光彩，因此被深深掩蓋起來。

在偽造歷史與控制輿論方面，共產黨與納粹具有同樣的能力。這一「能力」目前又在幫助他們虛構「改革成果」與社會現狀。中國政府善於製造虛假訊息，這只要比較中美兩國最重要的報紙《人民日報》與《紐約時報》就不難看出。若干年後的讀者若只閱讀這兩家報紙的本國新聞，一定會得出如此印象：美國社會問題叢生，而中國則是一個幾乎沒有社會問題的「美好世界」。而這種「謊話重複一千遍就成了『真理』」的「戈培爾定律」所產生的歷史後果已顯現出來：一些國人對「文革」時期的報紙深信不疑，那些連毛後的政府都承認有不少虛假成份的數據，竟然被個別中國學者用來證明「文革」時期的偉大經濟成就。[1] 如果說，「文革」及「文革」前的政府只會愚蠢地使用政治高壓與專政手段強迫人們說謊，那麼這些年來政府的政治智慧已有所「提高」，它不但學會用利益手段控制國內傳媒與學術界，還將這一手段用之於控制國際社會欲與之交往者。

2　經濟學家為腐敗所作的辯護

第二種計算方法包裹在看似嚴密的學術外衣下。中國部份經濟學家對「改革」造成的嚴重分配不公其實瞭然於心，但出於利益驅動，他們不是批判這種只照顧極少部份權勢者利益的「改革」，而是竭力為這種「改革」作「學術」辯護。為此他們提出了一種「代價論」：首先，他們構造了一個「世界」，聲稱社會中只存在三種人，一是政府官員，二是企業家，三是為這兩部份人服務的學者，其餘的社會階層則被排斥在這個「世界」之外；然後他們接着論證這是中國的「改革」必須付出的代價，而這「代價」就是要容忍腐敗，用「體制外資源（金錢）來贖買體制資源（權力）」；這種「權錢交易」被譽為「成本最小、效益最大」的「交易方式」，他們認為，通過這種方式就能促使中國經濟盡快轉軌。前幾年在中國引起極大爭論的「經濟學家不需要良心、經濟學道德中立」這一外國讀者多少會感到荒謬的問題，就是在這種背景下堂而皇之地登上中國的學術殿堂，並成為一個煞有介事的「學術命題」。有幾位著名的中國經濟學家曾公開提出：「經濟學家就是要與利益集團相結合。」最典型的代表人物是與中國政府關係比較密切的香港大學張五常教授，他公開提出要建立一個按權力地位分配社會財富的等級序列。[2]面對正在貧困線下苦苦掙扎的4,800萬失業工人，大陸經濟學家樊綱則認為這個人群的數字還不夠大，對中國社會穩定並不構成威脅，政府不需要考慮4,800萬人的問題。

3　呼喚社會公正，反對「權貴私有化」的改革

第三種計算法直到九十年代中後期才漸漸浮出水面，那就是根據社會常識計算改革的得與失。持這種觀點的學者認為，中國經濟改革的實質就是一個利益再分配過程。這些學者關心的是，在這二十餘年的「改革」中，是哪一部份人得到了利益？他們通過甚麼手段獲利？他們的利益是不是建立在其他階層利益受損的基礎上？而大多數老百姓在二十多年「改革」所構造的新社會階梯中，又居於一種甚麼樣的社會位置？

這部份學者認為，中國這場改革是以「權力市場化」為起點，以權貴私有化為特徵，為改革付出代價的是佔總人口80%以上的社會底層人民，而享受「改革成果」的只是少部份權貴階層。這種算法代表着中國改革良心的叩問。隨着這種叩問的升級，反思中國的「改革」逐漸成為中國思想界自一九九八年以來的一種潮流。但這種潮流只持續了兩年左右，從二〇〇〇年開始，便受到政府日益嚴厲的打壓，此後在國內的媒體上已得不到任何表達機會。在這種體制化的政治高壓下，完全不具備「議價能力」的利益受損集團，即失業工人與廣大農民的利益訴求在中國官方媒體上徹底消失了。

《中國的陷阱》一書，率先開始對中國改革進行良心的叩問，它深刻揭示了二十三年的經濟改革的實際社會後果：權勢者通過

「權力資本化」這一途徑，成為先富起來的一群人；而中國廣大社會公眾，則成了改革中的利益受損者。佔中國人口5％的權貴的財富，是依靠掠奪佔人口80％以上的下層人民的資源而積累起來的。

本書的分析還說明，中國從一九七八年開始的經濟改革，從本質上只不過是對毛澤東當初「化私為公」的革命的一種逆變——「化公為私」。一九四九年以後，中共用暴力消滅了有產階級，而在一九七八年以後的改革進程當中，中共的掌權者們卻利用權力將自己及其家族變成了一個暴富階級。半個多世紀「革命」的全部意義就是用無數的人頭將一部份社會的邊緣者送到了權力中心位置，用紅色新權貴代替了舊權貴而已。這種「市場經濟加極權政治」不可能將中國引入繁榮富強，只可能導致新一輪社會危機。

這本書最重要的觀點是：權力市場化是改變中國財富分配格局的起始點，也是理解中國改革的一把鑰匙。中國政府無法克服由他們自身造成的制度性腐敗，這一看法自一九九八年以來成為當代中國人理解中國改革的出發點。

二、火山之上的「穩定」

這樣的改革自然不能為中國帶來穩定。本書的後半部份就在集中解釋這種排斥政治體制改革的跛足改革為中國帶來的災難性後果，與「新左派」的論點不同的是：「新左派」認為這是中國拋棄了馬克思主義與毛澤東的治國方略帶來的後果，那麼筆者想談的是：所有這一切，是因為中國二十世紀的極權政治道路的必然結果。

1、中國宛如一座巨大的火山

中國是個共產黨一黨專政的國家，黨與政府完全是一個利益共同體。近年來中共在維護內部秩序時所做的唯一事情，就是要「將一切不安定因素消滅於萌芽狀態」。中共努力造成這樣的現實：沒有任何有組織的力量能取代中共統治中國，中共的滅亡必然會導致中國的崩潰。由此推論出的邏輯結果就是：為了中國不陷於崩潰，就得容忍共產黨通過「改革」達成的利益分配格局及在此基礎上形成的「市場經濟＋極權政治」。

中國共產黨構造的這幅圖景非常有利於維持他們在國際社會中的地位。國際社會因此對中國採取了「綏靖政策」，要求中國改善人權，建立民主政治的呼聲越來越弱，這一點完全符合中共的政治需要。從二十一世紀初開始，面對江澤民的老邁無能，國際社會唯有寄希望於一點：通過共產黨權力的代際更替，促使一些所謂「共產黨內的健康力量」上台，從而維持中國社會的穩定。

這種看法實際上是過度重視中共通過政治暴力整合社會的能力，完全忽視了維持社會穩定的最基本因素，如生態環境（人口與資源）的限制性作用，道德倫理對社會的整合能力。生態環境是一個國家與民族的生存底座，這個底座堅實與否，決定了一個國家與民族的生存狀態；道德倫理構成社會整合的文化親和力，相對政治整合能力而言，道德倫理是軟性的，也更具有張力；而政治整合力則是法律與制度層面的一種強力約束。

（1）生存基座——生態環境的破壞

中國的生態環境已經面臨着非常嚴重的危機。威脅人類的所有污染種類，如水污染、大氣污染、城市固體廢物污染、化學污染等正在迅速侵蝕着中國的肌體，對中國的未來構成了致命的威脅。從共產黨建政以來，中國的生態環境就處於一種被過度掠奪的狀態當中，改革以來尤甚。化肥的大量使用，導致土地地力遞減；沙化、鹽碱化、板結等各種土地質量惡化的情況都已經大面積出現。沙漠化面積現在已佔整個國土面積的38％，這使人均耕地本就緊張的中國雪上加霜。對礦物資源的掠奪式開採導致一種極其矛盾的現象出現：資源綜合利用率降至最低，資源消耗量卻達到極高，單位國民生產總值 (GDP) 的礦物消耗量為發達國家的二至四倍，投入的原料僅有 1/3 轉化為產品。

如果要按照綠色 GDP 計算經濟發展付出的生態環境代價，中國這二十三年的發展可以說是負值。

(2）社會整合力量——道德秩序的破壞

從道德倫理方面來看，中國正處於空前的「禮崩樂壞」的狀態。政府官員的高度腐敗與整體性道德敗壞，超過了世界上所有的發展中國家。在經濟關係中，道德整體性敗壞表現為經濟信用失常，中國的合同履約率只有不到60％。

社會道德敗壞的源頭可以追溯至政府。中共政府本身就是一個虛假訊息的製造者與提供者，統計數據造假與「為維護黨與政府形象」而製造假新聞，均算得上舉世無雙。地方基層政權行為更是已經徹底流氓化，與黑社會沒有本質區別。大多數政府官員都是具有兩面人格的人物，他們最擅長的「為官之道」，就是能夠輕鬆自如地隨時轉換兩幅不同的面孔：在公共生活中，官員們習慣用官腔官調講各種自己都不相信的謊話，成克杰、陳希同之類有關「廉政」的說教曾被他們自己編成語錄集錦發行，但這絲毫不表示他們將按照自己的說話施政與生活。實際生活中，這些官員貪污受賄、嫖妓養二奶、魚肉百姓、胡作非為。官場的迅速腐化墮落必然引致整個社會的墮落，中國成了一個犯罪率最高的國家。

在任何國家，社會道德都是社會整合的一種重要力量，在日常生活中起着比法律更為重要的作用，因為它提供了起碼的判斷是非標準，規範着人們的行為準則。而今天的中國，連是非判斷標準都已經陷入嚴重的混亂，比如對貪污腐敗的認同與辯護，甚至成為中國經濟學家們競相追逐的時髦。

中國社會現在只剩下一種整合力量，即共產黨的強權高壓。

2、九十年代以來中共的統治方略

在貪污腐敗肆虐、盜賊蜂起、貧富差距迅速擴大、失業者遍佈全國城鄉，黑社會化趨勢加快的狀態下，中國社會之所以沒有陷入一盤散沙的崩潰局面，完全是由於中國政府採取了一系列暴政。首先，中國政府大大加強了各種社會控制手段，借助現代文明國家很少使用的政治暴力加秘密警察，將一切有可能形成的組織力量消滅在萌芽狀態，從而使中國民眾處於一盤散沙的狀態，無法形成有組織的對抗力量。其次，在政治上借助一些極不光彩的手段，如在統治者內部利用抓貪污腐敗等把柄控制官員。這種反貪污腐敗的主要目的不在於控制腐敗，而在於進行內部清洗。中國的官員並非不知道中國現在的局面堪憂，也並非人人都從心底裏認同目前這種「黑金政治」，但他們很清楚地知道：在這架按慣性運作的巨大國家機器面前，他們只不過是其中一個零部件而已。如果他們不按照官場慣性運作，就只有被淘汰出局。江澤民統治時期，中國政府適時地採取了新的意識形態戰略，加強對公共領域的集權控制，建立了與經濟精英及知識精英的結盟，從而成功地在短期內維護了所謂「社會穩定」。

（1）意識形態戰略

在實行新的意識形態戰略與加強公共領域的控制方面，江執政時期比鄧小平時代要嚴厲得多。政府完全奉行江澤民的意旨，「將一切不穩定因素扼殺在萌芽狀態」，任何真正的獨立民間團體在這種控制下不可能產生。從實踐效果來看，江澤民政府採取的軟硬兼施策略，其實比毛時代純粹的政治高壓更容易成功，也更不容易引起國際社會的反感。

以醜化西方民主政治為核心內容的中共意識形態戰略，與公共領域的控制相輔相成：

在學校裏加強對學生的思想教育，通過語文、歷史、政治這三門課灌輸給青少年許多政治謊言。這就是當代中國青少年對美國既仇視又崇拜的矛盾心理由來，「仇視」通過意識形態教育強行灌輸，而「崇拜」則是非政府渠道提供的訊息積累而成的一種綜合效應。

加強對媒體的控制。中國政府壟斷了幾乎所有媒體，並「與時俱進」地完善了毛時代對媒體的制度化管理，再用「卡住從業者的胃」這種手段，迫使新聞從業人員自覺認同「黨的喉舌」這一角色，也使有良知的知識精英沒有任何輿論陣地可以依托。從一九九九年開始，中國政府不斷加大資金投入，網羅了不少計算機專業的大學生擔任網絡警察，並制訂互聯網管理法規，希望控制住網絡這匹奔騰的「野馬」。

對知識份子採取「收買」與「打壓」並行的策略。「六四」民運之後，知識精英們面臨重新定位的困惑。自九十年代中期以來，中國政府採用收買政策，用各種學術榮銜與物質利益作為誘餌，將絕大多數知識精英納入了體制內。對於那類對現實持批評態度的知識精英，則採取各種嚴厲的打壓，如規定各類媒體與出版社不准發表與出版這些人的文章及作品，讓這些人所在的工作單位以各種非政治理由將他們開除或解聘，使其陷入生活困境。對於社會影響極大的知識精英，則派國安局特務跟蹤監控，搜查住所，進行人身迫害，想方設法迫使他們離開中國。這種軟硬兼施的策略極其有效地消弭了知識精英的批判意識，大多數知識精英根據本身的資源佔有狀態調整了治學方向，對政治與社會採取了犬儒主義的苟且態度。

(2) 精英聯盟的形成

九十年代初，中國政府表面上聲稱自己代表工人階級利益，但官員們則與經濟精英之間建立了非常密切的私人利益關係。到了九十年代後期，中國社會財富的85％已經成為少數精英們的囊中之物，中國政府因此調整了自己的階級合作戰略，江澤民的「三個代表」理論給政治精英與經濟精英合作拓展了廣闊的解釋空間，「讓私人資本家入黨」只不過是讓經濟精英進入體制有了更合法的政治通道。而中國知識精英在八十年代最大的幻想是：中產階級一旦成熟以後，就會要求政治上的民主權利。這一幻想至九十年代後期完全破滅。中共政府的政治策略是將經濟精英與聽話服從的知識精英納入體制之內共享利益，並非建立新的民主政治。

對於底層動亂，中國政府則越來越依賴暴力鎮壓。撲滅地方性的小規模群體性反抗，已經成為中國地方政府的日常作業，這方面他們已經積累了非常豐富的經驗。每逢發生失業工人與農民群體性抗爭事件，「胡蘿蔔加大棒」的政策總是行之有效。所謂「胡蘿卜」在此處是指小量的物資利益，如給失業工人一兩個月的生活補助，以此消解失業工人的反抗行動；「大棒」則主要是針對工人與農民領袖，一旦抓到這樣的「動亂份子」，中國政府一概予以嚴懲，從人格上、精神上予以摧垮，必要時從肉體上予以消滅。這種嚴厲懲罰讓大多數人望而卻步，不想再成為群體性反抗事件中的「領頭羊」。

在精英集團聯盟日益加強的情況下，沒掌握任何資源的社會底層動亂雖然有如烽煙四起，卻因新聞封鎖而只能局限在某一地區，且往往被有效地鎮壓下去，根本無法構成對中國社會整體性的威脅。對於一個已經流氓化的政權來說，人權已經被他們曲解成「生存權」，哪怕中國人生活得有如動物，在中國政府及為他們服務的學者眼中，那也算是「生存權」的落實。

3、精英們對未來的選擇

國際社會對中國未來的評估，一般比較樂觀。尤其是近兩年來，人們創造了兩個前景燦爛的神話安慰自己：一是中國加入世界貿易組織（WTO）以後會促使中國政治的民主化，二是高科技的進步會帶來資訊的自由傳播，有助於打破中國的新聞封鎖。對於前一個神話，只能說是持此論者一廂情願的美好希望，因為 WTO 不過是國際社會的經濟遊戲規則，不可能期望通過它來改變一個國家的政治制度；第二個神話正在被中國政府無情地擊碎，中國政府投資幾億美元的金盾工程（Golden Shield），正在為中國政府用科技手段加強社會控制貢獻力量，許多跨國公司為了商業利益，爭先恐後地加盟這個工程。

那麼中國的精英階層又是如何評估自己這個社會？

中國社會宛如一座地火四處奔突的火山。中國人幾乎都能清楚地感受到地殼下奔突的地火。不過中國的精英集團非常清醒地形成了共識：利用政治高壓與特務手段維持現狀對他們是最有利的局面，一旦發生動亂，前景是玉石俱焚，善惡同歸。這就是從九十年代以來中共政府的防禦重點日益放在防止底層動亂方面的基本出發點。

中國官僚階層的危機感其實比中國的知識精英們要強烈得多，自九十年代以來，中國的「資本外逃」（Capital Flight）現象日趨嚴重，不少高官早已將在大陸通過各種途徑搜刮來的財富存入外國銀行，其家屬已經在國外舒適地定居下來，中國在他們的心目中只不過是個撈錢的好地方而已。近年來加拿大、澳大利亞、歐洲一些國家將吸收中國留學生作為發展本國經濟的一大舉措，就是因為中國有着龐大的社會需求。據統計，中國每年因留學而產生的資金外流高達40多億美元。如果說「鈔票」也是一種選票，那麼中國社會上層對子女與家庭的未來安排，已經表明了他們自己對未來的選擇。

三、十六大以後的中國會有甚麼變化

對於十六大以前的中國，雖然有不少人讚譽相加，主要理由是

「經濟發展一枝獨秀」。至於經濟增長不等於社會發展與人民整體福利的改善，以及中國為這種短暫的經濟增長支付了巨大的環境代價這些事實，則很少有人去想。但從十六大前後舉世對中國第四代領導人的高期望這一點當中，已經可以看出人們對江澤民時期的中國情況惡化並非毫無所知。「揣着明白裝糊塗」，也許就是普遍的一種心態。

就在二○○三年初，一向善於「作秀」、喜愛表演的深圳特區，在世人對它已經漸漸淡忘之際又上演了一齣新劇，宣稱自己要進行「政府改革」，於是國際傳媒紛紛競相報導，稱「這是中國未來政治體制改革的預演與試驗」。一些國際大媒體採訪筆者時，無論筆者如何解釋只是與政治體制改革完全不一樣的「行政改革」，並試圖說明行政改革與政治體制改革的區別，但一些媒體無論如何都要將此稱之為「政治體制改革的預兆」。

其實判斷行政改革與政治體制改革的標準非常簡單：行政改革的內容主要是對政府各機構事權重新劃分，包括簡化辦事程序、裁汰冗員、裁併機構、下放部份事權等等，但絕對不會觸及政治權力來源問題，亦即政府權力來源的合法性是甚麼。這類行政改革中國政府其實一直在做，從一九四九年以後由中央政府下令進行的就有五次之多，最近的一次就是朱鎔基於一九九九年下令進行的機構改革，這場改革總共只進行了幾個月，就悄無聲息地結束了。

而政治體制改革的核心就是解決政府權力來源的合法性，為保證政府權力來源於民選，還得有一個開放的公共領域，尤其是必須有獨立媒體的存在與監督。中共政府的政治權力，其最初來源就是槍桿子裏面出政權，以後的幾次權力交接都是通過上一代領導人指定，即使鄧小平的權力不來自於毛澤東的指定，那也是通過高層政變獲取，而非來自民選。中國共產黨制定的黨章規定「中國共產黨是全中國人民的領導核心」，中共制定的憲法肯定了黨章的這種規定，黨章與憲法互相賦予對方以絕對的合法性，不管這多麼荒謬，但在中國卻是現實。中共政府一直拒絕在中國推行民主政治，並加強對媒體在內的公共領域的控制，就是拒絕政治體制改革的明證。只要中共政府在政府權力來源這一點上沒有進行「改革」，無論甚麼樣的行政改革，都不能稱之為「政治體制改革」。

以往對中共政府每一次行政改革，中國官方理論界都有意誤導成「政治體制改革」，還有一些學者亦有意參與唱和，筆者一直不理解這些學者為甚麼要這樣做，曾在私下裏問過，得到的答覆竟然是：「我們要做成一雙靴子，哄共產黨穿上去。只要它穿上去不脫下來，就可以慢慢達到目的。」將幼儿園阿姨哄小孩子時常用的方式，如「某某小朋友今天表現很好，我們給他戴朵小紅花，明天他一定會表現更好」，用之於對待一個具有五十年執政經驗，且在奪取政權的二十八年艱苦過程中充分表現了機變與權謀的政黨，這種方式是表現了學者的「智慧」還是這些學者個人別有所求，筆者不想置評。但事實是，每次都是學者們辛苦表揚了半天，中國社會的公共領域卻收得越來越緊。值得注意的是這次中共政府與以往還不同，就在二〇〇三年的兩會期間，乾脆由政府發言人宣佈：「這次政治體制改革不是兩會議題。深圳的政府改革只是行政改革，不是政治體制改革」。國際社會的中國學界與傳媒一度討論得非常熱烈的中國政府體制改革，這才算是結束了紙上的行程。

也許是世人盼變心切，對第四代領導人的一顰一笑，任何一位領導者一句平平常常的話都會被解讀出萬種玄機，被認為是預示一項重大改革的先兆。比如主管中宣部工作的政治局常委李長春視察《人民日報》時順便指責的一句話「不要集中報道領導人的活動」，竟然被當作新聞體制改革的訊號來誤讀。其實在中國媒體工作過的人，都知道這不過是一句中國官員表示謙虛的老生常談而已。筆者在深圳一家媒體工作時，幾乎每個月都聽到報社傳達「省市領導」這句訓示（當時李長春正在廣東任省委書記），但事實卻是市長出現在媒體上，市委書記也必須出現在媒體上，兩位的位置，標題字號大小，消息長短根本不能出錯。李長春那句「對領導人活動不要報導過多」，只不過是李長春在廣東常說的一句口頭禪而已。至於李長春對媒體改革的態度，只要聽聽李長春幾年前在廣東上任伊始時的一席話就知道了。李長春上任伊始就通告廣東傳媒界：「我來這裏的任務主要是整頓《南方周末》、《羊城晚報》與《南風窗》這兩報一刊的。我在家就禁止孩子們看《南方周末》這種資產階級自由化傾向很強的報紙。」李長春領導媒體慣說的這兩句話最後被深圳市委書記張高麗照搬，常常掛在口頭。筆者作為媒體從業人員時，有幸多次聽過這「傳達」。不過這一關於新聞體制改革的「神話」只流傳了半個月左右，就以《21世紀環球報道》登載李銳一篇關於黨內民主化改革的文章而被停業整頓宣告結束。

其實要判斷中國第四代領導人會做甚麼，並不是難事，只要從常理出發就行了，那就是依據兩點：一是中國的現狀怎樣，因為未來的道路只不過是現狀的延伸罷了。毛時代是「極權政治＋計劃經濟」，鄧時代是「威權政治＋市場經濟」，專制政治從來就不是中共政府要改革的對象，而是他們統治社會的基本手段。從現狀來看，中國目前的局面實在是「冰凍三尺，非一日之寒」。每一代領導人的能力都比前一代弱，而面臨的問題卻比前任要嚴重得多。從中共政府近幾年的作為來看，只見加強社會控制，未見有任何放鬆跡象。二是政權的統治基礎構成有無可能改變。一旦統治基礎被制度認可，制度的力量就遠遠大於領導者個人力量。從九十年代中後期以來，中國的政治、經濟與知識三類精英的聯盟已經形成，並且對國家公共政策的制定產生了決定性的影響。「三個代表」與「七一講話」只不過是為這種強勢集團「俘獲國家」的社會格局正名，並開闢一條制度化通道而已。任何人從江澤民手裏接過權力接力棒，都得依靠現在已經形成的統治基礎，都得容忍強勢集團通過擠壓平民達成的利益分配格局，奉行在此基礎上形成的「市場經濟＋極權政治」體制。這一點只要平心靜氣想想朱鎔基總理上任之初，舉世對他的熱切期望，以及他最後難逃「堂・吉訶德」命運就瞭然於心。

上述分析表明，希望通過中共內部的權力更替來改變中國現在的危局，只是一種一廂情願的想法。認為中國政府完全有能力長期控制局面的分析家們，其分析是建立在這樣的基礎上：中國政府是一支高效團結的「消防隊」，並擁有非常強大的「消防能力」，如越來越借助於暴力的政治高壓，越來越普遍的由警察與國家安全部特務共同建立的「安全系統」，越來越嚴格的新聞管制，以及為經濟精英與知識精英開放的一扇分享利益與權勢的窄窄的門。筆者的看法是：這些不惜工本的投入確實能夠延長中共的統治壽命，但不能從根本上克服危機。而且非常明顯的是，中國共產黨的壽命其實正是通過犧牲中華民族的前途換來的，一句民諺精闢地總結了中國的現狀：反腐敗亡黨，不反腐敗亡國。中共的壽命越長，中華民族付出的代價越大。

筆者的看法是：中國的現實並不是「地面上鋪滿了乾柴」，而是地下在奔突着隨時可能竄出地面燃燒的「地火」，任何最先進的「消防設施」對地火的防禦作用是有限的，中共政府終會有撐不住的一天。而由於中共「黨國一體」的長期統治，中國共產黨的統治垮台之時，也就是中國社會陷於解體之日。與以往歷史不一樣的是，由於人口的空前膨脹，生態環境的高度破壞，以及社會道德的整體崩潰等制約因素，經歷共產黨統治的中國要進行重建，比任何時代的困難要多，還要大。

我相信，中國人的後代在評價今天的中國歷史時，一定會認為中國的前途是被不負責任的政客、自私自利的知識精英、依靠投機鑽營發財的經濟精英共同謀殺，也一定會驚訝於今天的中國人民為甚麼會如此容易被他們愚弄。對歷史，從上一世紀中期開始，我們這幾代人確實難辭其咎。

在美國這個自由國度，能夠很清晰地觀察到海外華人與中國大陸政治之間的脈動，在所謂「愛國主義」與「民族主義」糖衣之下，中共政府的腐敗統治得到了不少「愛國華僑」最大程度的理解與支持。每觀及此，筆者就不由自主地想起美國歷史學家托馬斯·卡萊爾的一句話：「長期以來，每個政府連同其智慧與愚蠢，是它的人民的絕佳象徵。可以說，有其人民必有其政府。」

中國未來的前途只能依賴於人民本身的覺悟，以及他們的政治能力。

序言註釋

1　韓德強的「五十年，三十年，二十年」，《八面來風》，二○○○年第8期；崔之元的「鞍鋼憲法與後福特主義」，《讀書》，一九九八年三月；《制度創新與第二次思想解放》，香港牛津大學出版社。

2　這方面的代表作有：張維迎，「有些腐敗的存在，不是最好的也屬次優」，《中國經濟大論戰》，經濟管理出版社，一九九七年版；樊綱，「腐敗的經濟學原理」，《經濟學消息報》，一九九六年三月二十二日；張曙光，「腐敗與賄賂的經濟學分析」，《中國經濟學：一九九四》，上海人民出版社，一九九五年版；張五常，「為甚麼我一直堅持國企改革永遠沒有希望？」，《奇跡網絡》，一九九九年十月十四日；樊綱，「騙出一套新體制」(一九九三)，《走進風險的世界》，廣東經濟出版社，一九九九年版；張五常，「以資產換特權，促進私有化」(一九九五)，《中國經濟大論戰》，經濟管理出版社，一九九七年版；張五常，「三種社會體制」，《書屋》二○○○年第2期；王宏遠，「反腐敗不能嚴厲到使政府官員岌岌可危」，《中國經濟大論戰》，經濟管理出版社，一九九七年版；張曙光，「繁榮的必由之路．自序」及「腐敗問題的再思考」，《繁榮的必由之路》，廣東經濟出版社，一九九九年版。

第一章　社會主義的免費午餐：股份制改造

中國從一九七八年開始的經濟改革，其形式是由計劃經濟體制向市場經濟體制轉軌，其實質則是對社會資源重新配置，對各種利益關係重新調節。在這一利益重新配置的過程中，權力的市場化起了至關重要的作用，並導致中國的改革呈現一個相當明顯的特點：當代資本原始積累[i]從開始進行到基本結束，總共只用了將近二十年時間（一九七八至九十年代中後期）。其時間之短暫，積累速度之快，積累財富數量之多，在世界上都堪稱絕無僅有。

i　資本原始積累：馬克思使用的一個概念。其含義有二，一是指資本積累的初始性，二是指其掠奪性。中國自一九七八年後開始的資本積累，正好兼具有這兩大特點。本書作者使用這個概念，並不意味作者本人信仰馬克思主義。

ii　價格雙軌制：中國自一九七八年開始經濟改革後推出的一項改革措施，到九十年代中期價格改革後逐步廢止。當時中國經濟是計劃經濟體制，許多商品都嚴重短缺，絕大多數商品供不應求，不少商品如鋼材、木材、煤炭以及許多其他物品都由政府發放指標，按計劃供應。買者需要從政府部門拿到計劃指標才能購買到所需商品。一九七八年以後，中國政府對短缺商品實行兩種價格，一部份由政府發放指標，按計劃內價格供應，這種價格是固定的，比較便宜；另一部份則放開價格，由市場調節，這部份稱之為「計劃外商品」的價格相對要高。在商品短缺時期，有些計劃外商品的價格竟比計劃內商品的價格要高出一倍。這種所謂「價格雙軌制」為負責審批這些商品指標的官員提供了大量尋租機會，他們將這些短缺商品的指標批給他們的親戚、熟人、朋友以及其他「關係户」，這些人拿到指標後立刻按照市場價格轉手賣給需要這些商品的客户，從中賺取商品的差價，並與官員本人分肥。許多中國的高級官員的子弟利用特權在八十年代倒賣批文，成了富翁，中國人稱他們為「官倒」。一九八九年「六四」學生運動反腐敗，提出的主要口號就是「打倒官倒」，當時人們視為最大的「官倒」是鄧樸方（鄧小平長子）。

從原始積累過程中產生的幾代富翁的身份及其致富方式來看，至今為止中國已有三代身份迥異的富翁：第一代是被中國傳統就業體制所排斥的人，如出身於地主富農等「黑五類」家庭、或本人是勞改釋放犯等。這些人為生計所迫，在不得已的情況下幹起了當時為社會所輕視的「個體戶」；第二代則是八十年代中、前期「下海」的科技知識份子與技術工人，這些人主要是憑藉自己的一技之長，投身於市場競爭；第三代富翁則是一九八五年推行「價格雙軌制」[ii]以後「下海」者。這類人當中有不少是與權力圈人物沾親帶故者，有的人本身就是政府官員。他們「下海」的時間雖晚於前兩代富翁，但由於他們能憑藉權力資本，瓜分「價格雙軌制」的巨大差價——僅一九八八年，價格雙軌制所產生的差價就達1,000億元之巨，其中 70％流入私囊——故其資本原始積累能夠加速度進行。

第三代富翁的財產規模之大，積累速度之快，均非前兩代富翁所能企及。筆者曾親耳聽到第三代富翁中有人自鳴得意地將此現象總結為：第一代富翁是「半人半鬼」，第二代富翁是「凡夫俗子」，第三代富翁則是「半人半神」——所謂「神」，指的是「第三代」富翁有很大能量，賺錢不花力氣且數量巨大，頗有瞧不起第一代、第二代之意——到一九九一年以後，這些人又憑藉權力和已積累起來的資本介入「股份制改造」、「開發區圈地運動」，在席捲中國的「股票熱」和「房地產熱」中，以世界罕見的速度積累了鉅額財富。也就是在這批以官商結合為致富訣竅的「政商」出來以後，中國社會才出現了這樣一首重新劃分富人等級的民謠：「萬元戶是貧困戶，10萬元戶剛起步，幾10萬元馬馬虎虎，百萬元戶才算數，千萬元戶是真富。」

剖析「股份制改造」和「圈地運動」的特點，最能看出中國當代資本原始積累的本質。

一、奏摺派經濟學家的悲哀：淮桔成橘

八十年代中後期，中國國有企業再也無法掩飾虧損累累的破敗相，而一度被視為解困良方的「承包責任制」[iii]，又使企業無法建立自我約束機制，產生了許多難以克服的短期化行為，成為國有資產流失的一大渠道。一些苦苦尋求救世良策的「奏摺派」經濟學家們終於發現股份制可以做為拯救社會主義國有經濟的良方，於是先是論證股份制只是現代企業的一種組織形式，並不存在「姓社姓資」的社會屬性問題，以正朝野視聽；繼而進一步提出了將國營企業改造成股份制公司的種種具體構想。比較有趣的是，就在北京、上海等地的經濟學家們爭論方酣之際，中國的沿海地區已開始實施這一構想，深圳、上海等地先後推出多家公司的股票上市，後來席捲中國達數年之久的「股份制改造」運動至此算是拉開了序幕。

在這場長達數年的理論準備中，政府官員和經濟學家中很少有人去正視這一現實，即西方國家股份制公司成立和中國當代股份制改造的原初動機之間，存在着一個根本性的差別：西方國家僅僅是將股份制作為籌集社會資金的一種手段，而中國政府和理論界則將其視為改變國有企業經營機制的一大法寶。在他們眼裏，股份制發

iii　承包責任制：中國經濟改革中國有企業改革的一種方式，主要內容是讓企業經理（廠長）承包經營企業，按規定上交利潤，以此做為激勵方式，改變國有企業效率低下的弊病。但這種方式容易導致承包者對企業固定資產的掠奪性使用，往往承包期還未滿，工廠損耗非常嚴重，故實行幾年後，即告失敗。

源地作為主要因素加以考慮的融資功能，反而被視為較次要的一個方面——有意思的是，這一融資功能倒是被眾多的企業經營者敏銳地注意到，並加以充分利用。到了九十年代中期以後，這一功能也被中國政府濫用做為從股市上「圈錢」的主要手段，當然這是後話——按照這些經濟學家的構想，對國有企業進行「股份制改造」可以達到這樣的期望值：企業的產權歸股東所有，整個企業的經營發展與財務分配均在廣大股東監管之下；企業經理既要對上(董事會)負責，也要對下（職工）負責；企業的效益主要通過市場來評價，因為職工通過持有公司股票這一形式成為企業真正的主人，自然而然要加強對公司經營者的監管，這就可以迫使企業「建立自我發展和自我約束機制」，從根本上增強了企業活力，並根據市場需要調整投資方向。他們樂觀地預言：經過「股份制改造」的企業，國有企業的所有弊端必將消失。

最初的試驗小心翼翼地在幾個大膽的企業裏進行，社會的反應也比較冷淡，深圳市發展銀行的股票最初是採取在政府工作人員中攤派的方式才勉強發行完。直到一九九〇年深圳的股市狂潮中「炒」出了一批百萬富翁乃至千萬富翁後，許多人才痛感到失去了致富良機。在一片狂熱中，整個社會很少有人去探究發展銀行、金田、原野、萬科等第一批上市的股份公司究竟是如何獲得效益，注意的只是市場上股票那巨大的增值功能。各地一大批當權者受到啟發，競相爭搞「股份制改造」運動，認為這樣既可以迴避二級市場的風險，最低限度亦可以撈一大把在當時的情況下只賺不賠的「原始股票」。至於被列為「改造對象」的國有企業是否能「改造」，以及被「改造」後如何運作，當然都不是這批吃「阿公」(公有制）飯的官員和「企業家」們所要考慮的。在這種利益動機的驅使下，從一九九一年下半年起，中國進入「股份制改造」的「春秋戰國時代」。在各地政府或明或暗的支持下，所謂「內部股票」一時泛濫成災，各地的股份制企業都是以每年成百家的速度增長。如江蘇省在一九九二年至一九九三年上半年這不到兩年的時間內，就擁有各類「股份制企業」200餘家[1]，湖北在一九九二年初還只有股份制企業23家，到一九九三年初就達133家。[2]新疆、山東、福建等數省因利用「股份制改造」名目違章向社會集資而受到處理。[3]在這場發行股票的狂潮中，廣東、海南為各省之冠，據一份調查材料的不完全估計，廣東省僅一九九二年通過發行「內部股」籌集到的資金就多達100多億元。至於到底有多少企業已經「股份化」，連政府部門都難以確切掌握。[4]四川曾一度出現了一個以樂山為中心、遍及綿陽、德陽、自貢等市的內部股票非法交易市場。珠海曾以炒「內部股」聞名遐邇，並將深圳及廣東珠江三角洲一帶的遊資吸引過去。至一九九三年十月末，中國已有各類「股份制」企業3,800多家，以後還在增加。這種官方指稱為「非規範化」的「股份制改造」運動，為今後埋下了許多隱患：

——大多數股份制企業只是「翻牌公司」，並未從低效運轉的狀態中解脫出來。據有關部門披露，在「股份制改造」高潮時期，中國的國有企業總的狀況是「三分天下」：1/3明虧，1/3暗虧，1/3盈利。這些國營企業搞所謂「股份制改造」，其真正目的並非是為了「重塑企業機制」，而在於通過發行股票籌集資金解決困難或藉此撈一把。不少企業在清產核資時串通會計師事務所，在資產總額、資本利潤率、資金利潤率、經營業績等項目上弄虛作假。[5]據一份材料說，由於政府領導的出面干預，廣東一些股份制企業資產評估嚴重失真，佛山市就有一家企業評估資產總值超出實際所有的四倍多。[6]這類企業在「改造」後往往就是換一塊牌子，人馬依舊，機制未變，唯一使人感到「耳目一新」的是在公司簡介中有了一張模仿國外現代股份制企業的「組織結構圖」。這些企業用國家的資金經營多年，其投資效益如此之差，又怎能保證它們在「股份制改造」之後，用股民的錢就能創造高效益？從後來的實踐看，不少企業經過「股份制改造」之後，經營狀況並未好轉，效益也沒有提高，但是為了強化對股東的吸引力，不惜血本「保息分紅」，每年倒貼14至16％的股息給個人股東和法人股[7]，深圳ZC股份有限公司是一家在市場上頗有名望的股份制公司，其公司連年虧損。當總公司領導班子作出決定，規定凡連續虧損三年以上的公司經理在審計工作結束後就地免職，其屬下的二級公司除兩家和別人合營的公司之外，其餘子公司的經理全部提出辭職。私下裏有經理對其好友說：「留下來也沒有太大的油水，自己已有實力去幹，沒必要受免職之辱。」有一些公司在「改造」成「內部股份公司」幾年以後，因公司經營管理不善，股票遲遲不能上市，股東嘖有煩言。公司因股票購買者多是得罪不起的「關係戶」和本公司員工，便又將股票款悉數退回給股東。[8]珠海市當年狂炒「內部股」，不少人被套牢，且多年得不到任何分紅，股民們多方上告，珠海市不得不在一九九五年十二月發出通知，對發行內部股票和集資券的公司進行清理。[9]像這類低效益企業在「內部股份制」公司裏絕非少數，凡有這類「內部股份公司」的地方，當地政府都要花費氣力解決其遺留問題。

——「企業的主人」即股東們既未成為企業真正意義上的「主

人」，關心的也不是企業的效益，而是股票在市場上轉手之後可獲得的差價。「企業的最高權力機構」股東大會除了在制定分紅方案時起點有限的作用之外，在選舉企業董事會成員方面，事實上並未享有應有的權力。不少公司的股東大會還未召開，董事會已宣告成立。而且董事會成員往往由公司原經營班子和幾個有關政府部門官員組成，董事長、總經理也由政府委派任命。不少地方的政府主管部門還沿襲以往對原來國有企業的管理模式，對股份制公司選舉的董事、董事長隨意指派、調離。[10]這就造成了董事會和經營班子合二而一、經營者就是監督者的格局，所謂「監督作用」純屬子虛烏有。在「股份制改造」的發源地廣東省，不少企業反映，由於董事長和總經理常由一人兼任，更兼監事會成員基本上都是本企業的職工，根本管不了也管不到自己的頂頭上司，實際上並不能參與、瞭解決策過程，形同虛設。在許多股份制企業中，企業制度並沒有甚麼創新。除了上市公司有一份說明公司資產狀況的「招股說明書」和一年一度的「財務報告」之類的材料之外，絕大多數「內部股份制」公司都沒有「資產負債表」和「財務報告」之類的東西提供給股東。這種情況在內地尤其突出。不少股東其實既不瞭解公司過去數年的經營業績，又不瞭解公司事實上的主營收入。「企業效益」最多成為股東們在股市上的「炒作題材」，因為沒有幾個股東（包括兼具股東和職工雙重身份的人）想長期持有股票，成為「主人」。

「股份制改造」的期望值和實踐後果相差如此之大，中國的改革史上於是又多了一筆淮桔成橘的記載。一些長期從事實際工作的政府高官，也認為這種大規模的、「不規範的」股份制改造，不僅會使中國的企業改革失去轉換經營機制的「最後一張王牌」[11]，而且還「潛藏着巨大的危險」，最終會導致整個股份制改革、證券市場乃至市場經濟的發展走一段很大的彎路。[12]

二、社會主義的免費午餐——股份制改造

為甚麼「股份制改造」的期望值與實踐後果相差如此之大，還會有如此之多的地方政府和企業熱衷於這種「改革」呢？說穿了其實很簡單，因為各地政府和企業的掌權者把「股份制改造」變成了一次對國有資產的大瓜分。

在股份制改造活動中之所以出現大規模的尋租活動，其根本原因在於：在由計劃經濟體制向市場體制過度的過程中，在資源逐漸市場化的背景下，政府仍然保持對經濟生活的干預和管制，使權力能以市場化的形式全面參與分配。這些尋租活動由於沒有任何有效的制度進行約束，各種利益集團只要進行各種活動，就可以獲得巨大利益。這類尋租活動存在於價格雙軌制、股份制改造、房地產開發以及國有企業產權轉讓等一切經濟活動中，本章談到的股份制改造只是其中的典型例證。

本來，股份制是現代企業制度中一種成功的組織形式，中國選擇它作為產權改革的突破口也無可厚非。但關鍵在於遊弋於權力經濟中的大大小小的掌權者們，成功地利用了這一次機會，在「改革」的旗幟下，戲劇性地將權力參與分配這一套「尋租」的老把戲玩出了前所未有的水平和規模，使得「股份制改造」變成了社會主義公有制的一次大規模的免費午餐。

參悟出用「股份制」這種形式鯨食國有資產，並非始於八十年

代末、九十年代初開始的「股份制改造」運動。早在八十年代初大批中外合資公司建立之時，就已經有了一批「先知先覺者」有效地利用了這一形式，開始為自己進行資本原始積累。最典型的形式就是在中外合資合作辦企業的過程中，中方負責人對國有資產不評估，或者低估，從而使中方資產所佔比例下降，國有資產權益受損。這樣做的好處是中方負責人可以暗中吃「乾股」，由外商每年從名下利潤中抽出一部份悄悄送給中方負責人。這種做法在沿海一帶已是公開的「秘密」，後來也被內地效法。據統計，截至一九九二年為止，在全國8,550多家參與中外合資的企業當中，有5,000多家企業未經評估就與外商合資，損失達460億元。[13]

這類公司的國有資產如何流失，只要看看下面這兩個絕妙的實例，就可略知大概。

一個是深圳市金光企業股份有限公司。該公司成立於一九八六年十二月，註冊資本為60萬元人民幣，其股本構成如下：國家股40%，由深圳市裝飾工程工業總公司（國營）持有，總經理兼法人代表為林某某。港資股為30%，由港商陳某某持有，陳是林某某的內侄。私人股佔30%，由林某某家族成員持有，實際投入8萬元，只佔註冊資金的13%多。

其中的國家股是如此折算：裝飾工程工業總公司以深圳市中心的南洋大廈房產150平方米入股，折算價為幾年前的預購價每平方米1,800元，而當時該處房產的最低市價已達每平方米5,000多元。與此同時，林某某又代表裝飾工程工業總公司將同一大廈的另外1,539平方米的房產以每平方米3,200元的價格賣給了金光公司。總註冊資本僅60萬元的金光公司僅在這一處房產中，不費吹灰之力就獲利117.8萬餘元。這家公司經營一年多以後，因效益較差，國家股未獲分紅，私人股卻分紅11.5萬餘元，除投資全部回收外，還賺3.5萬元。[14]

林某某的手法是當代中國比較有代表性的一種常見手法，但其涉及金額相對少，獲利手段也太過拙劣，與一九九一年中國的爆炸性新聞「原野風波」相比，這種流失實在只能算是「小巫見大巫」。

深圳原野實業股份有限公司是經中國人民銀行總行確認的「中國第一家中外合資股份制上市公司」，該公司於一九九〇年三月上市後，曾名噪一時，被捧為「股王」。「以150萬元起步，兩年間淨資產增長了60倍」的神話，在社會上廣泛流傳。但實際上這只不過是官商結合，互相利用，在政策空隙中展開「事前尋租」[iv]活動的一個典型例子，最初是使數千萬國有資產成功地轉移到私人手中，繼而是通過股票上市成功地在股市上圈到上億元資產。這個公司從國有資產佔控制地位到最後只佔1.4％的不參與優先股的荒唐演變，不僅在中國，即便在世界範圍內都堪稱原始積累史上的神話。

原野公司成立於一九八七年七月，註冊資本為150萬元，五位發起人股東為：

新業服裝（國營），認繳股本45萬元，佔30％；

深海貿易（國營），認繳股本45萬元，佔30％；

香港開生（港商），認繳股本30萬元，佔20％；

iv 所謂「事前尋租」是指利益集團付出努力和資源（包括權力和金錢）賄賂政府部門，促使政府制訂某種政策，形成某種對自己有利的資源分配格局。

彭建東，認繳股本 15 萬元，佔 10％；

李某某，認繳股本 15 萬元，佔 10％。

董事長由新業公司總經理沈女士出任。從表面上看，這是一家「公有制」佔絕對優勢地位的股份公司，符合當時中國政府的政策。但實際上，彭是深海聯合貿易公司的承包人，李是彭的親妹夫。5 位發起人中，實際出資的只有兩家國營企業，彭名下的 15 萬元，由深海聯合貿易公司代墊；而香港開生公司名下的 30 萬元股本和李某某名下的 15 萬元股本，均由新業公司代墊。亦即在這 150 萬元創業股本中，由深海投入 60 萬元，新業投入 90 萬元，港商及彭、李二人的股本均為虛擬投入。到一九八八年一月，香港開生公司退出原野，將其未曾實際投入的股權轉讓給由彭任董事長的香港潤濤實業有限公司。據後來查實，這次轉讓只是一紙協定，潤濤並未匯入分文資金。一九八八年二月，深海聯合貿易公司也退出原野，其股權轉讓給新業公司。至此，原野公司的股權結構變為這樣：

新業公司，佔 90 萬元；

香港潤濤，佔 30 萬元；

彭建東，佔 15 萬元；

李某某，佔 15 萬元。

到一九八八年五月十八日，原野公司的股東簽署了一份很有意思的「增資」決議，將公司股本由原來的150萬元增加至420萬元。其中新業和個人所佔股權不變，香港潤濤則擬單方面增投 270 萬元，加上原有 30 萬元，共為 300 萬元。此後潤濤並沒有增投資金，卻以名義上的最大股東身份，從實際上已投入上百萬元（未包括一九八七年九月借給原野的105萬元流動資金）的新業公司手裏，套取了原野的控股權。直到這一年的八月二十日，潤濤的300萬股本才由高柏時裝（深圳）有限公司代墊（據查，「高柏」也是新業公司的屬下企業，一個多月後，這筆資金又退回2/3給「高柏」），以便參加第一次資產評估的溢價分配。十月四日，經深圳經濟特區會計師事務所評估，認定資產升值金額達2,754萬元。十月十八日，原野董事會決定對升值部份作變現處理，並進行分配，新業公司僅分得利潤40萬元，個人股東分得247萬元，而潤濤卻分得2,467萬元，除提出1,360萬元擴大賬面投資額之外，其餘1,107萬元記入應付潤濤公司賬內。這筆「應付款」，減去了300萬元入「實收資本」，餘下807萬元則通過各種渠道匯出境外。

一九八八年十二月二十二日，經深府外復（一九八八）874號文批准，原野由股份制企業轉變為中外股份有限公司，註冊資本為2,000萬元，其股權結構為：

新業公司，90萬元（不參加優先股）；

香港潤濤，1,660萬元；

李某某，90萬元；

李某，80萬元；

許某某，80萬元。

這裏設立五個股東，只是為了湊足政府規定的發起人必須有五名之數，彭建東任公司董事長。待政府批准後，一九八九年三月末，李某某、李某、許某某這三個個人股東的股份全部轉讓給了彭建東的香港潤濤公司。在此期間，彭為自己辦妥了澳大利亞國籍，這一策略使得後來的股權糾紛成了一件涉外股權糾紛。一九八九年四月，為配合股票上市，原野公司董事會決定進行第二次資產評估。四月二十五日，經深圳市公信審計師事務所評估認定，原野公司房地產升值金額達人民幣4,553萬元，四月二十八日，原野董事會又一次做出決定，將升值部份提出4,550萬元作為潤濤對原野的增加投入資本，其餘3萬元作為資產評估費用。至此，潤濤的賬面投資已膨脹為6,460萬元，佔原野總股本的98.6％，而投資最多的新業只佔 1.4％的股份，而且只是對公司決策沒有發言權的不參加優先股！[15]

這個天方夜譚式的資本所有權演變過程，其背後種種黑幕活動，自然是中國時下流行的權錢交易。這個借「股份制」之名，從零資本開始，通過和政府部門人員及國有企業掌權人、社會公證機構密切合作，巧取豪奪實現資本大轉移的無本萬利生意，從一個很重要的側面展示了中國當代資本原始積累的典型形態。經過一九九〇年的股市狂潮以後，許多持「原始股」者成了百萬、千萬富翁的事實，激發了各地權勢者「股份制改造」的熱情，假「股份制改造」之名瓜分國有資產的原始積累活動被推向高潮。全國各地都有這類侵吞國有資產的活動發生，如山西就曾查處某公司經理張某和黨支書劉某某合謀，利用「股份制改造」之名，鯨吞分流250萬元國有資產的大案。[16]有的地方更直接了當，乾脆在成立「股份公司」之時，就給一些政府部門官員送上「乾股」，以便從政府手中批廉價地和廉價物資。[17]原山東省石油集團股份有限公司副總經理兼泰山石化股份有限公司董事長、總經理徐洪波就曾利用認購股票這一形式為自己及泰安市市委書記、市府秘書長、公安局長等權勢集團謀取暴利。[18]這種猖獗的尋租活動，使政府方面有所察覺，終於在一九九三年的「反腐敗鬥爭」中，將這種利用假公證、假審計、假評估等手段，在國營企業「股份制改造」和股票上市發行中，利用職權牟取私利、無償佔有股權的行為列為「查辦經濟犯罪」的重點。[19]

三、「淮桔成橘」留下的思考

正如前文所言，西方實行股份制其實着眼的是它的集資能力，通過發行股票能將社會游資集合起來，形成較大的資本規模，去辦分散的小資本辦不到的事情，而不是中國大陸一度非常強調的所謂「管理優勢」。事實上，在西方國家的現代企業制度體系中，和其他的企業組織形式相比，股份制並沒有在管理上顯現出有多大的優勢。忽視了股份制最基本的籌集資金功能，過高估計了在籌集資金之外的、有一些甚至是一廂情願地想像出來的功能，如效率功能，必然會帶來一大堆問題。

中國大陸利用「股份制改造」這種形式重組企業，最終竟出現這種「淮桔成橘」的局面，這種情況迫使人們不得不思考一點：在中國現有的社會條件下，試圖用市場經濟制度下特有的「企業精神」去改造國有經濟部門，有多大的可能？

現在看來，通過「股份制改造」重組企業之所以失敗，主要原因有兩點，一是內部原因，二是外部原因。從內部原因來說，這種流於形式的表面改造根本沒有啟動企業的「企業精神」。所謂「企業精神」的具體展現，其實就是企業奉行何種管理哲學，以及企業通過管理要達到一個甚麼樣的目標。中國進行企業重組，其實質就是要改變企業的管理機制，這種改變包括兩個方面：第一步是按照「效率原則」將企業組織起來，第二步則是使企業工作富有活力並使企業職工有成就感。中國大陸通過股份制改造使企業重組，其實際情況只是翻了一塊「牌」而已，談不上提高了多少效率。而建立在效率基礎的第二步，如讓職工有成就感更無從談起。在這一輪國有企業改制熱潮中，政府和理論界注意的主要是「管理功能」，但不少企業的經營管理者卻只注意到股份制的集資功能，並且主要是因為這一點而踴躍參加「股份制改造」的。相當多的企業經營者在進行所謂「股份制改造」時，千方百計地爭取超規模發行股票，目的就是想方設法多籌集一些資金。但由於政府的着眼點與企業的出發點有相當距離，企業「改制」以後，大都採取一種「瞞上不瞞下」的做法，對政府只要匯報自己如何通過努力改變了企業的管理機制，使政府主管部門有業績向上申報就行，股金的運用則基本上處於不受監控的狀態。因之在資金的使用上就出現了許多問題：有的將籌集的資金拿去放高利貸，有的拿去投放至「泡沫經濟」領域，炒房地產、股票、期貨。還有的企業在投資時，不遵照法定程式和募股書中對股東的承諾，隨意支配資金，改變用途。由於投資隨意性很大，不少企業的資金最後都被套在房地產、股票等投資項目上，經營困難。連股東的基本利益都沒法保證，更無從去談企業履行對社會的責任。

從實踐後果來看，「股份制改革」這張所謂企業改制的「王牌」失靈，除了上面所談到的原因之外，還有一個相當重要的外部原因，那就是中國大陸目前缺乏和「股份制」這種企業體制相適應的社會環境，尤其是沒有股份制經濟賴以生存和發展的法治環境。

按照國際慣例，股份制企業通過終極所有權與法人所有權分離而形成的獨立法人資產，以及股份公司的法人地位等權利，都必須由法律賦予並加以保證。其他諸如股權的分散化、終極所有權、法人所有權與經營權的分離、股票的上市發行與自由轉讓等等，均牽涉到非常複雜的外部關係和內部關係。要處理好這些關係，需要相當完備的經濟立法，諸如證券交易法、公平競爭法、證券投資保護法等。如沒有完善的法治環境和配套法規，必然導致混亂。中國大陸的股票一級市場屬於「草鞋沒樣，邊打邊像」，實踐在先，法規在後，總是在發現一些問題後才匆匆忙忙地出台相應的法規，這就給「內部人」展開尋租活動提供了大量可乘之機。股票二級市場也同樣極不成熟，股份制企業進入和退出都沒有完備的規則，加之政府對證券市場的違法行為監督不力，導致利用內幕消息與憑藉資金實力操縱股市行情這樣的事情時有發生，使股市成為過度投機活動滋生的肥沃土壤。遠的不說，僅以一九九六年中國股市為例，這一輪股市狂潮根本不是某些中國大陸傳媒所說的那樣，是「新一輪經濟增長的提前反映」，而有着其深刻的社會背景：一方面，銀行由於居民存款高速增長而背負着相當大的利息支出壓力；另一方面大部份國有企業面臨着資金短缺的困境，急需通過直接融資籌措大量資金。上述兩方面情況決定了國有企業必須通過上市解決資金問題，但長久的低迷熊市已使大部份投資者裹足不前，要吸引更多的投資者入市必須要發動新一輪行情。這種社會背景使得中國股市在一九九六年帶有相當大的投機色彩，大量的投機資金在短期內頻繁進出股市，最高的一天竟達250億的成交量。與此相隨的是大量「消息靈通」人士利用內幕消息和資金實力操縱股市行情，就在一九九六年十二月初，中國證監會對華銀國際信託投資公司等28家機構在股票發行過程中違規拆借資金一事進行查處。據證券業人士透露，這種違規拆資在證券行業相當普遍。[20]

四、中國政府在股市中所扮演的角色

如果說中國政府在一九九八年前還裝模作樣反對股市投機，那麼到了一九九八年以後，政府悟出了用股市圈錢是化解金融危機的一條途徑，乾脆公開為股市泡沫造勢。最典型的事例是一九九九年五月十九日讓中共中央的「喉舌」《人民日報》發表社論，公開鼓勵中國公眾入市炒股，為政府圈錢造勢。於是中國股市近幾年常常出現這麼一種惡性循環：在股市萎縮時，鼓勵銀行貸款給機構入市炒股，等股市拉高時，又開始「查處」銀行違規放貸。如二〇〇一年二月底，在政府鼓勵下，不少機構大戶貸款入市，股市暴漲。到了七月份，政府主管機構中國人民銀行又開始查處數家商業銀行「違規貸款」一事，造成大量資金退出股市，在一個月內，中國股市總市值縮水7,000億元，下跌幅度為14％。[21]近幾年中國股市經過一輪又一輪的暴漲暴跌，過度的投機色彩使得證券市場聚集社會閒散資金的能力嚴重受損，長此以往，資金市場將失去一條腿。

最具有諷刺意味的是，就在中國的《證券法》出台、中國政府領導人不斷在各種公開場合表示要對證券市場進行「規範」的時候，證券市場卻出現了許多嚴重違法的事件。從一九九八年下半年開始，由於國有企業拖欠銀行貸款日益增多，中國金融危機隱患已經非常嚴重。中國各級政府為擺脫財政危機已經到了不擇手段的地步，不少根本不符合上市資格的國有企業都被各地政府推到市場

「圈錢」。此後證券市場與基金黑幕各種醜聞不斷，一九九九年，首先是海南「瓊民源」造虛假報表，使股價在兩年之內上升了1,000％以上。[22] 此事被揭穿以後，造假之風不僅沒有遏止，反而越演越烈。比較有名的是被譽為「海南支柱性產業化纖行業的龍頭企業和新的經濟增長點」興業聚酯公司(交易代碼為600259)。該公司於二○○○年五月二十五日在上海證券交易所掛牌上市，不到一年時間，該公司第一大股東所擁有的股權就被全部質押或凍結，由此帶出一連串問題：投資項目從未真正驗收，公司從沒盈利，銀行貸款動機可疑，內部職工股去向不明等等。而這一切問題又與上海證券交易所有關股票上市的規則相悖。事後根據調查，這一公司的上市所需的投資項目竣工報告是由政府部門「海南省工業廳瓊工紡字（一九九八）245號文件」替代的。[23] 海南省政府部門在這裏扮演了一個非常可疑的角色。二○○一年八月被揭穿的「銀廣夏事件」更是一個天衣無縫、持之以恒，以股市上數億資金投入作為支撐的巨大謊言。「銀廣夏」公司的全稱是廣夏(銀川)實業股份有限公司（股票交易代碼0557），這隻股票從一九九九年十二月三十日的13.97元啟動後一路狂升，到二○○○年末時其價位與一年前相比上漲了440%，漲幅位居當年中國深滬兩地股市第二位。從一九九八年十月起，「銀廣夏」的公告宣佈自己已經從德國客戶手中拿到5,000萬馬克的供貨協定；到二○○一年四月，「銀廣夏」經審計的數位表明其在二○○○年的對德出口額為1.8億馬克，「銀廣夏」的利潤主要由此而來。僅在二○○○年，此項利潤據推算已經達到4.7億元左右；與此同時，該公司公告他們已經與德方客戶簽訂連續三年、總額達60億元的訂貨合同。為了證明這種超常規的暴利為事實，「銀廣夏」不僅有財務報表，還向社會展示該公司的「真實投入」：為生產那種能夠出口的「萃取產品」（一種化工產品），公司已經出資2.8億元於二〇〇一年六月在安徽蕪湖建成新的生產線，試車典禮時各路記者雲集。該公司還宣佈：更大規模的生產線尚在申報中，據稱將投資5億元。然而到二〇〇一年八月驚曝內幕時，公眾才發現，這個公司所有的業務與利潤全是虛假的！銀廣夏兩年來的全部對德出口只不過1,070萬馬克(約合當時匯價480多萬美元)。[24]中國證監會主席周小川不得不承認：中國的上市公司存在諸多問題，如上市公司缺少公開透明、提供準確資訊的傳統，有部份公司形式上是國有控股，實際上變成了家族控股的公司。[25]而一位在上海證券交易所監察部工作的證券分析人員趙綱根據交易所資料完成的兩份報告《基金行為分析》與《基金風格及其評價》，將中國不少著名基金管理公司的違規操作曝光，由此將中國引入了一場大揭基金黑幕的漩渦。[26]

股市上的另一個大騙局就是由各地政府默許甚至參與的「資產重組」活動。據上海證券交易所的研究，從九十年代中後期開始被部份經濟學家與傳媒吹得神乎其神的「資產重組」活動，根本就未改善中國股市上市公司的業績。大多數進行資產重組的公司即使當年業績有顯著提高（這種「提高」主要得益於當年從股市上圈到大量的錢，並非效益的提高），但隨後便出現增長速度下降乃至負增長。事實證明，這種以政府行政行為主導的「資產重組」已經為各種各樣的投機目的所用，難以真正發揮資源重新配置作用。最典型的行為首先表現為政府主導「績差股」重組運動。從表面上看，控股權有償轉讓反映的是一種市場行為，但控股權無償劃撥中強烈的政府色彩不可避免地與一些私人利益集團相聯繫，一方面導致這些利益集團直接利用廉價控股權掠奪上市公司的財產，另一方面在重組事件公告之前，以公司的控股權有償轉讓為題材，利用資金優勢大幅度炒作股價以獲取高額的超額收益。其中最典型的是恆通公司入主棱光實業公司六年以來，棱光公司的經營狀況根本就未獲得改善，但恆通卻通過溢價轉讓資產、股權質押、經濟擔保等多種手段，先後從棱光實業弄走了8個多億的資產與信用。其次是玩賬面遊戲，純粹為獲得資金而進行資產重組。一九九八年，上市公司中有 368 家進行了資產重組，其中有 123 家利潤出現負增長，29 家虧損，根本原因在於這些公司重視資產重組而輕視產業整合，企業的核心競爭能力沒有提高。 ST 公司的重組也同樣如此。二〇〇〇年中期，中國深圳與上海兩市共有 50 家 ST 公司，其中 21 家處於嚴重虧損狀態，ST 鄭百文等公司更是陷入資不抵債的困境。第三種行為則是公司頻頻變臉，不斷進行資產重組。據不完全統計，從一九九七年到二〇〇〇年，中國共有大大小小的資產重組事件 2,000 多起，成為部份虧損上市公司起死回生的殺手鐧。另一項統計資料顯示，從一九九七年到二〇〇〇年十一月三十日，中國股市共發生770起比較重大的資產重組，涉及到400家上市公司，平均一家上市公司發生將近兩次大型資產重組，其中有 25 家公司連續三年實施資產重組。[27]

上述情況具體揭示了中國前幾年進行的「股份制改造」與「資產重組」運動的本質：在各個利益集團的努力下，以改變企業經營機制為目的的「股份制改造」與所謂「資產重組」，最後演變成了一場以「內部人」為主體、以國有資產與廣大中小股民為掠奪對象、以權力為參與手段，對社會資源的進行再分配的大規模尋租活動。這一點只要考慮到中國股市的基本特點「兩個90％」就可以瞭然於心。一個「90％」是指上市公司有90％是國有企業；另一個「90％」是中國目前經營證券業務的證券公司有90％是國有的或是公有的。[28]這一特點就決定了政府完全可以隨心所欲地利用股市圈錢，將其作為擺脱國有企業從而也是國有銀行危機的主要手段。股份制改造的出現，標誌着中國權力階層瓜分國有資產的活動在承包責任制以後，出現了一個新的高潮，同時也標誌着大規模權貴私有化過程的開始。從這個意義上説，「股份制改造」確實是社會主義公有制提供的一頓「免費午餐」——只是享受者限於權勢者群體而已。

歷史上，「種瓜得豆」的經驗屢見不鮮。正如中國半個世紀以前發生的毛澤東領導的以消滅有產階級為手段、以社會共同富裕為目標的革命，最終並未帶來期望中的富裕與社會安定一樣，這場以改變國有企業經營機制為目標的「股份制改造運動」也與初衷相違。放縱權力進入市場參與分配，客觀上只為大批權力圈中人物在短時期內積累鉅額財富創造了良好的機會，並加速了國有資產的流失。從社會整體的實踐後果來看，股份制改造以這種方式進行，對整個社會是一種代價高昂的付出，因為大量資源浪費在企業為謀求「改造」以及「改造」後上市的尋租活動中。尤其值得注意的是，到二○○○年末，中國股市的總市值已佔 GDP 的 50％，上市公司 1,000 多家，個人投資者 5,500 多萬戶。[29]這些數字表明股市在中國經濟中已經佔有舉足輕重的位置。中國政府任由這類投機行為泛濫下去，只會使中國股市成為一個政府「坐莊」的超級大賭場，最後賭掉的是國家信譽。

第一章註釋

1. 《深圳法制報》，一九九三年十月十二日第3版。
2. 湖北省潛江市體改委鄭家榮：「股份制目前不宜全面推開」。
3. 新華社一九九三年四月八日電：中國國務院辦公廳《處理違章集資問題的通報》。
4. 《經濟潮》創刊號（湖南出版社），子誠：「內部股『陷阱』與『原始股』神話」。
5. 這方面已曝光的有深圳市原野實業股份有限公司，深圳市鴻華實業股份有限公司。「原野」上市之後被停牌，原因之一是串通會計師事務所，在驗資時弄虛作假。「鴻華」原已被批准在一九九一年上市，也因同樣的問題被審查，後一直未獲准上市。筆者曾參與過一家大型企業深圳市家用工業公司的「股份制改造」，該企業連續三年的利潤率均在7%以下，不符合政府規定的資本年利潤率12%的要求。為提高資本利潤率，通過審批這一關，竟在政府官員的指示下，串通某會計師事務所，在半年時間內連續三次修改資產規模，最高時為1.7億，最低時僅7,900萬。同一筆資產，三次送政府審批時竟相差近1億之巨。最妙的是政府部門從未質疑此中差異。

6. 《資訊參考》(新華社深圳資訊社編），一九九四年七月七日。
7. 湖北省潛江市體改委鄭家榮：「股份制目前不宜全面推開」。
8. 筆者調查手記。
9. 《粵港信息日報》一九九五年十二月四日，「內部股票惹亂子，珠海組織大清理」。
10. 《資訊參考》(新華社深圳資訊社編），一九九四年七月七日。
11. 「中國市場經濟論壇」第二次討論會上中國國家經貿委副主任陳清泰的發言。該討論會由渤海藝術創作村、《工人日報》、開達經濟學家諮詢中心共同主辦。陳清泰任此職前，曾在湖北十堰中國第二汽車製造廠擔任領導職務多年，對中國企業情況有較深瞭解。
12. 同注4。此處引用的是中國政府「證券法」起草小組副組長高程德的說話。
13 郭東風、劉兆彬文：《國有資產流失驚人產權改革刻不容緩》。
14. 深圳市監察局審計室報告：《林某某的主要問題》；深監審字（一九九〇）131號，《關於林某某同志所犯錯誤的處分決定》。
15. 本節資料來源：

深圳市審計局：《審核結果通知書》，深審審核字（一九九一）4號，一九九一年四月十八日。

深圳原野實業股份有限公司董事會：《對〈審核結果通知書〉深審審核字（一九九一）四號的申辯函》，一九九一年五月八日。

深圳市原野實業股份有限公司董事會：《關於公司股東投資等方面情況的八個專題材料》，一九九一年六月十三日。

原野問題，從頭開始就讓人有撲朔迷離之感，後面黑幕重重，未見諸文字的各類傳說太多，而那些傳說也並非空穴來風。在彭建東與後來的深圳市市長厲有為發生巨大矛盾時，鄧小平侄女丁嵐在厲有為的支持下將此公司據為己有，並更名為世紀星源。

16. 新華社北京一九九五年六月一日電，見《羊城晚報》一九九五年六月二日。
17. 《法制日報》一九九六年一月二十四日。
18. 新華社北京一九九六年七月十二日電。
19. 《深圳特區報》一九九三年七月九日。
20. 「中國證監會查處一批違規機構」，一九九六年事見《深圳特區報》(一九九六年十二月六日）。
21. 《世界日報》二〇〇一年八月五日A8版。
22. 《財經》（北京）一九九九年四月號。
23. 「興業聚酯疑竇」，《財經》（北京）二〇〇一年四月號。
24. 「銀廣夏陷阱」，《財經》（北京）二〇〇一年八月號。
25. 「周小川痛批上市公司」，《世界日報》二〇〇一年九月十一日D5版。
26. 《財經》（北京）二〇〇〇年十月號。
27. 黃湘源：「上市公司濫用資產重組」，《廣州日報．財經新聞》二〇〇一年二月十二日。
28. 《南方都市報》二〇〇一年三月七日B36版。
29. 《中國經濟時報》二〇〇〇年十二月十五日：「中國股市風雨十年路」。

第二章　九十年代的「圈地運動」

八十年代的價格雙軌制、承包責任制，以及「股份制改造」運動，使許多人成功地參與了社會財富再分配。在稍後一點的「圈地運動」中，中國的權力階層與一些利益集團相結合，將尋租活動延伸到國有土地資源的配置中去，由此將瓜分國有土地資源及其收益推向了高潮。

一、「圈地運動」在中國的展開

二十世紀五十年代初，中國共產黨通過土地改革，建立了和計劃經濟體制相配套的土地使用模式：土地資源集中控制在政府手中，任何用地都得經過行政劃撥。直到一九八六年《土地管理法》出台，才突破了實行二十多年之久的行政劃撥方式，規定了行政劃撥和有償出讓兩種形式並行，提出了建立土地市場的初步構想。一九八六年《土地管理法》還確立了「分級限額審批制」，如規定國家建設徵用耕地1,000畝以上，其他土地2,000畝以上的，由國務院批准；徵用耕地3畝以下，其他土地10畝以下的，由縣政府批准。但是，這些法規條文流於形式。在此後展開的「圈地運動」中，非市場手段始終是分配土地資源的主要手段。

從一九八七年開始，到一九九二年達到高潮的「開發區熱」，其實質就是當代中國的各級權勢者對土地資源及其收益的一次大瓜分。被圈佔的既有城市土地，也有大量耕地。「圈地」的手段十分複雜，而其進程在各地亦有快有慢。大體上説，「圈地運動」可分為兩個階段：第一階段採用非市場化手段——劃撥；第二階段是非市場化手段和市場手段，即行政劃撥和土地有償轉讓相結合，但以前者為主。

深圳特區在全國各省市中，最早認識到土地的價值，於一九八七年率先在全國採取公開拍賣的方式，試行土地使用權有償轉讓，使用期限為五十年。在深圳試驗的基礎上，一九八九年三月中共七屆人大會議修改了憲法，在「任何組織或者個人不得侵佔、買賣、或者以其他形式非法轉讓土地」這一條款後面，又補充了一句：「土地使用權可以依法轉讓」。一九九〇年五月以國務院 55 號令頒佈的《中華人民共和國城鎮國有土地出讓和轉讓暫行條例》，進一步對土地使用權的多項經濟權利作出明確界定，規定在獲取土地使用權的同時，也可以獲取有限度的佔有權、利益權和處理權，使用者可以用出售、交換、贈與等形式轉讓使用權。從內容來看，這一法規是對土地使用權所做的改革，它的出台，為以後各地的土地有償轉讓提供了法律依據。

世界範圍內不乏利用土地資源有償轉讓獲得大量資金，從而使本國經濟起飛的成功例子。深圳在土地制度改革方面的嘗試，以及中央政府用法律形式對這一制度改革的肯定，應該是對經濟發展方略的正確選擇。但由於這一制度留下的操作縫隙太多，這一圍繞土地使用權所做的改革，又被腐敗的官員隊伍加以充分利用，從而使得這一改革再一次成為規模盛大的「免費午餐」。

「圈地運動」首先於廣東興起，港資以深圳為基點，不斷湧向珠海、汕頭、廣州以及整個珠江三角洲，各市、縣紛紛建立「開發區」，仿效深圳搞土地有償轉讓，以此吸引外資。一九九二年香港資本市場總量的1/10均投向大陸房地產業。[1]一時間，「開發區熱」遍及全國，鉅額台資投向廈門、福州；大連、天津、青島則開始吸納日本和南韓的資金；上海浦東提供更多的優惠，允許外商成片開發土地。當年，各地政府都將「引進外資」列為主要政績。但仔細考察就會發現，從一九九一開始，直至一九九三年初蔓延全國的所謂「外商投資熱」，其真相就是外商對商品住宅樓宇、別墅、寫字樓和通用廠房的投資迅速擴張。據估計，中國在二十世紀九十年代上半期開放房地產市場所吸納的外資，佔了「引進外資」總額的90％左右。[2]

據中國國家建設部公佈的資料，截至一九九三年三月宣佈清理時，中國大陸縣級以上的開發區已達6,000多個，佔地1.5萬平方公里，比中國當時城市用地面積總量1.34萬平方公里還多出0.16萬平方公里。而且這還不包括那些未統計在內的村級、鄉鎮級開發區，「圈地熱」於此可見一斑。

最值得深思的是當時社會各方面一點也沒注意到這種「圈地熱」後面潛藏的巨大危機，就在國務院宣佈清理房地產開發區後的一個月，即一九九四年四月二十一日，新華社北京分社的一則通傳還將房地產業稱之為「市場經濟新寵兒」，並羅列了一大串資料説明房地產業發展之迅速。那些資料倒是可以用來説明當時房地產的虛熱到了何種程度：一九九二年全國的房地產共完成開發投資732億元，比一九九一年猛增117％；共有房地產開發公司12,400餘家，各類房地產經營、管理、修繕公司4,700餘家，房地產交易仲介機構4,000多家，從業人員250萬人。一九九二年商品房峻工

18,969平方米，比上年增長57.75％；房地產開發公司經營額達到529億元，增長87％；房地產開發利用外資7.05億美元，增長226％；沿海地區房地產業的發展明顯快於內地，海南、廣東、福建、浙江、上海、江蘇、山東七省市一九九二年完成的房地產開發投資額就佔全國的60％以上。

在這種「大躍進」式的「發展速度」面前，中國似乎又一次熱昏了頭。

二、權力滲透「圈地運動」

「圈地運動」帶來的社會經濟後果令中國政府為之扼腕。面對土地供給總量嚴重失控、土地供給方式失調的局面，非既得利益者的各界人士對「圈地熱」嘖有煩言。

所謂「供給總量失控」，還不僅僅是指上述土地供給的絕對總量，更主要是指各地在缺乏與項目、資金銜接能力的情況下盲目劃地，造成開發區的面積與開發能力很不相稱的局面。許多地方在項目都沒有的情況下，就盲目批出大量土地，而這些土地根本就沒有能力開發，晾在那裏曬太陽。以湖南省為例，到一九九三年下半年，已建立各類開發區300多個，總面積達2,485平方公里。但絕大多數土地開發資金都無着落，無力進行「七通一平」(即通水、通電、通煤氣、通電話、通車……，平整土地)等基礎性建設，所以只見開發區掛牌、圈地，卻不見有誰正式「開發」。直到一九九五年十一月，湖南長沙一地因以上原因導致「曬太陽」的土地還有數百萬平方米，有的已「曬太陽」長達七、八年之久。[3]

據國家農業部的官員介紹，這些開發區的土地，80％以上是耕地。一九九二年中國淨減少耕地超過1,000萬畝，形成一九四九年以後中國耕地減少量的第三個高峰。一九八六年至一九九五年 10年間，非農建設佔地總共3,000萬畝。這些被徵集的土地大部份並沒有投入開發。到一九九二年以後，情況更為嚴重，一方面是非農建設用地指標不斷被突破，大量土地徵而不用，閒置在那裏曬太陽；另一方面卻是大批的農民無地可耕。僅以廣東省為例，截至一九九六年全省查荒滅荒大檢查為止，過去10年間該省城鎮擴大規模，佔用土地達 133.5 萬畝，其中耕地佔了一半。[4]

對社會影響更為嚴重的是土地供給方式的失調。所謂「失調」是指土地供給方式採用行政劃撥，從而使權力進一步市場化，為不少人進行「權錢交易」提供了絕好的機會。如「炒地」炒得白熱化的海南，在土地供給的「一級市場」[i]上，權錢交易幾乎是公開的。不少手握實權的人和房地產公司串通一氣，以極其低廉的象徵性價格大批圈佔土地，然後轉手獲取暴利。當時海南人普遍有這樣一種心理：只要圈到地，就肯定有錢賺。在「圈地熱」高峰時期，僅在

i　土地一級市場與土地二級市場：中國改革時期一個特殊的經濟概念。中國在改革以前，一切土地所有權歸國家所有（包括農村及城市）。一九七八年改革以後，中國要建立土地市場，出讓土地使用權，由政府充當賣方（實際是租方）的市場稱之為「土地一級市場」，購買方可擁有五十年土地使用權（一九九九年以後改成七十年）。買方拿到土地使用權後（證明文件是政府給予的土地使用許可證，紅線圖），可以再與其他企業或個人進行土地使用權的買賣。企業或個人之間的土地買賣稱之為「土地二級市場」。

中國的特殊之處在於：政府的國土資源管理局既是國有土地所有權的代理人，又是土地買賣的規則制定者，此外還是買賣土地過程的參與者與裁判者。國有土地管理產生大量腐敗的根源即在於此。

海口一地，就麇集了600多家房地產開發公司，300多家建築企業和300多家規劃設計單位。這些企業只要自有資金能夠抵付銀行貸款，就大量圈佔土地。有門路的國內外商人常越過基層辦事單位，直接找省、市、縣一級領導批地，市、縣一級的土地規劃部門形同虛設。許多人圈佔土地轉手倒賣發了財後就一走了之，「圈地熱」並未引發「建設熱」。海南從一九九三年以後逐年衰落，至今除了色情行業畸形「發展」之外，百業蕭條。

廣西北海市的「圈地運動」並不比海南遜色。該地雖在中國沿海的14個開放城市[ii]之列，但多年來卻無法啟動「開放」之門。該市政府效法廣東、海南，抓住房地產，掀起了「開發熱」，在一九九二年一年之內就建立近20個開發區，批出土地80多平方公里，批准成立房地產公司500多家。到一九九三年六月為止，該市的房地產企業已有1,100多家。能在「一級市場」上拿到土地的，自然都是和權力圈沾邊的人。北海市市長帥立國曾對別人感歎自己的「苦衷」：「北海市的房地產虛熱誰也不能否認，這種虛熱的根由就是土地失控。但我有甚麼辦法？上級領導的批條我能不簽字嗎？知道這種情況是錯誤的，但我也沒有辦法控制。這是中國特色，不是我這個市長能頂得住的。地就是這樣幾平方公里幾平方公里地批出去了。」[5]

ii　開放城市：中國改革時期一個特殊的政治地理概念。一九七八年以前的毛時代，中國在外交上實行閉關自守，外國資本不能到中國進行投資。鄧小平允許劃出一部份城市，實行一些優惠的稅收政策，允許外國商人到這些城市投資，這些城市叫做「開放城市」。中國共有14個這樣的開放城市，比較著名的有：廣東深圳、珠海；海南海口；山東青島；遼寧大連；上海；天津；廣西北海，等等。

天子腳下的北京城則又是另一番景象。一九九二年1年之內，該市經行政劃撥的土地達24,000餘畝，其中一次性劃撥佔地10畝以上的便達總數的80%。僅一九九三年一月，一次性行政劃撥10畝以上的土地就有八批。一九九二年土地劃撥量是一九九一年的3倍多，而商品房投資總額卻只比一九九一年增長42.2%，可見為數不少的人意在「圈地」，而不在建房。正因為北京的「通天大腕」多，行政劃撥土地容易，才會出現這樣的情況：一九九二年二月四日，北京市舉行首次土地招標，在為期四天的招標期內，竟無一位投標者光顧。道理很簡單：能花少許錢打通關節（即買通官員）弄到行政劃撥地，又有誰會去要那代價高昂的「招標」競買地？

即便在較早實行土地有償使用的地區如廣東，截至一九九二年底，招標出讓的土地也不超過土地供給總量的5%。深圳特區在實行土地有償出讓的第六個年頭——一九九二年，其招標出讓的土地也僅僅只佔土地供給總量的25.2%，大部份土地還是採取行政劃撥方式。在建設部宣佈清查後，深圳市人大、政協聯合組團對寶安、龍崗兩地進行清查，初步統計出該兩區在「圈地熱」中佔用的農業用地（包括魚塘、果園、菜地、稻田）共計7萬多畝，其中有近5萬畝屬於違法用地，約有3,000多個項目。而與「圈地熱」相伴而行的是深圳市的蔬菜零售價格比一九九二年同期上漲一倍多，各種魚類的價格也翻了一番。[6]

這種行政劃撥方式，一方面妨礙了房地產市場建立公平競爭機制，另一方面導致種種腐敗現象叢生，不平等的權力分配在「土地一級市場」上表現得淋漓盡致。在「圈地熱」已過去好幾年的一九九六年，一份詳細的資料記載着這樣一些數字：一九九二年至一九九四年間，廣東共發生各類違法批地、用地案件13,849宗，涉及面積152,000畝，其中屬政府違法的佔80％左右。在一九九六年廣東省的「查荒滅荒」大檢查中，查明因非農建設徵而未用的23.8萬畝閒置土地中，70％是政府所為。[7]

三、權勢者的盛宴——瓜分國有土地收益

儘管《土地管理法》和《城鎮國有土地使用權出讓和轉讓暫行條例》等法規明確了國家對一級土地市場的壟斷權，並規定對土地使用權轉讓等市場行為徵稅，但在劃撥土地這個環節上卻存在大量「灰色行為」，所以事實上國家並未成為土地資源出讓的最大受益者。權力介入房地產業，使「圈地運動」的早、中期參與者大發其財，已是不爭的事實。來自《福布斯》二〇〇二年中國富豪榜的信息顯示，在前10名富翁中，中信泰富集團榮智健、世茂集團許榮茂、廣匯集團孫廣信、香港富華集團陳麗華、新希望集團劉永好、復星高科技集團郭廣昌、仲盛集團葉立培等這7人的公司業務中都有房地產業。再加上農凱集團周正毅、海星集團榮海以及卓達集團楊卓舒，前20名富豪中有10人都在從事房地產，可以說中國富豪的一半都是房地產商。中國國有土地資產總量在25億元左右[8]，據不完全的保守估計，在「圈地運動」期間，國有土地收益流失每年逾百億元。[9]

在廣東、海南、深圳、北海、上海等地的人都明白，只要和土地沾上邊的人，幾乎都有可能「發達」。從徵地開始，為數眾多的村幹部和村土地經辦人，以及區、鎮、縣、市國土和建設部門的工

作人員，幾乎每個環節都需用錢來打通「關節」。「前門」(正常辦事程序)往往走不通，最有效的辦法是送「公文袋」，袋裏裝上一紮一紮的現金，一般數目是幾萬人民幣加幾萬港幣。一位「圈地」的參與者曾繪聲繪色地講過他「腐蝕」廣東幹部的「送禮三部曲」：首先是問清該主管幹部的電話號碼、住址，第一次上門時提一些水果「投石問路」，第二次再送「紅包」，以後就是面對面地「講數」(即討價還價）。而另一位則別有見解，說這些先富起來的廣東幹部對錢的興趣已不是很大，倒是對北方（廣東人將韶關以北統稱為「北方」）的美女垂涎三尺。於是他就投其所好，廣攬美女做「公關小姐」，具體的「服務項目」則事先講好。這些在各個環節上流失的「買路錢」最後自然都計入成本，使市場商品房價格上漲。不少行內人士透露，這一類「前期開發費用」幾乎佔樓價的20％至50％左右。中國這個低收入國家出現高收入國家房價的扭曲現象，很大程度上就是由這個原因造成的。[10] 在一篇題為《深圳市村鎮土地管理中腐敗情況調查及其對策》的調查報告中，筆者對「圈地運動」中種種腐敗行為有詳細的說明。這篇調查報告談到，僅在一九九三年上半年這一段短短的時間內，深圳市經濟罪案舉報中心就收到有關一些幹部利用村鎮土地開發、轉讓之機進行貪污受賄活動的舉報36件，涉嫌46人。其手法主要有下列幾種：一是利用土地轉讓之機，依仗職權搞「檯底交易」(暗中進行的權錢

iii　大頭小尾：中國開具商業發票時的一種非常流行的欺騙行為。在書寫發票時，將報銷聯與存根聯分別填寫，報銷聯填寫一個大數目，稱之為「大頭」；存根聯填寫一個小數目，是購買方實際付出的款，稱之為「小尾」。購買方拿到這張發票後回單位可以利用報銷機會吃差價，這在當代中國社會是十分普遍的行為。

交易），收受所謂「茶水費」、「好處費」，數額動輒數十萬元，甚至上百萬元；二是利用經辦轉讓土地的手續，與對方串通，瞞報地價，採用以多報少，「大頭小尾」[iii]等手法，侵吞土地轉讓款；三是利用土地開發的審批權，與客戶搞權錢交易，這在國土管理部門比較常見。他們慣用的手法是將申請拖着不辦，然後看誰「醒目」（識趣），誰「識做」（善於賄賂），誰的手段高明，吃喝玩樂一條龍，就給誰辦理。[11]深圳市寶安縣建設局規劃科副科長余強就是這方面的典型。這位職務不高但「權力」卻很大的副科長利用審批權，先後索賄 250 萬元人民幣，313 萬元港幣。[12]至於利用區（縣）、市、省三級多頭批地弄「人情地」、「關係地」更是常見手法。僅深圳一地已經「曝光」的就有市房管局局長陳炳根、福田保稅區主管地政規劃的三名處長和一名科長，寶安的十多名村幹部，以及因搞房地產開發而貪污受賄達800萬元之巨的曾利華。二〇〇一年被查處的深圳市主管城建的副市長王炬一案大曝光，被牽涉進此案的貪官共有 32 人，幾乎囊括了深圳市國土與城建系統的主要官員。其中移送司法機關處理的 16 人，貪污受賄數額都在幾百萬元以上。僅僅是王炬女兒王濤在「溫莎廣場」這一個房地產開發項目上，王氏家族就謀利超過1.2億元。按政府規定，這塊地應該交地價 1.5 億元，而王炬指示其下級官員深圳市國土規劃局副局長龐成鴻為溫莎廣場項目辦理地價減免手續，僅核定地價為2,760.77萬元，少交1億2,239.23萬元。[13]一個長沙市國土局，從市國土局局長左天柱到下面的幹部，就有 10 名因受賄而受處理。[14]四川簡陽市則由一位副市長親自出馬組建一個「股份制」房地產公司，擔任總經理，專事一本萬利的房地產「經營」：首先從政府手中以極低的價格批得土地，然後再轉手高價賣給其他的房地產商。[15]在號稱「炒地」炒得發了瘋的廣西北海市，其中黑幕更多，在中央聯合調查組經過兩年調查才查清楚的有關北海「圈地」的貪污受賄案中，涉及人員達 123 人，其中廳級幹部 5 人，處級幹部 20 人，涉案金額達 1.1 億人民幣。北海市委的三個常委即常務副市長王芳春、政法委書記彭福欽、組織部長何有學均因大肆貪污受賄受到懲處。[16]在這一輪遍及中國大陸的「圈地運動」中，中國現行的土地管理體制將它的種種弱點暴露無遺：幾乎沒有任何有效的措施來制約地方政府及部份官員在土地開發中決策的隨意性。甚至已出現過這樣的例子，一些不同流合污的國土管理幹部，竟被當地政府領導以「與當前經濟發展形勢不合拍」、「膽子不夠大」、「阻礙地方經濟發展」為由，或調離領導崗位，或被降職使用。[17]

這些批出來的地很少進入真正的開發，大部份都被炒來炒去。如上海在一九九二年五至十月，僅別墅地就批出五平方公里，一塊地動輒就是1,000畝以上。但到了一九九二年十月以後就出現了這樣的情況：一是規劃好的地皮賣不動，二是一塊地盤有數家公司在推銷，真正開工的並不多。廣西北海市的土地，地方政府實行「低門檻政策」，但在一九九三年上半年，這些土地經三、四次轉手後，市場價格漲至原價的一、二十倍。廣東淡水、惠東的地皮更是成了「要多少有多少」的無限供給局面。這些地方的土地價格隨行就市，全視經辦人得的「好處費」多少而定。一些能拿到「條子」批地的人，幾乎不用資金，只需交一點點手續費拿到「紅線圖」(土地規劃圖，因用紅線標出，故得此名）後，便馬上將土地脫手，立成巨富。重利吸引之下，廣東附近的湖南、四川等地，大大小小的權勢者多方籌集資金來廣東炒地。一九九二年下半年，淡水「熊貓汽車城」項目告吹，惠州市政府決定於一九九三年四月份召開「土地清查聯席會議」，準備將資金項目落實不了的土地收回。不少圈佔了大量土地的本地單位及人士事先得知這一消息，紛紛以重金回扣相許諾，動員各路「神仙」（指門路廣的人）出動，四處拉買主，最高回扣竟達成交金額的10％以上。不少湖南人回去動員家鄉的單位或個人前來淡水、惠東炒地皮，一時之間，湖南不少縣、市的黨政部門和「能人」，都爭先恐後以各種名目，通過各種渠道向銀行貸款，奔赴淡水去發「地皮財」。在「炒風」最烈的湖南省邵陽市和邵東縣，就連教委、體委、計劃生育委員會、工會這類俗稱「清水衙門」的事業單位都不示弱，紛紛傾囊而出，把教育及體育經費全都拿出來，聊作「以錢生錢」的資本。一些曾參與炒地皮的人透露這種炒法對參與者的「好處」：賺了，公家得「小頭」，送點錢回單位去交差，私人則得「大頭」，參與者和跟隨坐鎮的銀行代表利益均沾；虧了，拍拍屁股走人，自有地皮和「紅線圖」之類的放在那裏向單位和國家銀行交待。湖南邵陽市一家工商銀行挪用公款到淡水炒地皮所賺的錢，全被集體私分。截至國務院下令禁炒地皮之時，湖南省全省銀行亂貸款、亂拆借投入到房地產上的資金已達數10億。這些錢全被凍結在地皮上，嚴重影響了當地經濟運行的正常秩序，至今凡參加「炒地」的市、縣還未恢復「元氣」。[18]

海南省可算是靠「炒地皮」製造房地產虛熱的一個典型。一九九九年中國國務院成立一個房地產協調小組，解決大陸房地產過剩問題，並將海南作為清查典型。從這次在清查過程中公佈的資料可見海南房地產虛熱之一斑。海南從一九八八年建省以來，房屋建設達3,669萬平方米，其中完工面積1,686萬平方米，正在興建的為144萬平方米，停工面積為1,135萬平方米，未開工面積為704萬平方米。海南房地產的貸款大多數來自於銀行貸款，建屋投資共達626億人民幣，銀行和非銀行金融機構貸款為375億人民幣，其中海南省內銀行投入165億人民幣，省外銀行投入186億人民幣，截至到清查日止，一律都積壓成為銀行的呆賬。[19]

在任何國家，土地都是不可再生的重要資源，更是國家積累建設資金的重要來源。在有着天文數字般龐大人口的中國，土地資源的約束已經相當嚴峻。在人均耕地很少的情況下，中國大陸政府大量出讓土地有着雙重目標：一是通過土地使用權出讓來積累建設資金，這對資金匱乏的中國來説，確實非常必要；二是希望通過此舉促進住房商品化，以改善中國人的住房條件。但是由於權力的高度市場化和權力層的群體腐敗，使實際結果遠遠偏離了上述目標。

首先，由於「一級市場」上實行土地供給雙軌制（行政劃撥和有償出讓）模式，這就使大部份土地通過行政劃撥流入「二級市場」，這部份土地基本上沒有多少收益可言。而有償出讓的那一部份，由於缺乏地價評估、地價管理的行政法規和公開的地價標準，使許多地方的掌權者在有償出讓的過程中，為了從中取利，競相壓低地價，隨意處置土地資產，造成國有土地收益大量流失。大量資料表明：中國土地「二級市場」上的價格並不低，一九八五年一般城市地價約為每畝5～8萬元，一九八八年上漲為每畝15～20萬元。九十年代前期沿海地區和珠江三角洲城市的地價猛漲，已超過每畝100至200萬元，有些黃金地段更高達每畝700萬元。[20]這些價格往往是「一級市場」的數倍乃至10多倍，價差在中間環節大量流失。所以不少地方的土地雖然大量出讓，但地方政府卻未能形成大的積累，只使不少權勢者和參與炒地者成為巨富。有人曾算過一筆詳細的賬，政府出讓的大部份未經開發的生地或不完全具備「七通一平」條件的毛地，土地價格大多都很低。根據北京市黃金地段土地價格分析，未開發成熟的土地批租價格只佔開發成熟的土地價格的10％，即：一塊開發成熟的土地的價格，一般包含10％的土地出讓金、30％的基礎設施和基地處理投資，以及60％的土地增值費。也就是說，在中國這段時期這樣一種土地供給方式下，政府出讓毛地或生地，僅僅只能拿到「二級市場」上土地價格的10％。[21]至於中國房地產業的利潤，用行內人士的話來說是一個「秘密」，即一個永遠也無法測知其深淺的財富「黑洞」。每一個涉足房地產的人，由於土地的來源和拿到土地的時間不同，從而得到的利潤也很不相同。總之，通過這種「灰色渠道」形成的收入分配畸變，是當代中國社會發展過程中最具政治意義的方面，它誘發了社會道德的大滑坡，使社會秩序不可避免地陷入動蕩混亂，社會公眾對於不公平現象的怨恨情緒普遍增強。

其次，出讓土地雖多，卻並未使民眾的住房問題得到多少實質性的解決。由於土地「二級市場」價格過高，建造以中下等收入者為銷售對象的大眾化住宅根本無利可圖，開發商們紛紛建造豪華公寓和高級住宅，以港台人士和國內的「大款」為銷售對象，這就使中國的房地產市場陷入嚴重的供需脫節。據房地產業內人士對世界各大經濟中心城市的樓價進行對比，中國大陸中心城市的樓價已與英國、美國的中心城市不相上下，比加拿大、澳大利亞還要昂貴。據《中華工商時報》公佈國家建設部的房地產市場數據，一九九五年中國大陸商品房空置達5,046萬平方米，二〇〇〇年即達到8,000萬平方米。但其價格卻使缺房的工薪階層積畢生之力都無法購買。直到房地產價格連續跌了兩年以後的一九九六年，在內地大城市如上海、北京，以及沿海的廣州、深圳等地，一般規格的商品房每平方米價格尚需4,000～6,000元，一般省會級城市如武漢、長沙則需3,000元左右。根據中國大陸的收入水平，每平方米超過2,000元的商品房價格，與工薪階層的購買力相去甚遠。[22] 商品房積壓到一九九六年，就出現了這樣的情況：中國華興河北實業發展公司對10幢建成幾年沒能售出的高級別墅實行爆破撤除，將其夷為平地，準備另建公寓樓，當地百姓為之嘩然。[23]

從世界經驗來看，房地產發育有兩個基本條件：一是人均房地產比重和城市化水平，二是社會資本積累速度。就第一個條件而言，中國大陸人均房地產水平不僅遠遠低於發達國家，也低於一些發展中國家。城市化水平也比較低，這是房地產市場發展的有利條件。就第二個條件而言，這些年中國大陸社會資本積累的速度相當快，但是分佈卻極不均衡，主要集中在7％的富裕及富豪型家庭手中。這些家庭一般已擁有令普通民眾望塵莫及的住宅，其中有些家庭還擁有多套。而有購房需要的工薪階層面對如此昂貴的房價，卻並沒有有足夠的購買力。也就是説，中國目前這個房地產市場之所以「人氣」不旺，購買者不多，是因為這個市場在很大的程度上是「炒」上去的，而不是建立在有支付能力的需求之上的。這方面情況可以從兩方面得到論證：一是一九九五年中國房地產開發企業經營狀態。據統計，這一年房地產企業有40％處於停業狀態；處於經營狀態中的企業有13.64％，但卻處於虧損狀態；處於其他狀態的佔46.36％。二是房地產市場狀況低迷，這一年，商品房空置率增長了53.46％，全國房地產開發企業負債率達72.36％，除上海、廣東、浙江和貴州之外，其他25個省市出現行業性虧損，開發企業的虧損面達52％。[24]世界銀行對許多國家進行調查後發現，住宅價格應保持在家庭年收入的3～6倍為宜，超過6倍則很難有市場。以中國家庭年收入排列在第一、二名的北京、上海兩地計算，一九九五年上海一個雙職工家庭年收入為1.8萬元左右，按照中國大陸目前的商品房價格，一個家庭要購買一套中等水平、面積為70平方米的商品房，約需30餘萬元，為家庭年收入的16倍左右。[25]到二〇〇一年為止，即使是家庭年均收入遠遠高於全國普通大中城市的北京，購買一套80平方米的中檔住房，也需要付出38萬元人民幣，是家庭年均收入3.4萬的11倍。[26]中國國家建設部研究中心主任程振華一九九六年八月間對傳媒透露，中國房價高是由於住房建設成本高。而目前在中國大陸，除了就業政策之外，再也沒有任何公共政策比住房政策對民眾影響更大。截至二〇〇〇年年底，中國大陸官方公佈的最新統計資料表明，大陸民眾人均住房面積僅為10.25平方米[27]，距離官方許諾的「小康水準」人均25平方米住房的差距還相當大。這方面的挫折和失望越多，民眾對改革的滿意程度就越低。

第三，房地產虛熱引發了潛在的經濟危機，這一點只要借助於「光環市場」和「環上市場」理論分析就可以知道。所謂「光環市場」是指超過實際需求的產品，即剩餘產品的市場。這些產品在工廠裏以積壓、商店裏以滯留的形式表現出來，競爭越激烈，光環市場越大。光環市場雖然是難以成交的產品構成的，卻能造成虛幻的繁榮，如同一些星體所具有的光環一樣，這些光環雖不是實體，卻是真實的存在。「環上市場」是建立在光環市場上的市場。如房地產業需要大量的建築材料，由於競爭，建築材料的供應量將超過實際需求。如果實際需求量為1,000套房屋所需的鋁合金門窗，而供應量卻達到1,050套房屋的鋁合金門窗，那麼其中50套房屋的鋁合金則為光環市場。製造這1,050套房屋的鋁合金門窗的鋁合金材料則形成了實際需求，其中50套門窗的材料則是建築在光環市場之上的，稱為「環上市場」。同時鋁合金材料市場由於競爭又會形成新的光環市場。可以說，光環市場如同沙灘，而環上市場則是沙灘上的巨型建築。如果第一市場的剩餘產品已達5%，那麼第六市場則佔30%。如果競爭白熱化，第一市場的剩餘產品率為20%，那麼第六市場則會高達120%。如果第一市場因剩餘產品的壓力過大而崩潰，上面那些剩餘產品比例更高的市場如第二、第三……第X市場則一定會像雪崩一樣垮掉，沒有辦法能阻止這種崩潰。這是經濟危機突發性強、規模巨大、波及面廣的根源所在。本章僅僅只分析了一個與房地產業有關的市場，而實際上房地產的相關產業有50多個，有間接聯繫的又還有許多個。由此可知，圈地運動造成的房地產虛熱，會對中國經濟有何影響。

四、房地產市場能否成為新的經濟增長點

從一九九六年上半年開始到二〇〇一年，中國政府通過八次降低銀行存款利息，希望以此啟動房地產市場需求，但迄今為止，已經可以很明顯地看出這一政策目標難以達到。看來在產品相對過剩

的今天，與有效需求不足作「鬥爭」，是今後比較長一段時間內中國必須應對的經濟難題。選擇房地產業作為新一輪經濟發展的啟動點，也就順理成章地成為高層決策人士和部份官廳經濟學家矚目的經濟政策。在這段時間內，建設部、國家計委、國務院有關部委負責人都相繼表示要理順政策，調整商品房價格，發展住房金融，通過降價處理和租賃的方式來盤活現有存量的房地產市場，以住宅建設作為新一輪經濟增長的啟動點，帶動其餘50多個相關行業的發展。但在房價高漲、公眾缺乏購買力的情況下，可以想像，要達到目的有相當大的難度。

目前住宅產業難以啟動的一個根本原因就是一次性支付的高房價與國民相對較低的工資收入的矛盾。這一點從發達國家購房支出與家庭年收入之比可以看出：

表：2-1

部份發達國家購房支出與家庭年收入之比	
國家	每套住宅售價與家庭年收入之比
美國	2.8:1
加拿大	4.8:1
英國	3.7:1
巴西	5.7:1
澳大利亞	4:1
瑞典	1.8:1
中國	12～14:1

據瞭解，不少中等發達國家居民收入水平大大高於中國大陸，而住宅價格卻低於中國大陸。這些國家每套住宅的總價格，均在家庭年收入的六倍以內，加上有銀行提供的按揭，這些國家的居民均

可輕鬆地買房、租房。中國大陸人均收入排列世界200多個國家的170位左右，而房租房價卻大大超過中等發達國家，甚至比發達國家還高，顯然不合中國國情，是極不正常的經濟現象。目前中國大陸商品房售價與工資收入之比普遍在12:1左右，有的地方如北京、上海、深圳與廣州還明顯高於這一比例，顯然高於國際標準許多。

從一九九六年至二〇〇一年這一期間，中國政府先後制訂了一系列優惠政策支援個人置業，以啟動房地產市場。問題是房地產市場需求和供給之間那巨大的缺口如何才能彌縫？解決市場商品房滯銷的關鍵，是將降低商品房的價格和提高居民的購買力二者結合起來，在房價降下來的前提下，讓居民通過15～20年分期付款的方式購買一套住房，這樣才有可能啟動市場。但關鍵在於：要降多少，老百姓才能買得起？根據上述價格分析，中國大多數人民距離價格昂貴的商品房還有很遠的距離。

從市場供需狀況來看，已經造成嚴重滯銷的房地產市場並不會因中國政府的各種「改革措施」一出台，就會拉動需求快速增長。而且中國國情特殊之處還在於：房地產公司絕大部份是國有企業，而投入房地產開發的貸款又多來自於國有銀行。在開發項目的過程中，項目負責人可以通過購買地皮、發包工程等各個環節貪污受賄，在利益驅動下，他們也就不管企業能否獲得利潤，以及銀行貸款能否及時歸還。因為只有繼續「開發」，他們個人才可以撈好處。這就是中國房地產開發商明知商品房嚴重過剩，還要不斷進行「開發」的真正原因。北京的商品房空置率在全國算是偏高的，但房地產開發熱卻一直沒有降溫，直到二〇〇一年為止，北京市房地產企業還有4,000餘家，其中70％以上沒有開發實力，並不從事房地產開發，而是想盡各種辦法從政府那裏拿到土地開發權，然後靠合作開發或者轉讓土地開發權牟利。[28]所以中國房地產市場出現了一個奇怪的現象：一九九五至二〇〇〇年，城鄉居民在銀行的存款從35,457.9億元增至58,000億元，而過剩商品房卻從5,046萬平方米一直上升到二〇〇〇年的8,000多萬平方米。在這背後其實就是大量的土地違法案件，參與者主要是政府官員及與他們有權錢交易關係的房地產開發商。一九九八年全國共查處了土地違法案件28.7萬多起，涉及土地面積115.6萬畝，其中耕地38.7萬畝。[29] 二〇〇一年六月十日，大陸國土資源部執法監督局局長孟憲來對外公佈：二〇〇〇年大陸土地違法案件共17萬件，造成大陸每年國有土地流失超過100億元人民幣。而這些土地違法案件雖然大量發生，但查清的卻很少，查到位的更少。[30] 這種完全脫離市場需求狀況的「房地產開發」，只為大陸市場製造出更多過剩的商品房。因為一般百姓的存款多是養老或子女教育所需，在所謂「教育產業化」政策的推動下，中國高校的學費較10年前上漲了100倍，中國公眾子女教育支出大幅度上漲，這些存款更難在「政策刺激」下轉換成對房屋的消費需求。

五、「圈地運動」在中國當代原始積累史上的地位

在「圈地熱」後面，隱藏的是鉅額利潤。這一時期，涉足房地產的人士經歷了「以無博有」、「以小博大」這兩個階段。在「房地產熱」初起階段，港澳和國內一些人手裏只要有幾10萬資金就可以

搞房地產開發，一方面他們找到掌實權的政府官員，採取賄賂等手段批出紅線圖；另一方面用同樣的手段籠絡金融界人士，批出貸款，在短短時間內靠玩「空手道」成為巨富，這是在「圈地熱」初起時的普遍現象，被行內人士稱為「以無博有」。經歷了一段時間後，一些人用幾百萬、上千萬的資金搞開發，經歷了九十年代初兩次小小的高潮後，成了中國地產業的大亨，這在房地產業內被稱為「以小博大」。據建設部部長侯捷在報上公開介紹，在中國投資房地產業利潤率大大高過國際水平，也高於發達國家。國際上房地產的平均利潤率基本上是6％～8％，但中國國內房地產業的平均利潤率不低於30％，即使近年市場很不景氣，也在20％～25％左右，連利潤率最低的安居工程，也有15％左右的利潤，大大高於一般產業的利潤水平。

在中國當代資本原始積累史上，中國經歷了以下幾個階段：個體經營熱(承包農田熱)——開辦公司熱(價格雙軌制的產物)——股份制改造熱(股票熱)——圈地熱(房地產熱)。但是在積累財富的神話中，最「燦爛輝煌」、最金光閃閃、最迷人的「神話」卻是「圈地運動」。因為在前幾次「熱」中，中國最多產生了一些百萬或幾百萬富翁，而只有在「圈地」的「神話」中，才輕而易舉地產生了一些千萬、億萬富翁。

必須指出的是，如果說「個體經營熱」和「承包農田熱」體現的是以生產率為分配法則，那麼在「公司熱」中權力開始市場化，手握權力者介入經濟活動並利用價格雙軌制大發橫財，從這時起，分配法則就已經嚴重變形，被扭曲成了以權力為本位，憑人情關係和投機進行分配。這一被嚴重扭曲的分配法則此後在「股份制改造熱」和「圈地熱」中，更是公開化地起着作用。所以後來的這幾大「熱」中雖然以世界罕見的速度造就了一批大富翁，但卻嚴重地阻礙了中國的生產率上升，滋長了人們的投機心理，劣化了社會道德，對中國社會和經濟發展為害極大。

六、「圈地」中的尋租活動對經濟改革的影響

在任何時代，任何國家所進行的土地改革，其動機都不外乎兩點：首先是對經濟和社會平等的渴望（社會意義）；根本上則是對土地效益的迫切需要（經濟意義）。從最終目標來看，每項土地改革都應該創造一種人和土地的關係。如果將本世紀五十年代的「土地改革」和九十年代的「圈地運動」作一比較，就會發現在控制土地資源的問題上，兩次土地改革的深層動機其實都是出於上述兩點。只不過前一種控制和使用土地的方式在經過幾十年的實踐以後，並未達到原來所設想的目標。形象一點說，這兩次改革正好走完了一次「否定之否定」的歷史過程，但二者的方向完全是逆向的，如果將這一過程與中共歷史結合起來看，富有啟迪意義。剖析這場以不平等權力分配為特點的「圈地運動」，就足以瞭解當代中國經濟改革的一些本質特徵。

始於一九七八年的經濟改革，一直試圖繞開「所有權」這個足以從根本上動搖人們對於「社會主義制度」信念的問題——因為「社會主義」經濟制度的本質特徵一直被理解為「生產資料公有」——但由於改革每深入一步，都要受到這一問題的困擾，政府和「奏摺派」經濟學家就發明了許多富有「中國特色」的辭匯和方式，使社

會資源非國有化。其用心之良苦，只有對中國意識形態領域鬥爭歷史的殘酷性有充分的瞭解，才能深切理解中國的經濟學家們為甚麼要在「名」與「實」方面煞費苦心。但是在社會紀律非常鬆弛和隨意的情況下，這一系列在「所有權」邊緣所作的改革，都被一些掌握經濟、社會和政治權力的「內部人」利用來開展尋租活動，以牟取私利。事實很清楚：在新舊體制轉軌的縫隙中，大量可資利用的機會都供權勢者們任意享用，他們和工商業界人士相互利用，瓜分社會資源。官場和工商企業界勾結的結果，是自上而下的各級權力組織陷入了一種日甚一日的腐敗之中。更讓人無法樂觀的是，近年來意在清除腐敗的「整頓金融秩序」等宏觀調控措施，無一不為腐敗提供更大的刺激和更多的機會。這方面的例證已成為中國人的「生活常識」：如緊縮銀根，減少貸款就為銀行信貸部門人員索要更高回扣提供了機會；對證券商設定的行業進入行政壁壘，為主管部門的工作人員提供了大量收受「好處費」的機會；嚴格執行上市公司審批制度為各審批機關的工作人員提供了不少發財良機。人人都知道，要想改變政府部門「門難進，臉難看，事難辦」的方法只有一個：進行行賄等「二線工作」。

最值得深思的是一些經濟學家在這次「圈地運動」中所起的推波助瀾作用。就在北海狂炒土地之時，一位著名的經濟學家在南方一省城發表講話：「『投機』……表明一種盈利機會，誰能發現盈利機會並抓緊利用這個盈利機會，誰就能上去。……目前，中國的投機不是太多，而是不夠。」[31] 此論一出，許多腐敗行為立刻獲得了「理論依據」，「圈地熱」更是失去理性。要求為正在泛濫的土地投機火上加油這類「深化改革」的呼聲，從南方沿海響徹到北方內陸，人為地構造了土地投機環境，導致房地產業畸型發展。這一事例表明了一點：中國大陸現階段，和經濟結盟的不僅只是權力，還有一些理論家和學者。前者結盟的惡劣後果因比較公開，公眾都比較明白；而後者卻比較隱蔽，往往打着「理論探討」和「學術研究」的旗號，因此更能混淆視聽，其影響面更大，其後果也更惡劣。

因研究不發達國家經濟問題而聲名卓著的瑞典經濟學家、一九七四年諾貝爾經濟學獎得主岡納·繆爾達爾（Gunar Myrdal，一八九八至一九八七年）在對東南亞國家的經濟、社會和制度現象的內在依賴性進行了長期的研究以後，認為所有不發達國家的政府都屬於「軟政權」（Soft State）。這種社會缺乏立法和具體法律的遵守與實施，各級公務人員普遍不遵從政府交給他們的規章與指令，並且常常和那些他們本應管束其行為的有權勢的人們與集團串通一氣。腐敗只不過是「軟政權」的一種表現形式而已。他強調，研究東南亞國家的經濟問題而「不將腐敗作為嚴重問題來對待的理由是不恰當的、顯然淺薄的或乾脆是錯誤的」，必須把腐敗的重要事實包括在對不發達國家發展問題的分析之中。[32]

在中國10多年的改革歷程中，每一「放權讓利」舉措的政策目標和實踐後果之間的距離，已不容人們再忽視權力市場化的作用。經濟學者和社會科學研究者的任務倒不在於研究一個一個的具體案例，而在於確定當代中國腐敗的性質和程度，以及腐敗現象對政府部門、企業界與經濟生活的各個層面的侵蝕程度和發展趨勢。

「圈地運動」留下的種種後遺症使我們不得不想起E.S.薩瓦斯（Savas)的一句名言：「『政府』這個詞的詞根來自希臘文，意思是『操舵』。政府的職責是掌舵而不是划槳。直接提供服務就是划槳，可政府並不擅長划槳。」

可以說，「圈地運動」是政府直接划槳又一不成功的例證。

第二章註釋

1. 《中外房地產導報》(一九九三年第6期，26頁)。本章資料除注明之外，均據《中外房地產導報》一九九三年各期。
2. 《當代》月刊（香港），一九九三年九月號。
3. 《粵港信息日報》一九九五年十一月二十一日。
4. 《粵港信息日報》一九九六年六月二十八日。
5. 《中外房地產導報》一九九四年第48期。
6. 《南方周末》一九九三年六月二十五日。
7. 《粵港信息日報》一九九六年七月二日。
8. 《中國改革報·城市周刊》二○○一年十二月十五日。
9. 《中外房地產導報》一九九四年第48期。
10. 筆者調查手記。
11. 楊志強、侯國祥：「深圳市村鎮土地管理中腐敗情況調查及其對策」，《深圳法制報》一九九三年九月十六日。

12. 余強受賄數字來自深圳市中級法院審理余強案公告。
13. 「搞裙帶風大肆斂財，深圳原副市長王炬案大曝光」，中新網廣州二○○一年十二月十三日消息。
14. 原載《法制日報》，轉摘自《深圳法制報》一九九六年三月六日。
15. 《法制日報》一九九六年一月二十六日。
16. 「北海批租土地中的醜聞揭秘」，《改革》雜誌一九九七年第2期。「批租」是中國各級國土局（從中央到地方的各級國有土地管理局）出賣國有土地的一種方式。因為中國國有土地從不出讓完整的土地所有權，而是使用權，故名之為「租」；且因必須由政府批准才得以購買使用50年的權利，故名之為「批租」。從一九九九年開始，國有土地使用權年限改為70年。
17. 《粵港信息日報》一九九六年七月二日。
18. 筆者調查手記。
19. 《世界日報》一九九九年二月九日。
20. 《中華工商時報》一九九六年六月十日。
21. 《粵港信息日報》一九九五年一月十一日。
22. 《中國市場經濟報》一九九五年四月十九日。
23. 《北京青年報·青年周末》一九九六年九月二十七日：「為何炸掉花園別墅」。

24.《粵港信息日報》一九九六 年七月七日。

25.《北京青年報》一九九七年五月二十三日：「土地資產從哪裏流失」。

26. 新華網二〇〇一年十二月十六日。

27.《世界日報》二〇〇一年八月一日 D5 版：「人均住房面積僅 10 平方米」。

28.「北京又掀『圈地運動』浪潮」，《中國改革報．城市周刊》二〇〇一年十一月十五日。

29.《中國經濟時報》一九九九年八月十日第 8 版。

30. 中新社北京二〇〇一年六月十日電，轉引自《世界日報》二〇〇一年六月十一日 A7 版。

31.《改革》雜誌一九九七年第 2 期：「北海批租土地中的醜聞揭秘」。

32.〈瑞典〉岡納．繆爾達爾：《世界貧困的挑戰——世界反貧困大綱》(The Challenge of World Poverty: A World Anti-Poverty Program in Outline. New York: Pantheon. 1970 。)

第三章：國有企業改革為甚麼失敗

國有企業改革在中國各項改革中佔有舉足輕重的地位。可以說，中國政府在國企改革上投入精力最多，寄望最大，歷時最長，失敗得也最慘。就在中國政府與官方學者們忙於討論如何解決中國國有企業問題，並提出大量口號表示要「捍衛國有資產」的同時，中國的國有企業已經日薄西山，氣息奄奄：一方面，國有企業資產是不少人展開尋租活動的重要獵物，國有資產處於不斷流失之中；另一方面國有企業的改革日益成為經濟改革中一個難於通過的「瓶頸口」，留下了不少社會隱患，最嚴重的隱患是將大批失業工人推向社會。

一、國有企業改革的軌跡

之所以說國有企業改革是中國經濟改革的一個「瓶頸口」，是因為國有企業被「三座大山」壓住。這「三座大山」是債務過重、企業辦社會[i]、冗員過多。這三大問題中，由於企業辦社會和冗員問題牽涉到中國政府經常強調的所謂「安定團結」，以及社會承受力

i　企業辦社會(workplace as a welfare society)：從日本辭彙 workplace family 轉譯。這是中國社會特有的一種現象，指的是在毛澤東時代，大中型國有企業需要承擔職工的醫療、退休養老、交通、子女教育、生活服務等各種責任，所以一個大型企業不僅僅是一個生產單位(workplace)，還必須為職工提供種種生活福利，如開辦醫院、學校、幼稚園、老年俱樂部、商店，提供公共交通等等。而國有企業承擔的非盈利性福利項目一多，就造成企業負擔過重，經濟效益差。故將「企業辦社會」稱之為壓在中國國有企業頭上的三座大山之一。

和政治安定，並非一個純粹的經濟問題，即便是在建立市場經濟方面走得最遠的廣東省，都得在一九九六年初推出措施，限制企業經濟性裁員。[1]其後各地也相繼建立這種限制經濟性裁員的措施，但實際上流於虛文。二〇〇二年四月中國媒體上盛傳的廣西大化縣水電工程局10位女工為了保住飯碗集體離婚一案，其案情很典型地說明了這種情況。廣西10位女工之所以出此下策，是因為發現根據當地水電部門規定，合同制單身職工（沒有配偶者）可繼續與企業簽訂勞動合同，在就業艱難的情況下，10位女工決定捨婚姻保工作，實際上並沒有達到目的。[2]

國有企業如何改革，這一問題一直是中國的時論重點。八十年代，中國政府與官方經濟學家們總是樂觀地預言：進行「承包經營責任制」改革是「一包就靈」；進行「股份制改造」則會「一改就靈」。但在長達20年各種「改革」屢試屢敗之後，政府與官方經濟學家也已開始明白，國有企業改革的問題並不僅僅是個經濟制度創新的問題，從本質上來看，它是一個如何處理計劃經濟體制的遺產問題，而這正是轉軌時期主要社會矛盾的集結點。所以中共十四屆三中全會推出「建立現代企業制度」[ii]的改革以來，中國反而不敢再持以前那種樂觀態度來看待國有企業的改革。這個口號響亮地在報紙上連篇累牘地出現了四、五年以後，現在終於消失得無影無蹤。

概言之，自從一九八三年以來，中國的企業改革已經通過「漸進」方式走過了幾個階段：

ii　現代企業制度(Modern Enterprise System)：。企業制度產生於現代西方社會，本無古代、現代之分。在中國當代政治文化裏，「現代企業制度」這個名詞是中國政府為了有別於計劃經濟體制下的中國企業和西方企業而製造出來的。

1. 擴大企業經營自主權，實行利潤留成，改變高度集中的計劃經濟體制，推動企業走向市場。

2. 頒佈《企業法》，推行承包經營責任制，實行廠長（經理）負責制，明確企業是相對獨立的商品生產者、經營者，促使資產所有權與經營權相分離。

3. 貫徹《國有企業轉換經營機制條例》，劃分政府與企業的事權，推動企業轉換機制，政府轉變職能，建立現代企業制度。

從利改稅、放權讓利[iii]到所有權和經營權適當分離，從單項改革到多項改革，進而到建立現代企業制度。

---

iii　本文所涉及的「利改稅、放權讓利到所有權與經營權」分離，是中國從一九八三年到一九九二年之間國有企業改革的幾項政策。要理解這一改革，必須先理解國有企業的社會背景：中國的國有企業最初創辦有三個來源：沒收國民黨的企業、改造私人資本家的企業與共產黨投資自辦的企業。因共產黨政府將國有企業的所有者（主人）定位為全體人民，共產黨政府代表全體人民管理國有企業，企業事實上並沒有為企業財產負責任的真正所有者，共產黨委派管理企業的負責人其實都是官員，不是企業家。這些人事實上擁有支配國有企業資產的權利，但又不用負任何責任。比如在台灣，企業虧損，老闆破產，就得負相應的法律責任，在走投無路的情況下甚至還被迫自殺。而中國虧損企業的負責人則不用受到任何懲罰。這就是筆者在文章中所說的「所有者虛位」現象，其結果造成國有企業效益低下，國有企業經理等「內部人」巧取豪奪掠奪國有資產的嚴重腐敗現象。由於國有企業效益低下，政府要刺激生產，提高效率，所以政府在國有企業改革時採取的政策第一步就是利改稅。因為改革以前國有企業生產所得除了按政府規定的比例在利潤中留一部份之外，全部上交國家。由於產品生產多少、價格多少全是由政府部門說了算，企業上交的利潤也因此全是事先計算好的，企業只要按計劃完成生產任務就行了。基於此，中國政府及經濟學家們認為，這是企業沒有生產積極性的主要原因。於是改成向國家上交稅收，企業可以多留一部份，作為獎金福利改善企業職工生活，以提高企業職工的生產積極性。接下來發現這一措施施行一段時間以後又沒有作用，於是想到給企業更多權利。「放權讓利」中的「權」是指生產經營權，「利」是指利潤。

風風雨雨十幾年，甚麼藥方都用過了，可以説根本找不到包醫國有企業頑症的靈丹。如前所述，曾有部份經濟學家提出用股份制改組國有企業，但是經過從一九九〇年至一九九五年這五年的試驗以後，發現效果並不理想，只是使許多企業成了「翻牌公司」(意為換湯不換藥，只換了一塊牌子，管理體制並沒有變化)。建立現代企業制度的主要目標是把企業所有權和國有資產管理權劃分開，確立「企業的法人財產權」。但這一條從理論上看起來似乎已經弄清楚的改制措施，而實際上可操作性不強：法人代表都是由上級機關委派的，且不知哪一天又會被更換，所有權又如何與法人財產權相分離？一些國有企業的經營者受此啟發，總是琢磨着如何從國有資產存量中拿出一部份來作為「經營者產權」。按持「經營者產權」論者的說法，仿佛虧損連年的國營企業只要劃出一部份作為「經營者產權」，重新進行利益組合，企業馬上就能扭虧為盈，資產就能極快增值。對這種説法，除了能分得「產權」的經營者之外，深諳中國國情的人士都不做此想——類似的説法在「股份制改造」時説得太多了。而「經營者產權」一説，恰好為不少企業經理吞沒國有資產提供了最好的藉口。有七十多年歷史、號稱「中國第一粽子大戶」的老字號浙江五芳齋實業股份有限公司的改制風波就是很著名的一個例證。該公司「改制」時總股本1,2129,600元，其中國有股(即法人股)為507.56萬元，佔總股本的41.84%，經營班子由董事長兼總經理趙建平和另兩位副總經理組成，三人同時也是國有資產代表。在二〇〇〇年八月，趙建平向公司借款150萬元，以自己個人名義「購買」公司150萬股法人股股票，全部過戶費用也由五芳齋公司支付。可以説，趙建平分文未出便擁有了五芳齋公司150

萬股股份，經營班子另兩位成員效法趙的做法，也各向公司借款「購買」了40萬股法人股。[3]從已經披露的資料來看，各地的所謂「經營者持股」改革都大同小異，為國有企業的官員們侵吞國有資產大開方便之門。

正因為如何改革還處於迷茫狀態，從建立現代企業制度的決策出台以來，中國現代企業制度的改革一直停留在籌劃階段，整個國有企業的改革也就只能「摸着石頭過河」了，或「摸」着進行有限責任公司的改組，或「摸」着進行中外合資，利用外資「嫁接」改造老企業；或「摸」着進行破產兼併。受了「股份制改造」的啟發，知道一家企業可以拆成若干股份，形同被人收購；也可以只賣少部份，自己仍舊控股掌握經營權。於是各地效益好的國有企業和集體企業紛紛出售大比例股份給外商，人稱「皇帝女兒嫁鬼佬」，許多中國的名牌產品都紛紛掛上「中外合資」的招牌，就是在這種背景下發生的富有「中國特色」的事情。這類「皇帝女兒嫁鬼佬」的事在全國各地都有發生，有的是只賣一個企業，有的是賣一個集團，有的甚至是出售整個系統。

國有企業「嫁」外商，並非九十年代的發明。早在八十年代後期，就有人提出用外資改造老企業，組建「嫁接式」的中外合資企業。但因為一直想讓外商「嫁接」改造經營管理不善的老企業，而這些企業缺乏吸引力，因此這項改革多年來沒有成效。九十年代「出嫁」的國有企業因多是「靚女」，對於外商來説，通過購買控股權取得中國優質企業的經營權與無形資產，既可不冒辦新企業的風險，又可以更快地打入中國市場，故此出資動輒逾千萬美元，甚至逾億美元。毫無疑問，這種「嫁接」是國營企業轉換經營機制的一個重要契機，但並非所有的國營企業都可以這樣做，大批國營企業只有另尋它途。但這種「改制」的災難性後果是企業經營機制還未改變，不少國有企業已經相繼垮掉，尤其是從五十年代開始依靠剝奪農民與農業而獲得發展的重工業一敗塗地，被中國人驕傲地稱之為「工業之花」的航空工業也是在「國企改革」中完全凋謝。

在這種情況下，政府與企業之間不免互相埋怨：企業抱怨政府部門始終不肯給他們徹底鬆綁，更有部份企業則抱怨政府沒有給它們在融資上提供方便；而政府則不斷發佈各種報告與統計資料，證明企業的毛病出在它們自己內部，與政府行為無關。到了一九九六年，中國國有企業發展的思路又出現一個新的轉機：抓大放小，即抓住大國營企業，放開小的，讓國營中小企業搞活。而許多半死不活的國營企業能不能搞活，卻讓人懷疑。以筆者一九九五年十月到廣東韶關的一次調查為例，就證明筆者這種懷疑並非杞人憂天。[4] 總之，九十年代中後期以來，中國現代企業制度的改革看起來轟轟烈烈，各類傳媒不斷報導它們在分流富餘人員、制定公司章程及建立法人治理結構等重點、難點問題上如何努力掘進，但沒有實質的進展卻有目共睹。這一點有事實為證：國家體改委副主任洪虎在一九九六年七月宣佈，全國百家現代企業制度試點工作的結束，將從原定的一九九六年底延遲到一九九七年底。此後這一轟轟烈烈的「改革」再也未在媒體上公佈其結果。將這些事實聯繫起來，就知道國有企業的改革面臨着非常尷尬的局面：想放手改革卻沒有找到「突破口」。到了一九九九年，「建立現代企業制度」這一說法基本上從媒體報導上消失。人們從各類傳媒公佈的消息中得知，國有資產的經營狀況令人擔憂：國有企業資產損失和資金掛賬額佔全部企業總數的 1/4 ，國有企業、國有銀行、國家財政難以步入良性循環。而國有企業負債率過高（平均達70％）這一事實，已使人們預感到：如果再不着手解決國有企業的深層次問題，任其將危機轉嫁，最終的結果是拖垮銀行，導致金融危機。中國政府也就從這一年開始，想出了將大批經營狀態不佳的國有企業經過「包裝」後上市，通過股市轉嫁風險。於是就有了一九九九年五月十九日中國共產黨的「第一喉舌」《人民日報》公開發表社論動員民眾炒股的荒唐之舉。如果說國有企業上市是中國政府第一次大規模地向社會轉嫁風險，那麼「資產重組」則是地方政府與企業合謀在股市上圈錢，再次向社會轉嫁風險。

儘管各種消息都表明國有企業改制失敗，但中國政府從來就不肯承認現實。遲至二〇〇二年二月，中國國務院高層官員才表示，從一九九六年至二〇〇一年末這5年之間，中國政府用於企業兼併破產核銷的銀行呆壞賬準備金約 2,800 多億元，破產企業達 5,335 戶，涉及職工 430 萬人。今後四年內還需要劃撥 2,900 億元鉅資，用於核銷破產企業的銀行呆壞賬，進而對2,900戶國有大中型企業和資源枯竭的礦山實施關閉破產。而這些國有大中型企業的退出市場，將涉及 570 多萬企業職工的安置。[5]

但世界銀行發佈的一份專題報告指出的事實要嚴重得多。該報告稱二十世紀九十年代中期，中國年均發生的破產案件數目由一九八九年至一九九三年的277起，上升到一九九四年至一九九五年的 2,100 起，到一九九六年至一九九七年增加到 5,640 起。在過去十幾年中，中國發生了數萬起國有企業破產案。特別是這 1 、 2 年，國企破產規模在擴大，不少大中型企業也進入破產行列，數萬人的企業破了十幾家，還有一批正準備破產。[6]而另一個值得指出的現象是自一九九四年以來，「假破產，真逃債」等一系列破產欺詐行為現象大行其道。一些企業（包括集體企業）爭先恐後擠進「破產」隊伍：一些企業在破產前就秘密轉移資產，甚至私分企業資產；一些企業採取「先分家後破產」、「新企業與老企業劃斷債務關係」的方式，把資產轉移到新分設的企業，由老企業承擔全部債務，然後再宣佈破產，甩掉債務；一些企業將債務及老弱病殘留給原企業，將有效資產和技術骨幹、精壯勞力組成一個新的企業，以規避債務，另謀發展，人稱「大船擱淺，舢舨逃生」；還有一些企業竟採取邊生產、邊破產、邊賴債的經營方式。據統計，在中國四大國有商業銀行開戶的62,656家「改制」國有企業中，有32,140家企業有逃廢債務的行為，佔企業總數的51.29％；逃廢銀行債務1,851億元，佔改制企業貸款本息的31.96％，從而使銀行產生了大量的呆壞賬。[7]截至二〇〇二年三月底，中國官方公佈的國有商業銀行的不良貸款比例也接近30％。[8]據估計，這一數字遠遠低於實際壞債率，真實壞債率高達50％左右。這一切表明中國的經濟信用基本上趨於破產。

二、國有企業的所有者虛位與國有資產流失

國有企業破敗到今天這種結局，是中國政府對「私有化」從理論上否定與行動上肯定這一矛盾引起的。理論上對「私有化」的否定決定了由廣大職工參與的「大眾私有化」事實上成為不可能，而國有企業經理廠長們對國有資產擁有的巨大支配權力，又決定了以

權力資本化為起點的「權貴私有化」勢所不免。

怎樣搞活國有企業，這並不是時至今日才提出的新問題，早在中國經濟改革由農村進入城市階段之初，這一問題就已非常尖銳，並被當作首當其衝需要解決的問題。為甚麼總是解決不了？其實只要將改革思路一理，就明白根源在何處了。

所謂國有企業改革，有兩個根本性的問題無論如何都迴避不了。一是產權問題，二是企業的運行機制和外部環境是否相容的問題。中國國有企業最大的問題是「所有者虛位」的問題。從中國政府這 23 年改革的實踐來看，八十年代由於「老左派」的干擾，中國高層無論從理念上還是策略上都無法接受「私有化」這一提法。直到鄧小平「南巡」那一年，江澤民還在北京發表談話，聲稱「要將私人資本家搞得傾家蕩產」，由此可見「私有化」在當時還根本不為中國共產黨在理論上所接受。為了適應中國政府策略上的需要，針對所有制改革問題，官方理論界動足了腦筋，先是將「所有權」變為「產權」，「私營」變為「民營」，使「產權重組」這一舉措避開「私有化」的惡名，免受攻擊。但在所有權這一問題上如何改革，一直存在互相對立的兩種思路。一種思路認為「只有國營大中型企業才能救中國」，另一種思路則認為只有「私有化」才能擺脱困境。這兩種看法都把所有制的變革看作是企業改革的根本出路，前者雖在實踐中節節敗退，但卻還頑強地堅守陣地，「抓大放小」的決策出台後，它也還是只丟了效益不好的「中、小國營企業」這一塊已成為「雞肋」的資產；後者因一直存在事前的政治性制約，沒讓公開討論而停留在含義模糊的口號上，並沒有甚麼更明確的思路和實施方案。

其實，產權亦即所有權問題最終是無法迴避的根本性問題，因為只有形成「所有者在位」(指企業的所有者能夠擁有管理企業的權力)的產權關係才能讓企業的產權所有者有效地承擔資產責任和財產損失，而且這一點恰好是市場經濟的基石。而中國國有企業生存的背景是政府對各種資源的高度壟斷，這就使得國有企業的「全民所有」成了一個悖論：在產權關係上，名義上的「產權所有人」人民連自己到底擁有多少財產都說不清，更無從支配及全權轉讓。「所有者虛位」的結果是使國有資產的財產權利私人化和財產責任公有化。所謂「財產權利私有化」，是指國有企業的經理層對國有資產享有等同於支配私人財產的權利這一事實；財產責任公有化是指不管是出於甚麼原因產生的虧損，企業經理層均可不負責任，而由國有資產的所有者亦即國家來負。這種既擁有支配財產權利卻又無須承擔財產風險的現象是中國國有企業病根所在，是計劃經濟體制遺留下來的一份難以消化的遺產。從九十年代中期以來的事實是：在許多中小國有企業和集體所有制企業中，自發的或非正式的私有化，即未經許可而將財產轉化為私人資產這種事情已經非常普遍。一份調查報告顯示，國有資產流失的去向較集中，主要是由國有和集體企業流向鄉鎮、私營企業或個體戶，由企業流向個人。如某國有企業曾發生較大資產流失13起156萬元，其中12起130萬元流向非國有企業，少數人在這種流失中獲利。[9]可以說，自實行承包制以來，就打開了國有資產流失的閘門，不少地方陷入一個「經濟怪圈」：一些國有企業越來越窮，職工收入越來越低，而承包人的私人財產卻在不斷膨脹。國有資產成為不少國有企業經理廠長的尋租獵物，不少承包者將原企業弄得不死不活以後，就去另辦企業或另買企業一展其當「企業家」的「凌雲之志」——這種現象人稱「窮廟富方丈」[iv]。在這樣的企業，國家資產與職工血汗，最後都流進了一個深不見底的「黑洞」。企業虧損累累，朝不保夕，職工們得到的只是一個企業空殼——「主人」名義和低微的收入。據官方最保守的估計，至少有3,500多萬破產半破產企業的工人陸續淪為新生的城市貧困階層。下崗工人在衣食無着的情況下鋌而走險，導致犯罪率增加。據湖南省衡陽市中級人民法院調查，從一九九八年三月至一九九九年三月一年中，全市共受理下崗職工犯罪案件273件，比上年度上升了18.9%。與其他犯罪主體相比，下崗職工犯罪所佔比例並不大，但其上升趨勢卻日益突出。[10]

從一九九五年開始，國際經濟學界在研究中國和蘇東經濟轉軌時提出了一個「內部人控制」的概念。這個概念認為國有企業在轉軌過程中或者由管理人員控制，或者由工人控制。在中國有必要對「內部人」這一概念進行修正：以國有資產不斷流失這一形式表現出來的瓜分計劃經濟體制遺產這一過程，主要是由國有企業的負責人與他們的少部份親信，也就是經理廠長們本身無法迴避的財務部門負責人與辦公室主任、人事部長之類，俗稱廠長、經理的「三駕馬車」進行的，廣大工人完全被排斥在這一過程之外。而且更要注意的是，自從擴大企業自主權以後，廠長、經理們往往用自己的親族成員做本企業的中層管理人員，部份中、小型企業「家族化」現象比較常見。也就是說，研究中國國有企業的「內部人控制」現象，

iv　窮廟富方丈：方丈，中國佛寺的主管。這是一個中國俗語，指的是寺廟的主持掠奪寺廟的公有財產，寺廟變窮了，而方丈個人卻富裕了。現在中國借這一俗語指國有企業的經理掠奪國有資產，使企業逐漸變窮，而經理個人卻發達致富。

必須注意這一事實：並非企業經理人員和工人共謀瓜分國有資產，而是企業經理人員小集團共謀瓜分國有資產。廣西昌菱實業發展公司下屬的甘化公司，共有400多名員工，其中竟有100多名員工利用工作之便侵吞公款。更具有諷刺意味的是這家公司規章制度健全：「原料進廠從發證、派車，到過磅、質檢12道工序環環相扣，互相制約」，並有關鍵崗位輪換制度。但當大家集體貪污時，這些制度就制約不了任何人，形同虛設。[11]筆者曾與深圳市經濟罪案舉報中心的一位負責人談過，他感歎説現在的經濟犯罪分子手段越來越高明，即便有線索，追查起來也困難重重，除非檢舉者是負責人原來的親信，如財務部長、辦公室主任和人事部長等類原來參與機密者，才能提供一些舉證材料，否則就很難查下去。他説，「作為一個公司老總，只要將財務部門負責人、辦公室主任這幾個人『搞惦』(意即結為一夥)，這個企業就等於是他的私人公司一樣。」這話説的是事實，深圳家永工業公司一位姓曾的總經理任職四年，其主要「業績」就是將該公司在市中心的地皮一塊接一塊地賣出去。據職工推測，通過這幾次賣地，這位總經理拿到私人腰包的就有1,000多萬。該公司職工雖有檢舉者，但有些檢舉信卻又回到這位老總手中，手書的信還交由人事部長查對筆跡。而這個公司下屬的一家二級企業負責人只有40多萬的行賄問題，卻因該公司會計檢舉而被抓。由此可見在企業資產流失過程中，財務人員的配合相當重要。廣東省新會市房地產公司經理伍社明借國有企業轉制之機，鯨吞1,100多萬國有資產的案件，就是夥同該公司會計李衛華共同作案。[12]

九十年代中期一些從國外歸來的中國經濟學者研究中國國有企

業的「內部人控制」現象，得出了一些和事實並不相符的結論，如「內部人控制和經濟的市場化為經營者謀取利益(合法的或非法的)提供了更多的機會和自由。一個經營者能夠謀取多少福利或者個人利益很大程度上取決於他獲取多少利潤，所以能提高經營積極性」，這位學者無疑根本不瞭解中國國有企業的「假老闆」們獲取利益是依靠哪些途徑，事實上許多企業的經營者的個人利益是通過「富了方丈窮了廟」的方式來獲得的，這類例子不勝枚舉。

三、國有資產為甚麼大規模流失

現在需要討論在「所有者虛位」的情況下，國有資產為甚麼容易流失？

中國國有企業的問題主要是經濟系統和政治系統功能嚴重混淆引起的：政治系統的主體是政府，經濟系統的主體是企業和財團，二者的功能混淆，暴露出國有企業運行與市場經濟的種種不相容。

國有企業和市場經濟體制不相容的第一點在於：國有企業經理層所受到的約束不是來自市場，而是來自上級，即政府主管部門。

為甚麼在國有企業改革問題上中國這些年來花樣出盡，卻難收實效？就在於大家忽視了一個基本事實：在西方那種股東主權的經營模式裏，經理階層的行為以及「道德風險」等問題，都是由外部股東來加以校正。而外部股東要發揮其作用，必須通過一個有效率的、具有評定公司價值和轉移公司控制權的功能的資本市場，還要通過一些其他的制度安排，如競爭性的、買賣經理人員和工人的勞動服務的勞動市場。但在中國目前這種轉軌時期，這兩種市場都是缺少的。正如在第一章中所說的那樣，即便是改造成股份制的國有企業，其經營班子人員基本上由原來的班子演化而來，或由政府任命。直到二○○一年，國營企業的經理廠長有80％以上是由政府任命的。即使是上市的股份公司，也有59％的經理廠長由政府任命。[13]後來一些地區搞的所謂「國有資產委託經營」，受委託人其實還是由政府按任命幹部的方式挑選，並且基本上是委託給原來的經營班子。這些由政府任命的各級廠長、經理們在企業內早就形成了強而有力的控制，除了上級主管部門以外，沒有任何一個外部當事人擁有決定或制約的權力，即便是股份公司的股東大會，也不能因為廠長、經理們經營表現不佳或有貪污瀆職等道德風險行為而將其解職。

正因為如此，對國有企業的廠長、經理們來說，在現階段「經營領導」（即維繫好自己與上級部門的關係）比「經營企業」更重要。而造成廠長、經理角色錯位的根源在於體制。從職業責任出發，作為國有企業的廠長、經理，其職責應當是用自己的才學和膽識經營、管理好自己的企業，全心全意為職工謀利益，為國家創造更多的財富。但在中國現行的政府——企業關係這種體制下，面對任用、考察廠長的方式和標準，廠長們必然要產生對上的依附性、服從性和被動性。他們必須在「眼睛朝上」還是「眼睛朝下」之間作出選擇。如果選擇「眼睛朝下」，將全部精力放在企業的生產經營上，他們認為這只是出於良心和責任感的驅使。因為企業搞好了，可能既得不到提拔，個人的待遇也不會有大的改觀。更讓人想不通的是，往往一個企業搞好了，一些有背景的人就會覬覦這個位置，這時候，明升暗降往往是將原廠長、經理調離的常用手段。兩起發生在黑龍江省的哄動一時的中聯商廈總經理「劉雲珍事件」和「世一堂」廠長「劉巍事件」，就是非常典型的兩個事例。這兩位都是社會公認的能幹企業家，但均因不善「經營領導」而被免職。[14] 選擇「眼睛向上」，苦心經營好與上級領導的關係，即使把企業搞糟了，甚至弄得資不抵債，位子照樣坐，待遇照樣拿。即便把國有資產化為私人財富，只要上面有人保，也不會受到應有的制裁。面對自己的前途、命運，許多廠長、經理們都很「明智」地將很大精力放到了「經營領導」，即經營人際關係上。保位子，保既得利益、留出路、壓問題、盼提拔等等，就是廠長、經理們花大力氣經營人際關係的真正原因。在廠長、經理們還是「官員」、政企還未分開的利益機制牽引下，「經營領導」和領導還會被「經營」，就成了中國國有企業所有頑症的根源。因為被「經營」的領導往往憑關係親疏、個人好惡來選拔企業經營者，不幸的是企業的利益往往和官員們的私人利益相背離，其結果就是出現了「內部人控制失控」的「代理危機」，國有資產處於不斷流失之中。可以說，中國建立現代企業制度的改革，如果不能解決「企業無上級」，即企業經營者的產生機制問題，就無法取得決定性的成功。

企業經理層「經營」領導層是一種極為惡劣的腐敗行為，其後果相當嚴重且令人切齒痛恨。從現實來看，國有企業領導幹部的腐敗現象主要表現為以下四個方面：一是貪污受賄。據統計，廣州市一九八二年至一九八九年檢察機關立案查處的貪污受賄案件，76％都發生在國有企業；一九九二至一九九四年，貪污受賄案中，企業發生的佔全部案件的70％。據二〇〇二年三月發佈的「最高人民檢察院工作報告」披露的資料，二〇〇一年共查辦在國有企業轉制、重組過程中私分、侵吞、轉移國有資產的貪污賄賂犯罪嫌疑人17,920人。國有資產流失的後果，是中國政府公信力嚴重下降，國有企業大批破產，工人大批失業。二是公款吃喝玩樂。據對大連、武漢、石家莊400多家高檔娛樂場所進行的調查，有60％的公款消費者來自國有企業，有的甚至用公款支付賭博、嫖娼費用。湖北棗陽市是個只有100多萬人的縣級市，每年用於公務活動的公款招待費近2,000多萬元，佔全市財政收入的1/10。[15] 三是隨意安插親信，將整個企業變成等同於私人企業的獨立王國。有的企業領導大權獨攬，把國有企業當做自己的私人企業，大量安插自己的親屬、朋友，形成特殊的裙帶利益集團，如深圳海誠商貿公司總經理文石興，安排在公司中的親友達130多人，佔公司總人數的17％，其中擔任中層幹部的18人，佔中層幹部的31％。也正因其公司已家族化，所以他才能在那裏為所欲為，成功地捲逃鉅額公款出國。曾聞名全國的「改革家、優秀企業家、優秀廠長經理、勞動模範」，並發明了企業改革經驗《馬氏管理法》(即責任價格控制法)的陝西內燃機配件一廠原廠長馬宏業，是位人稱「政治流氓、經濟流氓、作風流氓」的五毒俱全人物，在他擔任該廠廠長期間，該廠暗無天日，債務累累，職工飽受欺壓，其辦公室成了他玩弄女職工的淫窟。[16] 四是搜刮國有資產，或以任職的國有企業養自己在外辦的「暗廠」、「暗店」，致使「廟窮方丈富」；或是如前所述在股份制改造和產權轉讓時，亂界定產權，低估國有資產，使自己及親友或有利益關係的人從中牟利；或是將自己及其一家的吃喝住用，交通通訊等一切費用全由公家支付，等等。

除了第一類之外，其餘的腐敗行為因屬於「隱蔽」性質，在目前很難受到法律制裁。以深圳市為例，僅從一九九三年八月至一九九六年五月，全市各級紀檢監察機關共立案調查國有企業中黨員幹部違法違紀案件384宗，佔立案總數的48.4％；處理363人，其中企業各級領導幹部共312人，佔企業中受處理人員的77.04％。無庸諱言，這許多腐敗行為都是和黨政機關的腐敗分子沆瀣一氣，互相勾結進行的。可以說，國有企業的廠長經理們只要「經營」好上級，這類公開和「隱性」的腐敗行為並不妨礙他們穩坐廠長、經理寶座。自朱鎔基提出國有企業三年脫困的目標以後，就在一片「保衛國有資產」的口號聲中，國有資產流失仍然非常嚴重。據國家審計署審計長李金華介紹，二○○○年審計署統一組織了對1,290戶國有及國有控股大中型企業一九九九年度的資產、負債和損益情況的審計。通過審計查出資產質量不高、資產負債損益不實等多方面問題，並發現大案要案線索78件，案件涉及金額6.13億元。[17]

隨着國有企業經理廠長們侵吞國有資產的經驗不斷豐富，政府官員與國有企業經理合謀瓜分國有資產的事情屢屢出現。如果說在一九九七年以前，國有企業經理們侵吞國有資產還處於半隱蔽狀態，那麼到了一九九七年以後，這種侵吞已經變成與政府官員合謀進行的一種公開搶掠。比如被當作湖南長沙市國有企業改革先進典型反覆宣傳的香港美光兼併長沙船舶廠一事，就是這種合謀的一例。一九九七年香港美光公司出價750萬人民幣，就將資產總值達3億的湖南長沙船舶廠「兼併」了。隨後，這750萬元人民幣（折合匯價為90萬美元）購來的資產又被美光公司拿去做貸款抵押，先後三次從湖南長沙的幾家銀行借得1,688萬美元。幾筆鉅款到手後，香港美光公司消失不見，該廠被迫停產，失業工人生活無着，憤而調查內幕，才發現為這場「兼併」牽線的是國務院下屬某機構的一位姓張的官員，而長沙市政府官員與銀行的有關人員均與這場騙局有講不清的關係。[18]而另一位名噪一時的國企改制典型、河南漯河市市長兼市委書記程三昌，自吹其「堅持面對有限責任公司，以拍賣為主，搞公開競價、債務不懸空、職工有安置，真正實現勞動與資本的聯合」，在一九九六年至一九九九年三年之間，共賣掉河南漯河市27家國有企業，從而獲得「程賣光」的稱號。這位「程賣光」在「賣」的過程中堅持黑箱操作，一家原值4,700萬的三星級賓館，被他以2,000萬元的價格賣給了一家私營企業。一家國有企業破產後，市政府出讓其土地使用權，一家企業報價3,000萬元未中標，另一家私企卻以2,050萬元的價格中標。諸如此類的例子在「程賣光」主政河南漯河市的時候發生了不少。而「程賣光」在這種黑箱操作的出賣國有企業的過程中大肆貪污，中飽私囊。到了一九九九年，「程賣光」看到該市國有企業的家當賣得差不多時，就「下海」當了河南省駐香港的窗口公司——豫港公司董事長，長駐香港。二〇〇一年五月，「程賣光」覺得出逃時機成熟，於是攜帶鉅款潛逃國外，不知所蹤。[19]

這種腐敗行為與近乎荒唐的「改制」的後果是嚴重的：它破壞了企業的正常生產經營，助長了腐敗的惡性蔓延，使鉅額國有資產處於不斷流失之中。

國有企業運行機制和市場經濟體制不相容的第二點表現在它缺乏資本經營的概念，在資金問題上和銀行的關係不但無助於中國完善市場經濟體制，還破壞了市場經濟的遊戲規則。

國有企業缺乏以資產營運為核心的企業運作機制。不少國有企業長期以來在企業發展的問題上基本上依賴國家撥款、給政策。可以説國有企業普遍缺少一種「找錢」的思路，缺乏對低成本資金的利用，也就是説缺乏資本經營的經驗。不少股份制企業利用發行股票籌集到資金後，也因經營不善而使資金虧損。實行「撥改貸」(企業資金由國家撥款改成由國有企業向國有銀行借款)以後，許多國有企業的固定資產投資和流動資金幾乎全部來源於銀行貸款，差不多等於白手起家，無本經營，這就造成了很多國有企業高達75%以上的負債率和極高的利息成本，有的甚至高達80%甚至100%。[20]據中國國家計委的資料顯示，一九九三年國有工業企業負債率平均達68.2%，若扣除潛虧、明虧、掛賬等各種侵吞資產的情況後，實際負債率為76%；若按中國政府一九九三年七月頒佈的兩個關於會計行業與審計行業的法規性文件(俗稱「兩則」)實行後的調整數字估計，國有資產現有資產負債率平均為83%。而且這些債務的來源單一，主要來自銀行貸款，大多數債務的償還可能性很小。由於企業和銀行的歷史關係如此，今天這種借貸關係也使企業嘖有煩言，認為不少利潤轉移成融資成本，利息與利潤的變化加重了企業的負擔：一九八〇年利息與利潤比率是1:0.033；一九九〇年是1:1；一九九五年是1:1.73。[21]這樣就在銀行和企業之間形成了一種惡性循環：企業需要銀行借貸，而借貸的高利率加上借貸成本(如信貸員的「回扣」，銀行負責審批者的「好處費」以及借貸關係建立過程中的大量「交際費用」等等)，又使企業不堪重負，於是從拖欠貸款到逃廢利息，銀行的爛賬不斷增多。信貸資金過多沉澱，金融風險不容忽視。一九九六年八月，廣東某市體改部門對轄內的金融機構進行了一次調查，發現各家國有商業銀行資金流通延緩，風險上升。該次調查涉及的金融機構（含網點）共有870個，總的存款餘額（賬內外）64.37億多元，總的貸款餘額(賬內外）71億多元。按資產負債比例管理規定，64.37億元存款，該市可用的信貸資金只有48.3億元，而實際貸款餘額為71億元，存貸比例失調，各家銀行為彌補逆差，主要靠拆東牆補西牆的辦法平衡，超負荷經營十分嚴重。

表：3-1

廣東省某市對金融機構的調查				
	1993年	1994年	1995年	1996年
三項貸款佔總貸款比重（逾期貸款、呆賬貸款、呆滯貸款）		50％	60％	70％
貸款回流率(收回貸款與發放貸款之比)			73.3％	
信貸資金周轉率	0.82次	0.75次	0.53次	

這次調查對「三項貸款」的分析表明，「三項貸款」所佔比例逐年增加，實際上能按時、安全還回來的貸款所剩無幾。整個銀行系統的經營效益並不比國有企業好多少，調查顯示，該市銀行一九九五年虧損3.5億元，一九九六年上半年的數字是2.86億萬元，其中國有商業銀行虧損2.44億元，佔85.35％。一九九五年，五家國有商業銀行的綜合年收息率為28.69％，一九九六年上半年下降到18.64％，銀行的經營舉步維艱。貸款回流率和信貸資金周轉率下降，無形中減少了可用資金，使銀行的資金運作更加困難。大量銀行信貸資金的沉澱，削弱了銀行的應急償付能力，一旦觸發擠提存款風潮，就

會由於難以確保提現而觸發支付危機，進而導致金融風波。[22]有關人士透露，目前廣東除廣州、深圳之外，大多數地方的銀行經營不盡人意，潛在的金融危險是存在的。[23]廣東在全國的銀行中還算是實力雄厚者，其他省的銀行狀況只會比廣東更差。中國人民銀行行長戴相龍二〇〇二年三月透露，中國國有銀行不良貸款的比例接近30％。[24]《中華工商時報》曾報道，某省人民銀行一項調查結果使人怵目驚心：該省三年累計破產企業479家，破產時資產總額22.7億元，而積欠銀行貸款本息高達26.6億元，銀行信貸資產面臨極大風險。[25]而另一份調查也指出企業「破」銀行「產」的潛在可能性：某地到一九九六年六月末，正式破產了54戶企業，資產總額達2.212億元，而負債總額卻高達4.9413億元，資產負債率高達223％，已嚴重資不抵債。值得注意的是，這些破產企業積欠銀行貸款本息3.8315億元，是破產企業資產總額的1.73倍。在已清償完畢的42戶企業中，銀行所得微乎其微，清償率只有3.3％。照此推算，全部企業清償完畢的話，銀行也只能得到1,265萬元的清償，將有3.705億元的信貸資產付諸東流。[26]除此之外，銀行資金大量被虧損企業無償佔用，非國有企業和其他資金需求者貸款的條件更加惡化，它們為取得貸款所要付出的代價就更大，其發展更困難。

這種銀行和企業機制的悖論反應，導致銀行的嚴重虧損。欠債還錢本是市場經濟的基本法則，但在政企不分的情況下，國有企業根本不遵守這一遊戲規則，日積月累，不但使整個國民經濟的發展為此付出高昂代價，還給中國金融系統深種禍根。據公佈的有關資料，中國銀行的自有資產僅佔全部資產的7.02％左右，負債率高達

90％以上。[27]到一九九六年，銀行自有資產比率下降至3％左右。而按照《巴塞爾協定》(Bases Agreement)的有關規定，銀行的自有資產比率不得低於8％，如若低於8％，則銀行可視為已經破產。中國人民銀行的一份統計表明，到一九九五年底，中國城鄉居民儲蓄存款約佔5萬多億銀行貸款的60％。[28]此後這一比例一直沒有大的變化。這樣就形成了一種債務因果鏈：國有企業欠銀行，銀行欠存款人（主要是個人儲蓄者）。有人主張將銀行債務變成股權，這個主意之糟糕，就在於設計者沒有想到這一提議無異於飲鴆止渴。企業因債務負擔過重導致生產經營困難甚至影響生存，這僅僅只是一種表面現象。受高債率困擾的企業，其發生困難的根子往往不是債務本身，而是投入的產出率太低；不是被銀行抽走的利潤太多，而是自身產生的利潤太少。有材料顯示，目前中國國有企業的資產利潤率已下降到3％以下，大大低於銀行貸款利率。一九九六年上半年，國家計委對上海、北京等八省市2,586家企業虧損原因的調查顯示，造成企業虧損的宏觀管理因素佔9.2％，政策性因素為9.09％，而企業自身經營管理因素則佔81.7％。[29]對這種效益低下、盈利能力太差的企業，用非經濟手段實行「債權改股權」，從實質上講，只不過是企業以出讓一部份並無實際價值的「產權」為手段，將銀行利潤亦即另一部份國有資產的應有收益作為「暗貼」[v]據為己有。這樣雖可暫時緩解企業的資金困難，卻並不能促使企業為提高資金回報率而作相應的努力，以提高企業的盈利能力。說它是

v　此處所謂「暗貼」，是與中國政府對國有企業的公開補貼（如貸款、減免稅負）相對而言，指「債轉股」的實際後果是將國家對國有企業的公開補貼變成暗中補貼。

「飲鴆止渴」，是因為銀行在行政干預下，被迫將每年可帶來一定收益的債權變成得不到保障的「股權」以後，只會使銀行泥足深陷，最終結果是使銀行在目前這種微盈實虧的狀態下走向危機深淵，導致金融危機爆發。有趣的是，「債轉股」這一設想終於在一九九九年九月開始試行，第一家實行「債轉股」的企業是北京水泥廠，該廠共有9.68億債務被轉成股權，當時政府官員一致稱頌這個企業是建立現代企業制度的一個好範例。[30]不少企業看到「債轉股」的巨大利益，紛紛申請「債轉股」。但在試行了四個多月以後，中國政府終於發現這一打通中央銀行與中央財政兩隻錢袋的「改革」等於鼓勵企業欠債不還，有摧毀國家信用的危險，於是匆匆收兵。[31]鼓吹了好幾年的「債轉股」終於壽終正寢。如第一章所述，中國的「股份制改造」結果不理想的原因之一，就在於對經營者行為和道德風險缺乏有效的校正機制，所謂「債權改股權」面臨的其實也是同樣的問題。

總之，自一九九四年以來，中國國有企業面臨的困難越來越大：在八十年代末期，國有企業還只是「三分天下」的局面：1/3盈利，1/3虧損，還有1/3暗虧。而到了一九九四年，國有企業的虧損面已擴大到48.6％，個別省份甚至達到60％以上。到一九九六年上半年就出現這樣令人震驚的數字：這一年的頭四個月累計，國有企業利潤盈虧相抵後淨虧損215億元，而一九九五年同期為盈利151億元；國有工業企業生產增速僅5％，明顯低於正常運行區間，企業庫存上升，產銷率下降，出現了歷史上少見的盈利不抵虧損的全領域淨虧損。[32]中國國有企業集中之地如東北三省的遼陽、大慶等地從此成了工潮激起的不安定之地。到了一九九九年，整個國有資產運作的情況比以前更為糟糕，許多國有大企業陷入停產、半停產狀態。也就是在這一年，中國國有資產管理局正式撤銷。上述這些困難從根本上來說，是舊體制多年積蓄的矛盾所致，總根源應該是政府職能轉換與政府改革問題。隨着改革的日漸深入，企業和政府已經處於兩種不同的體制之中：企業早已在市場機制中運轉，而政府管理企業卻基本延續了計劃經濟體制時期的管理原則和框架，仍然置身市場之外。而 20 多年改革的經驗證明，中國的國有企業改革是個系統工程，在這個系統工程中，政府是關鍵。可以說，政府不改革，政企分開就是句空話，國有企業改革也根本找不到出路。必須指出的是，「政企分開」以及與其相提並論的另一口號「黨政分開」。從一九九九年開始已消聲匿跡。究其原因是近年來大面積的腐敗造成了政府功能的嚴重弱化，加強共產黨的一元化領導已成為維持中共對社會控制的主要手段，於是又出現了以黨代政、實行更徹底的一黨權威主義治國方式的傾向。在這種情況下，「黨政分開」「政企分開」的思路似乎已成為「昨日黃花」。

「十六大」以後，中國政府又準備成立新的國有資產管理委員會，聲稱要建立起新的「管資產、管人、管事相結合的國有資產管理機構」，決定中國十幾萬億元國有資產的走向，以及 19 萬家國有企業的命運。於是中國媒體又開始「熱烈討論」這一問題。[33]但據筆者所瞭解的情況，就在這一消息公佈前後，上海已經「加快國有企業改革的步伐」，將許多國有企業以「經營者負債持股」的方式賣給了國有企業的經理們。這一做法表明，在權力市場化作用下，中國的權勢者們已經認識到這是最後一次大規模的「免費午餐」。可以預見到，這次改革的獲利者們還將是中國的政治精英與經濟精英，國有企業的工人們享受到的「改革成果」將是大規模下崗失業。

四、國有資產流失總量知多少

中國國有資產的流失，是國內外普遍關注的熱點問題。在改革開放以前，中國國有資產流失的問題雖已存在，但暴露得並不充分。改革開放以後，由於新舊體制並存，多種經濟成份並存，產權不清與產權管理缺位並存，使國有資產流失問題日益嚴重。至於到底流失了多少，由於「條塊分割」[vi]的管理體制和統計方法的不一致，目前還沒有一個關於國有資產流失總量的準確資料。國有資產管理局根據現有的統計資料、抽樣調查和典型案例進行初步分析，並推算、匯總，得出的基本判斷是：從一九八二年到一九九二年，由於各種原因造成的國有資產流失、損失大約高達5,000多億元。這個數字大約相當於一九九二年全國國有資產總量26,000多億元的1/5，比一九九二年財政總收入4,188億元還多800多億元。即便按這個據說是「比較保守」的資料計算，中國在九十年代平均每年

vi　「條塊分割」：中國大陸改革以前國有企業的一種管理體制。在改革以前，中國的企業生產甚麼，生產多少，產品價格全由政府說了算。中國企業分級別，中央各部委直屬的國營企業雖然設在地方，但廠長的任命權與管理權全由中央部委操縱。這類企業由國家計委調撥原料，下達生產指標，負責產品銷售。省與市縣的國營企業分別由省、市縣的計委下達生產指標，調撥原料並為產品定價。如果畫一張圖表示，中央部委對企業的管理直插到底，像「條條」；而各省市縣的管理各自分割一塊，像「塊塊」。因為各自將自己所管的企業視為勢力範圍，生產各自自成體系，故此稱之為「條塊分割」的管理體制。由於這樣的國營企業根本沒有利潤動力，完全政治化，因此西方社會的早期研究中國國營企業的研究者認為它們都不是真正意義上的企業。

流失、損失的國有資產也達500多億元。這即意味着中國每天流失國有資產達1.3億萬元以上。[34]一九九四年全國進行清產核資的企業有12.4萬戶，全部資產損失達2,231.1億元，全部資金掛賬2,206.9億元，損失與掛賬合計達4,438億元，佔12.4萬戶國有工商企業全部資產的10.7%。流失情況的嚴重，可以從下列事實略見一斑：一九九五年國有資產管理局共收到舉報160件，直接查處國有資產流失案件22起，到一九九六年三月結案8起，這8起案件就為國家挽回損失15億元，平均每件涉及金額1.9億元。[35]一九九六年又查處國資流失案件300餘起，挽回損失21億元。[36]九十年代中期以來中國國有企業的貪污賄賂犯罪嫌疑人攜款潛逃者日益增多，僅在二〇〇一年1年，中國檢察機關就抓獲在逃犯罪嫌疑人3,046名，追繳贓款6.8億元。[37]

五、國有資產流失的渠道

國有資產的流失，可說是一個立體的過程。據國有資產管理局調查，造成中國國有資產流失的原因，主要是中國目前處於新舊體制轉軌時期，新的管理體制尚不完善，許多政策、法規還不健全和配套。流失的渠道則有下列多種：企業經營虧損和管理不善，造成國有資產流失；在進行中外合資、合作和股份制改造中，國有資產流失；資源性國有資產流失（主要指對各種礦產資源、森林、草場的亂砍濫伐和掠奪性開採）；境外國有資產流失（指境外國有資產管理者利用手中權利，採用轉移資產、參與炒股票和期貨等活動，侵佔國有資產）。這些國有資產的流失，絕非各級國有資產管理者缺乏管理經驗，相反倒和部份企業負責人積多年管理經驗，精通在國有企業中如何鑽空子去巧取豪奪有關。國家審計署一九九四年對煤炭、電力、化工等行業的187戶大中型國有企業的國有資產流失情況進行了調查，據測算，因企業自身的原因造成的國有資產流失佔流失總量的70％～80％，主要責任在企業自身；部份企業領導缺乏法制觀念，為了個人和小團體利益，千方百計地挖國有資產。主要手法有下列數種：

1. 通過不提折舊和大修理基金，費用支出掛賬等方法，搞虛盈實虧，或通過虛列、多列成本，截留轉移收入，搞虛虧實盈。如中國農業生產資料公司原經理及有關人員，明目張膽地弄虛作假，偽造塗改賬冊，轉移資金達1,900多萬元，給國家資產造成嚴重損失。

2. 存在賬外國有資產。賬外設賬是使國有資產脫離監控並導致資產及其收益流失的典型做法。據清產核資第1期40戶工業企業統計，賬外固定資產淨值達3.69億元，佔清查單位全部固定資產淨值的1.16％。按照這個比較保守的比例推算，全國預算內工業企業賬外國有資產淨值可達146.7億。如果加上大量預算外企業的賬外國有資產，這個數字會更龐大。

3. 趁新舊制度轉軌和產權變動之機，有意少計國家資本金，低估國有資產或低價出售國有土地使用權和房產等等。武漢市武昌區審計局的審計表明，一九九三年七月新舊會計制度轉換之後，數額巨大的國家資本金被合法地計入了法人資本金。該審計局對10戶國有企業審計發現，50％的企業不同程度地發生了國有資產所有權界定的錯誤，共少計國有資產256萬元。

4. 在股份制改造中，對國有資產不評估或者低估國有資產的價值。有的企業任意設置「企業股」；有的則以低價或無償的形式設置「內部職工股」；有的地方則以明晰產權關係為名，把國有資產低價賣給個人，搞成了「負債持股」。[vii] 在紅利分配時，國家股和職工股同股不同利，造成國家股比例下降。如上海飛樂股份有限公司曾規定，國家股不享受一次性送股權益，僅此項就使國家股本損失471.15萬元。武漢市某股份制企業一九八八年至一九九二年分紅，國家股分紅率為11.5％～13.7％，社會公眾股為17％～17.5％，內部職工股為20％。搞合資、聯營等公司卻為用國家資金，打着全民的牌子，但資產和效益卻不進入國家收益。審計署在調查中還發現，一些平常對財務基礎工作做得好的、被認為「信得過」的企業，在當前企業制度改革中，這類違法違紀問題也有抬頭的趨勢。

5. 集體企業無償佔用國有資產導致國有資本累積性流失。一些國有企業為了安排子女、家屬就業，投入大量資金、技術、物資開辦大集體等各類「三產」產業。或讓出適銷對路產品的經營權給「三產」公司，或將國有企業的某個車間整建制地劃出成為「三產」公司，或者為「三產」公司提供貸款擔保。在進行這些產權轉移程式時，僅憑協商或領導意見確定，手續不全，資產轉移無賬可查，造成了國有資產大量流失。遼寧省某國營企業在生產資金大量不足的

vii 「負債持股」是指中國政府聲稱為形成「所有者在位的產權關係，為增加企業經營者對企業的責任感」而推行的一項所謂「改革措施」。其內容是通過「改革」將國有企業股份「賣」給國有企業的負責人，但國有企業負責人聲稱自己沒有錢買股份（因為貪污來的錢不能公開露富），於是政府允許他們不出錢，但持有股份；或者由政府責成銀行貸款讓他們購買股份，這種做法稱之為「負債持股」。總而言之，這種改革是為企業負責人提供方便，「購買」股份不用自己掏錢。在第一節中所列舉的浙江五芳齋這一企業，就是這種情況。

情況下，將1萬元資金無償借給所屬集體所有制公司，長期無人過問。該省閥門廠、橡膠廠也存在類似問題。[38]鞍鋼和華北電管局辦了許多集體企業，據介紹有2.5億元稱之為長期貸款或投資給了集體企業，這筆資金既未按資分利，也沒有相應增加投資份額或收回。從全國清產核資第1期51戶試點企業的不完全統計來看，集體企業無償佔用的國有資產達1.63億元。據此，按集體企業無償佔用0.01％的國有資產來推算，全國各類集體企業無償佔用國有資產至少也在 190 億元以上。

6. 公開侵吞國有資產。企業虧損，經理發財，這種「富了和尚窮了廟」的情況在全國相當普遍。一些工商企業明明知道所購原料、貨物是殘次品，卻按正品價格購入，明明是優質暢銷品卻低價脫手，慷國家之慨，得個人之實惠。據《遼寧日報》一位記者調查瞭解，遼寧一家手錶公司曾是全省有名的創利大戶，產品在國內的市場佔有率達7％，年上交利得稅1億多元，但近年來該公司的國有資產大量流失，經濟效益逐年下降，最終虧損3,000多萬元。該公司國有資產流失的主要原因是有關人員損公肥私，侵吞國有資產。例如公司要進一批自動車床，本可以從廠家直接進貨，卻轉一個彎從私人手中買二手貨，經理從中得「好處費」。一些個體戶給正副經理一些好處，就可以從公司得到廉價原料和設備，轉手高價賣出，便可謀取暴利。某個體戶一九九二年通過這一辦法獲利幾十萬元。這家公司零部件質量好是出了名的，不少名錶的機芯都用這家公司的部件，但該公司一九九二年和一九九三年殘次品損失分別達到340萬元和640萬元，佔當年成本的10％左右。據瞭解，許多部件並非真正的殘次品，只是被當作殘次品處理而已。

7. 對外貿易中逾期貨款不能收回，大量外匯滯留損失在外。據有關部門統計，一九九一至一九九四年間，中國各種涉外企業逾期未收匯總額達 89 億美元（包括對外工程承包款）。造成拖欠的表面原因似乎是企業行為失誤所致，但深層次原因卻是對國有資產的監控不嚴。據專門從事國際商債追討的某公司代表對中國被拖欠貨款的統計表明，國際拖欠案直接起因中，有意欺詐的拖欠款佔60％；產品質量或貨期有爭議的佔25％；嚴重管理失誤的佔10％；其他原因佔5％。形成國際拖欠的國外因素，主要是海外一些不良公司利用中國開放之初，外貿公司人員與管理者還未完全熟悉國際操作規範，又有急於求成的心態，或用人情和小恩小惠等方式，將有關人員僅有的一些警戒心理攻破；或在合同條款和操作方法上設下圈套，為拖欠製造理由。國內因素則主要是由於中國外貿公司體制與現代化的國際經貿發展要求不適應，一些公司管理水平和業務人員素質差，外貿企業運作中的行為規範管理不嚴格，及國有資產自我保護機制不健全等原因，導致對外貿易活動中紕漏百出，為對方拖欠貨款埋下隱患。

8. 國有資產在擔保中流失。近年來，遼寧省審計機關在審計中發現，一些單位輕率地為別人作擔保，使國有資產流失。一九九四年該省對15起大案進行調查，經濟擔保近億元，損失額超過5,000萬元。[39]

六、國有企業改革欠了職工甚麼

正如筆者在前文所述，在國有企業改革中，除了失業問題之外，還有幾個社會問題一直處於被迴避狀態，其中最主要的問題就是企業對職工的歷史債務問題。

中國政府與傳媒以及部份經濟學家一直指責工人對「鐵飯碗」留戀難捨。對這種責備，工人當然無法辯解。其實原因很簡單：在一個勞動力絕對供過於求的國度裏，就業是一件相當不容易的事情。一九四九年中共立國之初，中國就面臨着龐大的失業人口沒有工作的問題，當時是採取低工資、多就業的方法，消化了大量過剩勞動力。但是長期以來，中國工人的工資構成並不包含醫療、養老、子女教育、住房等社會福利在內。在計劃經濟體制下，中國一直實行「低工資、低消費、高積累」的政策。從一九五二年到一九七八年，職工平均工資年均增長僅為0.38％，而積累率卻由一九五二年的21.4％增長到一九七八年的36.5％，其中許多年份高達40％以上。顯而易見，國有資產的很大一部份是靠國有企業職工犧牲其消費與未來積累形成的。這種低工資僅僅只夠職工購買糧食、蔬菜、簡單衣物等最低限度的生活必需品，只是基本生活費用，並非國際社會通常理解的「工資」。也就是說，國有企業一旦改革，就面臨着償付職工退休金、醫療保健、住房補貼等歷史債務問題。

對於這一問題，中國政府在九十年代上半期還不敢公然採取完全放棄工人利益、讓職工承擔轉軌成本的做法。但到了九十年代後期，隨着國有企業的破產加速，中國政府的政策也開始改變，一方面有限度地承認社會失業現象存在，另一方面大刀闊斧地進行養老、醫療、住房等多項改革，讓工人承擔社會轉軌的高昂成本。資料表明，中國職工參加社會保險的繳費率高達其工資總額的24％，而據對OECD（世界經濟合作與發展組織）24個國家社會保障繳費率的統計，只有丹麥(24.55％)、義大利(29.64％)、荷蘭(25.78％)、西班牙(28.30％)和葡萄牙(34.75％)等5個國家高於中國。但如果考慮到這些國家的社會保障繳費率包括養老、傷殘和死亡三項合計，而中國僅僅只包括養老一項，可以認為中國是全世界社會保障繳費率最高的國家。[40]繳費率如此之高，中國的社會保險還出現了養老保險金收不抵支的「空轉」現象。

中國從一九九〇年代開始進行社會養老保險體制改革，先後推出的幾個模式，如廣東模式、海南模式、深圳模式都不能作為全國經驗，就是因為這幾個地方從全局上看，恰恰都不是國有企業的重鎮，國有企業在整個經濟中所佔的份額不像其他地方那樣高，如廣東的國有企業僅在整個國民生產總值中佔1/3。更兼在長期的市場經濟氛圍中運作，這些地方的國有企業中的一部份已較能適應現在的市場遊戲規則，故此其改革經驗在很大程度上沒法被東北、上海等國有企業集中之地所仿效。即以廣東而論，這個省的國有企業主要集中在廣州與韶關，在其他地方如南海、順德、中山、佛山等「四小虎」，其他所有制類型的新興企業非常活躍；更兼改革以來累積了經濟實力，因而這個省有能力調動全局力量進行高難度的社會保險體制改革，深圳的情況也是如此。以深圳為例，一九九六年七月一日起開始實行新的社會保險制度，有其特定的社會條件：首先，深圳市社會保險起步早，早在一九九二年開始，就已經進行以合同制職工為養老保險改革試點的單項改革。一九九六年七月一日起開始實行的社會保險體制改革，就是在以前歷年改革基礎上進行的。其次，深圳經濟特區還有兩個別的省、市、地區所沒有的條件，一是人口年齡結構比較年輕，呈兩頭小、中間大的狀態，即老齡人口和少兒人口比例較小，38～45歲的中間年齡段人口較多，平均年齡也就30多歲，這就意味着社會撫養係數小。直到一九九六年六月份，深圳的退休人口還只有14,000人，預測要到二〇四〇年以後才逐漸進入老齡化高峰期，比全國平均晚了將近10年，這樣年輕的人口年齡結構，別的城市根本無法與之相比。三是深圳市的國有企業在整個經濟中所佔的比例和起的作用比別的城市相對要小，更兼經濟積累雄厚，財政情況較好，有條件實行社會保險體制改革。

以此觀照別的省、市及地區，就應當明白，許多地方其實並不具備這些條件。根據中國政府公佈的資料，早在一九九六年六月底，中國已有76.9％的職工和94.7％的離退休人員參加了社會保險[41]，似乎社會保險制度的建立相當順利。但事實表明，社會保障體制的運作根本沒有落到實處。許多個人賬戶只是一個名義賬戶，其中並沒有資金，由此形成了一個行內人士稱之為「空賬」的現象。有關資料顯示，「空賬」的規模在逐年擴大，一九九七年為140億元，一九九八年為450億元，一九九九年已經達到1,000億元以上。而且養老保險當年的收入不能支付現有的退休人員的退休金，這種情況表明個人賬戶根本不可能有任何積累。[42]由此可見，在中國人口年齡結構迫近老齡化（60歲以上人口已達1.32億人，並正以每年3.2％的速度遞增)、國有企業虧損面增大、失業問題日趨嚴峻的情況下，將為國有企業解除負擔的「寶」全押在還沒有積累的社會保險體制改革上，以國情而論，多少有點「以遠水解近渴」的不現實之感。按照中國政府一九九七年養老保險體制改革的設想，其實是讓國有企業的職工第二次承擔養老保險的負擔。可以説，在實際運作中，中國國有企業的職工確實在承擔着經濟轉軌的雙重成本。如果以一九九八年為起始點，此後的 10 年當中，城市失業率將達到12％左右，失業人員總數將達4,900萬，這批人的社會保險如何償付則成了一個相當大的問題。[43] 二〇〇二年中國政府發佈的有關社會保障的白皮書所談的情況，實在與中國公眾對社會保障的實際感知相差太遠，無法取信於人。

第三章註釋

1. 《粵港信息日報》(GD-HK Information Daily)(一九九六年一月二十八日)：廣東省勞動廳對企業經濟性裁員有限制，規定企業裁員必須具有下列一個條件才可申請裁員：連續三年虧損，資產負債率大於百分之百；一年累計開工率不足一半；連續三個月以上無能力支付職工「最低工資」；經市、縣政府批准為嚴重困難企業。規定特別提出，男滿50周歲，女滿45周歲的職工，非經本人同意不得裁員；而夫妻同在一企業的最多只准裁減一人。
2. 《太陽報》二〇〇二年四月十二日，二〇〇二年四月十二日北大三角地網站(BBS.beida-online.com)轉載。
3. 《中國青年報》二〇〇一年四月二日：「一場肥了個人的改制——對浙江五芳齋實業股份公司改制的調查」。
4. 筆者曾於一九九五年十月到廣東國有企業集中之地韶關市調查，先後走訪了10多位當地體改部門、政府經濟主管部門，以及10多家企業的負責人。他們對國有企業下一步的改革持不樂觀的態度。體改委主任胡XX及企改科科長說，自從一九八四年以來，他們一直按照國家部署的體改方案進行，一九九二年以前主要在計劃體制框架內作文章，圍繞經營方式進行改革。直到一九九二年才開始進行產權方面的改革，成立了一些股份制企業，開始時因籌集到資金，運作不錯。但到了一九九四年就出現困難，有幾家股份制企業效益不好，股民意見很大。而一些廠長經理們開始因試行股份制能籌集到資金，很歡迎改革，但後來分紅的壓力一大，就覺得上當了，不該試行。大家評價經營承包責任制是「頭痛醫頭，腳痛醫腳」，而股份制則是「開錯了藥方」。

   這些在基層從事體制改革的人士反映說，當地除了破產這種改革形式沒嘗試過以外，其餘所有的辦法，如出售、兼併、租賃、承包當地都嘗試過，沒發現哪種方式是國有企業改革行之有效的「藥方」。改革越到「深水區」，就越缺少利益驅動機制。不少企業的經營者都已喪失了改革熱情，都抱着混一天算一天的態度，大家坐在一起聊天時這樣說：改革是找死，不改革是等死。大家也都知道不改革是沒有出路的，但問題是出路何在？他們曾嘗試過到香港去出賣中小國有企業，結果無人問津；回來動員職工買，但職工對企業沒有信心，不願意出錢買。他們認為，如果要出售企業，就不能過分強調「國有資產不能流失」這一口號，在產權界定方面要鬆動一點，否則就不會有人買。一位在財經委主持工作多年的負責人更是直接了當地說，國有企業從體制上來說有很大毛病，僅依靠經濟改革很難奏效。

   在這次調查中，筆者發現一個很有趣的現象，不少虧損企業的廠長經理對「政企分開」很有意見。細問之下，才發現他們的意見主要集中在一點：政府不出面為他們到銀行疏通，他們根本借不到錢。所以他們反對在企業困難的時候，政府割斷銀行資金供給的臍帶。

5. 多維新聞社(ChineseNewsnet.com) 二〇〇二年二月十六日電。
6. 多維新聞社二〇〇二年三月一日電。
7. 《經濟參考報》二〇〇二年四月十四日第2版。
8. 《中華工商時報》二〇〇二年三月二十六日第1版。
9. 《天津市工業企業資產流失調查與分析》。
10. 《中國市場經濟報》一九九九年三月一日3版。
11. 《法制日報》一九九六年八月十三日。
12. 《南方都市報》二〇〇一年三月二十二日。
13. 新華社北京二〇〇一年四月十四日電。
14. 《粵港信息日報》一九九五年二月二十五日，四月十日。
15. 《中國青年報》一九九六年四月十七日，「積極推進國有企業反腐鬥爭」。
16. 原載《各界導報》，題為「桂冠下的罪惡——『優秀企業家』馬宏業墮落受賄紀實」，轉載於《深圳法制報》一九九六年九月一日。

17. 據新華社北京二〇〇〇年一月五日電。
18. 《深圳法制報》一九九九年四月七日第5版。
19. 《南風窗》二〇〇二年三月上。
20. 《粵港信息日報》一九九五年十一月二十日，「國有資產產權重組亟待規範」。
21. 《粵港信息日報》一九九六年八月四日。
22. 《粵港信息日報》一九九六年八月十六日，「廣東某市一項調查顯示：信貸資金過多沉澱，金融風險不容忽視」。
23. 《中華工商時報》二〇〇二年三月二十六日第1版。
24. 「利率可能再降，適度從緊不變」一文中戴相龍談話中所引的資料，《中華工商時報》一九九六年七月十六日。
25. 《中華工商時報》一九九六年十一月七日。
26. 《中華工商時報》一九九六年十二月四日。
27. 《經濟學消息報》第152期。
28. 《報刊文摘》一九九六年二月二十六日。
29. 《中華工商時報》一九九六年六月十日。
30. 《中國市場經濟報》一九九九年九月四日1版：「首例債轉股企業誕生」。

31.《南方都市報》二〇〇〇年十一月十七日26版：「我國推遲『債轉股』計劃」。
32.《粵港信息日報》一九九六年六月十七日。
33.「十萬億國資義利之辯」，《南方周末》二〇〇二年十二月十九日。
34. 郭東風、劉兆彬，「國有資產流失驚人產權改革刻不容緩」。
35.《中華工商時報》一九九六年三月十六日。
36.《中華工商時報》一九九六年十二月二十五日。
37. 最高人民檢察院檢察長韓杼濱二〇〇二年三月十一日在第九屆全國人民代表大會第五次會議上所提交的「最高人民檢察院工作報告」
38. 國家審計署江華，「國有資產流失責任主要在企業自身」。
39. 遼寧省審計廳張寶光：「國有資產在擔保中流失」。
40.《經濟研究》二〇〇一年第5期，孫祁祥：「『空賬』與轉軌成本」。
41. 新華社一九九六年八月五日電。
42.《經濟研究》二〇〇一年第5期，孫祁祥：「『空賬』與轉軌成本」。
43.《經濟與管理研究》二〇〇一年第3期，宋曉梧：「中國社會保障制度面臨的嚴峻形勢」。

第四章　中國當代尋租[i]活動產生的根源

本章將集中討論當代中國各種利益集團開展的尋租活動的途徑，及其對中國社會、政治、經濟產生的影響。

毫無疑問，這23年改革當中，擁有龐大國有經濟部門的政府及各種由政府掌握的資源，一再成為各利益群體尋租的獵物；而政府部門中的不法分子則將企業以及其權力所轄範圍視之為其「索貢」的對象。在對歷時23年的經濟改革作出評價時，最讓國民在道德情感上不能接受的社會變化之一就是腐敗行為的泛濫。在前10多年，還有人認為腐敗只是廣東等沿海經濟發達地區的「特產」，因為在這一地區，幾百萬元乃至數千萬元的貪污受賄案件層出不窮，「中國第一貪」的「桂冠」在幾年之間已數易其主：首先由中信實業銀行行長高森祥奪得；未幾又落到深圳某公司廣州分公司經理曾利華頭上；不到半年又冒出了一個貪污1,300萬元的巨貪——深圳市計劃局財貿處處長王建業；這一紀錄旋即又被深圳市建設銀行職工梁健雲以2,000萬之巨加以刷新。但是無錫鄧斌、北京副市長王寶森與市委書記、市長陳希同一案，以及貴州閻健宏巨案又使中國人

i　尋租（Rent-seeking）：這一經濟理論是二十世紀中葉以來西方經濟學最具挑戰性的領域之一，其創始人有戈登．塔洛克（Gordon Tullock），安妮．克魯格（Anne O. Krueger）等。有關「尋租」的討論主要集中在政府創立或保護的一些壟斷行業中商人的尋利行為。尋利的商人往往會利用資源（金錢或相當於金錢的各種物質利益）賄買政府官員影響政治過程獲得特權，這一尋租的過程往往構成對他人利益的損害，這種損害大於租金獲得者的收益。「事前的尋租活動」是指各種利益集團付出努力和資源來影響各種政策的出台；「事後的尋租活動」是指各種利益集團利用各種政策空隙尋找租金。

認識到：一向被視為首善之地的京城和以貧窮著稱的貴州，貪污腐敗之風也不遑多讓。

表：4～1

歷年中國檢察機關查辦的貪污腐敗案件一覽表		
年份	案件數目（件）	縣處級以上官員人數
1988 年	36,500	
1989 年	58,926	742
1990 年	51,373	1,188
1991 年	46,219	924
1992 年	98,876	915
1993 年	56,491	1,037
1994 年	60,312	1,827
1995 年	63,953	2,262
1996 年	61,099	2,699
1999 年	38,382	2,200
2000 年	45,113	2,680
2001 年	54,367	2,670

說明：上述資料均來自歷年中國最高檢察院工作報告。但這些工作報告有兩個明顯特點，一是各年的統計口徑不一，二是統計方法不一。如一九八八年至一九九一年這4年當中是分年單列，但一九九三年報告中卻是將一九八八年至一九九二年底這五年資料一起開列，本表中是用5年總數204,318件減去前4年累計數115,442，為98,876件。一九九八年的工作報告中是將一九九三年至一九九七年5年的資料一起開列，且統計口徑與以前不一樣，一九九九年工作報告無同一統計口徑的資料，故一九九七年與一九九八年2年資

料為空白。

可以說，從九十年代開始，貪污腐敗呈如下發展趨勢：捲進經濟犯罪的黨政機關工作人員不斷增長，其中的高級官員越來越多，因貪污受賄被審判的有原全國人大副委員長成克杰，原江西省副省長胡長清，原公安部副部長李紀周，原遼寧省副省長兼瀋陽市長慕綏新，原雲南省長李嘉廷，原安徽省副省長王懷忠等；貪污腐敗的面越來越廣，司法機關和行政執法工作人員敲詐勒索、索賄受賄、貪贓枉法、徇私舞弊等犯罪問題嚴重；貪污腐敗數額越來越大，攜鉅款潛逃情況突出；內外勾結、共同作案和跨地區、跨國犯罪的情況越來越嚴重。這種大面積的腐敗行為已使改革的聲譽大大受損，在某種程度上嚴重危及中國政治、經濟的穩定。

一、尋租活動的社會根源

上述這種腐敗行為，中國學術界原來稱之為「權力經濟」，或曰「權錢交易」；政府的法律用語則統稱為「經濟犯罪」。在國際經濟學界，自 Anne O. Krueger 在一九七四年將「尋租」理論[1]引入經濟學研究以來，有關由於政府行為而產生的腐敗現象，統統被納入這一範疇加以討論。九十年代中期以來，有關尋租的討論在中國經濟學界已成為一個最富刺激性和最具挑戰性的研究領域。只是這種較分散的討論和中國目前的大面積腐敗比較起來，就顯得力度和深度都遠遠不夠。按照通常的說法，尋租行為就是尋求直接的非生產性利潤，尋租主要是通過政府影響收入和財富分配，竭力改變法律規定的權利來實現某個人或某個集團的利益。在中國，尋租的目標主要是政府官員和國有資產，尋租的特點是利用合法或非法手段得到佔有「租金」(即「超經濟暴利」) 的特權，所以尋租活動往往伴隨着權錢交易等腐敗現象。這種尋租活動只耗費資源而不創造社會財富，或者説它只是一種為單個企業創造利潤而不為社會創造財富的經濟活動。尋租活動的泛濫，為任何進步的法律制度所不能容忍。

在這裏有必要區分一下中國當前尋租活動的性質，即這種尋租行為是屬於「事前尋租」還是「事後尋租」。「事前的尋租活動」是指各種利益集團付出努力和資源來影響各種政策的出台；「事後的尋租活動」是指各種利益集團利用各種政策空隙尋找租金。從中國的實際情況來説，通過各種途徑影響政策出台這種事前的尋租活動在一九九八年以前還不是主要尋租形式，那時更多地是利用各種政策縫隙來尋找租金。而自從一九九九年開始，經濟精英們已經通過各種事前的尋租活動來影響政府政策。由於中國政府對經濟活動的壟斷範圍相當寬泛，所以尋租活動的伸展天地相當廣闊，已經出現了少數利益集團「俘獲國家」(Capture State)的現象。

中國的經濟改革，從體制上來説就是變計劃經濟體制為市場經濟體制。目前只能説中國尚處於模擬市場經濟階段，因為市場經濟所具備的基本要素——由市場配置資源，目前在中國還不完全具備。政府在資源配置中的作用，尤其是在稀缺資源的配置中，遠不止是充當「守夜人」的角色。在對目前這種財富分配格局起決定作用的幾次大的資源配置當中，如價格雙軌制、股份制改造、以及後來的房地產熱中，都是由政府這隻「看得見的手」代行市場這隻「看不見的手」的職能，進行資源配置，從而造成政治系統和經濟系統的功能嚴重紊亂，政府官員得以利用手中權力，在這幾次改革中進行着肆無忌憚、大規模的權錢交易。

從這幾年，中國各地不斷公佈的案例來看，當前的尋租活動主要集中在幾個「點」上：權力的集中點；體制轉換的交匯點；監督系統的乏力點；法律政策的滯後點；人、財、物需求的關節點。這種以權力型經濟犯罪為主的尋租活動的肆虐，使中國社會付出了高昂的代價，並引起社會結構和國民價值觀念的惡性畸變。

二、關係網——尋租活動的神經網絡

九十年代以來，中國出現了一批以非常速度積累了大量財富的富豪。但仔細推究起來，就會發現一個特點：這些富豪當中的相當部份，都是通過非市場手段致富。且不去講那些有資格直接參與資源分配的掌權者，侵吞國有資產致富的企業「內部人」，以及那些在價格雙軌制下、股份制改造活動中和房地產熱中富起來的那一批人，僅僅以那些從表面上看來和權力似乎毫無關係、在改革中獲得異乎尋常發展的民營企業為例加以研究，就可以明白非市場手段在現階段的重要性。從表面上來看，這些鄉鎮企業和民營企業似乎都是通過市場行為獲得發展，但只要仔細深究內幕，就會在其中發現尋租活動的種種痕跡。這些鄉鎮企業從無到有的壯大，固然有賴於鄉鎮企業家們的眼光和勤奮，但更有賴於大量資源的投入。而大量的資金、設備、原材料、技術等資源，又是怎樣聚集到這些民營企業中去的呢？答案是明顯的：既不是通過計劃調撥，因為這些民營企業處在計劃體制之外；也不是通過市場，因為在目前這種尚缺乏法律規範保障的市場上，這些民營企業如果真是通過市場獲得原材料、技術、設備和資金，恐怕遑論發展，維持下去都屬不易。事實是：存在着一個既不同於計劃體制，又不同於規範化市場的資源配置系統，在承擔着現階段的資源配置。也就是說，在中國尋租活動的展開，主要是通過一種非正式的社會關係網絡進行的。這種非正式的社會關係包括：同鄉、血親、姻親、朋友和同學等關係。不過必須指出的是，如果說在八十年代，這關係網尚有一點人情味在裏面的話，那麼到了九十年代，這種人情味就幾乎沒有了。一方面，即便是上述關係，也還需用金錢努力編織，否則很快就會從關係網中拋出來；另一方面，只要有金錢開路，即便不是上述關係，也能將其編進關係網中。因此所謂「關係網」，在目前的中國，其實就是進行權錢交易的社會網絡。許多國有資產事實上就是通過「內部人」和關係網的作用而流入私人手中，這一點在前面幾章已經談過。這種用金錢編織的「關係網」參與作用的領域極為廣泛，包括建廠、聯營、轉產、獲得業務、購買原材料、產品銷售、技術指導、人員培訓等。非正式社會關係資源由於能夠牽動諸多資源的流動，影響其流向，因而它早已不僅僅只是一種有經濟意義的資源，而是一種具有資源配置功能的資源。可以說當代中國的企業經理們，無論是身在國營企業，還是身在鄉鎮企業，沒有一個人不明白非正式社會關係在經營活動中的重要性；至於為官者，自然更明白在致富的道路上「官商結合」的必要性。一項有關私營企業主社會關係的調查表明，在私營企業主交往的社會關係當中，幹部佔有相當高的比例，有28.2％任科級以上幹部。從二〇〇二年開始因各種經濟犯罪罪名被投入監獄（包括外逃在內）的中國富豪仰融、楊斌、周正毅等人，周圍都有一個相當龐大的政界關係網即是明證。

另一項調查表明，私營企業主極其重視各級政府給他們的政治安排。在被調查的私營企業主當中，有14.2％擔任了人大代表，33.9％成為各級政協組織的成員，47.1％的私營企業主在工商聯中擔任職務。廣東省的一份調查則表明，廣東省有55.3％的私營企業主希望被選為人大代表或被推薦為政協委員，有12.7％的私營企業主希望能在各級政府中任職。[1]江澤民從一九九九年提出的所謂「三個代表」，以及二○○一年「七一講話」中的「讓私人企業家入黨」，只不過是將政治精英與經濟精英合流制度化、合法化，為中國的黑金政治建造制度化管道而已。「公共關係」這個詞在中國近年來頻頻使用，其社會背景就是如此，只是其內涵和它在發源地西方社會的內涵已大大不同，成了請吃請喝、送禮行賄、美色「攻關」等諸種拓展非正式社會關係活動的代用語。從單個企業來說，運用非正式關係獲得資源，交易成本較小，可以使自己在同儕中脫穎而出。但是從全社會來說，利用這種非正式社會關係分配資源的結果是使社會付出了無法用統計數位計量的巨大財富——社會道德和官員的政治責任。

如果僅僅將「關係網」的作用理解成只在資源配置中起作用，那也是對中國現在的國情一種很不到家的認識。這些年來，中國總是在腐敗積累到一定程度，民眾憤怒也積蓄到一定程度的時候，來上那麼一場「反腐敗運動」。在這些運動中也總有那麼一些人落入法網，被傳媒大曝特曝其腐敗事實，以作為反腐敗的實際鬥爭成果。但時隔不久，腐敗之風又捲土重來，或者就在反腐敗之時，也還有人頂風作案。究其原因，其實倒也不是「殺雞猴不怕」，這些人有前赴後繼、不怕殺頭的勇氣，而是在龐大的關係網保護下，不少腐敗份子根本就沒有受到應有的懲罰。一九九五年一月《中國青年報・經濟藍訊》有一篇題為《基層央行執法乏力病因透視》的報導，就很好地說明了在關係網作用的籠罩下，人情滲透行政執法過程中，社會懲罰變得軟弱無力的社會現實。這篇報導說，對基層專業銀行進行稽查監督是各基層央行的基本職能之一，但許多基層央行在履行這些職能時，往往軟弱無力，其主要原因之一，就是央行與專業之間是「你中有我，我中有你的裙帶關係，結成了撕不開、扯不破的人際關係網」，在央行和專業銀行之間，利用職權互相代為安排子女、親屬的現象屢見不鮮。在這樣一個龐大的關係網籠罩下，一查出問題，「面對錯綜複雜的社會關係，是否處理、處理輕重又自然而然成了撓頭的問題」。至於各地關於一些地方惡霸依賴關係網保護逃脫法律懲罰的事情，更是時常見諸報端。而這些已曝光的還僅僅只是貪官污吏中的一部份。有資料表明一九九三年至一九九八年，每100名受黨紀政紀處分的幹部只有42.7人被立案偵查，最後被判刑的只有6.6人。也就是說，中國目前的貪污受懲率極低，只有6.6%，腐敗的收益遠遠大於風險，無怪乎中國官員在貪污腐敗道路上前赴後繼。在九十年代後半期，主要類型的貪污腐敗所造成的經濟損失和消費者福利損失平均每年在9,875億至12,570億之間，佔GDP總量的13.2%至16.8%。[2]

中國自一九九三年十月一日起實行《國家公務員暫行條例》，這一法規言之鑿鑿地花了第十二章整整一章的篇幅規定了「迴避」，如第61條規定國家公務員之間有夫妻關係、直系血親關係、三代以內旁系血親以及近姻親關係的，不得在同一機關擔任雙方直接隸屬於同一行政首長的職務或者有直接上下級領導關係的職務，也不得在其中一方擔任領導職務的機關從事檢察、審計、人事、財務等工作。第62條則規定國家公務員執行公務時，涉及本人或者涉及與本人有本條例第61條所列親屬關係人員的利害關係的，必須迴避。第63條則規定國家公務員擔任縣級以下地方人民政府領導職務的，一般不得在原籍任職。但是民族區域自治地方人民政府的國家公務員除外，等等。其實深諳中國國情者都知道這一條例在不少地方都形同虛設，最能表明中國這種「人治的法制」之特點的是安徽「史青峰事件」。

安徽省阜陽地區渦陽縣史青峰，其關係網相當龐大，「三親家」都是縣級以上的領導幹部，史氏家族在當地任職科級以上幹部的就有40多人，縣級以上幹部有近10人。正因為史青峰擁有如此豐厚的「人際關係資源」，才能在該縣為所欲為。史青峰原來是該縣審計局的幹部，一次發怒砸了其頂頭上司審計局長的辦公桌，搶走了公章，使全局的工作陷入癱瘓，轉而當上了縣法院的審判員。此後的某一天，史青峰夥同另一個幹部強姦了一個21歲的未婚女子。案發後受害者親屬一直告了五個多月的狀卻毫無結果。直到上級領導下定決心，重新調整了渦陽縣委、縣公安局的領導班子，史青峰才在潛逃三年後被捕歸案。在史潛逃的過程中，他在縣公安局當幹部的弟弟曾暗暗地給他送過錢，告訴他朝哪個方向逃跑；史的哥哥是縣委宣傳部副部長，也與其有過聯繫。這些人都是國家幹部，但他們的行為不僅違反了《國家公務員暫行條例》第62條，而且違反了《刑法》第162條。但此案暴露的事實更讓人關心的是，在史氏家族那40多名科級以上幹部和10名縣級幹部中，有多少人在任職方面違反了《國家公務員暫行條例》中的規定？當地人事局和組織部門在考察他們時，為甚麼對他們那並不隱瞞人的親屬關係視而不見？而安徽史氏家族其實只是無數此類事例中的一個，在全國來說，這種事情絕對不是個別，而是帶普遍性的問題，如周北方在首鋼其父親轄下工作，首鋼黨委副書記想將其調走都難遂願就是一例。這類將法律條文視同無物的事情表明，以中國目前的國情而論，即便建立起「完善的法律制度」，那也只是「人治的法制」，絕對不是「法制的法治」。[3]

正因為關係網在中國的作用是如此強大，一個人如果成年以後，沒有編織好一些「關係網」，其親族及社會上對這個人就會表示輕視，這個人在有困難的時候也很難得到別人的幫助。

三、歷史上的「貪瀆文化」與今日尋租活動的文化淵源

上述情況的形成和中國的傳統文化有一定關係，輕視公德重視私人關係是中國傳統人際關係的一個特點，「禮尚往來」這一戒律使人際關係中的利益交換具有一種道德含義；「千里做官為求財」則說明中國人心靈深處對在政府任職的一種世俗看法(「經世濟民」只是儒家的道德政治理想，而不是中國人，尤其不是普通民眾的普遍理想）；「法不責眾」一方面使人們在犯罪之時有了從眾的心理基礎，另一方面使社會懲罰失去效力。正因為如此，從文革後期以來「關係網」的形成，腐敗行為的大量滋生，在中國從來遇到文化上的反抗。更糟糕的是社會現在已出現了不以腐敗為恥，反以腐敗

為榮的風氣。在沿海一些城市的人才招聘廣告裏，公開出現這樣的詞句：與政府部門有良好關係者優先錄用。這一廣告後面所隱藏的東西耐人尋味：無論是國營企業還是私營企業，甚至深諳中國國情的部份港台商人，都必須賄賂各有關政府部門官員以及工商、稅務、公安等部門人員，否則經濟活動會遇到重重障礙。試圖保持正常商業規範的公司，往往會發現自己是在和採用大量行賄手段的其他公司展開不平等競爭。這種從中央政府到地方政府都將公共權力視為「資本」，並千方百計以其謀取超經濟暴利的腐敗行為，使不少社會公眾產生了「在經濟發展時期，腐敗不可避免」的思想，其結果是助長了人們的玩世不恭，弱化了人們對行賄受賄行為的抵制。最耐人尋味的是，九十年代以來，美國一些公司要在中國開展業務，也開始有意識的選聘一些中國的高幹子弟，以便在中國通過「關係」獲得一些特權與利益。這一事實恰好推翻了一個非常流行的假設：國際社會普遍期望中國加入WTO以後，歐美大公司會迫使中國遵守國際規則，減少腐敗行為。而事實證明：不是歐美公司改變了中國官商結合的遊戲規則，而是他們順應了中國腐敗的社會制度環境。在這一點上，他們正在步八十年代進入中國大陸投資的香港、台灣商人之後塵，有些公司的學習進度相當神速。

中國的腐敗現象之嚴重，已為世界所注目。一九九五年，德國的哥汀根大學（Goetingen University)在一項評估報告中列舉了全世界41個國家的清廉度，中國大陸被排名於第40位，最末一位則是印尼，也就是說中國的貪污腐敗程度位列第二。《經濟學人》一九九五年五月二十七日報導，香港「政治經濟風險顧問公司」發表的調查報告顯示，在亞洲地區11個國家和地區的貪瀆情況的評比中，中國大陸被排在首位。國際透明組織(Transparency International)發佈的「二〇〇一年各國腐敗度指數」(The 2001 Corruption Perceptions Index)，中國的腐敗指數位列第二。華人圈的香港、台灣的腐敗指數也都名列前茅。這就促使研究者必須考慮中國傳統貪瀆文化對今日政治的影響：為甚麼中國歷朝歷代都經歷這樣一種重複，即每一朝代建國之初，都有那麼一段勵精圖治、廉潔節儉的清廉時期，而經過幾十年以後，就無一例外地陷入了貪污腐化的泥淖之中？為甚麼凡是和中國文化有關的區域，貪污腐化就成為難以根治的社會公害？細細分析中國當前關係網的形成與其在資源分配中的作用，就能粗略把握到上述一些文化脈絡，因為人畢竟只是歷史文化的沉澱。

翻開一部《二十四史》，就會發現貪污之事例幾乎每朝每代都有，尤其是王朝末期尤甚。以與我們時距最近的清王朝為例，這一時期的貪污就非常有名，俗稱「三年清知府，十萬雪花銀」。這些情形在清代譴責小說如《儒林外史》、《官場現形記》、《二十年目睹之怪現狀》中描寫得淋漓盡致。當然這還只是國人的看法，如果將這一時期英國人寫回國去的信件相對照，就更清楚我們的貪瀆文化是怎麼一回事了。一些英國商人在他們的信件中說，他們踏上中國的土地之後，最頭痛的是貪瀆情形十分嚴重，無官不貪，不行賄就幾乎辦不成任何事情。官員們索賄手段有明有暗，明的公然索取酬金，間接的賄賂則需要雙方的默契與技巧。他們必須先學習解讀這種既特殊又微妙的貪瀆文化，才能在中國打開局面。寫信的英國商人還提到他的「訣竅」，就是先買通卸職的政府官員，再通過這些卸職的官員打點在任的官員，等等。這信件所言可算是外國人對晚清貪瀆文化的一種直接的經驗性體驗。至於以後國民黨統治時期的貪瀆文化，更是人所皆知。

如今中國這「關係網」，可推溯至「文革」後期落實政策時期，那時大家要落實政策，不少人就借助於「關係網」之威力。更兼當時經濟瀕臨崩潰邊緣，物資缺乏，表面上是按計劃分配，而實際上「灰色分配」即關係網的功能在經濟生活中起到了一定的作用，「走後門」這個詞就是那時候的產物。所以如果將現在的「內部人控制」及種種「尋租」活動看作是改革開放的產物這種看法是片面的，至少持此論者沒有看到這樣一個事實：現在的腐敗現象只是中國古老的貪瀆文化的一種延續，只是轉型期既有計劃經濟體制留下的巨大遺產，又有非常多的制度漏洞，才給一些人將國有資產轉移到私人手中提供了千載難逢的良機。

也正因為歷史上有貪瀆文化的傳統，因此大規模的腐敗行為在中國肆虐，才根本沒有遇到文化上的反抗。而中國的實際情況還遠比沒有遇到文化上的反抗更為糟糕，不少人在腐敗行為如洪水泛濫之時，不僅沒有看到這後面隱藏的巨大危機，反而認為在中國目前的情況下，腐敗有助於消解體制內不利於改革的阻力，從而降低改革成本。最有代表性的是在中國一直很流行的一種看法：在改革中，經濟發展和社會平等、公正有衝突，二者是「魚和熊掌」[ii]的關係，要想達到經濟發展，必須犧牲社會公正。並引經據典地用美國、日本等國的例子來說明：在任何國家的經濟發展初期，都有過

ii　中國典故，《孟子．告子上》有「魚，我所欲也；熊掌，亦我所欲也。二者不可得兼，捨魚而取熊掌者也」之語，後世以「熊、魚」比喻難得兼有的事物，二者只能選擇一樣。清代趙翼北《甌北詩鈔．絕句二論詩》：「熊魚自笑貪心甚，既要工詩又怕窮」。

一段非常腐敗的時期，以此來證明中國現階段的腐敗現象無可避免，是改革必須付出的社會代價，甚至是經濟發展的一個先決條件。這些觀點經過一些從西方留學歸來的經濟學者們引經據典地反覆論證，廣泛宣傳，幾乎成為社會共識，並被當作是西方經濟學的「經典命題」。不幸的是，大量事實非常確切地證明了腐敗只耗費資源而不創造社會財富，並不能推動社會經濟的發展，而且由於腐敗行為滲透到社會生活的各方面，導致了分配的不平等和收入的集中化，最後阻礙了經濟改革的有效進行，並強烈地影響了民眾參與改革和發展的積極性。

四、尋租活動的社會成本

認為用腐敗來消解舊體制的力量，在所有的改革方式中「成本最小、效益最大」，其實是種誤解。許多事實都證明，腐敗的泛濫使社會付出了昂貴的「成本」，而且這種「成本」怎樣評價都不過分。這種成本首先表現在對政府機能的侵蝕和對社會資源的巨大耗費上。各級政府都有人不遵守政府的規章和指令，不惜犧牲國家和人民的利益以換取一己的私利。他們與企業界、商業界的人士串通一氣，使不少經濟發展的收入和財富進入了他們個人的腰包。在掌握公共資源的部門，這種侵蝕顯而易見。如前所述，上百萬元、上千萬元的貪污受賄大案、要案都出在這些部門，就是明顯例證。這即意味着，在企業界人士通過關係網進行種種非市場交換，也就是權錢交換的同時，人民為之付出了沉重的代價。這些代價包括：公共服務質量低劣，最典型的例子就是這幾年在建築行業中出現的大量問題。由於不少發包者的貪污行為，使許多不合格的建築隊能拿到工程，最終結果是導致工程質量低劣，房屋倒塌，危害了社會公眾的生命財產。筆者曾與將近 20 餘位包工頭交談過，據他們透露，工程承包款的30％都必須用來打通各個關節，從發包方直到質量檢查部門，每個環節都需要拿錢打點，每個環節需要多少錢也已經形成了參與者心知肚明的「行規」。正因為太多的錢花在行賄上，這些包工頭不得不偷工減料，以保證足夠的利潤。

由於尋租活動的肆虐，中國政府宣稱的許多意在改善人民生活的改革，最後都沒有達到原定目的。最可以用來説明問題的例證就是第二章談到的「圈地熱」。從中國的現實出發，由於國家對土地擁有高度壟斷權，因而是土地的管理者，同時也是土地買賣這一遊戲規則的制訂者；另一方面，土地作為經濟、社會發展的基礎而具有資源和資產的雙重性，這就要求政府在土地市場化過程中，必須通過宏觀調控手段來規範市場行為，以保證市場的公平、公正與平等。但是由於尋租活動在圈地過程中所起的惡劣作用，使得這次城市土地制度改革連它的最低目標——為國家積累建設資金和解決城市居民的住房困難都沒有達到。大量資金在中間環節流失，肥了和土地有關的貪官污吏的私囊，而政府今後數年內卻將為解決這兩大問題的後遺症：資金饑渴和住房緊張而付出代價。

要言之，權力參與分配的直接後果是：少數執掌權力和接近權力中心的人通過「按權分配」在短期內積聚起巨大的財富，其財富增長速度遠遠超過利潤率較穩定的發達國家，導致收入高度兩極分化。一位名叫陳宗勝的研究者專門研究過黨政官員經濟犯罪對中國收入分配的影響，並列出下表：

表4～2

黨政官員經濟犯罪對中國收入分配的影響			
黨政官員犯罪率(%)	基尼係數	上升數	上升率(%)
5	0.298	0.0019	0.64
10	0.2998	0.0037	1.25
15	0.3016	0.0055	1.86
20	0.3033	0.0072	2.43
25	0.3051	0.009	3.04
30	0.3069	0.0108	3.65

陳宗勝指出，根據一九八七年統計年鑒的資料，當年城鎮科處級以上幹部正常的合法收入平均每年1,000多元，處於當年的中上水平。從該收入檔次對應的人口比重上減去犯罪人員的人口比重，加在人均收入4,000元(等於1,000元正常收入加上3,000元非法收入)所對應的人口比重上，然後計算各收入層次的收入比重和收入分配基尼係數，得出如上表列出的結果。表中資料表明，若以最低犯罪率5％測算，將使收入分配差別擴大0.0019，上升率為0.64％；若按較保守的10％計，收入分配差別將擴大0.0037，上升率為1.25％；若按30％計，將使收入差別擴大0.0108，上升率為3.65％。[4]

必須注意的是，這裏列舉的只是在貪污腐敗面遠不如今天這樣大的一九八七年的統計資料，而到了九十年代以後，權力尋租活動早已不像當年那樣「猶抱琵琶半遮面」，行賄受賄數額也比八十年代大得多。但上述表格完全可以為權力市場化導致收入差距擴大提供一個統計學意義上的參考。

這種「成本」其次表現在意識形態方面，具體一點講就是社會成員是非感的喪失。在錯綜複雜、互相利用牽制、與政治經濟權力共生的龐大的「關係網」體系的籠罩下，利用權力為自己謀私利的行為已經成為社會風尚，人們對提高個人收入的「灰色行為」甚至「黑色行為」——亦即種種利用職務和職權為自己謀私利的行為採取了驚人的寬容和默許。不僅謀私者心安理得，而且還不用受到輿論的認真譴責，因為這些行為並不直接侵害到社會成員的私人利益。從一九九六年曝光的山東泰安市以市委書記胡建學為首的分利集團的所作所為中，就可以看到中國政府官員們如何結黨營私，肆無忌憚地謀取私利。而且這種例證並非「孤證」，幾乎每個省都有。到了九十年代，中國的精英階層幾乎掠奪了經濟發展的全部成果，邊緣化階層日益龐大。上行下效，流風所及，中國社會風氣空前敗壞，群體犯罪現象相當嚴重。一些集體為了謀取私利，結成團夥行賄受賄；一些地方為了狹隘的地方利益，集體制假售假、盜挖古墓、集體走私、販賣人口、開辦妓院、集體搶劫偷盜——這種情況在農村尤其嚴重，往往一個地方的居民或一個家族的成員就構成了一個犯罪集團。安徽省渦陽縣茅庵趙村位於河南省永城縣、安徽省渦陽、濉溪兩省三縣交界之地，自一九八九年該村村民趙金方、趙明、趙良才等人開始進行買賣人口的犯罪活動以來，不斷有村民加入這一犯罪活動，至案發時為止，據查有80％的村民參與拐賣婦女。他們或者兄弟聯合，或是夫妻攜手，或合家出動，或內外勾結，形成了以趙村為中心的拐賣婦女「專業批發市場」，周圍六個村、鎮及與其接壤的河南省、江蘇省、山東省的部份縣、市都涉足其中，形成了販賣、接送、中轉、收買的「網路服務」，每天都有好幾批被拐婦女送入趙村，這些被拐賣的婦女，大多數都是被人販子強姦後再賣掉。人販子擁有自製的土槍、雙管獵槍等殺傷性武器和吉普車，氣焰十分囂張。七年來，趙村儼然成了「拐賣婦女的自由王國」，該村有錢有勢的人都是靠出賣靈魂拐賣婦女起家，人稱「中國第一賣人村」。類似趙村這樣的拐賣人口專業村，在中國還破獲了好幾個。[5]但更讓人吃驚的還不是拐賣人口這種逼良為娼的現象，而是對賣淫致富的認同。湖南溆浦低莊鎮25個村落裏竟活動着上千個以拐賣婦女維生的「雞頭」，專門以鄰居、同村人以及親戚的幼女為拐賣目標，一度使得家有女兒的農家人心惶惶。這些「雞頭」背後有當地基層政府官員暗中支持，其活動是半公開的。當地人開始是對這類拐賣人口的行為表示憤恨，但後來被拐的女兒們陸續寄錢回家，使一些農家迅速走上了「脱貧致富」的道路，其他農家竟在羡慕之餘，主動求「雞頭」幫忙，將女兒帶出去「掙錢」。與此同時，中國重視兒子的傳統生育文化也變成了「不重生男重生女」，娶妻者往往也要「賣相好的」，以便讓妻子賣淫掙錢。一位多年來與「雞頭」作抗爭的鄉間老人則被當地農民斥為「多管閒事」，被當地警察找個藉口送進監獄。[6]這種全社會性的道德敗壞，可以説是前所未有，有人形象地將之概括成「有肉的賣肉，有靈魂的賣靈魂」。

最有警世意味的是一些靠吃國有資產或鑽體制縫隙挖國有資源發家、後來開辦自有企業一展「鴻鵠之志」的私營企業主們，現在也在為自己如何約束下屬行為在發愁。筆者認識好幾位這樣的董事長和總經理，自辦企業以後，業務越做越大，必須找人管理經營，但就是找不到辦法有效地約束其下屬的行為。如一戴「紅帽子」[ii]的太業股份有限公司委任一位經理去做上海分公司總經理，一直只聽到那邊捷報頻傳，説是賺了多少，兩年以後，卻發現從銀行借貸的3,000萬全花沒了，只留下這位經理花出比購買時市價高出不少的幾套房子和一個期貨交易所的席位，買時的價錢比一年後的市價高出差不多2/3，除了市場行情變化導致的損失之外，其餘的都成為「回扣」等費用被不明不白地吃掉了。這位被委任的分公司經理精通法律：現有法律中的貪污罪、挪用公款罪對他不適用，因為他拿的是「紅帽子」[iii]私營企業的錢。太業公司還在湖南與當地企業合作開辦了一家「五通股份有限公司」，聘用當地一位政府官員做經理，這位經理上任時兩手空空，經營三年多，等自己家中有了豪宅、私家車時，注入企業的上千萬資產和貸款也都已消耗得差不多。這位經理看看沒有甚麼油水了，就遞上辭呈，準備回歸自己原在政府中的職位上去，私下裏還這樣對別人説，「他（指董事長）有甚麼好來説我的？他起家還不是靠這樣，我拿的哪比得上他拿得多。」筆者將這些靠「灰色行為」起家，但又敗在別人的「灰色行為」手下的現象稱之為「多年打老鷹，卻被鷂子啄瞎眼」，可算是「成也腐敗，敗也腐敗」的一種「天道循環」。[7]

如果説社會為此付出的經濟代價在今後幾年中多少可以得到彌縫和矯正的話，那麼要擺脱目前這種道德無秩序狀態，並建立一種新的社會道德秩序，就比修復經濟要艱難得多，往往是窮數代人之

iii　紅帽子：指實際上由私人投資開辦的企業，名義上卻要戴上「集體企業」或「國營企業」的帽子，以獲得稅收優惠以及一些政治待遇，如辦理赴港證與出國手續，閱讀內部文件等等。這是中國改革以來的一種特殊社會現象，自九十年代中後期以來，隨着私營企業社會地位的提高，以及因「紅帽子」帶來的一些產權糾紛時有發生，許多「紅帽子」企業都開始想方設法「脱帽」。

努力也收效甚微。腐敗行為泛濫成災，最大的受害者其實只是人民。在目前這種情況下，如果還對腐敗問題持掉以輕心的態度，並以一種短視的功利態度將它使某一集體、某一個人獲利作為腐敗有利無害的依據，論證它在中國經濟體制轉換中所起的作用是「成本最小，效益最大」，最終只會使為害甚烈的腐敗滲透民族靈魂，成為難以治癒的社會頑症，每個人都會身受其害。

五、建立道德和政治責任是改革成功的關鍵

在瓜分計劃經濟體制龐大遺產的過程中所產生的大量尋租活動，使中國的市場化進程嚴重偏離本應達到的社會目標。發達國家民主化進程的歷史表明：新生資產階級總是先有了經濟實力，再爭取經濟權力。鑒於此，在八十年代初期，許多知識份子曾充滿希望地幻想：隨着民間經濟力量的日益壯大，以經濟權力來削弱非經濟權力，會使民主與法制的進程加快。但嚴酷的現實卻沒有按照人們的想像發展，生活中大量權錢交易活動，使得人們不得不認知這一現實：有權才能有錢，只有依附於權力才能發財致富，這樣反而進一步刺激了官本位意識在新的社會條件下畸型發展。國際經驗和中國的現實均證明，權力壟斷社會生產要素對市場經濟的危害，特別是對收入分配的危害，比市場經濟體制下的經濟性壟斷所造成的分配缺陷危害更大。這種體制繁生出大量官商、官倒及依附於權力階層的「仲介人」。這些人共同謀取財富，其相互勾結使權力結構更加強化，成為經濟發展和政治體制改革最大的阻力。

關於腐敗產生及如何克服腐敗的問題，人類歷史中一直都有一

些傑出的思想家窮畢生之力加以探討，被譽為「政治學之父」的馬基雅弗里（Niccló Machiavelli）就是世界上第一個深入研究腐敗問題的思想家。他在分析了十五世紀義大利的社會情況以後，認為產生腐敗的原因有幾個，包括社會的不平等，人的私慾，權勢者為滿足自己一己私利的權勢慾，等等。針對當時義大利的社會情況，他提出了消除和防止腐敗的辦法，如依靠領導者的自律為公民作出良好的榜樣，依靠法律規範人們的行為，依靠有效的監察制度，依靠相互制衡的政治制度，等等；最重要的是他還提出了依靠改革來防止腐敗的思想。馬基雅弗里明確指出，國家政權如果長期不予更新，必然會走向腐敗墮落，「因為隨着時光的流逝，德性必然腐化，如果不加以治療，這種德性的腐化必然會導致政體的毀滅」。因此他主張經常革故鼎新，為國家注入新的生機，通過種種興利除弊之舉來克服腐敗，使國家歷久不衰。馬基雅弗里對腐敗危害性及其根源的認識，不僅震撼了他的同代人，使人們開始正視腐敗的災難性後果，還為後來西方國家的政治學說開創了新的研究方向。此後以自然法三權分立學說為理論基礎，以反腐敗為主要目的的西方廉政思想，以及「廉潔政府」理論的盛行，溯其思想源流，都會看見馬基雅弗里的影響。

瑞典經濟學家、一九七四年諾貝爾經濟學獎得主岡納・繆爾達爾(Gunnar Myrdal)在對南亞諸國進行了長達 15 年的實地考察之後，出版了他的姐妹篇名著《亞洲的戲劇：南亞各國貧困的考察》（Asian Drama: An Inquiry Into the Poverty of Nations）與《世界貧窮的挑戰》The Challenge of World Poverty)。在這些著作中，他提出發展中國家現代化進程中所遇到的普遍問題：軟政權化(Soft

State)和分利集團。他認為，所有的發展中國家的政府都屬於「軟政權」，這種「軟政權」有幾大基本特徵：缺乏立法與具體法律的遵守實施，對法律的解釋有很大的隨意性和鬆弛性，各級公務員普遍不遵守交給他們的規章與指令，並且常常和他們本應管束其行為的有權勢的人們與集團串通一氣；社會成員之間常利用各自掌握的資源，在違反和抵制法規的基礎上，為一己私利進行交換，亦即存在反法制的互利性；這種以貪污、腐敗為基本行為模式的軟政權行為有着互誘性和積累效應，對包括下層階級在內的各社會階層有着很強的滲透性。蕭功秦曾長期研究發展中國家的現代化問題，針對上述現象，他指出，在這種以權錢交易為主要特徵的「軟政權」模式下，很容易形成各種分利集團，而這種分利集團一旦形成，必然會利用自己壟斷的各種資源，通過種種尋租活動獲取非法利益，而這些尋租活動又必然導致這些發展中國家進一步軟政權化。「如此惡性循環，一旦這種惡性循環發展到一定程度，一個國家的政府將面對這兩大陷阱的相互溝通而無能為力。」[8]從中國現在的實際狀況看來，這種分析正好切中要害。

如何遏制腐敗，防止進一步「軟政權化」，阻止分利集團與政治結盟，在中國目前其實已經是關係到國家前途的關鍵問題。正是在這一問題上，中國已經泥足深陷：由於在政府和企業這兩大科層組織中擁有權力的大小決定了獲得財富的多寡，所以不少政府公務人員不是去考慮如何加強為社會及公眾服務，企業負責人不是去考慮如何增加生產，改善企業的經營管理，而是花費大量精力去進行權力的角逐。這些都極大地損害了社會基本單元的工作動機，侵蝕了人們的社會道德和政治責任感。

有人根據新加坡的經驗總結出，中國目前腐敗成風，主要是因為公務員的工資太低，「便宜沒好貨」，「貪污受賄、謀取各種特權和好處便成了低工資的一種雖然不合法但卻合理的必然的補充」。言外之意，當然就是說只要對公務員實行了高工資制，貪污腐敗之風就會得到遏制。

對這一看法，筆者不敢苟同。因為中國目前的腐敗之風並不是依靠對「人民公僕」實行高工資制就可以解決的，歷史上清代的「養廉銀」制度也沒有養出幾個清官就是明證。再則慾望無止境，近幾年頻頻曝光的數百萬元乃至數千萬元、上億元的貪污案，證明中國的貪瀆者依靠貪污所獲得的財富之巨，即便是享受高薪的新加坡公務員們也無法望其項背。加之中國貪污腐敗受懲率特別低，客觀上也助長了貪污腐敗之風。總之，在不改變現有政治制度的情況下，只要貪污腐敗的收益遠遠高於成本（受懲率），在中國實行公務員高工資制，恐怕無法遏止公務員們的貪慾，所以這不是解決問題的根本辦法。

繼馬基雅弗里之後，法國著名哲學家孟德斯鳩(Montesquieu)在《法律的精神》（The Spirit of the Laws）一書中指出：「一切有權力的人都愛濫用權力，這是萬古不變的經驗。防止權力濫用的辦法，就是用權力約束權力。權力不受約束必然產生腐敗」。這些年反貪污腐敗的各種「陽光法」雖然在不斷出台，檢察部門、監察部門、紀檢部門、反貪局等「意在用權力約束權力」的機構也在疊床架屋般不斷成立，但貪污腐敗之風卻越演越烈，成了一種蔓延全社會的「政治之癌」，每一個新創設的機構不但沒能起到其創立時設想的作用，反而只給這些部門的官員提供了貪污受賄的機會。如果推根溯源，問題的關鍵就在於中國還是「人治的法制社會」，政府權力大於法律權力，政府官員可以凌駕於法律之上。到了九十年代中後期，左右政府公共政策的主導力量已經是中國的強勢精英集團，向「法治的法制社會」演進在中國已經成了一個遙不可及的目標。

如何才能遏止目前這種賄賂公行，腐敗成風的局面？筆者認為，這不僅有賴於建立健全的法律制度，還有賴於在社會公眾中建立現代化的道德和政治責任感。現行制度的缺陷比較容易理解，如前所述，中國目前尋租活動的猖獗，從制度上來說，主要是源於資源分配大權掌握在根本不受任何監督的各級政府手中，「權力腐蝕人，極端的權力極端地腐蝕人」，這方面的問題一方面有賴於建章立制，讓制度來約束人，使人們必須在法律允許的範圍內活動；另一方面則是要儘快使政治權力從經濟活動中退位。否則掌權者中就會出現「前車」不遠，「後車」又覆的現象：首都鋼鐵公司下屬的北京鋼鐵廠廠長管志誠因貪污受賄被處以死刑，管的繼任者緊接着步其後塵；貴州省國際信託投資公司董事長閻健宏屍骨未寒，接掌其位置的向明序又走上她的老路。用時下流行的話來說，這是「硬體」建設，這方面各國都有一些經驗可以借鑒。然而最困難的問題卻不在這方面，而是在「軟體」方面，即如何建立道德和政治責任感的問題。再好的制度也必須依賴人去執行，人的素質在許多情況下，往往是關鍵。以制度創新和明確財產關係為主要觀點的制度經濟學派代表人士、一九九三年諾貝爾經濟學獎得主道格拉斯·諾斯(Douglass C.North)在觀察了東歐和中國的經濟改革以後，認為迄今為止，人們尚未找到一種從計劃經濟向市場經濟過渡的有效藥方。但通過已有的經驗研究，這樣幾個方面是很重要的：第一，建立有效的經濟市場；第二，建立有效的政治市場，即政治體制；第三，經濟市場和政治市場的有效協調；第四，宏觀經濟政策與政治市場、經濟市場的互相協調。這裏所談的四點其實就是一點：制度建設。與此同時，他還提出了一個十分重要的概念：路徑依賴（Path Depends）。這一觀點非常強調一個國家在制度改革過程中歷史習慣因素產生的影響。他認為，如果一個國家不知道自己過去從何而來，不知道自己面臨的現實制約、傳統影響以及文化慣性，就不可能知道未來的發展方向。

中國政府聲稱他們目前正在進行法制建設。據統計，一九九七年到一九九八年這一階段平均每 18 天就公佈一項新的法律，但這些法律形同虛設。事實上，許多問題並非無法可依，而是有法不依。法律要從紙上的文字變成現實，看來還有一段漫漫長路。而從終極意義上來說，所謂制度建設其實也就是一種文化建設。基於此，在中國進行經濟改革與建立各種法規法律的同時，如何在國民中，尤其是在政府公務員中建立道德和政治責任感，至少和經濟改革、建章立制同等重要。

對中國的思想家們來說，還有一個要傾注全力研究的問題則是：考察中國現時所依賴的「路徑」，即歷史文化源流，有助於判斷中國究竟有沒有可能成為一個「法治的法制社會」，而不是一個「人治的法治社會」。因為這兩種社會的治理方法完全不是一回事。可以說，解決好這一理論問題，是解決現在中國所有問題的基本認識前提。

第四章註釋

1. 《當代中國研究》[美]一九九八年第4期，李寶梁：「從社會網的角度看私營企業主的政治觀念和行為」。
2. 《南方周末》二〇〇一年三月二十二日：「胡鞍鋼：腐敗損失有多大？每年1萬億」。
3. 《報刊文摘》一九九六年十一月十八日。
4. 陳宗勝：《經濟發展中的收入分配》，上海三聯書店一九九四年一月新第1版。
5. 原載《江南晚報》，轉摘自《深圳法制報》一九九六年八月二十五日。
6. 《南方周末》二〇〇二年十二月十九日：「被雞頭改變的村莊」。
7. 這個股份公司因是筆者介紹的項目，故後來該公司的職工向董事長反映這位經理的問題時，是托筆者轉交的非匿名檢舉信。因是財務人員與副總經理以及一些業務人員共同檢舉，故對每筆錢的來龍去脈及如何消失都講得很清楚。
8. 蕭功秦：「『軟政權』與分利集團化：中國現代化的雙重陷阱」，《戰略與管理》，一九九四年第1期。

第五章　中國當代的資本原始積累

從前面幾章的分析可以看出，中國的經濟改革在將計劃經濟體制轉變為市場經濟體制的同時，就使中國社會進入了資本原始積累過程。與世界歷史上的資本原始積累過程相比，中國當代的資本原始積累有速度快、過程短、以及以國有資產(包括國有資源)為掠奪對象等特點。

本章採用「資本原始積累」來表述中國目前這一社會經濟過程，主要是從兩方面考慮：第一是從資本積聚這一「量」的意義考慮，第二是從中國當代積聚資本的手段具有強烈的超經濟掠奪性質這一本質意義上使用這個詞。

一般來說，社會財富集聚在少數人手中，經濟增長中收入分配變動傾向於利潤在國民收入中所佔的份額愈來愈大，工資在國民收入中所佔的份額愈來愈小，就意味着資本原始積累過程的完成。以此作為標準來測度，可以斷定中國當代的原始積累過程在九十年代上半期就已完成。本章的重點是分析如下幾個問題：誰是中國當代資本原始積累過程中最大的獲利者？這一過程發生的社會制度成因及其特點，以及它對中國社會的發展到底會產生何種深遠影響。

一、誰是最大的獲利

在這一輪積累財富的競賽中，社會成員之間的競爭所憑藉的「資本」其實主要是權力。在掌握資源配置大權的部門任職者、國有企業的管理者，以及善於攀附權勢者，由於能輕而易舉地將手中掌握的權力市場化，因而也就最容易在瓜分計劃經濟體制遺產的過程中分得一杯羹，快速完成資本的原始積累，成為中國最先富起來的一批人。從生活實踐中可以總結出，在這一原始積累進程中最大的得利者主要是這幾類人：

第一類是社會資源的管理者。如在國土局、計劃局或金融機構(即銀行、證券公司)這類部門中任職者。這類人的謀利手段往往就是直接收受賄賂和貪污挪用公款。這方面的典型可以一九九五年處理的幾大案件為例，貴州的閻健宏（當時貴州省委書記的妻子）先後任省計委副主任和省國際信託投資公司董事長，深圳的王建業是市計劃局財貿處處長。這幾個部門的特點是掌握計劃內物質審批大權和資金使用權，而批這類「條子」在實行價格雙軌制的中國，實在是有點石成金之能，一張「條子」使人立即成為數百萬巨富的現象並不罕見。這兩人只是大面積腐敗現象中的曝光者。[1]九十年代中國檢察出版社出版的《當代中國肅貪實錄》、中央紀委辦公廳編寫的《正義與邪惡——懲治腐敗最新大案要案查處紀實》這兩本書裏收集的幾十個案例，揭示了這樣的事實：腐敗現象存在於從上到下各個階層。那些已曝光的官員上至中央部委，下至縣和級別更低的基層。[2]而事實上，被「曝光」的只是這類人中的一小部份。掌握土地配置大權的國土局和貸款權的金融機構，也是這類經濟犯罪案件的多發地帶。如深圳市一九九四年在福田保稅區破獲一起利用土地和土建工程貪污受賄的案件，抓出3名處長和1名科長，而該區總共只有4個處和4位處長，由此可以想見「土地蛀蟲」之多。[3]金融機構犯罪案件之多，令中國政府頗感頭痛，人們將之稱為「錢老大」[i]，行業風氣之敗壞，和公安、工商稅務等部門不相上下。人們將為取得貸款進行的種種行賄活動，稱之為「全國人民做銀行」(即將銀行作為行賄的主要對象)。一九九五年三月，國務院辦公廳轉發了中國人民銀行對十家金融機構處理情況的通報，這10家金融機構被處理的原因是「違反約法三章，擾亂金融秩序」。[4]一九九五年深圳市處理了兩起特大金融犯罪案件，均為銀行的基層業務人員所作。一起是深圳市建設銀行福田支行國際業務部外匯綜合會計梁健雲，其犯罪數額達1,900萬元港幣和80萬美元。另一起是中國工商銀行深圳分行東門支行金城管理處主管會計郭曼鵬利用職務之便，侵吞公款798萬多元。[5]一九九五年山西臨汾地區挖出一起系列特大受賄案，該地區建設銀行行長梁天榮以及其他60多名金融系統及企業工作人員牽涉於內。[6]中國銀行湖北分行蒲圻市支行，這個多年來懸掛着紅色招牌、被眾多新聞傳媒爭相報導的「先進典型」，竟是以行長熊學斌為首的一夥金融蛀蟲為所欲為、大肆貪污挪用公款的「獨立王國」，副行長劉曉琴、信貸科長魏建新和會計科長李俊峰等10餘人均參與其中，結成了號稱「三駕馬車」、「兩個吹鼓手」、「兩個打手」和「四個乾兒子」的內部統治。案發後查實，該行從一九八八年到一九九五年案發時為止時的賬目，已經多次篡改，完全失去真實性。[7]部份銀行行長精心謀劃的貪污案件也時有發生。中國建設銀行廣東恩平支行行長鄭榮芳及

i　「錢老大」：在中國的民間話語裏，「老大」是指最高權威，比如一個單位的一把手，人稱「老大」。江澤民在全國人民那裏，是最大的「老大」。「錢老大」指稱銀行，是因為許多人需要貸款，銀行可以決定貸款給誰，也可以拒絕貸款給誰，大家都有求於銀行，銀行因此特別「威風」，故此被稱之為「錢老大」。

其繼任者在長達七年的時間裏借用建設銀行信譽，以30％的高息招攬儲蓄，總額達到35億之上，引致一九九五年的嚴重支付危機。而這些資金大部份都流入了他們的私囊。[8]二〇〇二年四月，廣東開平又發生了一件性質與恩平事件極其相似的資金盜用案，自一九九三年以來的三任行長許超凡、余振東、許國俊利用前任提拔後任的「恩養」關係，在長達九年的時間裏連續作案，監守自盜了4.83億美元。這種盜竊通過中國銀行全系統的資金管道進行，所盜資金除在當地做部份貸款投資，多數均轉移往境外私人賬下並被耗散。在成功作案之後，貪污腐敗者於二〇〇一年十月安全出境，至今不知所蹤。與此同時，中國銀行廣東分行還發生4起嚴重的金融案件，數案並發，加上原中國銀行紐約支行王雪冰案，導致中國銀行（香港）不得不放棄在美國和香港同時上市的計劃。[9]至於公安、司法、工商、稅務等行政執法部門的腐敗也令人觸目驚心，一九九六年遼寧省錦州經濟技術開發區公安分局副局長趙國利在250天內鯨吞2,019萬元的巨案，按其貪污的速度來說，即便列為世界級巨貪也不為過。[10]這類案件全國各地都有發生，是中國九十年代整治經濟犯罪的重點。儘管新聞傳媒對此的報導非常有限，但僅從那些已曝光的案件來看，已足以讓人觸目驚心。從九十年代後半期起，中國省部級官員貪污腐敗問題日益嚴重，因貪污受賄被審判的有原全國人大副委員長成克杰、原江西省副省長胡長清、原公安部副部長李紀周、原遼寧省副省長兼瀋陽市長慕綏新、原雲南省長李嘉廷等。如同第三章所說，僅從中國政府公佈的資料來看，貪污腐敗的面越來越廣，捲入貪污腐敗醜聞的官員級別越來越高，貪污腐敗數額越來越大。

第二類人是部份國有企業的負責人。一九九五年中國查處的違紀違法案件中，以國營或集體企業「一把手」犯罪問題為突出現象。（本書的第三章中已詳細談過這一問題）這些「一把手」往往與單位裏的財務人員勾結在一起，「吃喝嫖賭貪」一條龍，蠶食國有資產。在長期的反貪鬥爭中，他們已積累起很多犯罪經驗，如「三人不談事，二人不簽字，法不傳六耳」，採取「一對一」的作案方式。[11] 以深圳市東部開發（集團）公司為例，這個年創利潤過億元的公司，曾因公司裏大大小小的「鱷魚」鯨吞，被糾纏到60宗訴訟中達5年之久，除了流失的鉅額國有資產之外，僅用於訴訟及賠償的費用就多達5,000多萬元。在這60宗案件中，幾乎每1宗後面都隱藏着侵吞國有資產的種種活動。[12]這些國有企業的負責人侵吞國有資產，最後被繩之於法的只是其中極少數，大多數都成為或明或暗的當代富翁。根據中國國有資產管理局的統計資料、抽樣調查和典型案例進行初步分析，從一九八二年到一九九二年，國有資產流失總額高達5,000多億元。這個數位大約相當於一九九二年全國國有資產總量26,000多億元的1/5，比一九九二年財政總收入4,188億元還多800多億元。即便按這個據説是「比較保守」的資料計算，在這11年內，中國目前平均每年流失、損失的國有資產達500多億元，每天流失國有資產達1.3億元以上。至於這些損失的國有資產中有多少是被這些企業負責人鯨吞的，是一筆永遠也無法算清的糊塗賬。[13] 據中國一份官方調查報告（一九九五年）指出，佔居民家庭總戶數7％的富裕、富豪型家庭中，包括部份企事業單位領導人、部份股份制企業負責人、部份承包租賃者以及少數以權謀私者。[14] 8年過去，富人構成中的主要部份是國有企業負責人這點一直沒有改變，《北京藍皮書：二〇〇一年中國首都發展報告》中列舉的材料證明，中國富人的1/3是由國有企業負責人與私企老闆構成。從中國目前的工資制度來看，國有企業負責人的財產來源大多處於一種可疑的灰色狀態之中。[15]總之，在時下的中國，不少國企老闆侵吞國有資產已是公開的秘密。企業虧損，工人的工資發不出，而企業經理卻大發其財，這種所謂「富了住持窮了廟」的現象在一九七八年以後的中國相當普遍。

第三類人是有能力將這種權力變換為金錢的仲介者。他們和社會資源管理者中的腐敗者是種共生共榮關係。這類人的構成相當複雜，既有退休官員和現任官員的親屬以及情人們，但也有很多來自於社會下層的人。前者靠關係，而後者則屬於「能人」。一般來說，這些人都具有手頭活絡，眼光靈活，善於為自己編織「關係網」這類能力。而那些掌握管理權力的人，也需要有人配合才能將手中的權力變為金錢。這就出現了人們戲稱「官員傍大款」的現象。一九九二年轟動全國、牽涉金額達10億元的「長城沈太福集資案」[16]，一九九五年再次轟動全國的無錫新興公司32億元集資案，二〇〇三年沸沸揚揚的上海鉅富周正毅案，都是「官商結合」的典型。這些「能人」往往善於在「合法」與「非法」之間的「灰色地帶」賺取「灰色收入」，按中國現有法律，這些收入往往很難劃清「罪」和「非罪」的界限。僅以無錫新興公司集資案為例，該案涉及13個省市273人，其中黨員187人；縣處級以上幹部126人，地廳級以上包括省部級幹部55人。據司法部門認定，其中主動充當「仲介人」的有107人，他們為新興公司籌集到15.56億元，從中獲得仲介費5,250萬元。個人非法所得10萬元以上的3人，100萬元以上的9

人，1,000萬元以上的1人。[17]這批靠「灰色收入」起家的「灰色階層」，成為中國一批擁有數百萬乃至數千萬元資產的富豪階層。他們擁有成千上百萬元的資產，高級汽車、別墅、美女等超級享受一應俱全。他們那具有傳奇色彩的發家史，他們的人生觀及揮金如土的生活方式，對社會卻有不可低估的影響，不少年輕人將他們捧為偶象。在他們的影響下，「勤勞致富」在中國早已成為一種過時的價值觀。九十年代以來頻頻發生的數千萬元乃至數億元的貪污受賄大案的主犯，幾乎都是豔羨這些「灰色階層」的生活而走上犯罪道路的。也正由於這些人常常遊刃於「罪」和「非罪」之間，所以每逢「打擊經濟犯罪活動」開展之時，也總是有一部份人入了監獄。王建業案中的史燕青，陳炳根案中的黃海南，無錫新興公司集資案中的鄧斌等人就是這類人中馬失前蹄的「不幸運者」——中國社會現在早已經不將貪污腐敗視為罪行，被抓的人只被社會輿論看作「倒了霉」而已。[18]

還有一類人雖然人數不是特別多，但其活動在資本原始積累過程中卻非常值得注意，這就是那些駐海外及港澳地區的中資機構工作人員。這些人由於「天高皇帝遠」，在國外的活動更是肆無忌憚，如領導層濫用職權，建「家族式」、「小山頭式」的公司，擅用公款從事非經營範圍的業務，如炒股、炒期貨、炒外匯、炒地產等。更大膽一點的是調用公款以個人名義和外商另成立公司，將本機構所經營的業務、貨單轉到另成立的公司經營。有的不惜損害國家利益，收取賄賂或索取回扣，高價進貨、低價出售。還有一些人非法在外商公司、企業擔任職務，實質上是利用自己在中資機構的職務，為外商企業撈取正常經營得不到的利益，本人也借機從中獲利。更有人利用人情關係網策劃走私。至於那些藉各種名義揮霍公款、逛紅燈區、嫖妓、攜帶家屬或情婦周遊各國的事更是司空見慣，一些駐外機構、公司一年的應酬費、交際費竟佔總開支的60％左右！這些人由於在國外，洗黑錢及隱匿其「灰色收入」，甚至逃脱法律制裁等，都較國內的尋租者更為方便。一些人在撈夠了以後，就消失在地球的某一地方，僅一九九五年一至九月，就有80餘名公派駐外中資機構幹部，因涉及經濟、貪污嫌疑而「失蹤」。香港廉政公署在一九九六年上半年共接獲涉及中國內地的跨境貪污案77宗，比一九九五年同期增加四成。當時的廉政專員梁文建表示，近年發現香港執法人員參與過境貪污的情況有所上升；情報還顯示香港與內地的執法人員勾結黑社會人士從事非法活動，主要為邊境走私、毒品及色情活動。[19] 二〇〇二年美國財政部貨幣審計署的調查表明，有34名人員和公司參與了中國銀行紐約分行的違規貸款活動，其中的主角是原中國建設銀行行長、原中國銀行紐約分行行長王雪冰。[20]

上述這幾類人的經濟活動，有民諺很生動地總結説：「犯大法掙大錢，犯小法掙小錢，不犯法不掙錢」。第二、三類人在沒出事之前都是被社會視為「能人」和「優秀企業家」之類，他們的大起大落使一些人感歎：「企業家沒有善終的」。但是感歎者無疑只看到事情的表面現象，而忽視了這些「企業家」中的不少人在積聚財富的過程中，其尋租活動充滿了不道德和犯罪這一事實。可以説這類人積累財富的行為特徵在某種程度上決定了其結局。民諺是這樣調侃這種現象：「砍頭不要緊，只要金錢真，殺了我一個，富裕幾代人。」

和前幾類人在積聚財富的方式上有區別的是一些利用機遇發展起來的私人資本持有者。這些人主要由下面幾類人構成：從國有企業和集體企業中脱穎而出的經營者和供銷人員，以及那些民營企業家、包工頭、部份私營企業主。屬於前一種情況的人往往在國營(或集體)企業中積聚了多年的生產經營和市場經驗，多為企業中的骨幹。他們善於把利用工作之便建立起來的人際關係變為自己致富的資本。由於他們的「能耐」來自於職務的便利和權力，所以還有一些人採取一種更聰明和更隱蔽的方式，自己並不直接「下海」，讓其親屬子女出面經商，全部供銷渠道卻是由本人提供，可算是在舊體制和市場經濟這兩頭都佔盡風光。但這種行為最多只能説他們長袖善舞，很難歸之於「違法」一類。屬於後一種情況的人則頭腦靈活，善於把握時機，自力更生，創業致富。這類人構成了中國今天説的「民營企業家」階層（包括鄉鎮企業家在內）。由於中國目前處於「模擬市場經濟體制」階段，不少資源、尤其是稀缺資源主要由政府配置，這些民營企業在爭取資源以及市場推銷中並不排除通過關係網進行種種「尋租」活動，如佣金、回扣、仲介費之類。但比之第三類人來説，由於他們的活動主要在生產領域內，其經濟活動為社會提供了物質財富，所進行的「尋租活動」對社會經濟秩序的破壞性要小於通過權力市場化獲取利益的前三類人，而且所謂「佣金」、「回扣」、「仲介費」是介乎於違法和合法之間的「擦邊球」，在當代中國社會轉型期，社會對許多行為，本來就很難認定其到底是「合法」還是「違法」，故此這類人只要其「關係網」中沒有人出事，一般很難用法律來約束其行為。

還有幾類人由於「搭便車」，成為這一時代先富起來的那一批人。如體育明星、名畫家、著名演員、名作家、證券經營中獲高利者，以及少量各種各樣在改革中「搭便車」的人（Free Rider），如深圳特區那些因土地致富的當地農民。但是這些人從量上來說，並不構成今天富裕階層中的主體，他們積聚財富的方式，也並不是中國當代原始積累的典型形態和主流方式。

二、原始積累過程的完成、特徵及其必然性

筆者在一九九五年寫的一篇文章中曾談到中國當代的原始積累已於九十年代初完成，其標誌是社會財富已集中到少數人手中。從一九九五年以來的不少調查統計資料亦支持了這一看法。

一是中國金融資產已集中到少數人手中。一九九五年中，中國國家統計局城市社會經濟調查總隊發佈一項有關中國城鎮居民家庭金融資產（包括儲蓄存款、有價證券和手持現金）的調查報告。據這項調查報告的的研究者程學斌指出，一九九四年中國城鎮居民金融資產總額達到18,547億元，這些金融資產的分佈特徵為水平不高，分佈不均，差距極大，佔居民家庭總戶數7%的富裕、富豪型家庭（其中富豪型家庭佔家庭總戶數1%），共擁有中國現有的全部金融資產的總額的30.2%。而佔全部城鎮家庭總戶數38%的貧困、溫飽型家庭卻只擁有全部金融資產的總數的11.9%。[21]另一項調查報告指出的城鄉居民儲蓄（不包括各類債券、股票等有價證券在內）分佈狀況卻比上述報告還要嚴重得多。據該項報告說，中國10%的最低收入者只佔有存款總額的3%，並有下降的趨勢；而10%的最高收入者卻佔有存款總額的40%，並有上升的趨勢。這一差距正在按10%的速度在擴大。[22]一九九九年，中國城鄉居民儲

蓄達到58,000多億，有人根據城鎮居民抽樣調查資料推算，3％的富裕人口佔有居民儲蓄存款的47％。[23]

二是近年中國國民收入的分佈狀況。一九九五年七月，中國人民大學社會調查中心公佈了一項在全國範圍內所作的PPS抽樣入戶調查報告，一九九四年中國最貧窮的20％家庭僅佔全部收入的4.27％，最富有的20％家庭佔有全部財富的50.24％；一九九八年，城鎮人口中，收入最高的20％人口的收入是收入最低的的20％人口的9.6倍，收入最高的10％的人口佔總收入的38.4％，而收入最低的20％人口僅佔有總收入的5.5％。從總體上看，現階段中國15％的人擁有85％的財富，另外85％的人僅僅只佔有社會總財富的15％，在財富佔有上完全呈倒金字塔結構。[24]

三是從所有制結構變動的資料中可以很清楚地看到私人資本原始積累已經完成。從一九九三年十二月至一九九五年十二月，全國非公有制企業的工業總產值佔全國工業總產值比重由10.5％增至20％[25]，一九九九年上升到36.4％[26]，——這還不包括名義上是「公有」，實際上卻是戴「紅帽子」的私營企業的工業總產值。所謂「紅帽子」，是中國經濟改革期間企業界的一種特殊現象，主要是由於私營企業地位較低，不少私營企業為便於生產經營，掛着集體牌子，據權威部門測算，在鄉、村、鎮、街道一級企業中，約有70％是戴「紅帽子」的企業。[27]到二〇〇〇年底，中國大陸民營企業投資者已經將近400萬人，私營企業共176萬家，年產值達到20,600億人民幣，受僱於私營企業的的人員達7,400萬人。工商個體戶2,570萬家，每年產值7,000多億人民幣，商業銷售額高達19.8多億元。[28]

上述兩類資料，代表中國當前三類民間資本，即產業資本、商業資本和金融資本集聚的水平。工業總產值所佔比重是私人產業資本在生產領域中所佔的比重；國民收入分配狀況則説明部份人憑藉產業資本、商業資本和金融資本在國民收入中取得了較大的份額。上述三類資料的統計口徑不一樣，但都説明了一個事實：社會財富已集中在少數人手中。

這「少數人」擁有的財富對中國經濟到底會產生甚麼影響？這一點可以從居民儲蓄存款和國家財政收入之比例的變化測知：

改革前夕的一九七八年，國家財政收入是中國城鄉居民儲蓄的4.5倍，而到一九九二年，中國國家財政收入只有3,800億元，而城鄉居民儲蓄是15,000億元，與一九七八年的比例正好相易。九十年代中期以來這一趨勢仍然繼續，一九九五年中國中央財政收入為3,866.63億元[29]，而截至一九九五年底，全國城鄉居民的儲蓄存款餘額已達29,662.2億元[30]，城鄉居民儲蓄是國家財政收入的7.6倍。如以10％的高收入者擁有40％的金融資產來推算，這10％的人佔有的儲蓄額高達11,864.88億元，是國家財政收入的3.07倍。到一九九六年六月末，城鄉居民儲蓄達35,457.9億元[31]，二〇〇〇年，中國城鄉居民儲蓄已經突破60,000萬億元，而這一年國家財政收入達11,806億元[32]，城鄉居民儲蓄已經是國家財政收入的5.1倍。這組數據説明，中國當代資本原始積累已經完成，今後決定錢的流向，亦即決定投資抑或消費的權力已主要不由政府控制。

有的研究者分析中國儲蓄格局的變化，從中亦可看出從八十年代末至九十年代後期，中國國民儲蓄的來源主要是民間：

表：5-1

中國儲蓄格局的變化（一九七八至一九九八年）				
國民儲蓄構成(%)	1978 年	1986 年	1997 年	1998 年
政府部門	60.3％	32.2％	13.7％	13.2％
企業部門	34.9％	32.3％	35.4％	35.8％
居民戶	4.8％	35.5％	50.9％	51.0％

資料來源：一九七八年、一九八六年資料見中國經濟體制改革研究所宏觀經濟研究室《改革中的宏觀經濟》。一九八八年，四川人民出版社第349頁；一九九七年與一九九八年資料見中國國家統計局《中國統計年鑒二〇〇〇》、《中國統計年鑒二〇〇一》資金流量表（實物交易），「Flow of Funds (Physical Transaction)」。

表中資料表明，中國的經濟改革一直伴隨着高而穩定的居民儲蓄，到了九十年代初，主要的儲蓄來源已從政府和企業轉到了家庭。到了九十年代末，這些民間儲蓄的47％又集中在3％的富裕人口手中，對於研究中國國情的研究者來說，這是一個絕對不可以忽視的數位。但是必須指出的是，在中國經濟中真正發生作用的主要是產業資本和商業資本。金融資本在現有的條件下，主要在股市、房地產市場、期貨市場等泡沫經濟領域內活動，很難轉化為產業資本。這主要是由中國原始積累的特點所決定的。

三、原始積累過程中的資本外逃

前述情況已很清楚地表明：中國當代原始積累的過程，實質上就是中國當代社會政治經濟兩大科層組織的掌權者及其依附者進行權錢交易等尋租活動，共同瓜分社會財富的過程；原始積累的主要掠奪對象是中國人民半個世紀以來揮灑血汗而形成的國有資產；進行掠奪的主要手段是憑藉權力。正因為整個原始積累過程充滿了不道德和罪惡，不少人的收入和財產都屬於不能公開之列，這種狀況決定了不少人總是邊撈錢邊準備護照，一旦撈夠了以後就遠走海外。尤其是那些靠貪污腐敗聚斂而來的錢財，充其量只是短暫地投放在收效快的泡沫經濟領域內，用短、平、快的方式操作，以便隨時抽出。這類資本所佔的量雖然不小，但更多地是資本持有者通過各種漏洞去購買外國股票和債券，或乾脆就直接存往外國銀行，以便國內形勢一對他們不利或在他們感到時機成熟時，便可遠走他國。截至二〇〇一年一月，中國共有4,000多名貪污賄賂者攜公款50多億元潛逃。[33]而且這還只是政府公佈的數據，實際情況可能遠比這些數據表現出來的嚴重。

由於現在高水準的資本流動以及相當便利的國際通訊為資本外逃提供了前所未有的技術上的便利，中國的資本外逃現象呈逐年上升趨勢，據研究者指出，中國自一九八五年以來的資本外逃佔外債增長比例達到了52.3%，超過了八十年代世界上15個債務負擔最沉重的國家資本外逃的平均水平。[34]進入九十年代以後，資本外逃水平接近甚至超過了每年新增的外債額。換言之，在中國政府大量向國外舉債的同時，卻有超過一半的資本通過各種途徑流失，也許是永久性地「消失」在國外。英國倫敦皇家國際問題研究所顧問沃爾(Jim Wolker)先生在一份給經濟合作與發展組織的研究報告中指出，從一九八九年至一九九五年間，中國長期資本外流的總量可能超過1,000億美元，其中約有500億美元是未經政府批准的，「不是所有長期資本外流都經過政府批准。大部份長期資本是通過非法轉移的形式流到國外的。這從國際收支資本賬戶中出現的大量『誤差和漏洞』中反映出來。這種資本的數額從一九八九年的3.3億美元上升到一九九五年的187億美元（包括直接投資和證券投資）。」沃爾還指出，到一九九四年中國在海外共建立了將近10,000家企業，遍佈全世界各地，但投資主要集中在香港、澳大利亞、加拿大和美國。事實證明，中國非法的資本外流是香港等地的重要資金來源，據估計，到一九九五年為止，中國企業和個人在香港投入300～400億美元的資本。[35]據中國財政部辦公廳「積極財政政策」課題組的專題研究資料顯示，一九九七年和一九九八年資本外逃額分別為364.74億美元和386.37億美元。一九九九年這一局面雖然得到一定的控制，但資本外逃額仍高達238.3億美元。二〇〇〇年資本外逃又急劇增加，總額大約在480億美元左右，比外商對中國實際投資的407億美元還要多。[36]

這種大規模的資本外逃，既有私營企業主擔心中國大陸境內政治不穩定而將資本轉移國外的，但其中更多的是腐敗公職人員在從事「洗錢」，通過各種途徑給自己貪污受賄的黑錢披上合法收入的外衣，以便公開揮霍和享受這些非法所得，並用來投資和增值。可以說，中國政府大量引進外資，其客觀效果之一就是成功地利用「資本置換」，化解了大量資本外逃可能引起的金融危機。

在國際社會中，「資本外逃」是一個帶有較強價值判斷和理論爭議的概念。但有兩點已得到基本一致的認同：一是資本外逃是一種私人資本的外流而非官方資本的外流；二是這種外流是一種「非正常」的資本流動。由於中國一直實行比較嚴格的外匯管制制度，對於未經外匯管理當局批准或違背有關政策法規的國內資本外流，不論其初始動機如何，均視作「資本外逃」。由於這一話題的討論始終只局限於少數專業機構內，且各有各的資料來源與計算方式，所以對於中國資本外逃的數額到底有多少，始終沒有一個統一的說法。但有一點是公認的：二十世紀九十年代以來，中國資本外逃額佔 GDP 的比重僅小於俄羅斯，大於墨西哥和韓國。一九九七年中國資本外逃佔 GDP 的比重遠大於一九九四至一九九五年處於金融危機中的墨西哥和一九九七年處於金融危機中的韓國。考慮到中國的外匯管制相對比較嚴格，以進出口滙報形式逃匿的資本以及其他隱性外逃資本可能遠遠大於墨西哥和韓國，可以認為，實際上中國資本外逃的形勢可能會比墨西哥和韓國嚴峻得多。

中國據說最需要資本，現在卻成為世界上最大的資本輸出國。目前，這些資本還在繼續以現匯、物資、資源等各種名義源源不斷地「出口」。近年來，中國研究資本外逃的越來越多，但是現有的測算都存在一定缺陷，影響了其結果的可信度，尤其是關於數額的多少極不統一。但在資本外逃的方式上，研究者一致認為資本外逃主要是通過下列幾種途徑：

1. 非法直接匯出或將外匯非法帶出國外，利用跨國經營中的到國外投資，對外貿易業務和補償付款等經濟活動偽造發票，以出售特權（如許可證和配額）或重大商業資訊收受國外賄賂和回扣，並在國外開立私人賬戶等。

2. 貿易渠道：低估出口發票或高估進口發票，提前結匯或推遲收匯，在公司內或關聯企業間實行轉移定價，在境外設立投資公司或註冊貿易公司。有相當多的證據表明，不少中國企業的資金通過其在國外開辦的關聯公司或與其有關係的企業轉移出境外。在美國和日本的許多中國企業，其盈利主要就是靠中國國內企業的錢賺錢或直接賺國內母公司的錢。這種公司以進出口公司和有外貿經營權的企業為主。相當部份的外貿企業，其虧損或資不抵債就是由於這些企業的負責人以轉移資金和以個人從中漁利為目的而做長期「虧本生意」的結果。對於這部份企業，其「最佳出路」可能就是通過破產的方式把虧損轉嫁出去，並逃避對其轉移資金的追究。它們很可能成為那些面臨破產境地或可能獲准破產企業學習或仿效的「榜樣」。如一九九五年十一月二日武漢市土產進出口公司成為全國首例宣佈破產的國有自營進出口外貿企業之後，武漢市至少又有五家外貿公司提出破產申請。此風一開，山東、安徽、河北、江西等地的外貿虧損企業也紛紛申請破產，不少省市的進出口公司派人專程到武漢市「取經」，學習破產經驗。對於那些尚無「破產」之虞的外貿企業來說，不加追究的「破產」意味着他們可以放心地以「賬面虧損」等各種巧妙的形式向境外轉移資金和利潤。

3. 通過各種融資渠道進行資本外逃。這方面有兩種情況，一是不通過金融機構，如延期收款或延期付款、平行貸款、貨幣掉換。二是通過銀行等金融機構，如改變信貸或借款條件，改變在國外發行證券的認購或包銷條件，借「套期保值」之名，行「槓桿投機」之實等等。總之，從這些資本的最終流向來看，基本上不會以資本的形式參與中國社會經濟的發展。[37] 這種資本外逃對中國的影響目前尚難以估計，無法判定它最終對國家造成的後果到底會嚴重到甚麼程度。而世界上至今也沒有甚麼國家能拿出行之有效的方法來遏止資本外逃。整個二十世紀，國際間資本外逃的頻率和嚴重性本已達到前所未有的程度，到了八十年代末和九十年代，又加入了中國這支不可小覷的隊伍。對於中國來說，資本外逃的一個直接結果就是國內建設資金短缺。多年以來，中國政府就依靠超量發行國庫券與各種金融債券來募集資金。對個人發行的國庫券近年來由於國內居民收入下降，且因多年持續發行，已經沒有太大的增長；而對銀行為主的各金融機構發行的金融債券則逐年上升，有人估計已經越過了警戒線。目前對中國政府的綜合負債率的估計還存在廣泛爭議，有人估算各種顯性和隱性債務之和大約是GDP的130％。如果不是大量資金外逃，民間投資則會相應較多，政府利用財政拉動經濟增長的內驅力減弱，政府負債應該不會有這麼高。

利用外資的成本遠比利用內資的成本要高，這是一筆一算就能很清楚地知道結果的賬。利用外資原本是發展中國家用來發展民族經濟的重要手段，但是過度利用會產生負面影響，拉美國家過分依靠外資來彌補財政赤字和平衡國際收支，使國家負擔奇重，如巴西每年需要500億美元外資來平衡國際收支，其中一半用於償還外債和利息。阿根廷更是一個典型例子，外債總計約1,550億美元，其債務竟佔GDP約50％，前兩年因為外債過高而幾乎造成國家破產，而且這種國家破產的情況在阿根廷歷史上並非第一次發生。如果利用內資發展國內經濟，則不會產生這些問題。

外逃資本借「外資」之名義返回國內投資的現象也應該引起注意，據估計，從中國流出海外之後再回流的資金佔中國利用外資總額的25％。這是外資企業在中國境內享有「超國民的優惠待遇」而導致的必然結果。「將政策用足」一向是中國人的特長，一些投資者為了在外資與內資的不平等待遇中尋找利益，於是紛紛「借殼生蛋」，有的先將錢轉移出去，然後再借海外親友名義回國投資；有的人經過各種渠道移民取得外國居留權後，把錢也洗成了外國資金，乾脆搖身一變以外商的名義直接回國投資。這些在海外周遊一圈再回國的「假外資」、「假外商」，九十年代中期以前在廣東沿海地區相當普遍，九十年代中期以後則擴散到了中國許多地區。還有一個後果是政治上的。中國許多貪官污吏成功地攜帶大量資本外逃，這種「示範效應」成倍放大，導致許多官員從履任之始，就開始有計劃地貪污腐敗並進行資本轉移，將家屬安置在海外生活，一俟時機成熟，立即遠逃海外。那些未被抓捕的貪官可以依靠其貪污所得，躲在海外安享一輩子榮華，並為子女輩打下良好的物質基礎。即使被逮捕的官員，因其財產大部份已經轉移至海外，就算是他們本人身陷法網，政府也不能將其貪污所得全部或大部份追繳回來。由於中國與大多數國家沒有引渡協定，即使知道其中一些人的下落，但要想將其引渡回中國卻相當困難。

但就總體而言，目前還無法判定大量資本外逃最終會對中國造成多嚴重的後果。因為這只是各種社會變數中的一個重要變數，它往往與其他各種政治、經濟、社會變數互相催化，其中何種因素佔主導地位，也是見仁見智。可以說，在中國經濟（尤其是金融）沒有崩盤之前，中國政府與官廳學者一直必須堅持如下「輿論口徑」：資本外逃不會導致金融危機，資本外逃不如民間想像得那樣嚴重等等。二〇〇三年三月「兩會」期間，國家外匯儲備管理局局長郭樹清向外公佈：中國資本外逃已經呈下降趨勢。之所以如此宣稱，就是因為考慮到如下事實：大量資本外逃給中國造成了負面形象，讓投資者產生疑問：既然中國有那麼多資本逃出去，我們進去投資是否應該？

四、原始積累完成對中國社會的深遠影響

從普遍情況來看，中國當代的原始積累過程主要發生於城市經濟系統裏，而不是在農村經濟系統裏。這種情況主要是兩個條件所決定：一是中國的農村並非國有資產集中之地，農村的主要財富是土地，當年在實行聯產承包責任制的時候，採取按人頭平均的方式分配給農戶，有權者能做的手腳充其量是給自己分好地，卻不能直接侵吞。加之現行的土地所有權和經營權相分離的模式又阻隔了土地向少數人手裏集中，使兼併者無從着手。二是中國農村社會的流動性很小，至今仍然保持着聚族而居的生活模式，即便是在鄉鎮企業高度發達的農村，其人際關係也相對穩定，所謂「集體資產」和農民們的關係比較接近，公共財富的掌權者必須考慮自己及家庭成員在本鄉本土的形象和生存問題，不可能大面積出現城市經濟系統中那種「富了住持窮了廟」，撈得盤滿缽滿後走人的局面。在此情況下，農村雖也有普遍的貪污腐敗行為發生，但農村基層幹部掠奪農民的方式和城市有較大區別，引發的矛盾衝突表現形式也不一樣。這一點將在本書第九章《社會控制類型的多元化及其發展趨勢》中談到。

城市經濟系統是國有經濟的重地，所謂國有資產的產權其實是完全虛置的。名義上的財產「主人」——人民——其實對財產毫無處置權利。由於市場經濟條件下企業經營必須採取個人負責制，這就意味着國有資產人格化，作為國有資產管理者和代表者的企業官

員，手中既然持有對國有資產的支配權力，其分配的籌碼自然就會向自己這方面傾斜。從中國當代原始積累的過程來看，其始點在於企業承包制的推行，這一舉措無異於打開了國有資產流失的閘門，從此以後，中國開始了國有資產萎縮和私人資本膨脹的過程。早在八十年代中期，社會輿論就已憂心忡忡地指出了分配機制有利於企業承包者這一事實。[38]

除此之外，一些部門的政府官員擁有對社會資源的配置權，也特別有利於他們開展各種尋租活動。中國自一九四九年以後，社會資源高度集中在政府手中，所有的社會資源都由政府配置。而近年來的經濟改革是變計劃經濟體制為市場經濟體制，本質上也就是改變社會資源配置方式。但社會資源配置方式的變化必須有一個過渡時期。在這一過渡時期，社會的政治經濟模式是集權政治和模擬市場經濟體制的結合體，存在許多體制方面的巨大漏洞，這種情況決定了誰掌握資源或者資源的配置權，誰就能在社會財富的再分配中處於有利地位。所以從本質上來說，中國當代原始積累的特徵及其掠奪對象和方式，是由中國現行的經濟體制本身決定的。對於長期在計劃經濟體制下工作的各類社會管理者而言，要在市場經濟中創造財富是件非常陌生和艱苦的事情，但是把手伸進「人民財產」這個自己充當看守人的口袋裏獲取財富，卻幾乎是舉手之勞。在如此巨大的財富誘惑力面前，任何道德法則的作用幾乎為零。中國當代原始積累過程中尋租活動之猖獗，其體制根源就在這裏。

中國當代的原始積累是在短短十餘年中以世界罕見的速度完成的，其積累速度之快、時間之短，全世界都極其罕見。除此之外，它還有一個別國沒有的特點：由於這場原始積累是以國有資產為掠奪對象，是特權階層和貪官污吏這些社會管理者以各種方式巧取豪奪自己看守的社會財富，使之從國庫「和平」轉移到私囊，不是用「火和劍」完成的，因之也就少了一點赤裸裸的暴力和血腥味，至於其貪婪無恥和不道德的程度比之於世界各國卻毫不遜色。

世界歷史上後發展國家曾面對兩次力度非常強的挑戰，亦即面臨兩次生存危機和兩次發展機遇，第一次是十九世紀中葉以來歐美等國對亞、非、拉國家的入侵，這一次機遇除了日本之外，其他的國家均未抓住，因此使自己淪為歐美諸國的殖民地。第二次是「二戰」以後，面對這一次百年難遇的機會，各民族國家都選擇了自己的發展道路，成功程度各有不同。嚴格地說，中國直到一九四九年為止，所謂資本的原始積累還處在一種未終結狀態。而此後中國實行的計劃經濟體制，雖說存在資源的巨大浪費和效率低下這雙重毛病，但在集中社會資源的能力方面卻為市場經濟體制所遠遠不及。所以在改革前的中國，一切社會資源都集中在政府手中，全體中國人都是真正意義上的無產者。長期的計劃經濟使人創造財富的才能嚴重萎縮，社會成員一無所有，這就決定了中國的經濟改革只能以國有資產私有化的形式進行原始積累，捨此之外別無他途。既然不能通過政策對國有資產進行名正言順的瓜分——這在中國根本沒有可操作性，既得不到政治上的事前認同，又得不到輿論上贊成——就只能以這種極大地消耗社會資源的方式進行。對中國來說，這是歷史宿命，無可規避。

對於私營經濟與中產階級對中國社會發展的影響，中國知識界曾對他們抱有太多的美好幻想。按照歐美發達國家的經驗，在資本主義發展早期，一部份集海盜式智慧與生存能力於一體的有產階級，在獲得經濟地位之後，由於不滿足於低下的政治地位，於是採用各種方式，通過金錢的力量對政治施加影響，最直接的舉動就是要求獲得政治權力。這種情況有利於打破權力一元化格局，從而造成社會權力多元化的局面。因為從本質上講，國家的權力是政權的權力，而社會的權力是財富的權力。政權的權力體現為不平等，財富的權力體現為平等。只要政府不能控制經濟資源，就不能再任意用政權的權力干預財富的權力（即用超經濟權力干預經濟權力）。歐美國家的歷史經驗確實證明一點：社會只要除了政治權力之外還有經濟權力的存在，兩種權力之間就會存在互相制衡和互相監督的可能。這種格局無論如何比權力一元化的格局有利於社會進步和人性的解放。但這種幻想到九十年代後期完全破滅了。中國有良心的知識精英必須面對這樣的現實：與中國的資本原始積累這一過程相伴行的是制度性腐敗已經滲透到整個社會，紅包文化泛濫，特權經濟橫行，金權政治肆虐，隨着基層政權的流氓化，中國社會正在迅速黑社會化。筆者認為，在沒有發生中斷社會發展進程的大事件(比如革命)的條件下，中國當代資本原始積累形成的財富佔有格局將對中國未來的權力格局產生非常重大的影響。

中國的原始積累過程表明，中國的私營資本無論從其生存、發展來看，都與中國政治體制、中國政府以及政府官員有十分密切的關係，兩者是「皮」與「毛」的關係。伴隨着私營經濟的發展，中國並沒有產生權力多元化的格局。由於政府權力並未從經濟領域退位，中國社會成員之間常利用各自掌握的資源，在違反和抵制法規的基礎上，為一己私利進行權錢交換，在這種以權錢交易為主要特徵的「軟政權」模式下，很容易形成各種分利集團，而這種分利集團事實上於九十年代中後期已經形成。政治、經濟兩大利益集團的成員利用自己壟斷的各種資源，通過種種尋租活動獲取非法利益，而這些尋租活動又必然導致國家進一步軟政權化。到九十年代後期，中國的經濟利益集團已經有足夠的能力「俘獲國家」（State Capture）。不少利益集團通過腐敗等方式直接影響政府決策部門，用類似於「點菜」的方式向國家購買對其產權的個人化保護。一九九九年以後政府政策明顯向利益集團傾斜，如電訊產業、房地產、汽車等行業政策的制訂，都是這些利益集團向政府部門進行了大量尋租活動的結果。中國政府雖然也時不時地提出反腐敗口號，但事實上面對軟政權化和分利集團這兩大陷阱的相互作用而無能為力。雖然人們寄希望於中國政府能以全民利益為重，進行政治體制改革，但事實上中國政府不可能進行人們希望的民主政治改革，因為他們不可能讓自己失去攫取財富的手段與工具。失去毛澤東時代的意識形態約束以後，中國政府只能用經濟利益將官員們凝聚起來，而目前的中國政治制度正好最大限度保證了政治利益集團攫取利益的需要。

九十年代後期以來，中國政府作了一系列政治策略上的調整，一是迅速加強政治精英與經濟精英的聯盟，江澤民的「三個代表」理論與讓私人資本家入黨，正好為這兩大利益集團的結合開闢了一條制度通道，使得政治精英與經濟精英們可以最大限度地依靠現行政治制度獲利。二是對知識精英採取了打壓與收買並行的策略。對那些對現行政治持批評態度的知識精英，採取嚴厲的打壓措施，從斷絕其生存來源直至動用安全部門實施監控、逮捕，或者迫使他們逃至海外，以消除其在國內的影響；對於那些願意合作的知識精英，政府則給予各種榮銜與待遇，提高工資，發放各種津貼、補助等，以換取這些知識精英對政府的合作。

事實證明，中國經濟改革的成果已經完全被政治精英與經濟精英集團所吞噬，今後中國的權力格局將是政治精英、經濟精英共同分享政權，依附於這兩大集團的知識精英也能從中分得一小杯羹，而廣大中下層人民則被排斥在這一過程之外。

第五章註釋

1. 閻健宏係貴州省委書記的妻子，其案件詳細情形國內不少報刊均有記載，最早的長篇報導見於《中國市場經濟報》一九九五年一月二十六日。王建業一案自一九九四年起深圳各報均反覆報導，一九九五年十二月二十八日王建業被判處死刑後，《深圳法制報》自十二月二十八日至三十日以三大版連續報導詳細披露了此案。
2. 歷年反貪數據詳見第四章表4-1。
3. 《深圳商報》一九九五年一月十九日，《深圳法制報》一九九五年一月二十一日。
4. 《法制日報》，一九九五年三月二十一日。
5. 見一九九五年十二月二十八日深圳市中級人民法院對二人的判決書，以及次日深圳各報新聞。
6. 《法制日報》一九九六年一月二十三日。
7. 《南方周末》一九九六年十月二十五日：「一個金融『獨立王國』的內幕」。
8. 《財經》一九九九年第11期。

9. 《財經》二○○二年第9期。
10. 此事全國不少報刊均有報導。大致經過如下：趙國利任錦州市經濟技術開發區公安分局副局長時，一身而任三職：既是公安分局副局長，又是錦州經濟技術開發區城區開發建設辦公室負責人，且是該公安分局創辦的「海發公司」的法人代表。他貪污的手段主要是利用受讓、轉讓開發區的廢蝦池和鹽池土地，填開空白發票，在所轄範圍內任意以「借款」名義索賄等等。趙的官職不大，本也不是掌握資源分配大權的部門，但從趙一案可看出，中國當前的腐敗到了何種可怕的程度。（原載南京《周末》報，題為「250天內鯨吞2,019萬元，警界第一蛀蟲受審」；轉載於《深圳法制報》一九九六年十月六日。
11. 《中國市場經濟報》一九九六年一月十日：「遏制企業『一把手』犯罪刻不容緩」。《遼寧法制報》載，廣州市一九八二年至一九八九年檢察機關立案查處的貪污受賄案件76%發生在企業，一九九二年至一九九四年，貪污受賄案佔企業發生的全部案件的70%。社會上為群眾最不滿的公款消費現象，有80%來自企業。據武漢、大連、石家莊市400多家高檔娛樂場所調查，有60%的公款消費者是來自企業。（轉摘自《深圳法制報》一九九六年一月十日）《上海法制報》報導，上海徐匯區檢察院一九九五年一至十一月立案偵查的85件貪污賄賂案件中，發生在企事業所辦的「三產」企業的案件，佔了總數的60%以上。犯罪主體多為「三產」負責人或掌管權力的財務人員，房地產業和科技開發區地帶。（轉摘自《深圳法制報》一九九

六年一月十日）

12.《深圳晚報》一九九五年三月三十一日。

13. 郭東風、劉兆彬文：「國有資產流失驚人產權改革刻不容緩」；「國有資產流失種種」。

14.《中國市場經濟報》一九九五年七月二十六日。

15.《南方周末》（一九九五年十二月八日）載，據全國在工資制度改革方面放得最開的深圳市有關方面的統計，一九九四年深圳市六家試點企業的總經理年薪收入，最高者為126,168元，其中基本工資產51,228元，效益工資產74,940元。年薪最低的總經理的效益工資負13,692元，將從基本工資中扣除。如果按同年深圳市社會平均工資每月881元計算，這些國企負責人的年薪收入是社會平均工資的五倍。依此推理，在內地那些工資差距遠沒有深圳這麼大的地方，這些吃「阿公飯」的企事業單位負責人要憑「陽光收入」積聚起這眾多的財富，進入「富豪型」家庭實非易事，更何況「金融資產」只不過是他們形式多樣化的財富形態之一。

16. 沈太福一案國內有多家傳媒進行報導，牽涉到的人物既有新聞界，還有原國家科委副主任李效時。這一案件詳情見中央紀委辦公廳編寫的《正義與邪惡——懲治腐敗最新大案要案查處紀實》，中國方正出版社一九九五年一月出版。

17. 見《南方周末》一九九五年十二月一日：「32億集資案大騙局」；《粵港信息日報》一九九五年十二月一日；《深圳晚報》一九九六年一月十四日。此案不僅以它的數額之巨引人注目，還因捲入這一案件的高官有北京市副市長王寶森和首鋼總經理之子、總經理助理周北方而聞名。

18. 見《中篇小說選刊》一九九五年第9期上王澤群寫的「作品後記」，以及二〇〇二年以來發生的仰融、楊斌、周正毅案件。

19.《報刊文摘》（一九九六年八月十九日）文：「香港與內地執法人員勾結，跨境貪污案有上升趨勢」。

20 David Murphy：「誰搶劫了中國銀行」，《遠東經濟評論》二〇〇二年一月三十一日。

21.《中國市場經濟報》一九九五年七月二十六日。

22.《中國市場經濟報》一九九五年四月十九日。

23.《中國經濟時報》二〇〇〇年五月十五日，楊宜勇：「收入差距為何拉大」。

24.《南風窗》二〇〇二年四月下。

25.《中華工商時報》一九九六年一月六日。

26.《中國統計年鑒二〇〇〇》第409頁。

27.《中華工商時報》一九九六年一月六日。又：據《中華工商時報》一九九六年六月十二日載，「截至見報日，湖北省襄陽縣137户私企摘掉了『紅帽子』，重新辦理了註冊登記。」這種戴着「紅帽子」的掛靠企業在全國範圍內有許多，一九九五年廣州市中級人民法院二審受理的600多家經濟案件中有一半涉及掛靠。這些掛靠企業只有在嚴重虧損時其主管部門要負法律連帶責任時，才會提出產權問題。

28. 新華社消息，轉引自《世界日報》二〇〇一年八月四日D5版。

29. 新華社一九九六年七月三日電，國家財政部部長劉仲藜一九九六年七月三日向全國人大常委會第二十次會議提交的一九九五年中央決算報告。

30.《粵港信息日報》一九九六年二月十二日，中國人民銀行公佈的統計資料。

31.《中華工商時報》一九九六年七月二十三日，中國人民銀行公佈的一九九六年二季度金融統計資料。

32.《經濟日報》二〇〇一年三月二十三日。

33. 新華社北京二〇〇一年一月十八日電。

34.《改革》一九九六年第5期，王軍：「中國資本流出的總量和結構分析」。

35. 英國《金融時報》一九九六年十二月二十七日：「中國成為世界資本的重要來源」，轉摘自《參考消息》一九九七年一月八日。

36. 多維新聞社二〇〇一年五月三十日電。

37.《改革》一九九六年第5期，王軍：「中國資本流出的總量和結構分析」。

38. 國防大學圖書館編：《教學研究資料》(政治版) 一九八九年十一月一日，「關於社會分配不公的討論」。

第六章　中國當代經濟倫理的劇變

每一種經濟制度都有相應的道德觀念和法制基礎，自從中國經濟改革開始，權貴私有化進程推進得相當迅速。那麼中國人是在一種怎樣的經濟倫理觀念支配下完成這一過程的呢？這裏談的所謂「經濟倫理」，包含的內容主要有：1、市場交換中的道德秩序；2、分配法則；3、佔主導地位的價值體系，如對財富的追求方式、使用以及管理。本章主要是圍繞上述三個問題進行分析。

一、政治、經濟和倫理道德的不同步變化

自一九七八年以來，中國社會各方面都發生了非常深刻的變化。但只要稍作觀察，就會發現政治制度、經濟制度和經濟倫理這三方面的變化極不同步，總的特點是：政治制度的變遷嚴重滯後，經濟制度的變化相對要快，經濟倫理觀念的變化則快得驚人。毛澤東時代用各種社會壓力強制社會成員遵守的社會主義奉獻型經濟倫理，到八十年代中期就陷入土崩瓦解之中，並被一切圍繞實利作取捨的價值判斷標準取代。結果導致了社會嚴重混亂脱序的局面：社會成員失去了理想，生活成了純粹的買和賣。極端自私的利己主義（往往被誤解成西方的「個人主義」）、以鄰為壑的地方主義、化公為私的腐敗行為……人心浮躁飄蕩，行為混亂失序，不少社會成員連起碼的道德感都喪失殆盡。為了追逐利益，不少人不惜損害他人、損害整體、損害民族、損害社會。政府不得不承認社會治安形

勢嚴峻，公眾安全感日益下降。

社會主義奉獻型經濟倫理，在物慾的衝擊下如此不堪一擊，正好說明了它完全藐視人的求利動機，從根本上違反了人性。它之所以在社會上一度成為主流意識形態，從較淺的層面看，是依賴於中共政府意識形態強有力的約束。但從深層次分析，實質上更有賴於計劃經濟體制的支撐。當人們捨政府提供的就業機會之外無法以別的方式謀生時，其行為自然也當遵循政府劃定的界限。一旦社會主義經濟倫理的支柱——計劃經濟體制發生變化，這座在沙灘上苦心構築的倫理大廈自然也就失去了支撐的基礎。可以說，自改革以來，建立在計劃經濟體制基礎之上的意識形態對人的約束作用日漸式微，社會政治道德日益敗壞，其實是經濟改革和法制建設不同步的必然結果。中國政府在經濟改革的同時，沒有進行相應的政治法律制度的建設來規範人們的求利行為，才導致如此混亂脫序的狀態出現。

這裏有幾個人們不得不思考的問題：

為甚麼在財富的衝擊下，中國社會主義經濟倫理會如此不堪一擊？中國以「安貧樂道」為主調的傳統經濟倫理，為甚麼在全社會群情洶洶追逐利益的潮流中見不到半點影子？對傳統經濟倫理和社會主義經濟倫理到底揚棄了甚麼，繼承了甚麼？它在目前經濟倫理劇變中到底起了何種作用？

西方發達國家的公民社會奠基於市場經濟體制之上，有其道德基礎，即對他人生命、財產、自由權利的尊重，其全部法律制度也以此為出發點。而中國現在發展市場經濟，為甚麼竟會出現這種以社會整體生活的理想和道德準則作交易、整個社會「人皆為盜賊」

的局面？人們追逐利益時，往往是以損害他人（或國家、集體）的權利，甚至損害他人的財產和生命為前提，以此為代價獲得的經濟發展到底值不值得？

經濟發展的最終目的究竟是單純追求經濟的發展，還是為了求得人和社會的全面發展？

上述這些問題，尤其是第二個問題，凡有社會良知的人都在思考。憑心而論，中國之所以走到今天這種狀態，並非「開放」帶來的「外來」影響。正如馬克斯．韋伯（Max Weber）所說，任何社會的人都存在對財富的貪慾，和其他制度相比較，資本主義恰好更多地是對貪慾的一種抑制或理性緩解。對西方社會稍有瞭解的人都不會否認，功利性確實是市場經濟的主要特徵，但西方國家經過幾百年的發展，早已建立起相當完備的法律制度，比較成功地將社會成員對功利的追求限制在不損害他人生存的範圍內。中國當代經濟倫理的劇烈變化，最引起研究者興趣的問題應該是：就在對「道德人」和「道德經濟」的批判尚餘音嫋嫋時，就出現了令人驚詫的「道德大崩潰」。而人們的道德倫理觀總是從他們所處時代的實際關係引伸出來的，這中間的劇變說明，一定在中國人表面上還是「道德人」的時候，在民族心理的深處，已埋伏下某種導致日後道德劣變的隱性因素，只是研究者過多地注意到表面上粉飾出來的「道德」狀態，沒有進行更深的內在挖掘而已。

二、當代中國人對商業道德的看法

一九九六年，由新加坡昂記科技公司委託零點調查公司進行了一項名為《中國企業家的商業倫理指南調查報告》。在調查中，調查人員採用了分層抽樣的方法，電話訪問了北京、上海、廣州300家國有、民營、三資、個體企業的負責人，調查內容涉及到商業倫理的作用，對不道德行為的容忍程度，企業經營者心目中的理想倫理規則及其道德實踐，經營者個人信念等。根據這次調查結果，該公司研究人員概括了中國企業商業倫理關係中存在的主要問題：

1、企業經營者對商業倫理的熟悉程度尚不夠，對商業倫理規則處在低水平的自發遵循狀態，對商業倫理的重要性的認識與對實際生活中非道德商業行為的高度容忍形成強烈反差。調查表明，只有34％的人聽說過「商業倫理」這一說法，且多將「商業倫理」與職業道德等同視之，只有約15％的企業經營者能較全面地理解「商業倫理」這一概念的內涵。

雖然多達8.5成的企業經營者強調商業倫理在企業經營中的重要性，但調查人員提供的非道德行為測試結果又令人擔憂：企業經營者中對相當一部份非道德行為採取高度容忍的態度，或持道德中立立場，其中對於外部權威與客戶關係中的非道德行為的容忍更為明顯。

表：6-1

企業經營者對非道德行為的容忍度			
序位	非道德行為類型	容忍度％	道德模糊％
1	行賄受賄	79.0	3.7
2	賄賂客户	71.3	6.3
3	缺斤少兩	55.4	0.7
4	不實廣告	55.0	0.3
5	無企業文化	25.3	9.0
6	偷漏税	18.7	2.7
7	環境污染	3.3	2.3

2、經營者們期待誠信、公正、合乎人情的商業倫理關係，但是利益和現實功用的驅動往往使大家屈從於違反道德價值的現實。在回答經營者心目中理想的商業倫理關係時，與客戶交往應保持信譽、相互信任原則被受訪者放在首位（37％），其次是雙方真誠合作的原則(28.3％)；在與政府等外部權威的交往中，企業經營者希望能真正做到公事公辦者佔32.3％，做到相互支持者佔71.7％；而在企業內部文化規則方面則反映出多樣化的形態，從大類上看，主張在企業內強調感情聯繫的經營者佔49.1％，強調管理規則的佔25％，強調報酬規則的佔6％。

「守法」是企業經營者認為應該在其經營中堅持，而且在實踐中也能做到的基本原則。但除此以外的經營原則則在「應該」與「實際」之間表現出較大的差距，處在應該堅持的原則前幾位的次序依次為：「誠實信用」、「自信自強」、「尊重和信任他人」、「不斷創新」；而處在大家現在實際奉行的原則前幾位依次是：「隨機應變」、「穩定發展」、「只重視效益與利潤」、「自信自強」、「不求有功，但求無過」，兩者之間差距相當顯著。

3、良好的商業倫理體系為經營者所嚮往，但不良道德習氣則被主要歸咎為社會環境作用，經營者缺乏內在的道德自省，是企業經營中非道德現象蔓延的重要原因。「信用」、「事業心」、「把握商業時機」、「吃苦」被經營者們推崇為事業成功的四要素，並認為這是個人可以把握的因素。但對於社會上存在的相當普遍的非道德經營行為，經營者往往歸結為外在環境的影響：「社會風氣不好，大家只顧掙錢」(36.7％)、「用來支持商業倫理建設的法律制度不健全」(24％)等，而企業經營者很少做自我道德反省。相反，在維護自身利益時，企業又往往樂於接受不道德行為，甚至有時推波助瀾。企業對商業倫理的矛盾看法，反映了企業在經營活動中的道德雙重標準：對於非道德經營行為的批評，多着眼於指責他人，是一種他律規則；而在自律方面則寬以待己，將非道德行為歸咎於大環境，拒絕為自己個人的不道德行為承擔道德責任。

4、商業倫理規則的制度化的水平尚不高。規則制定的主要推動者是企業的高級管理層與上級單位，缺乏對企業全體成員的道德訴求的整合，從而存在着將商業倫理規則作為某種工具性的管理手段，使其難以成為企業從業人員由衷接受的共守規則。調查中發現，85.2％的企業經營者表示，一旦企業能把倫理規則制度化並確定下來，企業在經營活動中基本能堅持正確的倫理指向，顯示制度化較之非制度化有一定的優勢。但是，事實上只有不到半數的企業有一些不完全的的商業規則。而在商業倫理制度化的過程中，企業的高級管理階層又起着主要決定作用，其中有31.1％的人表示企業倫理規則是企業的高級管理階層來推動確立的，很少有企業報告其員工能參與制訂企業的商業倫理規則。

調查表明，在作為商業倫理規則的主要確定者的企業高層管理人士中，他們的個人信仰以工具型(科學與知識)、親情型(父母與朋友)、權力型(有權者)最為突出，而政治型(某種特定政治信念)及奉獻型較為低落，從而可用於解釋目前中國企業中經營者重視眼前功用，家庭化色彩濃厚及為甚麼接受權力尋租行為的趨向嚴重。

上述行為與觀念在九十年代中後期的畸形發展，其結果是社會對行賄受賄等貪污腐敗行為的高度認同。國際透明組織(Transparency International) 二〇〇二年五月十四日發佈「二〇〇一年腐敗度指數」(The 2001 Corruption Perceptions Index)，前身同為社會主義國家的俄國名列第一，中國大陸名列第二。二〇〇二年三月中國「兩會」期間（即全國人大代表大會與全國政治協商會議），共有40多位政協委員提出20多件有關建立社會信用的提案，認為中國現在政府、銀行、企業以及社會各方面都發生了嚴重的信用危機。[1]

三、被破壞的市場道德秩序

市場經濟的道德秩序，主要是由經濟倫理的第一層次——職業道德和經濟信用構成，這兩者構成了人們的行為準則，使人們的經濟交往有了規範。但現在的中國，這兩者都出現了嚴重的問題。

1、職業道德感的缺乏和行業風氣的敗壞

所謂職業，從本質上來看，是社會職能專業化和人的角色社會化的統一。由於職業所固有的社會性質和地位，決定了每種職業在道德上有自己的特殊要求：做官有官德，行醫有醫德，從藝有藝德，經商有商德，執教有教德，從事學術研究有學德。各行各業都有與本行業相一致的道德準則和行為規範。可以説，職業道德是一種高度社會化的角色道德，在經濟倫理體系中，它與經濟信用一樣，同屬於第一層次，是整個經濟倫理體系的基石。

所謂職業所固有的社會性質和地位，簡單地説，主要是指職業和職務集中地體現着社會關係的三大要素——責、權、利。「責」是指每種職業都意味着承擔一定的社會責任，如遵守職業規則程式、承擔職權範圍內社會後果的責任，實現和保持本崗位、本職業與其

他崗位、其他職業有序合作的責任等；「權」是指每種職業都享有一定的社會權力，即職權，如使用、操作、管理或支配某些社會資源的權力，通過職務報償獲得社會財富的權力。這些職權是社會公共權力的一部份，在如何承擔和行使職業權力上，體現着社會公共道德；「利」是指每種職業都體現和處理着一定的利益關係，尤其是那些以公眾為服務對象的職業，都是社會利益（或國家利益）、公眾利益、行業集體利益和個人利益的集結點。如何處理它們之間的關係，既是職業的責任和權力所在，也是職業內在的道德內容。

從中國的現狀看來，在處理職業的責、權、利三者關係上，恰恰出現了嚴重的問題。可以説無論在何種職業群體中，都沒有多少人認識到自己的職業責任，對職業的「權」和「利」倒是有着特別清楚的認識。從社會實踐來看，許多人獲取財富不是依靠履行其職業責任，而正是依仗職權、破壞其職業的基本道德準則得以實現。在這種情況下，利益分配的籌碼自然是朝個人利益和行業集體利益傾斜，社會利益、國家利益和公眾利益成了後者的犧牲品。少數人從事所謂「第二職業」，如一些資源部門的官員到企業兼職，出任董事或名譽董事長之類，恰好是憑仗其第一職業的便利和權力，因之這些「第二職業」往往是以損害「第一職業」的責任和道德為前提的。

中國許多行業如房管、電力、電話、醫療、教育等行業都具有壟斷性，至於工商、税務等更是凡開辦企業者都需仰其鼻息的職業。由於生存需要，老百姓需要和這些行業打交道的時候很多。而這些行業中，幾乎每一職位都有「權」可資利用，所以老百姓談到「電老虎」、「房老虎」以及某些行政執法人員的劣行時都很憤怒，對許多行業濫用「職權」，靠山吃山、靠水吃水，如看病動手術要給「紅包」；小孩上學要送禮，要滿足學校裏各種各樣不合理要求；到政府部門蓋章批條要行賄等劣行，無不切齒痛恨卻又無可奈何。這方面的極端例子為河北省雄縣電力局副局長李玉成，這位李副局長一九九五年八月某天到該縣一家酒店跳舞被婉拒，他遂利用職權編造謊言下令有關人員停電，造成4座35千伏變電站、15個鄉鎮企業及大半個縣城停電長達半個多小時的惡性事件，使該縣工農業生產蒙受了巨大損失，最後在調查組查實此事後，這位李副局長卻只受到撤銷行政職務及留黨察看一年的處分。[2]

《中國青年報》曾載有一篇「行業風氣問卷調查資料」，該文談到，公眾最為痛恨的8種行業不正之風是：用公款大吃大喝；不給好處不辦事，給了好處亂辦事；亂收費；利用特權索要財物；亂罰款；亂攤派；黨政機關及其工作人員無償佔用下屬單位和企業的錢物。[3]社會公眾痛斥這類行為「比妓女還不如」，認為妓女拿了錢還要提供服務，還要講「職業道德」，而這類人拿了錢，連起碼的職業道德都不講，還要破壞這一職業的聲譽。比如在政府中擔任公職本不是一種純粹的僱傭關係，有其倫理上的精神意義，即要求擔任者有個人獻身精神。但現在不少政府工作人員拿了國家的工資，亦即人民的血汗錢，不但沒有「為人民服務」，還要貪污腐化，挖政府的牆腳，破壞政府聲譽，削弱了政府計劃的實施，甚至還破壞了許多社會公共政策的原定目標。

如果說上述行為可冠之以「不正之風」，那麼下述行為就只可以用「反社會、反道德」這類詞來形容了。如走私販毒、製假販假、賣淫設賭、以及設立各種騙局等等。不少長途汽車的乘客都受過「車匪路霸」坑害，不少旅客上車之前說好的票價，等拉到半途，司乘人員強行加價，稍不依從，就是一頓毒打；或是半途甩客，旅客如有異議，就會被飽以老拳。[4]一些路邊店強行攔截過往車輛，用打罵等威脅手段要求旅客花高價「買」他們供給的飯菜，一輛車上只要有一個旅客不買，就堅不放行。有的旅客坐上一天車，被攔截 7 次，強逼吃飯 5 次。[5]更令人匪夷所思的是，一些沒有辦法從公有財產中分一杯羹的官員，為了撈錢而設置「色情陷阱」誘人入局。如江西省上饒地區萬年縣石鎮政法辦，在206國道線萬年境內路段，與沿線部份路邊店老闆及妓女串通，利用賣淫婦女在店內或上路搭車等方式勾引過往駕駛員、貨主或旅客嫖娼，店老闆隨即向石鎮政法辦「報案」，政法辦派人到路上攔車將嫖客抓獲處以罰款。自一九九二年十一月至一九九三年九月止，石鎮政法辦人員採用上述手段共「抓獲」嫖娼案118件，對161名嫖客處以罰款，總共罰沒款項34.86萬元。像這種設局騙陷他人謀取財物的行為，竟出自基層執法者，可見世風之壞。[6]這一類行為早已不是正常的買和賣，和打劫已沒有甚麼本質區別。如果說政府官員的腐敗和企業經營者監守自盜的腐敗行為屬於權力制衡的範疇，「靠山吃山，靠水吃水」，以職業便利謀私屬於職業道德和社會公德問題，那麼這類強買強賣和設置「色情陷阱」之類則說明部份人已根本無視他人生命、財產的權利，根本不想付出市場交換中的「交易費用」，而用暴力強制性地將別人的財富佔為已有。上述種種行為的擴散，敗壞着整個社會的道德風氣。

職業道德是一種軟性的行為規範，在經濟倫理體系中居於第一個層次。作為起中堅作用或者說主導型的道德規範，它本身受良心和社會成員個人素質的制約，同時又調節着人們的自我行為、人際關係和一切非法律關係的交往，是全體社會成員都需恪守遵循的道德規範。據一份調查資料，一九九三至一九九五年這三年，社會公眾最不滿的三大問題當中，對社會風氣的不滿都很強烈，一九九三年有87.1％，一九九四年有93.3％，一九九五年有89.6％的被調查者對社會風氣表示了強烈的不滿。[7]

在公務員之外所有的職業當中，以醫生與教師這兩大行業職業道德的敗壞對社會影響最為惡劣。這裏僅以醫德為例。新疆建設兵團一家被評為高等級的「三甲」(三個甲等，是中國目前最好的醫院等級）醫院的院長曾經揭露醫德的嚴重敗壞，他談到的現象讓人觸目驚心：醫院領導的指導思想是「能賺錢的科室就是好科室」。醫護人員為了「創收」，不擇手段從病人身上刮錢，主要手段有：1、醫生每開一張CT申請單，CT室即給該醫生4.5元回扣。該院長統計過，某醫生在一月之內曾開了60張CT申請單。而事實上，在這60位患者中需作CT檢查的僅為20％左右；2、對同一病床可開3～4個住院證，被列為「加床」。每加一床，科室可增加收入5元；而事實上每一張病床只能住一個病人，其餘名為住院的病人在家診治也得交住院費；3、亂收費。一胡姓少年僅16歲，一九九七年六月以後曾住院三次，每一次診斷結果都不一樣，共收費5,000多元，其中亂收費達1,000多元，是病人從未使用過的醫療器具或多開的注射器之類的費用，此外還加收了不少其父母的陪住費、護工費等。該院長指明，這只是隨意抽查的一個病例，並非亂收費的典型。這位院長還指出，大多數醫護人員向錢看，收紅包、吃回扣現象司空見慣。而該醫院自被評為「三甲」醫院以來，為了保榮譽、保領導職位、保科室及個人獎金，上下共同說假話、說空話，根本無職業道德可言。這個醫院全年收入8,000多萬元，當地政府主管部門衛生局從中得了不少好處。曾有人多次向衛生局反映這個醫院的嚴重問題，而衛生局等主管部門竟將這些信件原封不動地轉回醫院，以至於寫信反映問題的人受到打擊報復。[8]著名的河南愛滋病蔓延事件，就是當地醫院缺乏醫德，在為賣血者抽血時未使用消過毒的針管而導致交叉感染。這種情況在中國各地時有發生，黑龍江雞西市滴道區婦幼保健院在為新生幼兒辦理出生證明時強行賣針劑——家長不購買針劑就不予辦理出生證明——導致大量新生幼兒中毒，從一九九六年六月一日到一九九八年九月，共有192位新生幼兒中毒。[9]山東省濟南市一些醫院（包括一些很有名的大醫院）為了賺錢，不顧病人身體安危，在給病人輸氧時竟然輸工業氧，收費時則按醫療用氧的價格收取，每年賺取的差價高達30多萬元。[10]醫院強行向病人賣高價藥收取回扣的事更是比比皆是，湖北省武漢市一醫院60多名醫生都向病人強行賣藥，收取回扣，每天每人的回扣費高達100～200元。[11]醫療行業是一個絕對的「賣方市場」（Sellers' market），患者面對醫生沒有任何討價還價的能力，只能任醫生宰割。其職業道德墮落到如此地步，實為文明社會所罕見。

哈耶克（Friedrich August Von Hayek）認為：「市場經濟最重要的道德基礎就是『責任感』，這種責任感源於每個人對自己行為的一切後果負責的道德感。」沒有基於道德感基礎之上的責任感，任何職業都將失去它的社會價值：對於社會，它不能有效地實現職業職能、創造效益、組織社會結構與穩定社會的價值；對於個人，它不能實現長期謀生，進行個人技能的積累，為社會創造服務與作出貢獻的價值。要言之，完全喪失了責任感的人，已不能被視為文明社會的一員。由無數多個這種個人所組成的社會，其生存意蘊也將降低到一種非常可怕的程度。

2、社會道德崩潰的制度原因

中國社會道德崩潰有其深刻的制度原因。

一九七八年以後，中國經濟體制發生了兩個最重要、也最引人注目的兩個變化：一是指令性經濟計劃的消失，二是非國有部門的擴張。不少研究者面對這兩個變化，很自然地簡單運用「計劃經濟——市場經濟」這樣的「兩分法」，很快得出結論：中國現在已經形成了市場經濟機制佔主導地位的經濟體制。他們顯然沒有注意中國的現實：計劃經濟消失以後，填補制度空白的卻不一定就是市場經濟。在中國的現實社會經濟生活中，計劃經濟固然已經瓦解，但來自政府和壟斷性國有機構的對經濟活動的干預不僅沒有減少，而且變得更加「隨意」化。可以說，中國目前的經濟體制並非由市場機制主導，而是一種半市場交換、半「隨意化」行政性干預的「雙軌制」。這種體制既與西歐的古典市場經濟不同，也與東亞地區非社會主義國家的市場體制不同，它寄生攀附在現存的社會主義政治社會體制上，阻礙資源的有效配置，滋養着日益泛濫的腐敗。

在中國大陸，政府出於政治上的需要，將「改革」狹窄地定義成「改革計劃經濟管理體制和調整排斥私有經濟的意識形態」。在這種宣傳的浸染下，久而久之，連很多學者也習慣成自然地接受了這種觀念，以為只要在意識形態中給市場經濟留下必要的位置，在經濟活動中清除了價格的計劃管制以及生產、流通、勞動力的指令性計劃管理等等，把更多的經濟活動決策權下放給地方政府和企業，中國的市場經濟體制就基本成形了。但事實上，社會主義制度並不是「計劃經濟加意識形態」的簡單構成，在社會主義的制度的長期作用下還生成一定的社會結構並產生一種制度性文化。這種社會結構與依附其上的制度性文化不可能隨着中國這種沒有政治體制改革的「跛足」改革而消失。事實上，這種社會結構與制度性文化不但頑強地生存下來，還為中國的轉型過程深深地蓋上自己的「烙印」。這種改革的結果是在原有的政治社會基礎之上建造了一種既承認原來的權力體系、又承認市場交換活動的經濟體制。

中國計劃經濟的經濟管理方式消失以後，它的兩個基礎仍然存在：

第一，從中央政權到鄉政權那龐大的黨政部門和壟斷性國有機構的組織架構並未解體，只是作了某些合併、或更換一些名稱。這些機構擁有的可以隨時插手日常經濟活動的權力從未被取消或否定過。

第二，黨政幹部和壟斷型事業機構的員工依然享有相當高的政治社會地位。這些利益群體的活動能量比改革前只有過之而無不及，只是其生存環境卻發生了極大的變化。1、隨着經濟決策權力的下放，過去集權體制中自上而下的紀律約束大大軟化，各機構或個人獲得了充分的活動空間。2、各機構和個人的行為目標也有很大改變。過去是努力完成上級指示，以便有機會擴大機構的權力和級別，謀求個人的升遷。現在則是機構要努力「創收」，個人更是「一切向錢看」。3、計劃經濟的瓦解使財政再也不可能像改革前那樣壟斷財源，隨着國家財政能力的下降，上級機關再也沒有足夠的財力為下級機構撥付足夠的正常活動經費，更無法滿足這些機構員工永無止境的提高工資福利的要求。

在這樣的情勢中，機構和幹部們的行為方式自然發生了重大變化：他們不再是單純聽命於中央政府的「馴服工具」，可他們也不是真正受民眾監督的公務員；他們既不願意放棄優越的政治社會地位，也不甘於經濟地位有所下降。於是他們一方面代表政府執行公務，另一方面也利用執行公務的權力獲取額外經濟利益，因為這是他們輕車熟路與最可能抓住的機會，「有權不用、過期作廢」，「不撈白不撈，撈了也白撈」這兩句話就是當前中國政府官員們普遍的心態與行為動機。

在轉型過程中，政府或其他壟斷型機構對經濟活動廣泛的行政性干預，還表現為九十年代行政管理與公共服務業的商業化趨勢。由於行政事業機構僅依靠財政撥款度日，一定會陷入「半饑半飽」狀態。為了成為「先富起來的人」當中的一員，絕大多數公務員在執行公務時都在精心盤算着如何借手中權力使個人利益最大化。這樣就形成了一種轉型期獨特的制度性文化，即政治權力資本化與政府行為企業化，具體表現為相當普遍的「創收」活動，這在開始被視為不得已的權宜之計，最後竟成了屢屢見諸於官方文件的一個專門名詞。最普遍的做法就是用機構本身擁有的權力和機會來交換各種直接或間接的經濟利益，諸如屢禁不止的行政機構藉故攤派、新聞媒體實行「有償報導」、大專院校辦短期「培訓班」與巧立名目賣文憑、中小學賣學位（即學生讀書的指標，並非高等學校的學位）、收「高價生」、出版社賣書號、醫院向公費患者強行推銷昂貴藥物、搭售日用品等等。這樣，稅收稽查權、新聞播報權、學歷授予權、出版發行權等過去與商業交換無關的權力機會都變成了「創收」的工具，其結果是將「市場交換」擴展進政府機關和公用事業，這種「市場經濟」活動的範圍比任何發達國家還要寬廣，其必然結果是大大擴展了「尋租」活動的空間。黨政機關事業單位為了謀利，不斷製造機會、增加對日常經濟社會活動的干預，並將這種干預變得更沒有規則、更隨機化。在財政支付能力縮小、而機關事業機構並未相應縮編的情況下，這類活動可以在短期內有效地減輕財政負擔，增加機關事業部門員工的收入，起到穩定官員隊伍的作用，中央政府因此對這一現象「睜隻眼閉隻眼」，從未認真禁止。但是從社會效果來看，這類活動卻嚴重擾亂了社會經濟活動秩序，瓦解了道德標準，腐蝕了社會肌體。當這類活動是由單位有組織地進行時，常常被稱為「搞活經濟的『創收』活動」；如果是員工假公濟私、個人單獨進行，一經查獲則被視為「腐敗」。比如高等院校以集體名義賣文憑與學位，只算「創收」，教師員工人人擁護；但如有教師向學生賣分數賺錢，一被揭發則身敗名裂。如新疆烏魯木齊市衛生學校一位高級講師向不及格的學生索費數百元，將學生成績升等，不及格改為及格，理所當然被視為腐敗行為。[12] 實際上，當行政事業機構有組織地從事這類活動時，它與個人假借機構名義所進行的同類活動常常無法區分，機構的不當「創收」與個人的「腐敗」行為可以彼此轉換、相互掩護。在這種極為混亂的秩序之中，很多社會成員一方面是受害者，一方面又是混亂的製造者。他們有兩副隨時可以輕鬆轉換的面孔：在評價自己的行為方式時，他們會從利益的角度出發，為自己的不當謀利行為進行理直氣壯的辯護；在評價他人類似的行為時，卻從道德的角度義正辭嚴地加以指責。這方面的典型例子是陝西省咸陽市工商局官員商標廣告管理所副所長尚美英敲詐勒索案。一九九七年六月，尚美英認為其轄區內的步長公司在商標使用與宣傳廣告中存在不當行為，於是威脅步長公司負責人，她將以工商局的名義向該公司的151位客戶發出損害該公司形象的 151 封信，每封信勒索價碼 1 萬元，共為 151 萬元。步長公司多次央求尚美英降低價碼，尚美英堅持一封信1萬元的勒索價。該公司只得向當地公安部門報案，公安局將這位尚副所長拘留數天後，判令取保候審，在其出獄當天，咸陽市工商局竟然為這位涉嫌敲詐勒索的副所長舉行了隆重的歡迎儀式，視其為「英雄」。[13]

從中國的現狀來看，在計劃經濟消失後相當長的時期內，經濟體制會是一種與計劃經濟無關的「雙軌制」，即發育中的市場機制與行政性干預並存。這裏講的行政性干預不是指政府的正常宏觀管理，主要是指兩類情況：一種是為滿足個別利益集團而實施的政策，例如銀行奉命向長期虧損、拖欠大量逾期貸款的國有企業繼續提供新貸款，這樣做既有損經濟效率也有損社會公平；另一類是擁有權力的機構或個人對社會經濟活動的不當干預，主要是為了滿足干預者個人或小群體的經濟目的，這樣的干預不可能有明確、統一的規則，因此中央政府也很難有效地控制，只能定期地發動「反攤派」、「反貪污」之類的「運動」加以遏制。實際上，這類現象正是現行的半市場調節、半「隨意型」行政性干預的「雙軌」體制的一種「體制病」，不從體制方面祛除病根，只是借助樹立「模範人物」的道德宣傳或進行「運動式」打擊懲處，根本無濟於事。

這樣的「雙軌制」可能存在相當一個時期，因為一方面它具有市場機制的一部份功能，為生產者之間、生產者與消費者之間的交易提供了市場規則，保證了經濟活動的進行；另一方面，它不但承認和保留原有的權力結構，而且為原有的權力結構注入了新的活力，從而鞏固了原有權力結構的基礎，使廣大公務員群體成為改革當中最大的受益者與中國「改革」的堅決擁護者。正由於這一點，中國政府根本不打算在短期內進行觸動權力結構的政治體制改革。

四、經濟信用的失常狀態

所謂「經濟信用」，和職業道德一樣，在經濟倫理體系中居於最低層次，是人們在經濟交往中的基本行為準則，也是任何社會中經濟實體生存與發展必不可少的一項道德資本。因而它的要求往往十分明確、具體、清楚，甚至一目瞭然，使從事交易者很容易識別、理解並遵循。如貨到款訖、不銷售偽劣製品等。關於經濟信用在經濟生活中的意義，有一句著名的話，即馬克斯·韋伯（Max Weber）在《新教倫理與資本主義精神》(The Protestant Ethic and the Spirit of Capitalism)中反覆強調的那句「信用就是金錢」。中國傳統也非常強調信用是個人品質中非常重要的一部份，古語中有「人無信不立」這句話。基於此，可以將人力資源分成兩部份，一是人的能力，二是人的道德素質，後者構成經濟信用的載體，其水平高低決定了物質資源是否能得到最有效的利用。所以經濟信用被視為市場經濟的基石。

然而，中國到了八十年代後期與九十年代上半期，已出現了嚴重的經濟信用失常的現象。其中三種最有代表性的行為，一是經濟合同失效，典型的表現是中國企業之間互相拖欠貸款或服務費（俗稱「三角債」）的現象越來越嚴重，已導致經濟信用嚴重梗阻，社會經濟無法正常運行。二是假冒偽劣商品越來越多，充斥全國各個市場，絕大多數消費者都受過假冒偽劣商品之害。三是企業的財務報表弄虛作假越來越嚴重，這一點與會計師事務所進行審計時的弄虛作假互為表裏，成為不可小覷的社會公害。

1、經濟合同欺詐行為多，合同履約率低

據中國國家工商總局調查測算，每年全國違法合同佔合同總數的6％，企業因合同欺詐等違法行為的侵害造成上千億元的損失。中國每年簽訂合同超過40億份，而合同履約率僅60％左右。政府部門曾對江蘇省部份企業進行調查，合同履約率只有65％左右。[14]廣州市每年因生意往來而簽訂的合同有上千萬份，但這些合同的履約率只有40％左右。[15]由於合同欺詐事件屢屢發生，一些企業因此陷入停產、半停產困境。為了避免上當，不少企業在經濟交往中放棄現代信用，重新選擇了以貨易貨、現金交易等傳統交易方式。據統計，自九十年代中期以來合同交易只佔整個經濟交易量的30％，合同履約率只有50％左右。中國每年不誠信的代價為5,855億，其中因逃廢債務造成的直接損失約1,800億元，由於合同欺詐造成的直接損失約55億元，產品質量低劣和製假售假造成的各種損失至少有2,000億元，由於三角債和現款交易增加的財務費用約有2,000億元。[16]據有關部門對江蘇省1,500家企業的調查，在簽訂的28萬

份合同中，交易總額的30％是現貨交易，接受調查的國有企業交易總額中35％採用現貨交易，私營企業交易總額中更有69％採用現貨交易。信用的缺失明顯增加了交易成本，甚至造成交易失敗。[17]原因很簡單：沒有遊戲規則的市場無法獲得發展。

信用的缺失明顯增加了交易成本，甚至造成交易失敗。以「三角債」為例，到一九九一年六月一日「三角債」被提到國務院總理辦公會議時，實際上已處於國家不能不管的被動局面。當時全國「三角債」累計達3,000億元，在工商銀行開戶的4萬戶企業，三項資金佔用達3,523億元，其中產成品佔用1,306億元。在將近兩年的時間內，國家共注入清欠資金555億元，清理了拖欠款2,190億元，達到了注入1元清欠4元的效果。雖然經過這幾次大規模的清欠，但前清後欠的問題始終沒有得到解決，形成「三角債」的因素在一九九二年仍在發展。[18]接下來的幾年相互拖欠的「網」越織越密，越拉越緊，陷入了「剪不斷，理還亂」的困難境地。中國國家統計局公佈的一組資料：一九九四年底，中國工業應收而未能收回的賬款淨額為6,314億元，比一九九三年末增長了51％，相當於工業企業全年銷售總收入的15.8％。一九九五年上半年，拖欠的情況仍有增無減，截至五月末，已超過7,000億元。[19]一九九八年約為11,000億元。更為嚴重的是，目前拖欠勢頭正在向拖欠銀行貸款利息、國家稅收方向發展。[20]據一份資料顯示，在發達市場經濟中，企業間的逾期應收賬款約佔貿易總額的0.25％，而中國這一比率高達5％以上。大量追債公司應運而生，以黑社會手法追討債務的事例屢見不鮮。銀行與企業之間的債務鏈條也越來越緊，國有企業欠銀行的錢不還，銀行出現大量爛賬、呆賬，國有商業銀行不良資產持續增加。中國、農業、工商、建設四家國有商業銀行開戶的62,656戶改制企業，涉及貸款本息5,792億元，經過金融債權管理機構認定的逃廢債企業32,140戶，佔改制企業的51.29％。這些企業通過各種手段逃避銀行貸款本息1,851億元，佔改制企業貸款本息的31.96％。[21]一些地方政府出於自身利益或局部利益的考慮，公開或私下干預法院獨立審判，縱容企業逃廢債，甚至有組織地推動企業實施違規違法破產逃廢債。山東省滕州市有137戶改制企業，逃廢債金額近12億元。其中利用連帶組合包裝破產方式逃廢債的有97戶，逃廢債金額為8.5億元。又如北京市平谷縣，把破產作為解決國有企業和集體企業歷史遺留問題和難點問題的一條主要出路。這一個縣在工商銀行、農業銀行、中國銀行、建設銀行縣支行開戶的改制企業148戶，涉及銀行貸款本息3.1億元，其中改制企業有逃廢債行為的131戶，佔改制企業88.51％，逃廢債金額達2.4億元，佔改制企業銀行貸款本息的78.19％。吉林省吉林市管道煤氣總公司也是一個製造銀行呆賬的突出案例，該公司投入1.2億元的資產，與香港捷美公司和中國新興石油公司共同組建新吉美公司，同時，將所屬的安裝公司、設計院、經貿公司等重新註冊登記，帶走有效資產4,098萬元，導致工商銀行的7,099萬元貸款本息被懸空。[22]

2、偽劣商品與各種假貨充斥市場

由於中國市場自我調節功能較弱，市場准入制度很不嚴格，製售假冒偽劣商品的人獲得成功的概率比失敗的概率要大得多，高額利潤使不少人趨之若鶩。統計數據表明，一九九三年初至一九九五年一季度，在全國共查出假冒偽劣商品標值52.4億元；銷毀假冒偽劣商品標值15.8億元；全國共立假冒偽劣案件21萬多起[23]；每年中國都要開展所謂打假專項鬥爭，僅以二○○一年為例，打假立案查處的就高達120多萬起。[24]偽劣商品中，數量最多、對社會公眾危害最大的是充斥全國市場的各種偽劣藥品。山東、遼寧、四川等都是全國假藥的集散地，一九九五年五月衛生部、國家醫藥管理局、國家中醫藥局等幾家聯合宣佈，全國共查處非法醫藥經營戶6,451家，取締藥品集貿市場36個，查處價值2,000多萬元的藥品共11,309批(件)。[25]據路透社二○○二年七月十二日報導，黑龍江省密山市近千名中小學生，接受當地防疫部門提供的腦炎疫苗注射後，出現發燒、嘔吐，嚴重者出現心臟病。這些疫苗就是偽劣產品。

由於分年列舉不太可能，這裏僅以二○○一年中國政府公佈的資料為例。二○○一年，中國政府以食品、藥品、農業生產資料、棉花、拼裝車為重點，開展了「打假專項鬥爭」。據不完全統計，各有關執法部門在這一專項鬥爭中，共吊銷生產經營許可證及營業執照35,600家，取締製假售假窩點32,600萬個[26]，而國家工商總局則公佈，二○○一年上半年工商行政管理系統共查處制售假冒偽劣案件139,572件，受理消費者申訴案件192,423件，造假主要針對化妝品、飲品煙酒、服裝鞋類、音像製品、藥品和農業生產資料。[27]原中國衛生部部長張文康二○○一年的報告就很清楚地揭示出了這種危害，指出近年來中國在有關人體健康方面的打假已經分成幾大類：一是開展食品打假專項鬥爭，共涉及肉類、食鹽、糧油製品、集體供餐和學生飲用牛奶、嬰幼兒食品與兒童食品等。二是開展藥品、醫療器械打假專項鬥爭，其中以一次性輸液(注射)器作為整治重點。三是打擊非法行醫、非法醫療廣告等嚴重擾亂正常醫療秩序的行為。四是打擊非法採集供應血液血漿。最後一項採集血漿已經成為中國近年來愛滋病流行的一大渠道，河南的幾個愛滋病村就是因為農民賣血引起。[28]

與九十年代中期以前不同的是，假冒偽劣商品生產不僅有地方政府或明或暗的鼓勵，還有黑社會勢力的介入[29]，這兩大勢力的介入，使在中國市場上消滅假冒偽劣商品事實上成為不可能。中國的地下經濟門類當然不止上面列舉的幾大門類，在保護知識產權方面，中國堪稱世界之最，各類盜版書籍、盜版光碟盛行。但這些行為往往受到地方政府鼓勵，一些地方政府為了發展地方經濟，增加稅收，公然鼓勵造假製假，並認為只要不生產毒死人的假藥與食品，其餘的一切都可以偽造假冒。在所有製造假冒偽劣的地下經濟活動中，中國政府比較認真對待的是危及國家財政與貨幣金融市場的偽幣製造活動。流風所及，連學歷都成了偽造的物件，二○○二年三月廣東省教育廳公佈，在3,500多份送來鑒定的文憑當中，竟有800多份是假貨，超過送檢量的20％。個別單位送檢的文憑幾乎全是假的。成都市則有7.5%的處級幹部學歷為假造[30]。

3、企業財務報表弄虛作假嚴重，與會計師事務所做假賬互為表裏

二○○○年財政部組織駐各地財政監察專員辦事處對59戶企業一九九九年年度會計信息質量進行了抽查。這次共抽查了外貿(糧油食品進出口、化工進出口)、電訊、汽車、機械等行業的159

戶企業和為這些企業出具審計報告的117家會計師事務所。在被抽查的159戶企業中，資產不實的有147戶，共虛增資產18.48億元，虛減資產24.75億元，資產失真度0.95%；所有者權益不實的有155戶，共虛增所有者權益19.36億元，虛減所有者權益18.17億元，所有者權益失真度1.82％；利潤總額不實的有157戶，共虛增利潤14.72億元，虛減利潤19.43億元，利潤總額失真度33.4％。[31]上海市國有企業會計失真問題相當普遍，財政收支中的弄虛作假行為十分突出，不少企業做假賬、報假賬、算假賬，盈虧嚴重不實。據市審計局一九九八年組織對22家市管企業及202家子公司進行經濟責任審計，查出114家企業虛增利潤22.69億元，65家企業虛減利潤4.93億元，相抵後虛增利潤17.76億元，佔審計前報表利潤總額26.45億元的67.15％。[32]一九九八年，全國各級註冊會計師行業協會對有關事務所和會計師進行了處理。據不完全統計，對478家問題較多的事務所分別給予撤銷、警告、暫停執業和罰款、沒收違法所得等處理，其中撤銷事務所103家，撤銷分支機構近千家，還向一批未達標的事務所發出限期整改通知。[33]中國股市中的違法違規現象之普及，如設局騙錢、虛假包裝上市、欺詐上市，虛假重組、虛增利潤、虛假做賬等等，事後經調查，發現無一不是公司與會計師事務所互相勾結，如中天勤會計師事務所、華倫會計師事務所、立華會計師事務所、華鵬會計師事務所等就是已經曝光的幾家社會仲介機構。一位外國觀察者根據中國近些年來披露的材料，寫出了一篇「騙子共和國」（People's Republic of Cheat）[34]來形容中國目前經濟信用體系崩潰的可怕局面。

上述這些現象都可以稱之為經濟信用失常。

五、經濟信用為何失常

中國近年來之所以出現如此嚴重的經濟信用失常現象，已有許多文章討論並總結了幾條原因，認為某些不適合市場經濟的體制性因素成了經濟信用失常的溫床，如歷史原因造成企業自有資金缺乏，高負債經營從而導致企業硬性違約；宏觀調控波動性與信用約束軟化的矛盾；大量資金體外循環；金融機構的不良信貸；銀行間佔匯壓匯，等等。由於這些行為的目的都是通過佔壓別人的資金解決自己的困難，其結果就導致大家陷入「三角債」漩渦。

上述分析其實都只是一些表面現象，因為如果只是這樣，那麼由國家出面，採用放鬆銀根等方法，這一問題還不是不可解決的。但是中國經濟信用失常的深層次原因並不像上面所說的那樣簡單，它涉及到一個民族的經濟倫理觀念劣變的問題。

大量事實表明，中國目前在經濟交往中發生的硬性違約，並不完全是企業生產經營不景氣或自身資金緊缺而造成的硬性拖欠，從而使經濟合同成為一紙空文。許多經濟主體在成立之日開始，就有意設置陷阱，利用欺詐手段和另一方進行經濟交往，一到騙子面目敗露，這些人就會捲款潛逃，隱匿蹤跡，根本沒有想到日後承擔義務、履行合同的問題。這方面的例子近年來經常見諸報端，如湖南岳陽縣榮家灣一些黨政單位，自一九九二年開始，根本不理會政府有關「黨政單位不許辦公司」的規定，興起一股辦實體「搞創收」的風氣，逼着工商部門發執照，開辦大量皮包公司。由於這些機關工作人員根本不懂如何經營企業，便從社會上聘請了一些無業遊民來搞經營，或是將公司承包給他們，自己坐收漁人之利。這些被聘請者當中，有許多本來就是聲譽不佳的騙子，但卻被這些黨政單位視為「能人」。有了「國營企業」這塊招牌以後，這些騙子則以「國營企業經營者」的面目四處出擊，採用五花八門的騙術，在全國各地騙貨、騙錢。其中一些慣騙經常採取「打一槍換一個地方」的辦法，今天是這個公司的經理，明天可能是另外一個公司的董事長，而且行蹤不定，有的已經把公司開到外地去了。榮家灣亦因此而得到「騙子灣」的「美譽」[35]，全國許多追債者近年來雲集岳陽縣討債。這類以行騙為目標的公司目前在中國絕不是少數，僅是傳媒公開曝光的就不知凡幾。

上述這類商業欺詐行為在中國目前廣泛存在的原因，根源在於當代中國信用觀念缺乏：既缺乏傳統的道德範疇的「信用」，又缺乏現代法律意義上的契約意識。加之眾多社會管理者政治道德不彰，肆意伸張個人利益，從而導致不少人把坑蒙拐騙看作是市場經濟的交易謀略，認為市場經濟就是騙子經濟，可以自由行騙，不講信用。如安徽省阜陽市農副產品經營處負責人王某某多次利用庫存的少量商品作樣品，與外地簽訂標的額較大的合同，一旦合同簽訂，他就千方百計刁難對方，想方設法製造糾紛，然後以對方「違約」為由向阜陽市地方法院起訴。由於他採用賄賂行為買通法院一群法官，所以他每件案子都能勝訴。在這個案件中，涉嫌者18人，被立案查處的14人，其中法官8人，律師2人，其他4人。[36] 據公安部有關部門不完全統計，天津、瀋陽、大連、深圳等一些計劃單列市每年因詐騙造成的經濟損失均在2億元以上，全國每年損失約幾10億元。其中被公安部門追回的僅佔40%，大部份不是被犯罪分子揮霍、侵佔，就是流出國境。更令人深思的是一些地方政府當被騙者上門求告時，對本地的經濟信用失常行為不是進行制裁，而是採取放縱的態度，深層意識裏甚至認為拖欠有理，拖欠有利，拖欠出效益，有的還對失信者採取保護政策。一九九六年十一月北京市工商局在一份情況通報中透露，以簽訂經濟合同作幌子的違法活動非常突出，名目繁多，花樣眾出，主要手法有 18 種之多。大致可分成五大類：一是移花接木，假冒或借用他人名義或貨物，騙取對方信任；二是利用廣告、信函、傳單等媒介，散發虛假訊息；三是虛構貨源，偽造文書，如偽造執照、私刻公章，或者內外勾結，竊取合同文書等；四是利用回收產品、包銷產品、低價銷售，誇大產品真實價值等利誘手段；五是利用對方法律素質低或法律不健全，在合同中設下種種陷阱，或惡意串通，騙取對方財物。[37]

在經濟信用失常和大量經濟行為失範現象的背後，起深層次作用的是所謂「地方保護主義」。這一點，中國政府其實也早已看出。一九九六年一月，國家經貿委主任、全國打假辦主任徐鵬程接受《中國質量報》記者採訪時就談到，地方保護主義成為嚴重影響「打假」的一個深層次問題。有些地方「上動下不動」，對本地發生的銷售假冒偽劣商品違法行為不管不問，甚至縱容包庇；「打假」打外不打內，涉及外地的案件查的多，對本地的案件不查或者敷衍塞責，避重就輕；對外地到當地查辦的案件故意推諉刁難，製造種種障礙。有的地方由於有地方保護主義作後台，製假售假違法者氣焰囂張，暴力抗拒執法。近年來，在廣西、雲南、山東、河北、河南等地都曾發生過暴力抗拒執法的惡性事件。徐鵬程認為，這裏不僅是個認識問題，也有個利益機制問題，還有少數幹部的腐敗問題。少數地方存在「假冒得利」、「假冒出效益」的錯誤認識，把造假售假視為發展經濟的一條出路，把「打假」和搞活經濟對立起來。[38]有些傳媒引經據典地論證，國際上某些地區、某國在經濟起飛時期，是如何依賴大規模製假售假積累了資金，才有了後來的發達興旺。這種思想上的誤導，無異於對經濟信用失常行為加以鼓勵。

可以説，中國信用失常的問題關係到政府、行業協會、信用仲介機構與信用消費者等四個層次。從政府方面來説，這方面起了相當惡劣的示範作用。中國政府本身就是一個虛假信息的製造者與提供者，統計資料造假與「為維護黨與政府形象」而製造假新聞均算得上舉世聞名，不少政府官員更是具有兩面人格的人物，在公開場合説假話已經成為官員人格的一部份。兼具政府機構功能與民間組織代表這二重角色的行業協會本身就需要在不同的場合代表不同的利益主體，必須能夠輕鬆自如地隨時進行角色轉換。在這種情況下誕生的信用仲介機構如會計師事務所等，既缺乏信用觀念，又缺乏外在的信用壓力，違規做假賬已經成為公開的秘密。一些客戶為了達到他們的目的，迫使會計師事務所造假，如果會計師不協助客戶造假，就有可能失去業務。近幾年發生的股市欺詐案中，每一起中都可以看見會計師為虎作倀，協同企業造假。

經濟倫理關係是否失常，實際上關係到一個地方投資軟環境的好壞。改革以來經濟發展日趨落後的湖南省，其省委書記王茂林在一九九六年二月九日的一次會議上就指出，湖南投資環境不被看好，主要不是「軟」「硬」件問題，而是人文因素的缺陷。他指出：「一條107國道本是湖南的經濟動脈，可一些人設關立卡，屢禁不止，名曰查走私，其實是敲詐勒索。車一停，這個上來強賣礦泉水，那個硬行賣雞蛋，弄得過往客人怕在湖南段落腳。廣東某報一個版，登了我省岳陽市榮家灣還有多少騙子的文章，湖南人臉上有光彩嗎？岳陽市人臉上有光彩嗎？如此，湖南對外開放能擴大嗎？」他又說「做生意要講信用，這是自古以來的道理，可早一段，好幾家外省公司寫信給我，說我們省幾個公司收了他們的款不發貨，意思是要我幫助解決。省地市各級法院也受理了不少這樣的案件。」[39]這位省委書記在這裏講的「人文因素」，實際上就是包括經營哲學、企業文化、職業道德、行業規範在內的經濟倫理觀念。

真正的市場經濟是信用經濟，也是法制經濟。一個國家的管理者和其人民如果容忍甚至縱容這種嚴重的經濟信用失常行為，那麼這個國家的經濟，注定要陷入過度投機之中，只能是第二流乃至末流的。在市場經濟發達的西方國家裏，經濟信用從來就被放置在很高的位置，這一點有其深厚的文化根源。如休謨認為，人類社會之所以能生存，就是靠了三條自然律：一是對私人財產佔有的尊重；二是對財產佔有者轉讓財產的社會公認；三是承諾的兑現。第三點講的實際上就是「信用」兩字。如果再詳加分解，「信用」可分為兩個層次：一是為了生存需要，追求利益最大化，如某商品信譽好，購買這一商品的消費者就會增加，有利於生產該商品的廠家發展。但是如果信譽僅僅停留在這一層次上，容易導致人和人之間互相利用的短期化行為，所以信用還必須上升到更高層次，建立超越個人利益、體現信譽、正義的規則，即法治。中國目前的現狀是出於個人利益最大化追求的「信譽」尚有待建立，更不用說所謂行之有效的「法治」(不是法制）。一九九六年以後全國的工商業企業一窩蜂地推出「承諾制」，但觀看那承諾內容，有許多其實只是將外在的強制性內容納入承諾範圍內，如反腐倡廉、正確使用行政權力、不亂收費、不吃卡拿要、不收受禮品等，而這本是由法律約束的內容，有紀委、監察、審計部門主管；如水質與燃氣熱值等指標，本來有國家、行業標準甚至還有國際標準與有關質檢部門管理；如不銷售偽劣商品、不短斤缺兩，保證商品質量不出問題、出了問題派人上門維修，服務態度一定好等等，這些本有行業與部門規章管束。上述這些「承諾」有如母雞下蛋保證雞蛋有殼有皮有蛋黃蛋白之類，本是商業或社會行為應有之義，現在卻要作為「承諾」的內容推出，這一事實正好可以作為中國社會經濟倫理畸變的有力佐證。如果將「信用就是金錢」這些資本主義信條與現在中國信用失常的情況對比，很難相信這種信用失常狀況會使中國經濟進入良性循環，並使中國社會有良好的發展前景。

六、機會不均等導致的分配法則畸變

平等和效率在經濟倫理中屬於貫穿始終的分配法則。在經濟學這個大家族中，以講分配法則為特點的政治經濟學其實處於心臟地帶。但由於以往那種佈道式的單一講授，政治經濟學這些年倍受冷落，轉軌期的政治經濟學問題因之也就一直未被認真研究過。但改革中矛盾的集結點恰好就是權力之手介入資源分配，使中國從結果均等的絕對平均主義分配狀態直接走向由機會不均等導致的嚴重不平等。

一九七八年中國剛開始改革時，面臨的最大問題其實就是發展戰略的選擇。應該說，中國當時（甚至在現時某些決策者的頭腦中）

還錯誤地將經濟上單純的數量增長看作是「發展」。而其實比較一下西方國家的經濟發展戰略理論，就可以看出在發達國家的經濟學理論裏，經濟增長和發展從來就是一個內涵不同的概念：增長是一個經濟單純的數量增長的經濟過程，而發展則是隨着產品的增長，包括收入分配、經濟結構、經濟體制及社會制度變化在內的複合的社會發展過程。

翻一翻中國八十年代的著作，隨手可觸的是這樣一些從先哲著作中引來的警句：

「在一定程度上，文明是由社會不公推進的。」（羅素）

「科學和藝術都是從我們的罪惡中誕生的。」（盧梭）

應該説，這些話還比較含蓄，只是表達了這些學者的對社會發展動力的見解。但一些筆者引用下面這段凱因斯的話，無論怎樣，都有點直接為腐敗辯護的意思了——因為當時大家都以為中國只是像所有的發展中國家一樣，面臨着無可避免的「階段性腐敗」，而這是改革必須要付出的「社會成本」和「代價」，所以當時有人常用這一段先哲名言為這種「階段性腐敗」的不可避免作出如下解釋：

「要注意！……至少在一百內，我們還必須對己對人揚言美就是惡，惡就是美；因為惡適用，美不適用。我們還會有稍長一段時間要把貪婪、高利剝削、防範戒備奉為信條。只有它們才能把我們從經濟必然性的地道裏引領出來見到天日。」

這種對不公的道義張揚實際上反映了中國改革開放初期選擇發展戰略的社會心理基礎：以效率優先為基礎的「先增長，後分配」的經濟增長戰略。這種模式本是西方的傳統戰略，其倫理依據是：

在經濟增長初期，收入分配不公平有利於資本形成和經濟增長，以收入懸殊為激勵機制的利潤最大化是最終目標，為達到這一目標，可以付出社會、政治、文化等方面的巨大代價。至於經濟增長的好處，可以通過「涓滴效應」慢慢流入下層貧苦階層。也就是説，「先增長」，把「蛋糕」做大一點，再來談分配，一些社會問題自會獲得改善。這種戰略理論在西方以羅馬俱樂部的報告問世而告結束，在發展中國家實踐的最壞典型以南美的巴西、墨西哥為代表，引發了一系列災難性的後果，被稱為「沒有發展的增長」，一些國家已進行戰略調整，轉向注重公平優先的發展模式。本來，傳統社會主義模式在全球範圍內的誕生，從經濟尤其是從分配上看，那種「按人頭分饅頭」的模式，在一定程度是對西方國家先增長後分配戰略的否定。但中國還是在改革中選擇了這種先增長、後分配的發展戰略。現在分析起來，也許是因為當時中國在計劃經濟體制下，人們已習慣了那種「普魯特克斯」之床造成的結果均等。為了喚起社會的活力，人們求助於利益機制，認為只有這樣才能打破那種一潭死水般的局面。理論家們沒有想到的是：他們呼喚的「機會均等」沒有到來，而由於機會不平等造成的經濟不平等卻以快得驚人的速度出現了。統計資料表明，一九九四年中國城鄉按家庭戶收入分組計算的基尼係數為0.445，已經超過了國際上通常認為的基尼係數在0.3～0.4之間的中等貧富差距程度，但這一趨勢並未得到控制，二○○○年公佈的基尼係數則達到0.458。[40] 比較一九七八年中國的基尼係數（0.16），就算以保守著稱的官方資料遠未反映出真實情況，但從中也可以看出在短短20多年間，中國已由一個平均主義盛行的國家，變成一個貧富差距過大的國家。

而不能忽視的事實是，在中國20多年經濟改革的關鍵環節，即資源配置過程中起作用的，恰好不是市場這隻「看不見的手」，而是非經濟法則，即在轉型期嚴重變質的權力這隻「看得見的手」。在權力作用下，社會成員依據其在政府和企業這兩大社會科層組織中所佔據的地位，來了一場起點極不平等的積累財富大競賽，其結果就是出現了目前這種貧富差距過大的局面。

耐人尋味的是，面對這樣不平等的社會現實，還有人強調目前中國的貧富差距並不大，認為分配不公的說法只是「根深蒂固的平均主義分配觀至今仍然影響我們對新時期收入差距的看法」，「在很大的程度上是用平均主義眼光看問題」，對「把中國貧富差距過大，解決這一問題當成當務之急」，「當作主要矛盾對待」的看法「不敢苟同」。[41] 近兩年，一位自己家資豪富的「著名經濟學家」也公開在北大發表這種觀點。且不說在中國社會發生急劇變化的年代，持上述觀點者犯了兩個不應有的常識錯誤：一是對中國經濟轉軌時期的財富流向缺乏瞭解，忽視了公眾對現實生活的實際感受；二是在談論「公平」問題時卻忽視了「公平原理」中最基本的要素：人們不是根據現在生活是否比以前好一點來衡量自己得利與否，而是根據一個人得到的利益與這個人對社會的貢獻是否成正比，即所謂「既講奉獻也求收穫」的原則。

也正由於中國近年來一直強調「生產先於分配」，認為只要把「蛋糕」做大了，許多問題就會迎刃而解，而對如何形成一種合理的分配機制，一直缺乏有效的努力。在面對社會成員的功利追求這一問題上，政府不但沒有限制權力進入市場，政府高層還縱容親屬子女利用特權經商，起了非常惡劣的示範作用，從而導致腐敗行為高度泛濫。在實際生活中，存在許多利用權力和職務便利而不正當致富的的現象。在中國實施這種忽視了公平分配法則的發展戰略，事實上已造成了災難性的後果，它引起的財富流向不是往下流入普通人民的口袋，而是往上流入權勢者的私囊，人民沒有享受到經濟增長應有的好處，而是被排斥在這一過程之外，由此引起了一系列的社會政治矛盾。毫無疑問，這一忽視了公平的「先增長後分配」的戰略現在在中國正受到嚴重挑戰，因為在中國打破小農社會平均主義分配格局的不是機會均等，而恰好就是機會不均等！

同樣令人不能忽視的是一部份人對目前這種不平等的反映，一方面是決策者們並沒有試圖通過立法來矯正這種不平等，理論界對這種不平等也甚少進行倫理追問；另一方面則是有人提倡通過「紅衛兵運動」來「均貧富」。尤其是從九十年代末起，中國公眾對毛澤東與毛時代的懷念隨着社會不平等的增長而與日俱增，不死的毛澤東成了中國底層社會要求「平等」的一面旗幟。這對於研究中國的學者來說，無論如何都是一個不應被忽視的訊號。上述兩點昭示了這樣一個事實：中國人理解所謂「平等」和「市場經濟法則」，決不會按照西方觀念去理解。因為在「平等」和「市場經濟法則」這類倫理概念中，蘊含了一個社會全部的政治、經濟、道德等社會因素在內。

中國在犧牲了「平等」以後，究竟得到了多少「效率」？所謂「效率」，從經濟學意義上理解，就是用盡可能少的投入，爭取盡可能多的產出。八十年代改革之初，時論認為效率低下、資源浪費的主要癥結在於平均主義分配方式，只要打破平均主義，拉開收入差距，效率就會提高，資源就會得到合理使用。「公平和社會發展不相容」這類誤導社會輿論的理論也就是在那種背景中形成的。

那麼，在「時間就是金錢，效率就是生命」的口號聲中度過了 20 多年，中國到底有沒有形成大家期盼的「效率機制」呢？

國有企業效率低下的局面一仍其舊，而國有資產的流失卻與日俱增，在企業領導層和一般員工的分配問題上，「平均主義」分配原則早已打破，「效率」卻並沒有提高。在不少國有企業負責人通過掠奪國有資產而增大私產的同時，是為數不少的國有企業職工失業。企業虧損，經理個人發財的事例在中國到處可見。在中國有關部門查辦的經濟犯罪案件中，以企業「一把手」犯罪問題為突出現象——這是國有企業的經濟「效率」。

整個社會的辦事「效率」也沒有提高多少。在這裏，無須去列舉那一份公文需蓋幾十個章這樣的例子，也無須列舉辦一件事要經過多少環節這樣隨處可見的事實。只要列舉一件事：每年在辦事必不可少的吃喝招待上，中國浪費了多少人民幣，便知道犧牲了「公正」，其實也沒有換得多少「效率」——不過這裏指的是整個社會的「效率」，而不是指某個單位或某個人的「效率」，因為在「吃喝玩樂一條龍服務」之後，肯定辦事要容易得多。這倒不是企業或那些私營業主喜歡去花這樣的冤枉錢，而是因為不少地方的政府部門「門難進，臉難看，事難辦」，必須要進行這類「服務」，才能求得個別單位的「效率」，把事辦成。所謂「腐敗是消解舊體制力量的最佳方式，成本最小，效益最大」，也就是根據這種情況得出的結論。但實際上，這種尋租活動從總量來說，並不增加社會財富，而只改變財富流向，也就是說，從總體上來說，它並沒有為社會提高效率。

國家統計局的數據顯示，全國公款消費一九八〇年為186億元，一九九〇年為741.2億元，一九九三年則猛升至1283.5億元——這筆錢相當於1億多農民一年的生活費；到一九九九年公款消費高達2,000多億，而當年的國家財政收入為10,000億元，其中通過各種途徑從農村搜刮上來的是1,000億[42]，公款吃喝竟佔全國財政收入的1/5！而與此同時，中國有關方面為貧困山區兒童的失學問題在向整個社會呼籲，籌建「希望小學」。不少人在捐了錢以後憤憤地說：「何不教那些當官的少吃點！少貪污一點！」而令人對中國當前道德狀態真正感到寒心的，是還有良心泯滅的地方官貪污挪用人們節衣縮食捐出來的扶貧款。 如果說在九十年代中期以前，社會還對公款吃喝表示憤怒，那麼到了九十年代後期，無論是甚麼人，都已經不認為吃喝玩樂算腐敗行為。一些紀檢幹部認為用公款吃喝以及接受他人請吃請喝並不是貪污腐敗行為，並以此作為界定自己行為的分界線。二〇〇二年三月份揭露旨在救助貧苦失學兒童的「希望工程」發生貪污巨案，中國人絕望地看到：在當今中國，已經沒有貪官污吏們不敢伸手拿的錢！[43]

社會資源如此浪費，又豈能談得上「效率」？更何況，犧牲「平等」，除了沒有換來「效率」之外，還產生了許多嚴重的社會矛盾，其中對社會發展影響最大的就是公眾對「平等－公平」期望的喪失，而和「平等－公平」期望一同喪失的，是對社會的信任感和責任感。由於沒有責任感，也就沒有甚麼是非感。道德信念的全面喪失，對當代中國人的行為準則產生了極大的影響，導致經濟倫理惡性畸變。

面對這種現實，有識之士應認識到：要想重新塑造社會的平等觀念，僅僅通過經濟增長並不可能做到。現在經常用的「社會轉型期」這一概念究竟應包含甚麼，恐怕需要認真界定一下其內涵和外延。缺乏公平的社會轉型，其惡劣後果已有印度尼西亞、菲律賓等國為證。尤其是經濟學家們，更應該考慮公平與效率兩者之間何者為先。因為從動態操作上來說，公平與效率理論雖然具體表現為時序問題，但哪個目標作為經濟發展起始階段上的優先考慮，哪個原則是解決另一原則的前提和基礎，其實是經濟發展中的主要價值判斷之一。

七、財富的追求——經濟倫理失範的歷史考察

與平等和效率共同構成經濟倫理體系的還有人們對待財富的態度。人們對待財富的態度通常可以從財富的獲取（即追求財富的手段）、財富的使用以及國家對財富的管理這三個主要方面來加以測度。從這三方面考察，就可以發現，從一九七八年以來，一些有終極意義的社會價值目標在中國已發生了本質性的變化。

1、「公」「私」觀念的畸變

改革以來，中國人原來提倡的「集體主義精神」土崩瓦解，所謂「大公無私」、「先公後私」這一類道德要求原本就沒有真正進入人的思想意識，被從形式上驅逐出去的「私慾」卻以一種極端的形式外化成人們的行動。這一點尤其在政府和企業官員的行為上充分表現出來。

筆者在《中國當代的資本原始積累》一章中談到，在這20多年中國積累財富的競賽中，得利的主要是在政府部門中掌握資源分

配大權者、國有企業的管理者和那些攀附他們的形形色色的「仲介人」。這些人早就沒有所謂「公」、「私」之分，如果說這些年來他們在「市場經濟」中操練了一些「本事」的話，那這些「本事」就是如何將手伸進「公有財產」這個口袋裏，用種種手段將「公有財產」化為己有。

目前中國人在公有財產私有化上所持的是這樣一種態度：拿的人認為，拿「公家」的，不拿白不拿；我拿公家的，管你甚麼事，有本事你也拿，沒本事站開點！老百姓雖然知道自己所在單位的權勢者在做甚麼事，但大多數人都抱着一種「這是國家的，又不是我個人的」這種「明哲保身」的態度，鮮有檢舉者。即便有些檢舉者，其中一些人也是因為自己利益受損，而不是因為正義感的驅使。至於有些人因為檢舉了單位領導人的貪污腐化而受到打擊，還會有人這樣認為：這人真傻，領導拿的是「公家」的，關你甚麼事，反正他不拿，那些東西也沒有歸你。當然這種現象的產生，與中國缺乏保護檢舉者的機制有關，因檢舉而被「炒鱿魚」並受到各種打擊迫害的事例比比皆是。

這一世態的變化和思想界提倡「個人主義」根本無關。因為思想界充其量只是對從五十年代延續下來的一些藐視人性的政治化倫理要求，如「個人的事再大也是小事，國家的事再小也是大事」，人民群眾應該無條件地犧牲個人利益，服從「社會利益」等思想進行了淺層次的清理，一是將個人（本位）主義和自私自利、損人利己區分開來，認為個人利益的存在和國家利益、集體利益的存在有着同樣的合理性；二是將個人主義和市場經濟秩序聯繫起來，認為良好的社會制度，應該是個人利益和社會利益的統一，在這種制度下，社會的發展將會更好地保證個人的自由發展，而不是以犧牲個人的發展作為代價。所有這些理論，都是要求尊重自己，尊重他人，尊重社會規則。

那麼在中國當代，目前這種私慾極度膨脹，對社會正常秩序造成嚴重威脅的局面又是如何造成的呢？這和中國近半個世紀以來經濟倫理的變化有直接關係。

二十世紀五十年代初，中共建國以後，對中國傳統經濟倫理徹底揚棄。在新建立起來的經濟倫理中，除了「按人口分饅頭」這一思想確實深入人心之外——這一分配法則忽視人的能力差異，大大迎合了素質低下人群的弱者心理——所謂大公無私、公而忘私、先公後私這一類社會主義理想經濟倫理，雖然一直見諸於報刊等宣傳材料上，但其實並沒有多少真正深入人心。不過當時中共意識形態對人們道德行為的約束作用相當強大，人們只能將私慾抑制在社會允許的範圍內。迫使社會成員壓抑私慾還有一個不可忽視的原因：當時中國民眾除了少部份生活資料之外，沒有私有財產的存在，政府亦對這種普遍貧窮狀態從道德層面加以肯定，在理論上對「私有財產神聖不可侵犯」持大力批判之態度。但事實上，中共在進行這種說教的同時，各級政府企事業單位領導人以及公有財物的具體保管者在支配單位公有財物時，有等同於支配私人財物的權力。故此所謂「公」和「私」，在中國人的心裏，實際上一直沒有明確的界限，所謂「人民」財產人人有份，而「人民」這個集體名詞在中國，恰好是被引用得最多、又最容易被人將其涵義個人化的一個名詞——「我是人民中的一員，所以我代表人民」這說法，充分說明了中國人在使用這個名詞時思維的混亂。

筆者必須着重加以指出的是，在分析這一問題的時候，不能忽視中國在上一世紀五十年代通過政治暴力強制性地實行財產轉移（農村裏打土豪分田地，城市裏進行社會主義改造，將私人企業收歸國有），以及為了論證「私有制是萬惡之源」而批判「私有財產神聖不可侵犯」這一觀念時，實際上已將「把手伸進別人口袋裏」這種隱性經濟倫理合理化。這種隱性經濟倫理觀念在中國一直存在，水滸英雄名之為「替天行道」的「劫富濟貧」，就是這種隱性經濟倫理的具體表現和闡釋。這種從現代觀念看來，無論如何都是任意侵犯他人財產生命的行為，一直被中國民間視為英雄美德，並通過清代獲得空前發展的流氓組織——江湖會社廣泛傳播，沉澱在民眾心靈深處。魯迅在《阿Q正傳》裏描寫的阿Q對「革命」的理解，以及大躍進時代一些鄉幹部對共產主義的荒謬解釋，就是流氓無產者意識對這種隱性經濟倫理觀念的一種粗鄙的直白式發揮。中共領導人薄一波曾講到這樣一件事：「一九五八年十月中旬的一天，跑馬鄉黨委書記在大會上宣佈，十一月七日是社會主義結束之日，十一月八日是共產主義開始之日。會一開完大家就上街去拿商店的東西，商店的東西拿完後，就去拿別人家的；你的雞，我可以抓來吃；這個隊種的菜，別個隊可以隨便來挖。小孩子也不分你的我的了。只保留一條，老婆還是自己的……不過這一條，還得請示上級。」[44] 可以想像，這種對不屬於自己的財產的覬覦心理，一旦失去了外在的強力約束，就會生發出強烈的佔有衝動。

同樣必須加以注意的問題是：奉獻型經濟倫理的另一個矛盾之處，就在於提倡「勞動光榮」「多勞多得」的同時，又用「我們的一切都是黨給的」這一提法，在理論上否定了勞動應該獲得財富的可能性；「按人頭分饅頭」的分配方式，又在實踐中切斷了勞動和財富分配之間的因果鏈。這一切都在某種程度上模糊了人們在如何獲得財富這一問題上的認識。可以說，這種片面強調奉獻義務而藐視個人經濟權利的經濟倫理，使幾代深受這種思想濡染教育的中國人，在履行職業責任和獲得財富這二者的關係上，缺乏一種道德認識。

分析上述情況，或者有助於瞭解目前中國人在公有財產私有化這一問題上的態度之所由來。也只有充分瞭解在這種隱性經濟倫理狀態下的民眾心理基礎，才可能較好地理解這一事實：中國改革開放以來，所有權主體缺位的國有資產成為權力階層大肆掠奪的對象，這一過程在中國基本上沒有遇到文化上的反抗。不少人在自己沒有能力加入瓜分國有資產行列的時候，可以痛罵腐敗現象和腐敗者，但一旦自己具有了參加瓜分的「資格」和能力，便也毫不猶豫地把手伸進「國有資產」這一個口袋裏。國民自律精神如此之差，其原因就在於整個社會缺乏一種健全的公私觀念。一種文化如果缺乏對個人及個人生命的延伸物——私有財產的尊重，自然也難以真正樹立健全的「公有」觀念。對比之下，倒是可以發現一點，在視「私有財產神聖不可侵犯」為鐵律的西方國家，對人的這種對財富的非理性渴望倒是抑制得更為成功得多，在「公」和「私」之間所制定的遊戲規則也健全得多。

2、金錢至上和商品拜物觀念的形成

這裏有必要簡單回溯中國歷史。儒家「重義輕利」的思想其實只是一種人格理想，在此姑且名之為「理論理性」，事實上也只有少部份具有人格魅力的大儒與士大夫奉行而已。在日常生活中起作用的主要是「常識理性」。這種「常識理性」承認人們追逐利益的合理性，始終在中國人經濟生活中起着規範人們行為的作用，只是得不到道德上的張揚而已。所以中國儒家學説和老百姓在對待金錢的道德感情方面，亦即「利」的態度上始終有很大的區別。對於「財富」，直到洋務運動以前，中國歷代思想家幾乎都懷着一種深深的恐懼，《管子》一書的筆者、商鞅、韓非等對後世有很大影響的思想家，都在追求財富的終點提出了「富國不求足民」的思想，認為老百姓富足不僅不足以言治，反而對國家有害。於是中國在鼓勵老百姓「安貧樂道」方面形成了一整套道德信條，這種對財富的鄙視到了毛澤東時代被發揮到了極致，外化到政治上就是極端輕視經濟活動，過分強調政治教化。這種思想發展到毛澤東的晚年，形成了他的兩個重要觀點：「窮則革命富則修」和「越窮越革命」，承認人們有追逐利益合理性的「常識理性」在道義上被徹底否定，應對「貧窮」而形成的一整套安貧樂道的哲學，這時被發揮到以窮為榮的荒謬程度。但儘管政治戲劇上演得轟轟烈烈，「以食為天」的中國老百姓對財富則一直持很實際的態度，為了改善生活而種自留地的所謂「資本主義尾巴」之類的行為就是明顯例證。

物質貧乏的民族對財富的夢想都是貧乏的。在改革開放以前，中國人無論是對富裕本身的理解，還是對富裕的嚮往，其實都很原始。那時候的理想境界，在農村來説，無非就是一首風靡一時的歌曲中所唱的那樣：「床上蓋着花被窩，屯裏糧滿倉」。就在「允許一部份人先富起來」的口號提出來以後的２、３年中，大多數中國人都還不知道百年難得一見的致富機遇已經悄悄來到面前。在農村中有一些頭腦比較靈活的人主動抓住了這一機會。而在城市中，則只有一些被當時的就業體制排斥在外的人，在萬般無奈，亦即連街道工廠都進不了的情況下，被迫接受了這一機遇的「垂青」。這些人或多或少都發了財，成了當時傳媒熱衷宣傳的「萬元戶」。

「萬元戶」們的存在，對中國社會產生了強烈的衝擊，喚醒了人們被壓抑已久的物質慾望，由政治意識形態設定的「奉獻型倫理」規範日漸處於一種弱勢狀態。在充滿體制漏洞，且沒有設定任何追逐財富的遊戲規則的國度，十幾億處於長期貧窮狀態中的人，其物質慾望一旦釋放出來，就形成了一種前所未有的金錢饑渴感，那種在政治壓力下被迫退縮回意識深處的「常識理性」，一旦沒有了外在約束，就以極快的速度膨脹起來，最終導致了當前這種道德嚴重失範狀態。追逐金錢的活動，在中國從未形成這樣一種全民參與、鋪天蓋地、勢頭洶洶的金錢潮；對金錢意義的張揚，也從來沒有達到這樣一種藐視任何道德法則的地步。諸如交通警察賣假牌照賺錢[45]，自來水公司為增加收費，竟然經常派遣專人於深更半夜偷撥用戶水錶[46]，姐姐將親生妹妹賣給人販子牟利[47]等類完全違背倫理的事情在當今中國時有發生。正在開展「十星級文明戶」評比活動的村莊遺棄年老無助父母蔚然成風。[48]在這20多年商品大潮的強力衝擊下，商品拜物觀念已滲透中國社會各階層的意識深處，以至教養、文化水準很不相同的社會各階層，在追求金錢的過程中，其行為方式之缺乏道德在本質上竟沒有多大的差別。

這種狀態用民諺來表示，比任何學術語言都來得直觀和生動：

八十年代初：「金錢不是萬能的，但沒有錢是萬萬不能的。」

八十年代中：「抬頭向錢看，低頭向錢看，一切向錢看。」

八十年代末及九十年代初：「犯大法掙大錢，犯小法掙小錢，不犯法不掙錢」，「撈它幾十萬，最多判它十幾年。」

前者是對社會現實的概括，後者是對鋌而走險賺錢者心態的概括。「兔子不吃窩邊草」這種以前的強盜都要奉行的準則，竟為「殺熟」（即專門以親朋好友為行騙對象）所代替，不少殺人搶劫、拐賣人口、綁票這類刑事犯罪案件發生在熟人、朋友、老鄉之間，人和人之間產生了前所未有的信任危機。

中國歷朝歷代都流傳了許多意味雋永的民間諺語，許多民諺口口相傳，頗能反映一個時代不見於「正史」記載的風貌。特別是那些針砭時弊、嘲諷世態風情的民諺，因為表現了人民群眾對某種不良現象的不滿，常常無需通過傳媒不脛而走。近年來這方面的民諺很多，有一些頗能反映經濟倫理觀念的變化，如：講人際關係變化的有「五十年代人幫人，六十年代人整人，七十年代人哄人，八十年代各人顧各人，九十年代見人就宰人。」講致富不擇手段的有「要想富，請上路，搶劫也有專業户；復員哥哥（指復員軍人）組隊伍，搶了旱路搶水路，搶了公路搶鐵路，一路搶進城裏去，刀子下面出金庫。」對近年接二連三出現的經濟犯罪大案，亦有諺語譏刺：「砍頭不要緊，只要金錢真，殺了我一個，富了家中幾代人」。諷刺官商結合的有「無錢有權，以權換錢；有錢無權，以錢換權；用我手中錢，買你手中權，靠權行方便，合夥賺大錢！」

這些諺語雖只寥寥數語，卻比許多長篇大論更能刻劃當前的許多不良現象，其中蘊含的警世意味不言自明。中國從上古時代開始，就特別注意「采風」，周代還特設采詩官每年春天到民間搜集民諺，目的就是通過民諺瞭解民情，「以觀風俗知得失」。由此可見民諺實是對世風人情的一種反映。中國最高人民檢察院反貪污賄賂總局局長羅輯在一九九五年十一月曾對傳媒談到，中國新聞機構考慮到宣傳的負面效應，很少利用新聞的特點直接去調查、揭露領導幹部中的貪污受賄問題，見諸報端的總是已成定局的案例。[49]這等於承認了中國的新聞傳媒在反映民眾意見方面有相當局限。只是羅輯並未說明一個全體中國人都知道的事實：中國的報紙傳媒被置於中共宣傳部門的嚴格管制下，說甚麼，不說甚麼，在甚麼時候說甚麼話，全都由黨說了算。在這種情況下，用民諺這種非正式的資料陳述世態的變化，多少可以彌補文字資料之不足。

八、財富的困惑

1、困惑之一：素質低下的富人如何使用財富

在人類世界，所有財富最後都要陷入思想與物質之間的空隙中，財富凝聚成物質形態，但最終卻受思想支配。像許多看起來簡單的經濟概念一樣，財富在它那金光閃閃的華麗外表下面，隱藏着一堆令人頗感困擾的問題。前面談的只是人們對財富的追求，現在還有兩個問題：富人對財富的使用與國家對財富的管理。眼光短淺、素質低下是現階段中國富人一個根深蒂固的缺陷，這些人對財富的使用方式常使人考慮一個問題：財富集中在素質低下者手中到底對社會有甚麼意義？

中國的西部和中部少數地區在受貧困困擾的同時，東部沿海發達地區不少地方卻在受「富裕」的困擾。在富裕的珠江三角洲和深圳特區原農村，不時可以看到一些富裕卻無所事事的農民在遊蕩。

用當地人自己的話來形容，這些人是「三不像」：沒種田，不像農民；沒有生活技能，也不用從事某一職業謀生，不像工人；生活上保持濃厚的農村生活色彩，也不像城市居民。以深圳市羅湖區的農民為例，該區16至40歲的原村民（在農村城市化以後成為農村集體股份公司的股民）的失業率高達42.6％，政府雖多方勸導他們工作，但他們根本就沒有工作慾望，因為對他們來說，每月1,000來元工資只好當作「茶錢」。於是他們的生存方式構成了這些富裕地區的一大「景觀」：富有而無所事事，過剩的精力無處發泄，便尋釁鬧事、打架鬥毆、吸毒、嫖娼、養小老婆等等，引發了不少社會問題，造成家庭不穩定。不少女村民也依靠打麻將、賭博等打發漫漫時光。這種情況不獨只在廣東出現，一份對浙江義烏10個超億元村的調查報告，也談到當地農民雖然富裕，但「精神文明建設」（官方用語，指文化素質與道德水準）卻相當落後的事實。該報告說，當地青年農民和中小學生成天就泡在集鎮的各種娛樂廳裏，觀看各種黃色錄像和書刊，打架鬥毆等刑事犯罪案件不斷，建造墳墓圈地越來越多，陰宅越來越大——僅在一九九六年的一次清理「青山白化」的政府行動中，浙江就拆除了25萬座豪華墳墓。更還有人不惜斥資數百萬元，購置鍍金家私，一圓其「富貴之夢」——這哪裏像一個剛從貧困中解脫出來的國度裏公民所應有的消費行為？

現實中的種種事實都說明財富集中在素質低下者手中對社會沒有甚麼促進意義。就以最簡單的事實來說，就在報紙等傳媒宣傳貧困山區的孩子因沒有錢唸書而絕望痛苦之時，這些地區富裕農民的孩子都不願意唸書。筆者曾到幾個修有豪華祠堂的村莊裏去調查過，這些以血緣為紐帶聚族而居的村落裏，祠堂裏為族人設有數額可觀的獎學金，如考上大學獎勵5萬元整，考上中專獎勵2萬元。但這些獎學金雖已設立多年，卻從未有人拿到過，因為從恢復高考以來，這些村莊就沒有人上過中專或者大學。筆者曾問過一位農村集體股份公司董事長的孩子，為甚麼不唸書？他回答得乾脆利落：「唸書有甚麼好？在我老竇(爸爸)公司裏有三、四個大學生和研究生，辛辛苦苦工作一年，掙的錢還不如我拿的紅利一半多。我老竇說，我這一輩子就算甚麼都不幹，錢還可以養兩代人。再說我有錢，可以僱研究生、大學生幫我打工。」

天道循環，以前「富不過三代」的周期對於中國現在這批暴富者來說是太長了。由於對這些人來說，他們致富或是機緣——因為坐在某個位置上，有權勢可以撈錢；或是地理位置——就像深圳的農民們在睡夢裏發了財。正由於財富來得就像「阿拉丁神燈」這個故事一樣太容易了，他們還來不及從財富帶來的狂喜和驕矜裏清醒過來，更沒有來得及訓練子孫守財的本事，有一部份人的財富就又隨風飄逝而去。於是我們就看到這樣的事實：一個個富裕的農民村莊裏重復演繹着今天的敗家子故事，數百萬家財和房產，最後都化作海洛因等毒品，以及一個一個形同廢物的「白粉仔」、「白粉妹」。這是歷史對暴富者的懲罰。

2、困惑之二：國家如何管理財富

對一個國家來說，創造財富和管理財富一樣重要，這是同一過程的兩個方面。如同前幾章所述，中國的資本原始積累已經完成，從財富總量和資本積聚的程度來說，中國經濟起飛的條件已經具備。據一九九六年上半年央行公佈的材料，一九九六年第一季度，中國城鄉居民儲蓄已超過35,000億，以後這一數額逐年上升，到二○○一年高達72,000億，這說明中國國民十分善於儲蓄。但是千萬不要忽視一點，即儲蓄是否能兑現完全取決於這個國家能不能將儲蓄轉化為投資，取決於到未來消費時，這個國家所具有的生產消費品的能力。也就是說，儲蓄能否兑現，取決於在提取存款的那個日子裏，這個社會有無足夠的生產能力和供給能力。

那麼中國人是如何管理這個國家的財富呢？且看下列幾類事實：

首先是要看這些存款中有多少會轉化為投資。那些零星散戶的存款，都是存戶們根據自己的生命周期，為子女讀書，自己養老及各種不時之需而存款備用，這些錢只可能由國家「借」去給企業用；而大額存戶的錢，有一部份的最終流向不會是生產領域。嚴重的資本外逃現象表明，不少來源不透明的儲蓄不可能投向生產領域或流通領域，成為社會再生產資本。這些陸續外逃的資本只是當代中國原始積累時期的財富幻影。中國沒有辦法管理和運用這部份財富，只有眼睜睜地看着這部份財富化為國外的購買力。

可以斷言的還有一點，對於暴富者們來說，還有一個如何善用財富生財的問題，因為財富是由那些可以保證將來有源源不斷收入的資產構成的。上述那位農民董事長「教子經」的錯誤，就在於他將財富看作靜止的金錢，而不是以財生財的資本。他的更大錯誤在於，他沒有將孩子的素質看作財富。

而對於一個國家來說，僅有儲蓄還不能形成資本，因為資本還包括人的工作積極性與國民受教育程度，只有這三者的有機結合，才能形成源源不斷的商品生產。否則，以金錢為主要形態的財富最終只是虛幻的光環。

即便是對國有資產，中國政府也缺乏管理能力。沒有比現在這種情況更讓人困惑：一方面是大量國有企業的工人發不出工資，新生城市貧困人口不斷增加，另一方面在酒樓歌廳裏，每天都有大批紅男綠女們享盡人間豔福。而這日擲萬金的「豪氣」，基本上是靠揮霍公款來支撐的。據遼寧省錦州市一九九四年對該市15家夜總會和歌舞廳的調查，發現公款消費在夜總會收入中佔80％以上，每天消耗公款達22萬元，相當於該市困難企業3,500名待業職工每月從該市基本生活保障周轉基金借取的基本生活費。一名夜總會的老闆毫不隱諱地說：「我們掙的就是公家錢，個人掏腰包來玩的有幾個？」

於是中國就出現了這樣一種經濟奇觀：一方面是貧富差距日大，畸形消費能力超前發展；另一方面生產能力卻沒有相應擴展，第一產業——農業處於萎縮狀態，已經成了一個沒有剩餘的產業；第二產業也極不景氣，只有第三產業，尤其是某一類為少數人服務的第三產業畸形發展。許多本應在本國市場有巨大需求的產品在舶來品的攻擊下節節敗退，工業生產尤其是國有企業的生產處於一種令人很不樂觀的狀態。對於這個善於儲蓄的民族來說，創造財富竟成了一件相當艱苦的工作，許多市場竟拱手讓給了外國人：外商不但搶佔了中國的微電子、通訊器材等市場，即便在服裝、食品等傳統長項產業也大舉進攻，不但迅速擠佔了原有國產名牌的市場佔有率，還形成強大的進入壁壘。而對於一個國家來說，沒有自身生產的商品支撐的儲蓄，最終只是一堆紙幣而已。

一個每年在公款吃喝上要揮霍2,000億元，在洗桑拿浴上要花掉100億元，因假冒偽劣商品造成的損失至少達2,000億元，因三角債和現款交易增加的財務費用超過2,000億元[50]，在吸毒上要消耗上百億的國家，絕對不是一個善用財富的國家。有資料為證：中國各政府機構或公共機構任意濫用本系統的公共權力，為本系統人群謀取私利，形成鉅額經濟損失，僅一九九九至二〇〇一年期間這一損失平均每年竟佔GDP比重的14.5％～14.9％。[51]面對這樣一組資料，任何有良知的人都無法不想到一點：形成這樣一個巨大財富漏斗的國家，其社會制度無疑有巨大弊端。觀諸世界歷史，那些發達國家沒有一個在資本原始積累時期如此大肆揮霍財富。

3、困惑之三：在財富面前的道德困窘

經濟的發展必須要有一種人文精神作支柱和動力，這種人文精神對經濟的發展具有規範和推動的作用。如果喪失了人文精神的支撐，財富的追求慾望就必定會淪喪為純利慾的衝動，就會導致人們動物性的膨脹、人性的泯滅、社會秩序的混亂和財富的浪費。

將中國人思想觀念的變化做一歷史的縱觀，就會發現，自鴉片戰爭後至一九四九年這一段時期內，政治及社會制度的變化相比，中國人的經濟倫理變化得最為緩慢。在長達一個世紀的動亂中，傳統道德的基本價值觀始終沒有陷入崩潰狀態。而自一九七八年以來所發生的變化，比過去一百多年來所發生的變化還要深刻，還要大。這就不能不令人想到，在這兩個時期之間的毛澤東時代之經濟倫理劇變究竟給中國帶來了甚麼？本章前面所提到的原因對此曾作了分析。這裏不再重復。

追根溯源，經濟倫理的劇變雖發生於現在，但促其變化的原因

卻絕不是這些年才種下的。以藐視人性為特點的奉獻型經濟倫理，必定給在這種教義下成長的一代人的生活帶來一個這樣的後果：信仰破滅以後，每個人都感到空前的虛無和幻滅。正因為這種幻滅感，才使得現在的中國人不再相信任何道德。這裏還得要看到自五十年代以來歷次政治運動中，毛澤東及其領導下的政府用政治說教動員人們告密，這種鼓勵虛偽與無恥的制度對中國傳統道德產生了巨大破壞——在人類所有的惡行中，再沒有甚麼比告密更能破壞一個民族的道德積累。可以說，這種破壞人性尊嚴並使人喪失道德羞恥感的告密，早就在中國公眾意識深處種下了道德畸變的因素，否則不會有今天這種道德大滑坡的局面出現。

在一種文化的經濟倫理中，人們對待財富的態度，是具有根本意義的價值觀，它在某種意義上決定了這個民族的經濟行為模式。在追求財富的過程中，中國近年來道德失範現象是非常驚人的。如前所述，中國長期以來一直生活在物質匱乏的貧困狀態中，在教導人們「安貧樂道」、「知足常樂」這方面有一整套道德信條。八十年代對安於貧窮的思想進行批判時，大多數人也沒有想到那時的中國公眾心裏，沉澱的已不再只是儒家的傳統經濟倫理觀念。更沒有人會想到，經歷過「文化大革命」等政治運動的中國公眾，事實上已經發生了道德劣變，一旦沒有了外在約束，就會在追求財富的過程中走到另一個極端。

剩下的一個問題是，富裕者和貧困者相比，誰在道德上更有優勢？自八十年代初以來，富裕階層在絕跡了幾十年以後，又重新出現在中國的社會生活中。由於大多數富裕階層中人素質低下，其行為方式，生活態度以及心態對中國社會產生的影響大都是消極的。

如追求財富過程中種種寡廉鮮恥、不擇手段的行徑以及由此引發的各種犯罪行為；「富易妻」、嫖娼養「小蜜」的婚姻家庭模式；奢侈性的消費方式；以及富裕家庭中第二代的不健康成長，等等。這些問題都可以稱之為中國現代富裕階層的特殊「社會病」。這些「社會病」有充足的理由使人發問：財富集中在素質低下的人手中，對社會到底有甚麼好處？不少人看到這些富裕階層的道德缺陷後，驚呼「富人除了錢之外甚麼也沒有」，「救救富人」！

但是問題在於，這種困窘並不是哪一個特定階層的。上述現象並非只存在於富人中，這些富人和大多數窮人在道德操守上並無本質的不同，只不過大多數沒有富起來的人，還沒有辦法像富人那樣表現而已。他們的不道德，多是以另外一些更壞的形式表現出來。這些年社會上「三無人員」，即附生在城市邊緣的流氓無產者和大量次生社會集團成員，為獲得財物而搶劫殺人、偷盜扒竊，對他人生命財產或家庭構成破壞的事例隨處都是，大中城市的刑事犯罪案件多是這類人所為。就連在「保姆」這類看起來似乎對他人最沒威脅的婦女當中，也經常發生拐賣僱主家小孩、偷盜僱主財產，甚至夥同他人殺害僱主以搶劫財物，或綁架僱主家小孩以勒索金錢的案件。由此足見貧窮階層在道德上並不見得有甚麼優勢。[52] 可以說，當前在追逐財富過程中，社會各階層的表現並無多大的本質不同。只不過有權者用權，無權而又願鋌而走險者用暴力而已。素以「威武不能屈，富貴不能淫」為人格理想的中國文化，在追求財富的過程中所暴露出來的道德困窘，並不只是少數人的困窘，而是整個文化在財富面前的困窘。這種困窘令研究者感到有必要重新審視中國人經濟倫理觀念變遷的歷史過程。

從倫理學角度看，中國人現在奉行的功利主義觀念是導致實踐負效應的前提。一旦缺乏倫理約束，人類實踐活動就必然會出現盲動。所謂「功利主義」的觀念，就是主張在考慮行動後果時，考慮的是行動可預期的直接後果，而不是那些未來的後果。這就是説，它注重的是直接利益，而不顧人類長遠的利益。一方面，從人和自然的關係來看，它造成人和自然關係的失衡，如只考慮眼前利益，不顧及人類的長遠利益，不顧一切地掠奪資源，從而破壞生態環境，使經濟發展與環境失調；另一方面，它加劇了國家機會主義的泛濫，導致整個社會的短視行為。

目前中國這種功利主義的經濟觀念已主宰了經濟生活，最惡劣的影響乃是在通過經濟生活中所發生的種種事實教育着人們：只有適應這種嚴重扭曲的經濟秩序，人才能生存下去。這方面最著名的一個命題就是當代青年對腐敗的看法：「腐敗雖然在道義上遭到貶斥，但如果只有通過腐敗才能辦成事，那它就沒有甚麼不好。」這種「有用即善」的看法事實上漠視了一切倫理規則的限制。

黑格爾曾經説過，哲學的出現總是在時代潮流、世界事變已經結束之後，因此總是遲到，不能給世界以任何教導意義。從這方面來看，也許可以理解中國為甚麼會出現經濟倫理嚴重失範的狀態。但是也正因認識到這種狀態，中國倫理道德的建設也就特別具有現實意義。

在商品經濟社會裏，各個人的自由都以自我為出發點，每個人追求個人私利的動機及目的必然會引起相互之間的衝突。因此堅持自由市場機制的原則並不等於完全的自由放任。一種社會需要一定的規則約束交易的雙方去遵循它，而沒有外界的制裁，這種規則往往是實現不了的。這裏一方面需要政府制定規則和裁決交易雙方的經濟行為，另一方面，在長期經濟交往中所形成的倫理觀念也對人們的行為起一定的約束作用。馬克斯．韋伯在論述統治合法性時提出，每一種真正的統治形式中都包含着最起碼的自願服從成份。但只有這一點還不足以構成真正的統治，必須要有「對統治合法性的信仰」。通過信仰體系可以將物質控制轉變為合法統治。而所謂信仰體系，指的是説明為甚麼某人或某些人應該服從某種統治的理論體系或意識形態。一個社會要生存，在追逐財富、使用和管理財富方面必須要有一定的社會行為準則，亦即經濟倫理規範。如果不少人在追逐財富時危害國家利益，或以破壞他人生命財產安全，無視他人權利，敗壞社會風氣，危害他人的生存為手段，只能説這個社會已墮落到了「人皆為盜賊」的可悲境地。在這種時候，如果還想為這一國的國民提供正常的生活環境，除了法制建設等制度建設之外，必須還要考慮重建經濟倫理的問題。經濟倫理的建設應以終極關懷為核心，包括經營哲學、行為準則、人格追求等內容。只有建立了充滿人文精神的經濟倫理規範，才能使浮躁飄蕩的人心有所依歸，使茫然無措的行為有所參照。對一個國家來説，這是一種根本意義上的建設。中國現在的信用失常是從政府開始，行業協會與信用仲介機構步政府後塵，全社會信用消費者均參與其中。所以中國如果需要重新建立經濟倫理，也必須由上述四方共同行動。政府必須率先垂範，建立政府信用，並讓自己遵守法律，改變目前這種政府凌駕法律之上的狀態。只有這樣，未來的中國才能在市場力量的博奕下，創造出秩序與倫理。因為誠信不是全能權力所製造的秩序，也不僅僅是義理灌輸和道德教化的產物，它是社會公眾選擇與培養的社會果實。

發展並非只從商品開始；它是從人民以及他們的教育、組織與紀律開始……任何國家只要具有高度教育、組織與紀律，不管遭到怎樣的破壞，都能創造出經濟奇蹟來。

第六章註釋

1. 《中國經濟時報》二〇〇二年三月十五日第1版。
2. 《中華工商時報》一九九六年四月十九日。
3. 《中國青年報》一九九五年三月十日。
4. 《深圳晚報》一九九五年十一月二十二日，「觸目驚心廣深路」及其後數天的連續報導。
5. 《半月談》一九九五年第24期。
6. 中共中央紀委編寫：《正義與邪惡——懲治腐敗最新大案要案紀實》，中國方正出版社一九九五年一月出版。
7. 《中華工商時報》一九九六年三月十五日。
8. 《深圳商報》一九九八年八月十六日第8版。
9. 《深圳商報》一九九八年十二月十六日B1版。
10. 《深圳晚報》二〇〇一年六月八日第8版。
11. 《中國剪報》一九九九年六月二十五日第1版。
12. 《深圳商報》二〇〇〇年十一月十二日A3版。
13. 《中華工商時報》一九九八年六月十九日第5版。
14. 新華網江蘇頻道南京二〇〇二年三月二十二日電：「企業信用危機的表現有六」。
15. 《羊城晚報·金羊網》二〇〇一年七月十三日：「廣州市合同履約率只佔四成」。
16. 《中國青年報》二〇〇二年三月二十五日。
17. 新華社新華網江蘇頻道南京二〇〇二年三月二十二日電
18. 《粵港信息日報》一九九三年一月十日。
19. 《金融早報》一九九五年十二月二十日。
20. 新華網江蘇頻道南京二〇〇二年三月二十二日電。
21. 《中華工商時報》二〇〇一年六月七日第2版。
22. 《人民日報》二〇〇一年四月十一日。
23. 《法制日報》一九九五年四月二十二日。
24. 《中華工商時報》二〇〇二年三月六日第2版。
25. 《法制日報》，一九九五年五月十二日。
26. 新華社北京二〇〇一年十二月二十七日電。

27.《香港商報》二○○一年七月二十七日。

28. www.meditalent.com/2001_6bd.htm-39k，「中國衛生部確定今年專項治理工作重點」。

29. 新華網北京十二月二十八日電：「深挖黑勢力和假冒偽劣商品猖獗背後的『保護傘』」。

30. 新華社消息二○○二年三月十七日，《中國經濟時報》二○○二年三月十八日第1版；《廣州日報》二○○三年一月四日。

31.《北京青年報》二○○○年十二月二十二日。

32.《中華工商時報》一九九九年九月二日。

33.《中華工商時報》一九九八年八月十一日「註冊會計師行業整頓顯效」。

34.《遠東經濟評論》二○○一年六月十四日

35.《南方周末》一九九六年一月十二日。

36.《老年報》一九九六年二月十三日，轉摘自《報刊文摘》一九九六年二月二十六日。

37.《中華工商時報》一九九六年十二月四日。

38.《深圳法制報》一九九六年一月十日。

39.《湖南日報》一九九六年二月十日。

40.《經濟日報》二○○一年十月二十九日第7版「居民收入分配走勢預測」。

41. 李平杜：《關於中國目前貧富差別的思考》，《戰略與管理》一九九四年第6期。

42.《中國經濟時報》二○○○年九月二十五日第2版，「財政收入過萬億，政府調控能力增」。

43.《中國經濟時報．時報商業周刊》二○○二年三月十五日第1版。方進玉：「希望工程的『希望』在哪裏？——徐永光涉嫌腐敗的調查與思考」，載多維新聞社二○○二年十二月二十九日；中國新聞傳媒網，網址:www.cddc.net.下載時間為二○○三年一月二日。其餘如「世紀中國」的BBS世紀沙龍上也有張貼。

《南方周末》被槍斃的方進玉文章：中國青基會「辦公經費」隱瞞了甚麼？

44.《若干重大決策與事件的回顧》下卷，第754-755頁，（北京）中央黨校出版社，一九九三年出版。

45.《報刊文摘》一九九八年十一月二十三日第2版：「誰為假嘉陵開路？涪陵交警賣牌照」。

46.《羊城晚報》一九九八年十一月十七日：「月月派人做賊，偷撥用户水錶」。

47.《深圳法制報·百姓周末》一九九九年二月二十七日第2版：「蛇心姐拐賣親妹妹」。

48.《報刊文摘》二〇〇〇年四月三日2版：「躲兒莊的傷心淚」。

49.《深圳商報》一九九六年一月十七日：「95中國反貪風暴——最高人民檢察院反貪污賄賂總局局長羅輯一席談」。

50.《中國經濟時報》二〇〇二年三月十五日第9版。

51. 胡鞍鋼：「個人腐敗只是系統性腐敗的九牛一毛」，北大三角地2002-03-15，18:15:08。

52.《中國市場經濟報》一九九六年一月十七日：「打工族犯罪現象不容忽視」，原為中央廣播電台《法制園地》節目稿。

第七章　貧富差距的形成和擴大

在被視為中國經濟改革開端的中共中央十一屆三中全會(一九七八年)上，鄧小平首先提出「讓少數人先富起來，以帶動全體人民共同富裕」。但到了九十年代初期，中國人不無遺憾地發現，共同貧困的局面雖已消失，確實有少數人先富起來了，但「共同富裕」卻還只是紙上的藍圖。現在深深困擾中國社會的是這樣一個問題：城鄉之間、地區之間以及社會各階層之間，貧富差距越來越大，形成了一種「馬太效應」（語出《聖經．馬太福音》）：「窮者越來越窮，富者越來越富」。由於優勝劣汰的市場經濟有導致貧富分化的自發趨勢，更兼中國普遍存在權力參與社會財富分配的貪污腐敗行為，目前中國的貧富差距正在以驚人的速度擴大。

本章不討論地區之間的貧富差距與農村的貧困問題。因為地區之間的貧富差距，更多地是由自然條件、歷史背景等多種因素造成，與當前中國城市階層之間的貧富差距成因並不一樣。農村的貧困問題將在八、九兩章討論。本章討論的主要是權力市場化造成的分配不公導致的貧富差距。

一、九十年代以來中國城市貧困人口的形成過程

社會收入分配不均的問題，早在八十年代中期就已存在，但那時社會公眾的不滿，和九十年代相比有很大的不同。一份很詳細的

調查報告說明了當時的社會輿論主要是針對腦力勞動與體力勞動報酬倒掛，個體、私營業主收入過高，承包、承租者和一般職工收入差距過大，地區之間利益分配不公平等問題。[1]

而到了八十年代後期和九十年代，由於權力市場化進程加速，這方面的情況有了很大的變化，一是高收入者的主體加入了大批通過非勞動手段致富的人；二是國有企業職工成了城市貧困人口的主體部份。自一九九〇年開始，國有企業處於破產半破產狀態的數量急劇上升，國有企業工人的情況更加困難。一九九二年，全國總工會通過調查得出資料，全國貧困職工家庭人口數超過2,000萬人。一九九四年中國人民大學社會調查中心根據他們的有關調查推算，中國城鎮居民有近5,000萬貧困人口。二〇〇一年月人均收入為200元左右的城鎮貧困人口為2,300萬人，約佔城鎮人口的5%；月人均最低生活保障資金不足100元（二〇〇〇年為58元）的城鎮貧困人口為1,400萬人，約佔城鎮人口的3%，總共為3,700萬人。[2]三是收入高低懸殊的情況已比八十年代顯著得多。

由於中國政府完全忽視了社會公正問題，完全不顧及國有企業對職工的歷史負債。[i]九十年代中後期開始，中國開始進行醫療、養老、住房、教育收費體制改革，這些所謂「改革」對城市貧困家庭不啻雪上加霜。到九十年代末期至二十一世紀初，中國已經形成一

i　此處「歷史負債」指的是：中國國有企業的工人在改革以前拿的工資非常低，僅僅只是維持吃穿的最低生活費，其他如醫療、養老、住房、子女教育等開支統統未計算入工資，而列作企業給職工的福利。國企改革以後，這些所謂福利全部作為企業甩包袱的改革項目，不僅以前的全部賴掉，還要工人再次為醫療、養老、住房及子女教育交費，實際上等於讓工人承擔改革的雙重成本。

個向上流動極為困難的城市底層社會。

這些城市貧困者主要由下列幾類人構成：

1、長期失業者。失業津貼一般比下崗職工津貼要低一些。

2、下崗無業人員。每人每月生活費80～320元不等。

3、其他靠社會救濟生活者。城鎮最低生活保障線每人每月60～230元不等。

4、早年退休人員。有的退休人員每年只有300多元的退休金，生活艱辛。

5、停產、半停產國有企業職工。黑龍江森林工人家庭每月每人的補助只有15元錢，其他只好靠自己在土裏刨食。[3]

從收入狀況、財產狀況和消費狀況三方面分析，大體上可以看出中國城鎮貧困群體基本生活狀態：

收入狀況：國家統計局對城鎮17,000戶居民家庭的抽樣調查顯示，二〇〇〇年，佔調查戶數5％的貧困戶年人均可支配收入2,325元，不及城鎮居民6,280元平均收入的36.9％，與10％的高收入戶相比（人均收入為13,311元），則相差5.7倍。

財產狀況：國家統計局的資料顯示，到一九九九年六月底，城市居民戶均金融資產已達52,895元，與一九八四年城市經濟體制改革開始時戶均金融資產1,338元相比，增長了38.5倍。但居民金融資產的分佈呈不均勻狀態。20％最低收入家庭僅擁有全部金融資產的1.5％，戶均為4,298元，僅為平均水平的1/12，與20％的高金融資產家庭相比（戶均146,615元，佔全部城鎮居民金融資產的55.4％），則相差34倍。以如此微薄的金融資產，卻要面對諸如子女教育、買房、贍養老人、醫療保健以及人情交往等必不可少的開支，其生活困難可想而知。

消費狀況：二〇〇〇年，城鎮貧困居民人均消費支出為2,320元，比全國城鎮居民平均水平（人均4,798元）低51％，其中用於食品方面的消費支出1,173元，恩格爾係數[ii]為50.6％，比城鎮居民平均水平（恩格爾係數為39.2％）高出11個百分點，按恩格爾係數的一般分類，為勉強度日。貧困群體成員在其他主要消費項目的支出也遠低於社會的平均水平。由於貧困群體收入低、消費水準低、營養不良狀況比較普遍，加上心理壓力大，因而他們的患病率往往要高於非貧困者。但是，貧困群體的醫療保健條件則較差，患病後能不看就不看，能拖則拖，這就加重了貧困群體生活的困難程度。許多貧困戶因病致貧，因病返貧，形成惡性循環。[4]

中國官方與大多數學者一般習慣於從以下三個角度來解釋失業下崗問題：一是國有企業的低效率和普遍虧損；二是連年經濟不景氣，經濟增長速度的下降；三是產業結構的轉換。這樣解釋的結果造成一種幻覺：失業或下崗是由於某些暫時性原因造成，一旦這些暫時性原因（如經濟不景氣或國有企業的低效率）消失，這些人就會獲得重新就業的機會。

正是基於這樣一種幻覺，人們總是對創造再就業機會寄予厚望。但實際上這是一個難以成為現實的夢幻。

如果觀察一下失業群體的狀況，再比照新創造出來的職業需

ii　恩格爾係數（Engel's Law）：該定律由十九世紀德國統計學家Ernst Engel提出。該定律指出：隨着家庭收入的增加，收入中用於在食物上的開支比例越來越小。低收入集團花在食物上開支比較大，其次為住房與衣物方面的支出。而高收入集團花在食物上的開支隨着收入的增加而逐漸遞減，花在奢侈品與勞務上的金額則隨着收入的增加而增加。

求，就可以發現新的工作位置並不會給失業者提供多少再就業的機會。目前的失業群體具有如下特徵：年齡基本在35歲以上，大多數只受過中等教育，過去所從事的主要是低技術工作。而新的就業機會多集中於技術密集型行業，主要吸納受過高等教育的年輕人。即使新的經濟增長機會來臨，中國失業工人的狀況也難有改變，因為對於他們當中的絕大部份人來說，既不可能回到社會的主導產業中去，也不可能回到原來那種穩定的就業體制中去，新興的高科技產業更不會為他們提供多少就業機會。這就意味着目前的失業者事實上是社會中的被淘汰者，而且這個群體的規模很大。承認這一點，對於中國政府來說，是提供另外一種解決問題的思路。因為如果將現在的失業者僅僅看作是由於某些暫時性原因而失去工作，那麼解決這個問題的方式就是創造再就業的機會；而承認這些人永遠也不可能回到社會的主導產業中去，甚至無法找到穩定的就業機會，那麼解決這一問題的辦法就是在創造邊緣性就業機會的同時，做出某些制度性的安排，來保障這些社會邊緣化階層的基本經濟和社會需求。不過中國政府極不願意承認這一現實。在強勢群體對政策的主導作用日益加強的今天，社會公正的要求事實上退出了政策設計。一個非常嚴酷的現實是：中國社會正在發生結構性斷裂，城市的失業工人與廣大農民已經被甩到現代化進程之外。

二、杯水車薪的扶貧救濟

除了上述失業工人以外，中國還存在一大批常年需要救濟的人。據民政部統計，自九十年代中期以來，每年需要救濟的災民和貧困戶達1.4億人，優撫對象近4,000萬人，孤老病殘人員5,000多萬，總計2.3億多人。[5]但民政部另一統計顯示，截至二〇〇〇年底，全國實際納入最低生活保障範圍的人數僅為1930.8萬[6]，不到貧困人口總數的1/10。

上述貧困人口雖然得到一些救濟，但這些救濟對於他們來説無異於杯水車薪。中國社會化救濟程度低下，主要依靠企業救濟。而那些特困企業連工資都無法兑現，整體貧困的職工群事實上已得不到本企業的救濟。那些尚有救濟能力的企業由企業工會負責發放職工困難補助，標準雖幾經調整，但全國大部份城市在一九九八年以前仍然執行國務院一九八八年(51)號文件中所規定的補助標準，這種標準單以城市規模來劃分，既未與當地經濟發展相聯繫，又未與物價指數掛鈎，在市場物價不斷變化的情況下，實際上根本難以保證困難職工的生活。由民政部負責的城鎮貧困者的救濟，同樣存在標準偏低的問題。一九九三年，全國城鎮享受定期社會救濟的38.8萬人，救濟費1.4億元，年均428.5元，月均才35.7元。一九九四年參加社會保險的人只佔總人口的34％。[7]

中國政府一直聲稱要在這方面做巨大努力，但看來成效甚微。到二〇〇〇年，中國自稱已經在全國建立了社會保障系統，城市中的覆蓋面高達80％以上，農村中除重慶市之外的1,930個縣市區也已經全部建立了社會保障系統。但實際情況遠未像官方數字那樣令人樂觀。據二〇〇一年全國總工會對121家破產企業的28.2萬名職工調查，破產程序啟動後，有32％的職工領不到基本生活費。在部份經濟發展滯後的地區和困難行業，拖欠職工工資情況仍然十分嚴重，據全國總工會二〇〇〇年末對已建立工會的近86萬個單位統計，拖欠職工工資的佔 9.2%，涉及職工 1,393.4 萬人，佔這些單位職工總數的12.1%。到二〇〇〇年底，全國城鎮登記失業人員 595 萬人，目前因各種條件限制實際能夠領取失業保險金的僅有 220 多萬人，僅佔 37%。

此後失業率持續攀升，二〇〇三年七月三十日中國勞動和社會保障部公佈，截至六月底，全國城鎮登記失業人數795萬人，登記失業率為4.2%，比二〇〇二年底增加了0.2個百分點。這項失業統計僅包括進行了失業登記的城鎮人口，並未包括數百萬國企下崗工人，以及城市中的外地流動人口。

一些地方財政拮据，社會保障工作陷入困境，一些城市的勞動保障部公開聲明，社保體系面臨崩潰邊緣，現已無計可施。在國有企業員工失業最嚴重的黑龍江省，根據該省勞動和社會保障局的調查，全省有下崗職工的國有企業中，具備支付經濟補償金和償還債務能力的僅佔 1.4%，有部份支付能力的佔 20.2%，完全沒有能力支付的佔78.4%。醫療保險的情況更糟糕，到二〇〇〇年底，全國有 303 個地市啟動了醫療保險制度改革，但僅覆蓋職工 4,587 萬人，佔應保人數的 29%。據有關部門調查，約有 50%的企業職工不能按規定報銷醫療費。一些患病職工因此而債台高築，個別大病患者因無錢醫治而陷入困境。[8]武漢市總工會一項統計資料表明，貧困已經成為導致武漢相當一部份家庭破裂的主要原因之一。被調查的 460 戶最貧困的特困家庭中， 30% 以上家庭離異。因貧困而自殺的悲劇近年來不斷在各地發生。[9]

表：7-1

一九九五年、二〇〇一年中國中心城市的最低生活保障標準		
	1995 年	2001 年
城市	標準（元 / 月）	標準（元 / 月）
上海	200	280
北海	130	
廈門	220	265 ～ 315
桂林	120	
青島	96	200
柳州	120	
福州	150	200 ～ 220
海口	170	221
大連	155	221
瀋陽	85	195
廣州	200	300
本溪	150	
無錫	120	
撫順	120	
梧州	110	
丹東	70	
武漢	120	195
錫山	100	
南寧	125	183
北京	170	280
深圳	286	319
天津		241
杭州		220

寧波		215
濟南		208
長沙		200
石家莊		182
哈爾濱		182
昆明		182
拉薩		170
長春		169
合肥		169
鄭州		169
重慶		169
銀川		160
太原		156
成都		156
貴陽		156
西安		156
蘭州		156
烏魯木齊		156
西寧		155
呼和浩特		143
南昌		143

注1：表中貨幣單位為人民幣，按中國匯率管制標準，8.34元人民幣可兌換1美元。

注2：一九九五年資料來源於《粵港信息日報》(一九九六年八月四日）。二〇〇一年資料為中國民政部救災救濟司提供，載於《中國青年報》(二〇〇一年四月十日第2版）。

中國的貧困人口正在逐年增長，據中國政府自稱持續高速增長的GDP增長率並未使中國的就業狀況有所改善。一九九七年GDP增長8.8%，從業人員只增加1.1%；一九九八年GDP增長7.8%，從業人員只增加了0.5%；一九九九年GDP增長7.1%，從業人員增加0.89%；二○○○年GDP增長8%，從業人員只增加0.79%。[10] 據報告，以一九九八年為起點，至二○○二年這五年當中，國有企業將完成下崗分流任務，預計這一期間將向社會釋放3,000萬到3,500萬人，同期國家行政機關的改革也要分流約400萬人，事業單位的冗員按1/3估算，也有近1,000萬人失業。與此同時，這一時期每年還將新增勞動力1,000多萬人。而這一期間的新增就業機會充其量也只有2,600萬，就業壓力相當巨大。[11]

失業工人雖在不斷增加，但多數企業無力支付與職工解除勞動關係所需支付的經濟補償和拖欠的工資、養老保險金、失業保險金、醫療費、集資款等。二○○二年三月中國國民經濟研究所公佈對10個城市的抽樣調查：57%的失業職工與原企業存在債務關係，人均債務總額達3,624元。其中欠發工資的人數佔33.3%，人均3,067元；拖欠集資款（工廠強制性地讓工人交錢給廠裏作生產資金，叫做「集資」）的人數佔14.8%，人均拖欠2,490元；拖欠醫藥費的人數佔27%，人均拖欠1,361元。欠繳社會保險費的人數佔20.6%。職工與企業脫鉤所需的人均經濟補償金為5,000元。[12]

三、收入分配中的金字塔結構

值得注意的是，八十年代及九十年代初居民收入差距的擴大，基本上是在絕大多數居民收入水平或多或少普遍提高基礎上的差距擴大，但九十年代以來的收入差距擴大已經開始伴隨明顯的「兩極化」特點，即富人越來越富、貧困者越來越貧困。

1、基尼係數的變化

衡量中國收入差距的方法有兩個，一是基尼係數，二是銀行存款的分佈狀況。實事求是地説，現在中國的貧困並不同於改革開放以前的貧困。改革開放以後，中國經濟發展很快，大多數地區的絕大部份民眾的生活水平都比改革以前要富裕。但是一個人或一個家庭的富裕程度，不僅僅要看它比以往的歷史紀錄是否更好或更差一點，還要看它和其他階層相比的相對差距。

國際上通常用「基尼係數」來衡量居民收入差異程度。從理論上説，基尼係數為零，則代表完美的公平狀態，基尼係數為1則表示社會最極端的不公平狀態。現實中基尼係數在0.3以下為社會公平狀態，在0.3至0.4之間為社會公平基本合理狀態，而0.4以上則屬於收入差距過大，如果達到0.6，暴發戶和赤貧階層同時出現，則社會動亂隨時可能發生，所以0.6被定為警戒線。根據世界銀行二〇〇〇年的《世界發展二〇〇〇至二〇〇一年度報告：向貧困開戰》，24個發達民主國家，包括以色列的平均基尼係數是0.34，日本和許多北歐國家都低於0.3。而中國的現狀遠比上述國家惡劣。

據世界銀行測量，在改革開放以前的一九七八年，中國城鎮居民個人收入的基尼係數是0.15，這個指標在當時的世界上幾乎是最低的。這説明當時中國平均主義、大鍋飯體制盛行。而到八十年代中期以後，收入差距迅速拉開，基尼係數的變化如下表：

表：7-2

中國近二十三年城鎮農村基尼係數變化表			
年份	城鎮居民個人收入	農村居民個人收入	中國人民大學PPS抽樣
1978年	0.15		
1982年		0.22	
1986年	0.19	0.30	
1988年		0.34	
1990年	0.23	0.31	
1994年	0.37	0.411	0.434
2001年	0.458		

注：二〇〇一年的基尼係數並未分城鎮居民收入與農村居民個人收入，為國家統計局公佈資料。見《經濟日報》二〇〇一年十月二十九日第7版。

前兩欄為國家統計局資料。但中國人民大學根據他們於一九九四年在全國範圍內作的一次嚴格的PPS抽樣入戶調查問卷的資料所作的計算，中國城鄉居民家庭人均收入的基尼係數為0.434，這已經超過了西方國家通常的基尼係數。這組數據表明，在短短的20餘年間，中國已經從一個平均主義盛行的國家，變成了一個貧富差距引起社會動蕩的國家，這種變化無論如何不應該被忽視。一九九八年，城鎮人口中，收入最高的20％人口的收入是收入最低的的20％人口的9.6倍，收入最高的10％的人口佔總收入的38.4％，而收入最低的20％人口僅佔有總收入的5.5％。[13]世界銀行（一九九八年）

發佈的報告認為，中國不斷擴大的收入分配不平等已經超過了東歐國家和不少相鄰的亞洲國家。[14]從中國政府現行的稅收政策以及中國貪污腐敗的發展趨勢來看，收入差距在中國還將繼續擴大。

必須要指出的是，政府公佈的基尼係數和老百姓的感覺並不一樣。因為在這些調查中，對中低收入階層家庭的調查比較可信，那是因為這些家庭收入透明度較高；而對高收入階層家庭的調查卻應打個折扣，因為這類家庭有隱匿收入的傾向。瞭解中國國情的人都知道這樣的事實：進入九十年代以後，中國出現了幾大投機行業：股票市場、房地產市場、期貨市場。這幾大投機行業的興起，使得一部份人可以依靠權力和資本的投入，進行社會財富的再分配。在這幾次資本原始積累的高潮中，中國湧現了一大批百萬、千萬乃至億萬富翁。這些人由於財富來源大多處於一種可疑的「灰色」狀態，故此對其財產的處置方式多處於隱匿狀態。而在這些人積累着鉅額財富的同時，作為中國國民主要就業渠道的國有企業，卻陷入了日甚一日的虧損之中，相當部份國有企業的職工長期以來只能領40至60％的工資，基本生活都成問題。所以一些民間調查機構在對中國的現實進行調查瞭解以後，竟認為中國的基尼係數已達0.59。[15]

2、財富分配的「倒金字塔結構」

二○○○年中國居民存款資料顯示：1.26％的人佔有7萬億元銀行存款的27％，7.8％的人佔有7萬億元存款的65％。另有材料表明，現階段中國15％的人擁有85％的財富，另外85％的人僅僅只佔有社會總財富的15％[16]，在財富佔有上完全呈倒金字塔結構。

根據本文羅列的詳細資料，可以將中國的收入狀況形象地比喻成一座金字塔，大家可以看到：

在這座金字塔的頂端，高踞着佔總人口的10％的高收入者，他們儲蓄着其收入的大部份，擁有佔全國份額一半以上的私人財富。讓中國老百姓可望不可及的花園別墅、高級公寓，進口豪華轎車和各類精品店，都是以他們為供給對象。在積累財富的前一輪競賽中，這些人由於社會關係、所居職位(只有少數人是由於個人才能)而成為這個社會的富裕者。由於他們的成功，他們用來喂貓養狗的食物都比貧困者用來哺育後代的食物要好得多。

在這座金字塔的底座，是佔總人口20％的貧困人口，這些人當中的絕大多數在積累着債務。他們的情況在前面已有詳細的描述。居於金字塔中部的是為數眾多的工薪階層。他們辛勤工作，只能積蓄收入中的小部份。從九十年代的城市生活狀況來看，這些工薪階層的「財富」，主要是家具、家庭設施和數量不多的儲蓄、國債、股票等。在沿海地區，如深圳，工薪階層最典型的「財富」就是有一套不能進入市場買賣的「福利房」。這些家庭中的一部份（即處於金字塔腰部中線以下的那一部份），如果不辛苦撐持，就有可能掉入金字塔的底座。因為他們存款的增長速度，無論如何都無法與政府意在掏空他們錢袋的種種「改革措施」出台的速度相比。

3、官員腐敗對收入分配的影響

本書的前五章中從各方面分析了中國財富分配的現狀：中國的貧富差距在很大的程度上是由於權力介入市場，分配機制已嚴重扭曲為以權力、人情（實際上是金錢）關係和投機為本位進行分配所致，所以在分配中的不平等問題因此也就顯得特別突出。陳宗勝曾專門就非法收入對中國收入分配的影響進行過量的分析。該書所用的方法是正確的，但因轉軌期統計資料的嚴重失真，更兼九十年代的情況和八十年代已有很大不同，所以結果只能供參考，因為實際情況要比他在書中所列舉的情況嚴重得多。見下表：

表：7-3

各種非法收入對中國收入分配差別的總影響					
	正常收入的差別	私營非法收入的影響	官員非法收入的影響	行管費用轉化收入的影響	總收入差別
基尼係數	0.2961	0.0846	0.0055	0.0026	0.3888
比重(%)	76.2	21.8	1.4	0.7	100

表：7-4

各種非法收入對中國城鎮收入分配差別的總影響					
	正常收入的差別	私營非法收入的影響	官員非法收入的影響	行管費用轉化收入的影響	總收入差別
基尼係數	0.1689	0.0962	0.0056	0.004	0.2747
比重(%)	61.5	35.0	2.0	1.5	100

以上表格的分析是建立在幾個假設上的：1、私營經濟從業者佔總人口2％，人均收入按7,000元（其中非法收入5,000元）；2、黨政官員的經濟犯罪率按10％計，佔總人口的0.21％，人均非法收入按3,000元計；城鎮黨政官員佔總人口的1％，行政管理費向個人消費的轉化率按15％的水平計，約使這部份人的人均收入增加300元。將這些資料代入一九八八年的正常分配資料，得出上表

所列資料。按照此表資料，可以推算出非法收入大約使收入分配差別基尼係數由 0.2961 上升到 0.3888，上升 31％。[17]

對中國現在國情有所瞭解的人都明白，用陳宗勝所推算出的結果來論證九十年代的收入分配有不足之處。這種不足由兩方面原因所造成，一是所用的資料是八十年代的，而現在的情況有了很大變化：私營經濟從業者的人數佔總人口比重有了很大的增加，人均收入也絕對不止7,000元。黨政官員在總人口中的比例已經達到 3.5％[18]，其經濟犯罪率按照現在的情況推算，也遠遠超過 10％這一比率。從貪污受賄的量來看，根據這些年已經曝光的案件反推，最低者都是動輒幾十萬元，人均非法收入自然不止3,000元這個小數目；公款私存、公款消費等漏斗型資金流向使行政管理費向個人轉化的平均數也大大增加。二是轉軌期統計資料嚴重失真，實際情況要比統計資料所顯示出來的嚴重得多。如果要是將這些情況統統列入考慮範圍，基尼係數絕對遠遠超出陳宗勝所計算出來的結果。只是在現在的中國，對這種經濟現象的研究要得到統計學意義上的支持，實在是難乎其難。但不管結果是否精確，陳宗勝研究工作的價值在於他首先嘗試將權力市場化引起的收入分配不公進行量化分析。

必須注意的是，上述所有的分析都排除了「灰色收入」與「黑色收入」。事實表明，中國城鎮居民工資外收入在這 23 年改革進程當中逐年增加。國家統計局一項對城鎮居民收入的調查顯示，工資外收入佔居民家庭收入比重逐年上升，一九八一年工資性收入為87.3％；一九九〇年下降為62.5％；一九九九年繼續下降為44.5％，工資外收入則上升至 55.5％，超過工資性收入。[19]

四、民眾的相對剝奪感

由於種種原因，中國的統計資料並不能很真實地反映現實，這一點連政府官員都予以承認。[20] 且不談在經濟轉軌時期虛報、瞞報、偽造、篡改統計資料的情況日趨嚴重，僅僅由於地下經濟、泡沫經濟的存在，工資外隱性收入的增加，預算外資金比重日大，非銀行機構資金體外循環擴大等，就已對全面搜集生產、建設、分配、交換、消費等資料帶來嚴重影響，使統計資料難以覆蓋全社會。研究者亦很難根據這些統計資料對社會進行全面分析觀察。即使進行了分析，其研究結果也難以讓人信服。

從九十年代以來，不斷有各種政府機構和學術研究機構就社會形勢之類到民間進行種種調查。在這些調查中，被調查者無一例外地對當前貧富差距過大表示了強烈的不滿。如山東省有關部門在一九九五年一季度就當前職工最不滿意的問題進行了一次調查，結果職工們最不滿意的問題之一，就是感到社會分配嚴重不公。被調查者認為，目前的分配既不是按勞分配，也不是按需分配，更不是平均分配，根本沒甚麼標準。[21] 而且相當部份高收入者，並不一定做出了與收入相匹配的重大貢獻；倒是相當多的低收入者為社會、為國家作出了相當大的貢獻。

值得注意的是，民眾對貧富分化的不滿，實際上在很大的程度上是對不正當致富的不滿。在中國人民大學社會調查中心組織的一項調查中，當問到「您認為在目前社會上的一些富人中，有多少是通過正當手段致富的」時，回答「不太多」的佔48.5％，回答「幾乎沒有」的佔10.7％，回答「不知道」的佔20.8％，僅有5.3％的人回答「很多」。

由此可見，多數人對分配不公的抱怨主要是對致富方式的不滿，而不是對貧富分層的不滿。由於中國的社會財富分配很明顯是權力市場化作用的結果，隨着貪污腐敗日益嚴重，上述貧富差距也越來越大。據中國科學院國情研究中心公佈的一項研究成果，從一九九九年至二〇〇一年，中國因官員腐敗共損失13,000億，相當於這三年 GDP 平均值的 14.5％～14.9％。[22] 這些因貪污造成的損失當中，除了中途損耗，大多數都通過各種方式流入了腐敗官員們的私囊，但在國家統計局計算的收入分配當中，顯然並未考慮這部份黑色收入與灰色收入。

筆者在和社會各界人士交談中發現，現在中國民眾對分配不公的抱怨已與八十年代有很大不同。那時的抱怨還多少有點平均主義的遺產，對個體戶帶有身份上的歧視，認為文盲之類的掙大錢，使教育顯得一錢不值，但卻沒有人否定個體戶主要是依靠能力，通過市場行為賺錢。經過後來的「下海」潮，人們已經知道「下海」的不易，對個體戶、私營業主的含辛茹苦有所體會，憤慨少了許多。但民眾也看得很清楚，在九十年代財富積累的幾次競賽中，基本都是權力圈中人或和他們有關係的人獲利。一想到致富的原因是靠自己掌握權力，或是靠社會關係中有甚麼人能弄到「條子」批地、批各類短缺物資、批外匯額度、或弄到原始股票之類，這種機會不均造成的經濟不平等就顯得特別不公平。而在財富積累這個問題上，可以説是一步趕不上，就會步步趕不上。因為在憑資本稱雄的九十年代，不再會有那麼多的機會留給一無所有、白手起家的人了。

毫無疑問，在高收入者和貧困者之間，存在着明顯的利益衝突。尤其是當高收入者的高收入常用於奢侈性的揮霍上，只刺激了某些不正當的行業發展與寄生階層出現時，社會公眾產生強烈的相對剝奪感，也就比較容易為人所理解了。據調查，當前全國城鎮居民對生活狀況不滿者約1～2億人，佔全國城鎮總人口比例的22％～45％，非常不滿意者在3,200～3,600萬人，其比例在7%～8%。不滿者主要是那些在經濟轉型和結構調整過程中的利益受損者，包括下崗失業者、低收入人口、收入水平下降者，以及不同利益受損者。[23]這還僅僅只是針對城鎮人口的調查，如果考慮到佔總人口70％的農村人口當中還有絕大多數是不滿者，對現行社會狀況不滿者至少佔全國總人口80％以上。

經濟中的不平等問題在所有發展中國家都處於中心位置。九十年代的中國人自然不會再去追求那種純屬子虛烏有的「烏托邦」式的經濟平等和社會平等，但這並不等於對目前這種貧富差距過大的現狀可以視而不見。

在八十年代以前，中國是絕對平均主義下的「平等」。這種絕對平均主義使社會處於無效率狀態，制約了社會發展。改革以後，為了使社會擺脫當時的無效率狀態，更新社會思想觀念，讓社會成員適應市場經濟必然帶來的不平等，在平等和效率二者之間，當時的理論界前衛人士是如此論述：現在優先考慮的不是社會公正，而是經濟發展。隱藏在這一觀點後面的實際論點就是：在發展的目標和平等之間存在着衝突，要想發展經濟，必須犧牲社會公正。更兼當時在社會主義國家中存在的主要問題是商品短缺，物質匱乏，研究匈牙利經濟學家亞諾什．科爾奈的「短缺經濟理論」成為經濟學界一時盛舉。在這種情況下，「生產先於分配」這一思想在當時的經濟指導思想中無疑佔有主導地位。無論是政府還是理論界都忽視了一點：分配有如汽車的前輪和後輪，在同一宏觀經濟領域內是互相依賴、互為作用的。忽視解決分配領域中存在的種種問題，其結果就是導致社會貧富差距過大，引起劇烈的社會摩擦。

忽視了「分配」中的公平原則，忽視了「腐敗」在資源分配中的巨大作用，一再強調「腐敗是消解舊體制力量的最佳選擇，成本最小，效益最大」，其結果就是造成了中國幾乎是轟轟烈烈的「自發私有化進程」。這種「把蛋糕做大點」，而不考慮及時校正分配機制的想法之所以是錯誤的，除了在第六章所談到的種種問題之外，還在於它忽視了一個問題：在貧富差距日大的今天，由於已經沒有就業保障，對於許多人來說，在日益貧困化的同時還面臨着失業風險，而失業則意味着這些人將墮入更可怕的貧困境地。可以想像，人們工作的不確定性和失業的威脅必然會帶來非常嚴重的社會問題，最後累積成政治問題。因為一個人靠勤勞致富，另一個人靠投機、貪污受賄發財，就其金錢來源進行道德評判當然是兩回事，但在市場經濟的世界裏，這兩者卻是等值的，金錢並不因為它的不同來源而留下不同的痕跡。這在經濟學裏有個專門的說法，就是「劣幣驅逐良幣」。而「劣幣驅逐良幣」的邏輯結果是：只要「劣幣」與「良幣」等值，只要現存體制不能使手持「劣幣」者受到懲罰，人們便不會奉公守法，而是會仿效那些投機取巧以及貪污受賄者。簡言之，「劣幣驅逐良幣」的結果就是第六章所談到的經濟倫理惡性畸變。

第七章註釋

1. 《教學研究資料》一九八九年十一月一日，「關於社會分配不公問題的討論綜述」。
2. 「透視經濟繁榮背後的社會困難群體」，二○○二年四月十一日10:58:11，北大三角地 bbs.beida-online.com。
3. 《中國經濟時報》二○○○年五月十五日。
4. 「透視經濟繁榮背後的社會困難群體」，二○○二年四月十一日10:58:11，北大三角地 bbs.beida-online.com。
5. 馮同慶：「中國職工現狀分析」；馮同慶、許曉軍主編：《中國職工狀況——內部結構及相互關係》，中國社會科學出版社。
6. 中國民政部網，「全國1930.8萬低保對象初步實現應保盡保」，www.mca.gov.cn，二○○二年八月五日。
7. 喻利新、劉朝暉：「全國貧困職工救濟中的問題與對策」。
8. 《瞭望新周刊》，轉引自:北大三角地bbs.beida-online.com.，二○○二年四月十一日 14:39:29。
9. 「貧窮的中國」，《南方周末》二○○二年十二月九日。
10. 據一九九七年至二○○○年《中國統計年鑒》相關數據計算。
11. 宋曉梧：「中國社會保障制度面臨的嚴峻形勢」，《經濟與管理研究》二○○一年第 3 期。
12. 《中國經濟時報》二○○二年三月十三日第 1 版。
13. 《南風窗》二○○二年四月下。
14. 美國人口統計署家庭收入歷史資料，http://www.census.gov/。
15. 熊海濱：「全民逐富：中國『大洪荒』」，《經濟潮》總第 3 期。
16. 《南風窗》二○○二年四月下。
17. 陳宗勝：《經濟發展中的收入分配》，上海人民出版社、上海三聯書店聯合出版，一九九一年十二月第 1 期。
18. 新華社消息，二○○三年二月二十八日。
19. 《深圳晚報》二○○○年四月二日第 4 版。
20. 鄭家亨：「轉軌期經濟與統計資料失真問題」。
21. 《中國市場經濟報》一九九五年五月十五日。
22. 香港《蘋果日報》二○○二年三月二日。
23. 資料來源：中國社會科學院：《中國社會形勢分析與預測》(二○○一)和(二○○二年)，社會科學文獻出版社。

第八章　人口就業與犯罪

在制約中國未來發展的諸種因素中，有許多在短期內人們也許看不到其潛在危險的因素，但它們卻對中國社會經濟發展起着長期的制約作用，如人口問題。本章專門分析人口、就業與犯罪的關係。

一、二元經濟結構中的農村城市化

1、龐大的人口再生產能力與狹窄的就業渠道

中國和所有不發達國家一樣，人口增長率高，人口增長快，勞動力的供給大大超過需求，結果是大量的失業——公開的、隱蔽的失業和不充分就業。

中國人口在一九九五年二月十五日就已達到12億之多，二〇〇〇年中國第五次人口普查人口達12.95億（不包括港澳地區，也不包括那些在戶籍上沒登記的人口）。但這一數據顯然低估了中國的實際人口數目。因為戶均3.44人顯然不符合中國的實際情況，城市家庭人口保持在這個數據還勉強可信，農村戶均人口不可能如此之低。

中國的人口－資源狀態相當特殊，傳統小農經濟結構的特點就是生殖人口的無限衝動。而一九四九年以後建立的人民公社體制實行了大部份糧食按人頭均分的分配機制，在口糧不足的情況下，單身體壯勞力的口糧甚至不如多子女家庭寬裕，形成了「做得多不如

生得多」的局面，這又加劇了農村人口的生殖衝動。改革開放後恢復了以家庭為生產單位的小農經濟，人口生殖狀況同樣令人焦慮，許多民間進行的調查都指出了這一點。據對廣東電白縣正北豐村的調查，該村一九八○年有252人，人均0.6畝水田和0.4畝旱地（共1畝）；而到一九九八年該村人口已達536人（不包括遷出的6戶共32人），而由於徵用、建房等原因，人均耕地已不足0.28畝。一個生育周期（20年）不到，該村人口就翻了一番多，全村沒有一戶是獨生子女，戶均超過4胎，最多的達15胎（存活12胎）。在當地村社文化中，家庭擁有兒子的數量仍然決定着一個農戶在村中的地位，村民對節育並無認識，不會揭發超生現象。[1]安徽省蕭縣大屯鎮徐屯村村民曾向《半月談》記者反映：從過去的老支書到現任村支書、村主任，多年來就一直公開出賣准生證，將此作為「發家致富」的捷徑；第一胎價格從30元上漲到了200至300元，生多胎的則漲至上千元；幾年來該村先後賣出准生證200多個，村幹部藉此收款約3萬餘元；村幹部自己也帶頭超生，現任支書40多歲，有3個兒子，其長子又生了3個孩子；計生專幹張某30多歲，生了4個孩子，村委會主任的2個兒子生了7個孩子；老支書的侄子生了5個孩子。該村上報人口2,106人，而實際人口已超過2,330人。[2]筆者到過的農村，發現農民家庭很少有獨生子女戶，均是多胎化生育，「有權的憑權生，有錢的買着生（付超生罰款相當於買超生指標），無權無錢的就逃着生（逃離本鄉以便超生）」。雖然計劃生育號稱是「基本國策」，但不少農村基層幹部實際上卻將計劃生育罰款作為一種尋租的機會，聽任農民多生、超生，罰款收入主要用於改善幹部們的福利或修建鄉村幹部的辦公場所。各種渠道的信息表明，很多鄉村的計劃生育實際上處於失控狀態，實際人口數與上報數嚴重不符。如一九九一年至一九九八年四川省就清理出漏統人口 40.72 萬人。[3]

但即以官方承認的數據而論，中國人口也佔全世界人口總數的22％，而中國的耕地卻只佔世界總耕地面積的7％，人均耕地已降到預計下世紀中葉才達到的 1.2 畝（0.08 公頃），已達到嚴重超負荷承載的極限。

與其他農業國邁向工業國的國家現代化進程相比，中國存在着一個相當獨特的現象，在農村耕地面積總體減少與人均耕地降低的同時，農戶總戶數卻在增長。這一現象正好與農戶總數減少，戶均耕地面積加大的國際趨勢完全相反。一九七八年，中國耕地面積為 99,938.5 千公頃，人均 1,030 平方米、戶均耕地面積 5,730 平方米；到了一九九五年，在耕地面積下降了4.5％、變為94,970.9千公頃時，人均面積卻鋭減24.3％，降至780平方米(0.078公頃)，戶均面積鋭減28.8％至4,080平方米（0.408公頃）。[4]這個驚人的下降速度導致的直接結果就是農戶經營規模繼續縮小，農村剩餘勞動力繼續增加。這種耕作規模小型化距離現代農業所要求的農民人均耕種面積相距越來越遙遠。

而更危急的是這個龐大的人口基數增長慣性將一直延續到下一世紀中葉。據人口專家們測算，假如總和生育率保持在更替水平上，總人口高峰可以控制在 15 億。而如果按目前這種趨勢發展，到二十一個世紀中葉，中國的人口將達到17至18億，這個數目無論如何都使人感到不安。因為據中國科學院國情研究中心公佈的資料，中國的整個自然環境最多能容納15至16億人口，許多短缺性資源能容納的人口低於10億。也就是說，中國的人口規模在二十一世紀第二個10年末將達到環境的最大容量值。據粗略統計，中國每年財政收入的1/3要用於新增人口和安排就業及退休人員。中國社會在長時期內將存在的經濟社會問題，如就業、新生貧困人口、社會治安等一些社會難題，無一不和人口過多有關。

人口問題的實質，是人作為生產者和消費者之間的矛盾，是人口無限增長的趨勢與人類賴以生存的地球空間、自然資源的有限性之間的矛盾。人口的膨脹給整個環境帶來壓力，影響到人們社會生活的各個方面。中國作為發展中國家，所面臨的人口壓力已成為現代化進程中最主要、也是最根本的制約因素。這一點，在二〇〇〇年表現得尤其有象徵性。這一年，中國自稱經濟已經初步復甦，改變了連續幾年增長速度下降的趨勢，年經濟增長的速度達到8%。然而就在中國自稱的經濟繁榮背後，社會狀況並沒有隨着經濟增長而好轉。具體表現在：貧富差距繼續拉大，就業狀況沒有好轉，各種社會問題仍在繼續惡化。這幾項指標中最重要的是就業狀況。從一九九七年以後的情況看，經濟增長並沒有帶來多少新的就業機會：

表：8-1

中國GDP增長率與就業增長率（%）

年份	GDP 增長率	就業率
1997年	8.8%	1.1%
1998年	7.8%	0.5%
1999年	7.1%	0.89%
2000年	8.0%	0.79%

根據中國統計年鑒（二〇〇一年）資料，可計算得出中國的真實失業率至少為20.2％。[i]剩餘勞動力的出路，必將成為中國最為嚴峻的社會和經濟發展問題。

2、「二元」戶籍管理制度下的農村城市化

在分析中國城鄉關係、勞動力市場、勞動力轉移等問題的時候，必須要借用著名發展經濟學家威廉．阿瑟．劉易斯(W. Arthur Lewis，一九一五至一九七九年諾貝爾經濟學獎獲得者）的「二元經濟模型」理論。這一理論認為，所謂「二元經濟模型」有三個特徵：第一，它包括「現代的」與「傳統的」兩個部門，現代部門通過從傳統部門吸收勞動力而獲得發展；第二，在提供同等數量與同等質量的勞動條件下，非熟練勞動者在現代部門比在傳統部門得到更多的工資；第三，在現行工資水平下，對現代部門的勞動力供給超過這個部門的勞動力需求。有趣的是，據這位經濟學家聲明，為了避免感情上的痛苦，他不用「勞動力過剩」這一個詞來表述發展中國家的勞動力無限供給(Unlimited Supplies of Labor)這一事實，而用「在現行工資下，對現代部門的勞動力供給彈性(Elasticity of Supply)是無限的」這一頗學術化的語言來表述同樣的事實。

i　勞動年齡人口扣除從業人口即為失業人口。按照這個口徑計算，二〇〇〇年中國失業人口為1億，失業率為12.4％；但是要注意兩點：第一，中國政府刻意用數字遊戲掩蓋真實失業人口資料，在國家統計局統計的城鎮就業人口中，包括一部份未在任何行業或機構就業的隱蔽失業人口(即下崗、待崗人員)，這個數據一九九九年為5,438萬，二〇〇〇年為6,286萬，如果把這6,286萬隱蔽失業人口計入失業總數，二〇〇〇年中國的失業率至少為20.2％，全國失業人口總數在1.63億以上。第二，由於國家統計局將未充分就業的農民計入就業人口，所以如此計算的失業率仍然是低估的。

但中國的情況不同於一般發展中國家，不但存在着「二元經濟結構」，還存在着「二元社會結構」。戶籍制度把十多億中國人分為「農業」和「非農業」兩大類別，維持這種結構的是有關社會福利的13種制度（從九十年代中期起，有些制度如糧油供應制度等已廢除）。考察中國農村城市化道路，就會發現其受制於「二元社會結構」而產生的種種特點。

中國農村城市化道路開始於八十年代初期。可以説這條道路上有三個里程碑：一九七九年《中共中央關於農業發展若干問題的決定》，在這一決定中，中國政府第一次用中央文件的形式提出了農村城市化的思想；一九八四年，中共中央發出了一號文件，允許農民進集鎮經營第二、第三產業，但是國務院發出的《關於農民進集鎮問題的通知》中則規定不許進縣城，有些大膽一點的省自行開了口子允許農民進縣城；一九九三年《中共中央關於建立社會主義市場經濟體制的若干決定》中提出，改革小城鎮的戶籍管理制度，允許農民進入小城鎮務工經商。這三個中共中央文件，是推動中國城市化的三個里程碑。經歷過近20年的曲折發展，一大批繁華的小城鎮崛起，尤其是在珠江三角洲和長江三角洲，小城鎮發展特別迅速。但從九十年代中期開始，隨着鄉鎮企業發展的遲緩，中國小城鎮的發展又進入停滯狀態。中國政府在中國發展大城市以帶動區域經濟還是發展小城鎮以推動鄉鎮企業發展方面一直舉棋不定。

必須指出的是，上述三個文件中用的「允許」一詞，多少表明了中國農村城市化的被動特點。中共中央制定這三個文件時，不得不考慮中國城鄉經濟差距大，現有城市就業擴張能力和基礎設施承載能力有限等客觀因素，維持城鄉分割的「二元」戶籍管理制度。也正因為如此，中國至今還保持着典型的城鄉分立的二元社會結構。

隨着城市經濟建設的發展，每年都有至少5,000萬農民工湧向沿海城市（此數目不包括流往當地城市的農民工）。但是在戶籍制度的管理下，農民進城務工首先要辦妥相關手續，否則就會成為城市裏清查的「三無人員」——「三無人員」是中國政府自九十年代以來創設的一個名詞，指「無合法證件，無合法住所，無固定工作的流動人口」，即俗稱「盲流」。以北京市為例，一個外地農民工要想在北京合法打工，需要辦理的證件多達6～7種。這些證件包括：《流動人口證》，《暫住證》，《就業證》，《健康證》，育齡婦女的《婚育證》，《職業資格證書》等。為辦理這些證件，來京打工者每年至少需要支出450元。而且上述證件不少是需要每年更新的，也就是説，來北京打工者每年需要支出一筆相對於他們的收入來説價格不菲的支出。[5]其他城市的農民工所需要辦理的證件與北京市一樣。

面對這筆不菲的付出，許多人選擇了逃避。據官方估計，外來人口中辦理了暫住證的約佔89.6％，而外來人口中78.2％的人為務工或經商。據此估計，在京務工、經商的外來人口仍接近200萬人，而發放《就業證》的額度僅為95萬張。由此推之，黑工的數量應在100萬以上。[6]

二、城市化滯後引起的問題

目前世界上發達國家的城鎮化水平為78％，最高的達92％，中等收入國家為60％。而中國的城鎮化水平，官方估計已達30％。儘管這一估計過高，但仍然低於低收入國家的平均水平，僅與印度、印尼等國相近。由此可見，中國的城市化水平，與中國的經濟發展水平不相適應。

即使就目前中國的城市化水平來說，也存在着嚴重的問題，集中表現在城市結構極不協調：

一是城市規模過大，大城市過多，中小城市發展滯後。百萬以上人口的城市在10萬以上人口城市人口中的比重為43％。而日本、美國等國在城市化處於30％的水平時，百萬人口以上特大城市佔10萬以上人口的城市人口的比重僅為33％；中國10至30萬人口的小城市在10萬以上城市總人口中的比重為27％，而英國、法國都在60％以上。這一特點說明，中國的城市化趨勢與世界上的一般趨勢正好相反。

二是地域分佈很不均衡。主要集中在東部沿海地區，西部地區城市發展嚴重滯後。

三是城市產業結構失衡。主要集中在工業，第三產業發展嚴重滯後，特別是交通運輸業和市政基礎設施發展滯後。

城市化滯後是中國非典型化的工業化發展的一個嚴重缺陷，它使中國經濟發展面臨許多矛盾和問題。

1、二元經濟矛盾不斷拉大

改革以前，中國重工業超前發展和城鄉隔絕制度下的城市化進程，造就了十分懸殊的二元經濟結構。

一九八五年以來，由於農業勞動力向非農產業轉移緩慢，使二元經濟矛盾又進一步拉大。特別是九十年代中期以來，由於大量勞動力滯留在比重不斷下降的農業上，導致農民收入不斷下降，農民與非農民的收入差距迅速擴大。據國家統計局對29個省、市、自治區6.7萬戶農戶的抽樣調查，一九九四年前三個季度，農村居民人均現金收入為838.4元，增長33.6%；而城市職工人均工資性收入增長38%（據説有瞞報的可能），高出5個百分點。[7]根據有關統計資料測算，一九九七至二〇〇〇年，農民人均純收入年均僅增長4.0%，比一九七九至一九九六年年均增長16.0%的升幅回落了12個百分點。更為嚴重的是，一九九七年以來農民人均純收入的增長速度不僅很低，而且呈現出逐年下降的趨勢：一九九七年為8.5%，一九九八年3.4%，一九九九年2.2%，二〇〇〇年進一步降到了2.1%。二〇〇一年，城鎮居民人均可支配收入6,850元，增長8.2%；農民人均純收入2,366元，增長4.2%。較城市低4個百分點，城鄉差距繼續擴大。[8]二〇〇三年北京「兩會」期間，中國政府正式承認農民收入還在下降。

2、鄉鎮企業的低層次發展

中國農民一直存在從農業部門向比較利益較高的非農業部門轉移的強烈衝動，然而由於城鄉隔絕的「戶口」制度的限制，基本上是離土不離鄉，實行就地轉移，轉移半徑不大。農民既不將非農產業看作自己的長期生存保障，脆弱的非農業也不給農民提供穩定的工作機會。另一方面，由於城市化發展滯後，農村工業被迫就地發展，形成了十分分散的格局，致使「聚集效應」十分低下。正是由於存在這些問題，中國的鄉鎮工業長期徘徊在小型化、分散化的低層次上，難以進入現代化工業層次。到後來，這一問題是造成鄉鎮企業發展勢頭減緩，轉移農業剩餘勞動力的能力下降的主要原因。

中國的鄉鎮企業因其對中國農村剩餘勞動力的吸收，一直被視為中國經濟改革中一項引以自豪的成就。一九九六年是中國鄉鎮企業吸收農村勞動力最多的一年，超過1.3億人。此後，隨着環境問題與可持續發展問題的日益突出，鄉鎮企業的種種弊端尤其是它們對生態環境的嚴重破壞等問題日益突出，這些企業開始調整、收縮、整編、改制、淘汰。自一九九六年以後，鄉鎮企業連續關閉裁員，不但不能吸收更多新的農村勞動力，相反卻吐出了上千萬勞動力。這就使得「離土不離鄉」這條路對於廣大農村低素質勞動力來說，已經不再是一條暢通的坦途。一九九六年以後的三年中，鄉鎮企業的增長率都低於18％：一九九七年是17.8％，一九九八年是17.5％，一九九九年已經跌到14.2％。與此同時，吸收農村剩餘勞動力的能力也日漸枯竭，鄉鎮企業的就業人員以每年500萬人的速度在減少，二〇〇〇年以後，鄉鎮企業的實際就業人員已經遠遠低於1.2億人。[9]

正當鄉鎮企業開始吐出農民工時，城市吸收農民工的大門也同時變窄了。九十年代中期以前，政府一直用銀行貸款餵養低效率、高浪費、缺乏活力的國有企業，雖然暫時維持住了表面的經濟增長和城市就業，並得以迴避國有企業改革這一在意識形態、社會控制政策諸方面令政府極為頭痛的難題，但卻為銀行埋下了壞賬高築、風險叢生、金融系統可能崩潰的隱患。九十年代下半期，為了挽救金融系統免於崩潰，政府不得不部份放棄了對國有企業的保護政策，結果國有經濟部門立刻陷入破產與半破產困境，數千萬國企職工陸續下崗。為了減輕城市就業壓力，自一九九六年開始，中國4個吸收農民工最多的大城市北京、上海、廣州、深圳都制定了一些規定，要求企業僱用勞動力時必須按比例接收本地居民，從而限制外來勞工的就業，減輕本地的就業壓力。

3、產業結構不合理，第三產業發展緩慢

第三產業要依託於人口、工業相對密集的區域，這樣才能發揮其服務功能的規模效益。由於城市化滯後使人口和工業分佈過度分散，嚴重抑制了第三產業的發展，反過來又大大延緩了中國農村剩餘勞動力向非農產業轉移的過程，從而使中國的產業結構與就業結構變動，都大大偏離世界工業化發展一般規律的標準結構，由此把中國的大多數人口排斥在現代工業文明之外。

三、農村勞動力大轉移——民工潮

目前中國4.2億農村勞動力中，至少有1.6億剩餘勞動力，按政府公佈的資料，九十年代中後期鄉村勞動力年平均增長2.07％，而鄉鎮企業平均每年吸納570萬人，即使在鄉鎮企業發展勢頭最旺的九十年代中期，鄉鎮企業也只能吸納農村全部剩餘勞動力的26.6％。在此情況下，這些剩餘勞動力必然要到城市中尋求出路，這就是農村勞動力跨區域流動的原動力。中國傳媒將此現象稱之為「民工潮」。

「民工潮」的湧現是二元經濟結構下的必然產物。簡言之，中國工業化進程和勞動力轉移不同步，大量剩餘勞動力滯留在農村，使農村出現了勞動生產率低、農產品商品率低、農民收入低的「三低」現象，累積了十分突出的社會矛盾。在農村就業機會日漸稀少的情況下，農民進城尋求生存和發展的機會，實為時勢使然。

1、「民工潮」的社會效應

大量農民工進城，給中國的城市管理帶來了空前的困難。關於其社會效應，社會各界討論得很多，基本上都承認有正負兩方面效應。得到社會一致公認的正面效應是：

農村勞動力的流動有利於經濟發展和社會進步。對輸出地區來說，增加了農民收入，提高了農民的消費水平，增加了農村社會購買力。農民將部份收入用於發展第二、三產業，為農村勞動力創造了更多的就業機會。所謂「出去一個，脫貧一窩」的說法就是據此而來。一部份農村勞動力轉移到非農領域後，使另一部份農業勞動力得到更多的農業資源，為發展規模經營創造了較好的條件。如人口數量為全國之冠的四川省，每年多達600萬的出省打工人員為四川賺回了140多億元的勞務收入，成為該省發展本地經濟的一大資本來源。對輸入地區來說，從外地引來源源不斷的廉價勞動力，促進了本地第二、三產業的發展，彌補了本地經濟發展中勞動力的不足。

農村勞動力跨區域流動，不僅啟動了生產要素，溝通了城鄉關係，促進了城鄉二元結構向城鄉一體化轉變，還有力地促進了全國統一的勞動力市場的建立，並帶動了戶籍、就業方面的制度改革。此外，農村勞動力跨區域流動，使農民開闊了視野，接受了許多新事物，這對提高農民素質起到了一定的積極作用。不少外出務工經商的農民，直接受到現代工業文明和城市文明的熏陶，開闊了視野，學到了本領，他們當中很多人回到鄉下後，成為當地鄉鎮企業的技術骨幹，有的還成為農民企業家。

勞動力大規模跨區域流動，是對中國計劃經濟體制的第三次大衝擊。改革以來，中國農民對計劃經濟體制進行了三次大衝擊，第一次衝擊是農民用家庭承包責任制衝擊人民公社體制；第二次是農民用鄉鎮企業衝擊毛時代把農民排除在外的工業化方式；第三次衝擊是農民通過以尋找就業機會為直接目標的自發性大規模跨區域流動，衝擊舊的城鄉分割、區域封閉的社會經濟管理體制。但這種衝擊帶來的欣喜還未過去，人們就已經發現，農村勞動力帶給城市的不僅僅是活力，還有許多問題。

對農民大量外流在農村產生的負面效應，社會各界的看法如下：

農村勞動力的大量外流，對農業生產帶來了一系列影響。首先，由於走出農村的絕大多數是有一定文化基礎、體魄健壯、智力較高的青年農民，留下的多為老弱病殘和婦女兒童，農村勞動力的素質明顯下降，嚴重影響了科學知識的普及和新技術的推廣；其次，「離土不離鄉」的農村勞動力流動，使多數人在向外流動的過程中，不肯輕易放棄耕地，即使有了穩定的非農產業工作時還是如此。這樣既使新增的農村勞動力無法獲得土地，造成耕地資源的分配和佔有關係日益緊張；第三，外出人員無法經營土地，對土地實行粗放式經營，耕地拋荒或變相拋荒現象大量出現，許多地區的農田和農田水利基礎設施嚴重老化。

2、無奈的城市詠歎調——生活安全感下降

近 20 餘年來，中國處於一種矛盾狀態：一方面，在少數高等教育發達的大城市裏，科學技術有了明顯的進步，新興的高科技產

業在持續增長，需要不少受過訓練的高素質勞動力；另一方面是農村教育的凋敝，新增的文盲半文盲高達1億人，每年因貧困失學的兒童就達300萬之巨。這些人長大以後，根本就無法進入現代經濟部門工作，所以這種湧向城市的「民工潮」多少帶有盲目性。大多數民工並不知道城裏的實際需要，盲目奔向沿海地區及大中城市，許多人找不到工作，流落街頭。於是在各大中城市，常常遊蕩着一些身無分文，身無長技且無業可就的農民工，給城市的治安、衛生、教育等管理工作帶來了嚴重的困難。近年來城市和交通線上的偷盜、搶劫、賣淫、嫖娼、賭博、販毒等各種犯罪活動，絕大多數都是這種流民所為。中國政府的許多政策，如計劃生育、衛生防疫、工商稅收、義務教育等政策，在這一批人中根本就無法落實。

由於這些負面作用的存在，城市人對農民工的看法非常不好，認為他們的到來，劣化了城市的生存環境，破壞了社會治安，使城市人的安全感下降；而農民工則認為城市人非常勢利，瞧不起農村人。以深圳經濟特區為例，該地存在大量外來勞務工，使該地的社會治安形勢近幾年越來越嚴峻，據公安局公佈的材料，在深圳特區發生的搶劫、殺人、強姦、輪姦、賣淫、販毒等惡性刑事案件，90％以上是這些主要來自各地農村的「三無」人員所為。北京市同樣也存在一支龐大的民工隊伍，在對外地民工既感惱火且又需要的情況下，北京市政府於一九九五年上半年出台了一部《北京市外地來京務工經商人員管理條例》，希望在這部條例的規範和約束下，1,000多萬北京人能夠和300多萬外地民工和平共處。

外地民工到北京、廣州、上海、深圳這樣的地方來打工，無一不是抱着着來賺大錢的想法。在他們的想像中，城市就代表金錢。

在這些城市裏，簡直可以不費吹灰之力就可以掙到大錢。於是這些民工南下北上，東進西出，到處都湧現「民工潮」。在這些城市中，北京市和外地民工的關係很有代表性，這裏就以北京為實例，來剖析在「民工潮」衝擊下城市不堪其擾的「詠歎調」。

據一九九四年十一月十日北京市的一次定時普查資料顯示，北京的流動人口已達到329.5萬人，這些人已成為北京人生活中不可或缺的一部份。保姆、清潔工、蹬三輪車的、炸油條、開餐館的，凡是髒活累活，北京人不幹的，外地人都幹。有關統計表明，北京市環衛、紡織、礦山、煤炭等髒、重、累行業中，總共僱用 24 萬民工。 80 多萬外地建築工人，是北京建築工勞動市場的主力軍。

由於外地民工幹的是拾遺補缺的工作，而且這些工作沒人幹還真不行，所以北京人最開始還是很感謝這些外地民工，各種輿論為此很叫了一陣好。但好景不長，還在叫好聲餘音嫋嫋之時，北京人就感到事情並非那麼美妙，他們發現了民工們許多缺點：他們隨意遺污，破壞市容衛生；刺激消費，拉動物價上漲；商販們缺斤少兩，粗製濫造，所燒製的大餅、油條據説極不衛生，讓人不敢吃等等。最惱火的還是大批外地人進京帶來的治安問題，北京警方公佈，在違法犯罪案件中，不少是外地民工所為，以一九九四年為例，刑事案件中，有46％是外來民工所為。為數眾多的盲流，搶劫偷盜、殺人越貨，簡直無所不為。特別是團夥犯罪相當嚴重。近30個外地人聚居地，如新疆村、浙江村等，成了藏垢納污之所，吸毒販毒的基地。北京人用兩句話來形容這些外來民工：無所不為（指工作），無惡不作（指犯罪違法）。至於廣州，且不談「民工潮」平時的壓力，僅是每年春節前後的疏散工作，就使廣州疲累不堪。[10]

對於老百姓來說，大量民工的進城，直接影響到就業和安居。對於政府來說，這些民工的大量存在，無疑給管理帶來了極大的難度。社會各界要求加強對勞務工管理的呼聲日高。一九九五年初，北京市304名人大代表提出提案，要求就此問題立法。一部既要保護外地人建設北京的熱情，又要讓北京人滿意的《北京市外地來京務工經商人員管理條例》就在這種情況下出台。其他地方也開始採取各種措施限制民工的大批量進入。至一九九六年，延續數年的「民工潮」已沒有以往那種驚濤拍岸之勢。

3 、城市對農民工的就業限制

商品經濟的要素是自由選擇、自由遷居、自由就業、自由發展。和毛澤東統治下的中國相比，中國人現在已多少有了一點這種權利。但是對大多數中國人來說，要想實現這種夢，畢竟還有困難——這倒還不完全是中國人故土難移的稟性使然，而是中國在目前這種二元經濟結構的狀態下，勞動力呈無限供給趨勢，城市人口也面臨嚴重的失業問題。

就業形勢嚴峻，其實也不是新鮮話題，早幾年這片烏雲就已籠罩在部份城市人的頭上。不過那時城裏人還不怎麼擔憂，因為思維定勢使他們相信：社會主義餓不死人，政府總會給大家創造就業機會的。部份需要再就業的職工，對重新安排的工作還挑肥揀瘦，嫌好道醜，這不幹，那不去。這種現象在北京、上海和深圳這幾個城市中特別突出。一直到一九九四年下半年，大家才知道失業這一隻「狼」這次是真來了。國有企業改革導致的失業問題，使生存空間本就狹窄的城市負累不堪，只好將敞開的大門關緊一點。從一九九五年開始，一些大城市已做了相應的調整限制措施，如北京、上海就出台了一些對外地流入其管轄範圍的勞務工、經商人員進行管理的法規，在某些行業限制使用外來民工。一向對外來工特別寬容的深圳，從一九九五年開始，也採取了一些措施，如對外來勞務工所從事工種採取限制的方法，規定某些行業像金融、郵電、駕駛、餐廚、話務員、打字員、會計員等，一般不再僱用外地勞務工。這些措施還不能被指責為「地方保護主義」，因為這些地方政策巧妙地利用了一九九四年十一月勞動部頒佈的《農村勞動力跨省流動就業管理暫行規定》。該規定第五條為：當本地勞動力無法滿足需求，經勞動就業服務機構核准，確屬因本地勞動力短缺，需跨省招收人員；用人單位需招收人員的行業、工種，在本地無法招足，或在用人單位規定的範圍和期限內，無法招到或招足所需人員時，方可跨省招用農村勞動力。這個規定的出台，意味着對那些盲目進入城市找工作的民工們，城市的大門將不會再被輕易推開。

一九九六年十月中旬，農業部負責人齊景發在「全國農村勞動力開發就業交流會」上表示，解決農村過剩勞動力的問題必須遵循市場規律，而不是政府包辦。他表示，計劃體制下由政府提供崗位安排就業的做法，在今天不僅不適用於城市，更不適用於農村。勞動力市場情況異常複雜，政府沒有能力瞭解和創造各種就業機會，以往城鎮勞動力安排的教訓已說明了這一點。將來數以億計的農民就業問題，政府更是包不起，勞動力的供求銜接只能依靠市場來完成。這次會議傳達的資訊可以被視為中國政府對待農村剩餘勞動力政策的轉捩點。

四、勞動力的過度供給與農民工的悲慘處境

1、農民工的悲慘生存狀態

從一九九六年開始明確的從嚴控制農村勞動力向城市轉移，已説明中國消化天文數字般的農村過剩勞動力（至少2億人）已經成為一件不可能的事情。低素質勞動力的無限供給將成為中國社會發展的一個瓶頸。

對城市來説，民工潮的波濤洶湧之勢確實已經暫時減弱，但對中國社會來説，這並不意味着問題已得到實質性解決。從一九九六年以後，無路可走的農民工像洪水般四處漫溢，據新華社二〇〇三年七月三十一日報導，二〇〇二年，中國有9,400萬農民工流向城市，這個群體近五年來以每年500萬左右的數字增長。有關調查顯示，中國農民收入17％來自勞務收入，其中勞務輸出大省安徽和四川，這個比例高達30％，而農民收入增長的41.8％依靠外出務工。外出務工已經成為中國許多地區農民收入的主要來源之一。這種極度傾斜的勞動力供給市場使農民工的生存狀態陷入非常悲慘的狀態。

農民工離開家鄉之後，多在「三資」（港、台、南韓投資）企業、鄉鎮企業及私營企業這類勞動密集型企業工作，這些企業具有勞動強度大、超時工作多、工資低、勞動保護設施差等特點，是中國勞動爭議及勞動事故多發的企業。一般來説，農民工容易受到下列幾種侵犯：

(1)勞動強度大，勞動時間長。廣東沿海地區的三資企業2/3以上都需要超時工作，有時甚至發生工人過勞死現象。筆者一九九八

年十二月就曾親自處理過一起民工過勞死事件，年僅25歲的江西農民工徐章水在深圳四海製衣廠打工，被老闆強迫連續工作48小時而活活累死。一份調查報告曾談到河南省私企竟有2/3強迫工人超時工作，有的農民工每天的工作時間竟達14小時以上。[11]另一項專門針對非公有企業（含三資企業與私營企業）女工的調查表明，每週工作44～48小時的女工佔被調查者的41.1%，一週工作在49～56小時者佔22.9%，每週工作57小時以上的佔10.2%，其中最長者竟達84小時，而政府規定的每週勞動小時只有40小時。[12]

（2）各類工傷事故頻繁。這裏僅以「三資」企業較為集中，現代文明程度較高的深圳為例。據調查，深圳每天都要發生工傷事故30～50起。該市工廠集中在寶安區與龍崗區，一九九七年寶安區共發生工傷事故6,865宗，龍崗區發生4,000起。據社會保險局說，這還只是參加了工傷保險的事故，「私下了結」的不在此計算當中。[13]一九九八年深圳市外來農民工傷殘11,415人，死亡80餘人。[14]作為對外展示中國現代化成就的深圳尚且如此，其他地區農民工的待遇則更糟糕。尤其是在私人承包的各類礦山，死亡等工傷事故經常發生。根據筆者多年搜集到的不完整統計資料，可以看出農民工的工作條件之惡劣：一九九〇年全國礦山死亡10,435人，一九九一年9,777人，一九九二年9,683人[15]，一九九五年礦山事故死亡10,572人，一九九六年9,974人。[16]一九九七年三月四日至四月十一日，山西省白河縣一地在外做工的農民，在三次煤礦事故中共死亡98人。據該縣政府統計資料，自一九九四年以來，白河縣每年外出打工的農民高達2.2萬人，而每年因各種事故死亡的人數達80人以上，重傷致殘20人左右。[17]安徽省私營企業僅一九九八年一年就發生各類火災1,032起，死32人，燒傷96人。[18]二〇〇一年廣西南丹煤礦事故發生後，人們才知道每年該礦向外公佈的死亡人數遠遠少於真實死亡數字：二〇〇〇年因事故死亡259人，只報了57人；二〇〇一年一至七月，因事故死亡264人，只報了94人。[19]而這類瞞報事故中死亡人數的事情在中國是非常普遍的事情。二〇〇一年十二月三十日，江西萬載爆竹廠發生大爆炸，此次事件發生後的18天，中國國家安全生產管理局舉行了有關生產安全的新聞發佈會，會上一些記者就一些地方政府抗拒輿論監督並毆打新聞記者一事提問，該局主持會議的一位副局長竟然作出如此回答：「安全生產事故的報導，原則上要求不炒作、不渲染，應該有利於社會的安定團結」，「對事故的現場報導，傷亡人數，處理情況應該遵循統一調度。」[20]據新華社二〇〇三年二月二十四日一條簡短的消息，國家安全生產管理局的統計數字透露：二〇〇二年一共發生各類事故107萬起，接近14萬人死亡，其中工礦企業發生的事故就多達14,000起，大約15,000人死亡；發生了26萬起火災，死亡2,400人——每次煤礦事故只死亡了一個人，每100起火災只死亡了不到一個人，這種在政府「統一調度」下公佈的統計數字實在讓人難以相信。

(3)工作環境不安全，職業病高發。鄉鎮企業、私營企業以及一些港台資企業的工作環境差，沒有勞動保護設施，急性職業中毒事件時有發生。截至一九九七年，中國塵肺病人累計有53萬，其中12萬人死亡，每年平均死亡約6,000人。[21]據二〇〇〇年國家衛生部發佈的統計報告，當年各類職業病共發生11,718例，比一九九九年增加了14.5％。在總病例當中，塵肺病佔77.7％，慢性職業中毒佔10.2％，急性職業中毒佔6.7％。[22]其中最典型的是急性苯中毒事件，一九九九年一月至二月，福建省閩清縣如意箱包廠發生急性苯中毒6起，其中一人死亡；與此同時深圳龍崗龍興皮件廠也發生苯中毒事件。據披露，福建製鞋業是主幹行業，因此也是苯中毒大省，截至一九九九年，該省已經有200多人死於苯中毒。[23]一九九七至一九九九年，上海市郊區一家鄉鎮辦製鞋廠投產三年，就發生慢性苯中毒事件18例，中毒工人患再生障礙性貧血，一名女工死亡。鉛中毒之類的事情也時有發生。[24]

(4) 拖欠、克扣工資現象嚴重。這在私營、港資、台資企業中時有發生，這些企業的老闆認為這是控制與管理的經濟手段。一九九八年各級勞動仲裁委員會僅受理勞動報酬案件就高達31,396件。[25]另一項調查表明，在中外合資企業中因勞動報酬而引起的勞資衝突佔各種衝突總量的75.8％。[26]二〇〇〇年六月至十二月，深圳市華清苑建築工地老闆拖欠2,000多工人工資達1,000多萬元；深圳明思克置業老闆共拖欠53名員工工資18萬元，悄悄潛逃。[27]二〇〇一年二月九日，浙江義烏市蘇溪鎮徐豐餅乾廠工人徐冬根向廠方索要被拖欠的工資，竟然被暴打身亡。[28]一九九九年一月至二月，哈爾濱《新晚報》記者金焱與她的同事一起為3,000多名打工者討回欠薪400多萬元，被傳為一時美談。[29]

(5)人身虐待時有發生。近年來這類事件著名的有：一九九八年廣東東莞清溪鎮展翊廠（台資廠）接連發生40多位農民工發生斷指工傷事故，該廠工人經常被工頭毆打。[30]二〇〇〇年一月，上海浦東南匯四川打工妹劉文英因要辭工，惹怒老闆夫婦而被砍斷兩根手指。[31]深圳大白豚桑拿中心經常對員工實行脫衣搜身，一位叫阿珍的按摩技師自二〇〇〇年十二月至二〇〇一年三月這段時期，被強制脫衣搜身39次。[32]鄭州溝趙鄉玉林磚廠老闆對待工人像對待牲口一樣，工人每天從清晨4點要幹到晚上八點共16小時，吃的是發餿變質的霉米飯，人均居住地不到1平方米，動輒就得挨監工與打手的毆打，有的工人被打斷胳膊，得不到醫治而殘廢。工人連辭工的自由都沒有，每天被嚴加看守。[33]

上述企業的老闆之所以有恃無恐，就在於得到當地政府官員與國營大礦負責人的支援。已有不少調查材料表明，事故頻發的小煤窯之所以能夠大量存在，與地方政府將其視之為小金庫有關。湖南永新縣郊鄉的鄉幹部每天輪流到該鄉的小煤礦「值班」，其實就是收「規費」，每天1,200元。[34]還有的小煤礦就是國營大礦的負責人開辦，再承包或賣給其他小礦主，用以謀利。由於上述這些人構成了一個利益共同體，所以每當小煤礦發生事故後，當地政府與國營大礦負責人總是隱瞞包庇。[35]

2、就業與犯罪

中國的人口壓力，早已從各方面顯示出來。過去幾十年，中國人實際上生活在兩個隔絕的世界裏，一個是都市中國，一個是鄉土中國。同一個中國的這兩部份的差距，是每一個中國人都能非常明顯地感覺到的。從社會生產能力來講，80％集中在城市，只有20％分佈在農村。人口的分佈則正好相反，30％分佈在城市，70％則集中在農村。這種生產能力的大小和人口數量多少的不相協調，在世界各國中，以中國為最。其直接的結果就是農村人口的大量過剩，而政府統計失業人口時，這些農村的過剩人口並不在統計之列——毛澤東時代將「人口過剩」視為「資產階級謬論」，根本就不存在「人口過剩」這種認識。日趨激烈的人地矛盾一直存在，只是在強有力的政策約束下，人們無法走出「黃土地」。

一九七八年改革開放以後，政策的鬆動使農民走出「黃土地」有了可能。無法再在生存空間日趨狹窄的農村裏生活下去的農民們，只有往城市裏擠，給擁擠的城市帶來了很多問題：城市居民抱怨失去了生活安全感；計劃生育部門抱怨超生遊擊隊使人口增長處於失控狀態；勞動部門抱怨他們搶去了城裏人本來就不怎麼富餘的飯碗，使本來就嚴峻的失業問題更為突出；公安部門抱怨流動人口使城市的治安形勢變得相當嚴峻。總之，社會無法再忽視這一問題：農村剩餘勞動力大量湧入城市，由於其數量往往超過就業崗位的實際需要，結果使城市裏常常流動着不少身無分文又無事可做的民工，這無論是對城市的治安管理，還是民工本身的發展都極其不利。

近年一個名叫傑里米·裏夫金的美國人寫了一本書，叫做《工作機會的終結：全球勞動大軍的萎縮與後市場時代的來臨》。筆者在這本書中説，當今世界上兩大突出問題是就業與犯罪，這兩個問題是交織在一起的。人們失去工作機會會導致「出現一個無法無天的階層」，這個階層以犯罪為最後的手段。如果將中國的人口、就業和犯罪率這幾者聯繫起來，會發現其中有着千絲萬縷的聯繫。因為安分守己是和安居樂業聯繫在一起的，既然連安居樂業都沒有辦法做到，那就只有一途：掠奪別人的財物以維繫自己的生存。

大量資料表示，用「犯罪浪潮」這個詞來形容中國目前犯罪率逐年上升一點也不為過。一九九五年全國共判處殺人、搶劫、強姦、流氓、爆炸犯罪、涉槍犯罪、帶黑社會性質的集團犯罪、毒品犯罪、拐賣婦女及兒童等犯罪分子共274,914人。一九九九年全國法院全國法院全年共審結一審刑事案件53.9萬餘件，比上年上升12.27％；判處犯罪分子663,518人，比上年上升14.02％。二〇〇一年刑事犯罪繼續上升，高達729,958件。[36]根據各地被捕罪犯的身份來分析，犯罪率高發群體就是上述社會邊緣化群體。這些邊緣性群體成員的犯罪動機，不能用西方社會犯罪學中常用概念來説明。

西方社會總是用犯罪者的反社會態度來説明其反社會行為的根源，而中國這些邊緣化群體的犯罪現象卻很難用反社會態度來説明他們的犯罪動機。事實上，通過對大量犯罪者素質的綜合分析，這些犯罪者都是半文盲或文盲，對整個社會根本就缺乏一種系統的瞭解。他們的犯罪目的往往非常直接，主要指向是劫財劫色，尤其是財產型犯罪非常普遍。有些研究者認為現在社會分配不公導致財產型犯罪加速增長，是犯罪者反社會態度的一種表現。這種看法是對當代中國刑事犯罪者素質的一種過高估計，尤其是用於分析以貪污腐敗為主要內容的經濟犯罪與以販毒或財產型犯罪為主要內容的刑事犯罪顯然已不合適。

中國邊緣群體犯罪之兇殘，既與他們長期以來的生活狀態有關，也與共產黨意識形態教育缺乏人道主義精神，不珍視人的生命有關。這些大量流入城市的民工，往往由於他們的家庭過度生育而處於極度貧苦之中，無法像正常家庭的後代一樣獲得上學、就業及技能訓練的機會，這就使他們幾乎是「先天性」地處於社會邊緣狀態。在現代文明日益發達的今天，這些邊緣性群體成員由於他們本身的素質，只有少部份人能憑藉自己的能力抓住機遇，改變自己的邊緣性地位，因之他們比其他社會成員更直接地感到各種社會壓力。在巨大的生存壓力下，他們都感到自己越來越無法發展自己的能力，開拓那不可知的明天。在感到自己有被文明社會摒棄的可能這種焦慮中，一些人用犯罪手段來達到佔有財物的目的自然就成了可能的選擇。在對很多「三無」人員犯罪實例的分析中，可以很清楚地看出這些犯罪者的素質之低下：不少人在搶劫強姦以後，其活動半徑仍不超出原有活動區域，公安人員只要有點耐心守株待兔，不出幾天就能將人捕獲。這類情況可以説明這些犯罪者對自己的行為後果都缺乏瞭解。在犯罪者對自己犯罪動機的闡釋中，沒有幾個「三無」人員能對自己的犯罪行為作出除佔有他人財物衝動之外的任何解釋。只有幾個人認為自己因看到城裏人生活好而強烈不滿，仇視城裏人，而萌發要搶劫的念頭。二〇〇一年在中國轟動一時的張君犯罪集團的主要人物，基本上都出身於多子女的貧困農民家庭，張君自己就出身於有兄弟姐妹七個的多子女貧困家庭。這些人的共同點是家裏生活貧困，在農村找不到生活出路，又沒有進入現代城市經濟部門工作的技能與知識，最後在生活所迫之下鋌而走險，結成團夥搶劫殺人，以獲取金錢。從一九九八年四月至二〇〇〇年九月一日，先後搶劫殺人22次，導致28人死亡。而就在張君被審判的同時，張君故鄉湖南安鄉就有一批農村青年因為無業可就，提出向張君學習，成立新的搶劫集團，作案多起，安鄉城紛紛傳言出了「第二個張君」。[37]

如果再進行深入分析，就會發現，犯罪浪潮迭起以及社會緊張程度與一個社會的經濟「痛苦指數」有正相關關係。所謂「痛苦指數」由失業率加上通貨膨脹率構成，一個國家的國民往往最容易直接由這兩者感知社會治道，並以此判斷自己的生活狀況在這一社會中居於何種水平。中國在九十年代中期以前經歷過高通脹的痛苦，九十年代中期以後通脹率雖然控制住，但城市裏各項加大城鎮居民經濟壓力的「改革」如住房改革、養老保險改革、教育收費制度改革等，使城市居民難以承受；而農村裏各種稅費的徵收，也使農民無法承受。可以說，將這些因素相加，中國社會的「痛苦指數」高到社會成員難以承受的程度。

犯罪浪潮波瀾迭起，最終導致各種社會邊緣組織即黑社會組織與地方惡勢力勃興。在城市中主要表現為滋生了大量次生社會集團，在農村中則主要為帶黑社會性質的地方惡勢力。它們的存在對中國社會產生了極大的影響。最具有「中國特色」的是這些黑社會組織與地方惡勢力的存在，竟與「白色世界」的社會正式控制機構（政府部門）有着千絲萬縷的關係，一些惡勢力的代表竟在「黑、白」兩道中都有一定地位。

五、流民：黑社會組織的存在基礎

城市中出現的黑社會組織，其成員大多是遊蕩在各地的大量流民。從九十年代開始，頻繁出現在報刊雜誌、電台等傳媒上的「嚴打」一詞，其目標就是針對社會上那些不勞動而又危害社會的刑事犯罪者。以一九九六年為例，從五月份在全國開始了百日「嚴打」活動後，每天見諸於報端的就是破案多少，抓住要犯多少，以及還有多少「頂風作案者」落入法網。以後每年都要在全國各地開展「嚴打」，對「嚴打」期間被抓的人，總是從重從嚴判決。但是這種聲勢浩大的「嚴打」，卻並沒有使中國人感到可以高枕無憂，因為只要對中國國情稍有瞭解的人都明白，所謂「嚴打」對於中國日益嚴峻的治安形勢來説，根本不是治本之策，因為不斷有新增的流民階層加入這支隊伍。電視裏面不斷曝光的那些刑事犯罪分子，無論是殺人搶劫、偷盜還是妓女（因為落網的妓女主要是俗稱「街邊雞」之類的下等妓女，真正的高等妓女以及「媽咪」們很少有落網者），一望而知大多來自農村。各地警方也不斷證實，城市裏刑事案件大多數是這些「三無人員」所為。從「三無」這個名詞就可看出，一個人只要落到這種「三無」狀態，就意味着基本生存都成問題。

由此觀之，這些「三無人員」犯罪，並非全由於道德原因，而是因為無業可就。只是由於這些人素質低下，一旦生存成為問題，或感到犯罪有經濟上的吸引力時，就很少受道德和倫理考慮的約束。

當今在中國的每一個城市的邊緣，即城鄉結合部，都是流民聚集之地。其中最有代表性的是北京、廣州和深圳。在北京的300多萬外來人口，由於親緣和地緣關係，自發聚集組合，形成了一些不被當今中國社會體系所認可的「村落」，這些村落被傳媒稱之為「編外村」，既有按「村民」原籍劃分的「新疆村」、「河南村」，也有按職業劃分的「畫家村」。[38]廣州、深圳等經濟發達地區，流民聚合的形式則只有親緣和地緣為紐帶的利益組合，沒有職業的組合，但流民數量卻一點也不比北京遜色。[39]這些大中城市到底容納了多少流民，恐怕沒人能拿出精確的統計資料來。以一九九六年五月廣州市在「嚴打」中進行的一次小範圍調查為例，就可見「流民」

問題之嚴重。在廣州林立的高樓大廈下面，還有不少被稱為「都市裏的村莊」的原農民村落。由於這類房子的租金相對便宜，外來人員多棲息於這裏。這些小小的村落裏，演繹着當代中國過剩人口大遷徙的人間萬象。在這些地方，幾乎可以看到全中國各省、市、自治區的人，除了農民之外，也有不少來自大大小小城市的俊男靚女出沒其間，職業複雜。據説，廣州從改革開放以來，已包容了100多個這樣的村落。一些負案在逃、帶黑社會性質的流氓團夥也藏身其中。隨着流動人口的增加，社會治安形勢日益嚴峻。近幾年整頓社會治安一直是各地政府的重頭戲，從一九九四年開始，一些地方已經提出「不能保一方平安的官不是好官」這一類口號，由此可見社會治安形勢之嚴峻。所謂「車匪」「路霸」到處都是，刑事犯罪案件越來越多，這種形勢迫使政府不停地開展針對社會犯罪的「嚴打」活動，試圖整頓日益失控的社會治安。據政府介紹，當前影響社會治安的主要問題是：重大搶劫案件明顯增多，接連發生犯罪分子以金融單位、運鈔車、珠寶金行為目標，持槍搶劫鉅額財物的惡性案件；車匪路霸行劫；殺人犯罪案件增多；一些地方犯罪團夥活動猖獗，尤其是一些帶有黑社會性質的犯罪團夥和流氓勢力為非作歹、橫行不法、欺壓百姓，成為一些地方治安混亂的主要原因；製販吸食毒品、拐賣婦女兒童、賣淫嫖娼、製黃販黃、賭博等社會醜惡現象在不少地方蔓延；相當數量的槍支彈藥、爆炸物品和管制刀具流入社會，對社會構成極大威脅。[40]

流動人口增加導致社會治安形勢日益嚴峻，從涉娼兇殺案件的多發就可以看出因果關係。如深圳市一九九五年發生的36宗涉娼兇殺案，被害者主要包括情婦、暗娼、鴇公、嫖客等四類人。在這些被害人當中，一是無正當職業者多，佔被害人總數的71.1％；二是外地人多，佔總數的76.3％。作案手段主要是以下幾種，一是劫財劫色。這些暗娼大多手無縛雞之力，且90％以上是外地人，且兼錢財來得容易，往往成為犯罪分子侵害的目標，嫖宿－殺人－擄財是作案者犯罪的三步曲；二是作案者以嫖為名，行劫殺之實。犯罪分子通常是將暗娼引至較偏僻的地方，殺人劫財；三是內外勾結，合謀劫殺。即暗娼或情婦將嫖客或情夫引至某預定的地點，與其他案犯合謀將對方殺死。據公安部門分析，由於色情活動是功利性極強的非法交易行為，只要雙方談妥條件，無需多加瞭解，便能達成「交易」。所以一旦有一方轉化為犯罪主體時，便具有很大的隨意性和隱蔽性，而這種人往往是公安部門平時較難掌握的「邊緣」人物，即外來流竄者。[41]

大量的黑社會組織，就誕生於這些群聚的流民當中。以深圳龍崗在一九九六年六月抓獲的一個特大販賣人口犯罪集團為例，這個集團就是一個以四川籍流民為主、以親戚血緣關係為紐帶的黑社會組織。由於這一團夥頗具規模，其運轉之「高效」也頗令人吃驚：從一九九六年一月至四月這一段短時期內，竟經手販賣了300多名婦女。[42]這些黑社會組織控制成員的手段主要是暴力和經濟手段。

指望這類流民在未來的幾十年中減少是不切實際的幻想。因為不斷增生的過剩人口，只會使流民像滾雪球一樣，越來越大。

六、值得警惕的女性犯罪比率上升現象

一份名為《值得重視的犯罪群體——女性犯罪調查》的文章指

出，九十年代以來女性犯罪人數急劇增多，比八十年代中期平均增長了30％以上。在販毒、拐賣人口、以及財產型經濟犯罪當中，都有不少女性。這點絕非虛言，以廣東省為例就可知一二。一九九六年十一月十四日至十五日，廣東省婦聯、省女政法工筆者在肇慶開會研討女性犯罪問題時曾指出，當前廣東女性犯罪呈現5大特點：一是女性犯罪的數量和比重在增加，犯罪類型呈多元化發展。一九九五年廣東抓獲的女性犯罪分子已佔抓獲案犯總數的1.9％，而到了一九九六年一至九月，抓獲的女性犯罪分子已佔抓獲案犯總數的4％。過去，男女違法犯罪多為「男盜女娼」，而現在的女性罪犯中，則有殺人、販毒、拐賣人口等多種類型。一九九六年五月間破獲的以四川梁平縣的犯罪分子為主的特大拐賣婦女團夥，同樣有不少女性參與其中。因為在拐賣人口這類犯罪行為中，由女性尤其是表面上看來清純可喜的少女出面，行騙成功率相當大，不少受騙者根本不會想到和自己年齡一般大甚至還小的女孩子竟有如此蛇蠍心腸[43]；二是犯罪人員呈多元化，案犯的文化程度普遍是初中以下，但高學歷、高層次以及中年婦女犯罪也佔相當比例。如原省民政廳副廳長蘇鳳娟鉅額貪污、受賄案即其一例。民航系統的劉伊平則貪污人民幣50多萬元，曾麗華索賄受賄700多萬元；三是財產型、暴力型犯罪突出。一九九六年一至九月，廣東省女性參與盜竊、詐騙等侵犯財產罪人數約佔女性罪犯人數的近八成。而暴力型犯罪每年以較快速度遞增；四是犯罪情節嚴重，手段兇殘。如在殺人傷害大案中，杜潤瓊一連三個多月投毒致163人中毒，18人喪生。一九九六年七月六日在從廣州開往深圳的列車上發現一具被切成7塊的女屍，其中頭顱還被油煎過，經查死者是一位風塵女子，殺害她的竟是與其關係密切的另外2位「三陪女」，目的是劫財；[44]五是犯罪形式團夥化。這類犯罪女性多混同男性一起作案，女性以色相引誘被害人，並起望風、接應、銷贓等作用。[45]深圳市一九九五年破獲的張小建殺人集團，均是外來流竄人口，其中就有5名年紀不大的女青年，專門以色相引人入圈套，幫助其團夥殺人劫車、劫財。這類事情可經常見諸傳媒的公開報導。

女性犯罪留給社會的影響較之男性犯罪要深遠得多。這「深遠」說得一點兒也不誇張，因為絕大多數女性最終都要成為母親，而母親則是兒女們的第一位教師，在人格培養上甚至可以說是終身教師，她們的行為和思想方式必將從各方面影響下一代。從母親對子女的影響力之大這點出發，可以推想，這些犯罪女性結婚生子以後，她們那種被嚴重扭曲的道德觀和行為方式必然會通過言傳身教，從各方面影響下一代。這絕非危言聳聽，而是有大量調查材料加以證實的事實。國外一項權威調查表明，犯罪者有70％出身於父母有犯罪紀錄的家庭，凡是母親有犯罪紀錄的家庭，其子女有86％以上行為不良。那些從事妓女這一「職業」者，其母親絕大多數從事過這一行業或在性問題上持相當開放的態度。

女性犯罪率上升，對中國社會的傷害將是非常長遠的。正如拿破侖所說的那樣，一個國家的未來在母親們身上。

七、「杜潤瓊事件」在人口問題上敲響的警鐘

人口問題帶給中國的負面影響已不容忽視，這方面已有發生於一九九六年初的「杜潤瓊事件」給中國人敲響警鐘。

一九九六年一月，廣東高要市金利鎮要西村村婦杜潤瓊連續投毒殺人的特大刑事犯罪案件披露以後，大多數人都覺得杜以一個普通村婦的身份，竟想整肅社會十分荒謬可笑，而筆者卻從杜潤瓊殺人所持的理由——社會問題叢生的根源是人口太多，看到了這一事件所蘊含的社會意義：人口問題必將成為社會危機的潛伏點。多年以前在寫《人口：中國的懸劍》一書時，筆者已預感到會有這種局面的出現，只是它比我預想的來得更快，且萬萬想不到的是，竟然由一個農婦用投毒殺人這種匪夷所思的非人道方式，來執行這種荒謬的「人口自然抑制」。

《嶺南文化時報》登載了一篇題為「杜潤瓊臨刑前的妄語」的採訪，詳細記載了這位普通農婦那邏輯清晰、「理論」充分，顯得很有「道義感」的臨終自白。由於這實在是一份不可多得的社會學研究資料，筆者將其中主要部份錄之於下：

記者：你為甚麼對社會現狀不滿？

杜：生活不由自己去想。現在社會上許多不正當的東西，都是因為人太多造成。社會治安不好，偷搶殺，民工沒活幹。毛澤東時代到哪個城市鋪頭都是食店，現在到處都是「雞店」(妓院)。毛澤東時代城市很少偷搶殺，現在經常看到。把毛澤東時代與社會現狀對比，覺得現在時代不正確……社會不正當的，我們需要搞一搞，對吧。

記者：一個人可以通過許多正當的途徑去關心社會，不需要投毒殺人啊！

杜：嗨，將別人放毒殺害是不對的，但用放毒方法一路去殺，人口就平衡了，自己認為怎樣公道就怎樣為自己做。

記者：你是否認為現在社會不公平而造成你的生活比別人差？

杜：為國家着想。樣樣自己有份才去想，那怎麼行？……我自己屬於窮的生活，我為大家着想……我看大局顧大局。

……

記者：你認為文革時期農民比今天富裕嗎？

杜：富就不富裕，但能長久平衡。

……

記者：你平時總笑着摸小孩的頭，到時又讓他們吃毒藥，這樣很殘忍呀。

杜：為搞國事，唯有用這樣的治療方法，這不叫殘忍。

……

記者：你懂宗教嗎？道教、佛教是怎麼回事，你懂嗎？

杜：這些我都不懂，我想又不用刀又不用槍，殺人應是這種方式。為辦好國家，要用這方法。

記者：你在村裏被人稱「律師」？

杜：平時在村裏我和個個人都談得來，所以人人都說我好，為國家做事一定要和群眾搞好關係，「啟民」很重要的。我一向做人善，做善後要變成惡，才搞得成事，樣樣都隨人，怎麼搞得成？

記者：你的這些思想是不是別人灌輸給你的？

杜：我讀過三年級，是自己想的，不為名不為利去投毒，為國辦事自己應該的。

記者：你怎麼評價自己的行為？

杜：社會人多亂，我用投毒治療方法做，為國家大部份，不是為別人說自己「叻」（厲害之意）。

——杜潤瓊並非是沒有自己思想的普通農婦，她對社會有自己的看法。這段話表明她有幾個「情結」：

一是毛澤東時代情結；二是她意識到現在的社會有諸多問題；三是她感到人口壓力太大。她是廣東人，這個地方每年的「民工潮」帶來的諸多問題使她有這種看法是自然而然的事，她自己的兒子高中畢業沒能就業，更使她對人口壓力感到可怕。她有思想但又不深刻，且兼認識有誤，於是便陷入了一種危險的信念之中。在她做着這些滅絕人性的事情所持的那種自以為正當的信念當中，可以看到社會公共價值觀念已被扭曲到了何種可怕的程度。

杜潤瓊事件所發出的危險信號應引起全社會的高度警惕。

筆者認為，通過這一事件，社會應該充分注意到這一問題，即對改革究竟應該怎樣看？這方面絕大多數知識份子是有清醒認識的，沒有人會懷念反右、文革那種被剝奪精神生活，10億人民一個大腦，赤裸裸地鼓勵虛偽和無恥的時代。更何況所謂「腐敗問題」「人口問題」等許多弊端並非改革所帶來的，它有着深刻的體制根源和歷史根源，中國的社會主義制度從開始的那一天就注定了中國的歷史命運。這一點當然不是杜潤瓊這類農婦所能認識到的。她是一個40來歲的中國農婦，所經歷的無非是「文革」和「改革」兩個時代，在其成長階段所吸取的精神營養都來自於「文革」時期共產黨的意識形態教育，這從她在法庭上說的「殺得屍骨成堆，繼續前進」那種文革式政治語言，以及她認為為了自己認可的「崇高」目的，可以不擇手段去「辦好國家」的信念中可以得到證實——因為這正是「文革」那種血腥的政治理想所培養出來的信念。杜的生存能力在平均主義盛行的年代裏沒有受到挑戰，而在社會轉軌期卻因其生活狀態受到懷疑。她個人自視甚高，卻沒能「發」起來，她對改革後的局勢判斷與其生存狀態有關。個人願望受挫後的失落，一旦與對時代的錯誤判斷結合起來，就演化成對社會的慘厲報復。這種心態在中國有深厚的歷史土壤，從水滸英雄自以為「替天行道」就可以任意剝奪他人的生命，到杜潤瓊自以為「為辦好國家」就可以用毒死別人的方法來控制人口，這兩種思想有一脈相承的關係，似乎自古以來，中國文化在珍視自己的生命和生活，與珍視別人的生命與生活這兩者之間，始終沒有建立一種因果鏈。

經過這樣一件事情，至少可以使公眾更明白一點：社會改革選擇從上到下有序進行的方式，是中國社會唯一可以避免大的社會震蕩進行社會轉型的機會。對於社會來說，「流氓無產者意識」或曰「暴民意識」才是改革真正的大敵。這幾年思想界對法國大革命的歷史經驗總結得已經很有水平，可惜這只是思想界一部份人的認識。據筆者所知，有部份人居然還在設想通過「紅衛兵運動」來達到「均貧富」的目的，我不敢設想有那樣的事情出現，但我肯定那樣做的結果，只是使中國陷入無邊的苦難之中。

八、人口問題：古老的祭壇

但是將眼光放長一點，就會認識到人口問題確實是中國社會帶有根本性質的問題。在杜潤瓊的法庭辯護詞中，她一再聲稱自己殺人是「為國家，為人民」，是因為這個國家「不正當」，到處充斥着腐敗與犯罪，而罪惡的總根源則是人口太多，常規方式無法控制，她需以殺人方式控制人口，以便活着的人能夠過好生活。這種辯護的危險性在於其似是而非，很容易誘使素質低下的人相信並跟隨。說這種信念錯誤，是因為在人類社會，任何人都不擁有剝奪他人生命的權力；說它「似是」，是因為中國人口確實太多，很多問題都是由此而產生。

在《人口：中國的懸劍》一書中，筆者談的主要是歷史，但其針對的卻是現實，是成書時的中國現實和歷史的對話。思想界的朋友也知道，自寫完那部書以後，我很少再談中國人口問題。這倒也不完全是因為我個人興趣轉換到「國情研究」所致。而是因為我覺得人口問題對中國社會現在及未來的惡劣影響已無需討論，除了那些渾渾噩噩、毫無社會責任感的人們之外，控制人口增長的緊迫性應已達成朝野共識。

但是，不談論並不等於不再關注這個問題。事實上我一直在觀察中國通過什麼樣的途徑來消化天文數字般的過剩勞動力，以及作為生育主體的農村人口的總體生育行為。因為我總有種預感：只要中華民族的大多數人不改變落後陳腐的生育習慣，我們最後必將受到大自然非常慘厲的報復。在人口問題這個古老的祭壇上面，中國社會的發展和安定，以及文明和進步的積累，總是作為祭品擺在那裏。

人口壓力造成的環境污染已不容忽視。一九九六年六月五日國家環境保護局發佈全國環境公告，從這一公告可以看出，由於中國人口對環境的壓力過大，經濟增長較快，加之技術與管理水平較低，環境污染和生態破壞的現象特別嚴重。與一九九四年相比，城市的環境污染呈加重趨勢，絕大多數河流均受到不同程度的污染，相當多的城市地下水超採嚴重。隨着鄉鎮工業的迅猛發展，農村的環境污染呈急劇蔓延之勢，據初步調查，全國2/3的河流和1000多萬公頃農田被污染。僅一九九五年一年，全國發生工業污染事故1,963起，其中廢水污染事故1022起，廢氣污染事故732起，固體廢物污染事故70起，雜訊污染事故40起。在上述污染事故中，特大事故56起，重大事故84起。[46]在保護環境的長遠利益和快速脫貧二者之間，不少農村選擇了後者，對環境開始了掠奪性的使用。

以淮河流域為例，該河流全長1,000公里，流域面積27萬平方公里，流經河南、安徽、山東、江蘇4省。兩岸農村為了發展經濟，開辦了不少用石灰法、鹼法和亞銨法製漿等對環境造成嚴重污染的小型造紙廠。就是這條河流，每年要接納工業廢水和生活污水23億噸，按國家地面水環境標準，幹支流總長約3,000公里的河段，已喪失使用功能。環保專家警告，如再不採取果斷措施，5年以後，這條河將不再有任何用處。淮河兒女們終於受到了自己短視所造成的懲罰：從一九九五年九月份以來，由於降水稀少，大量工業廢水滯留於淮河，飽受污染的淮河水質迅速惡化，居住在淮河流域兩岸的人飲用水發生嚴重困難。在一些鄉鎮造紙廠的周圍，農田顆粒無收。數百公里的潁河，早已變成黑水河，兩岸的農村耕牛大量死亡，不少人被硫化氫臭氣熏瞎了眼睛，還有不少人患胃潰瘍致死。[47]

貴州西部地區為了脫貧，用最原始的土法煉礦，從赫章到威寧的76公里的路上，就有6,000多個煉鉛鋅的爐子，直接威脅到不遠的草海國家級自然保護區。土法煉焦、煉硫的結果是嚴重破壞了生態平衡，煉爐四周一片赤黃，基岩裸露，土都隨着雨水流走，只剩下慘白的石頭和腐爛的樹根，像原子彈爆炸後的遺產。另一個結果是產生了大量的有毒氣體，周圍的農民大都患上了呼吸道疾病。[48]這種以污染環境、毀棄自己賴以生存的家園為代價「脱貧」的事，不獨在貴州發生，全國各地都有。據統計，由於大氣污染，農村地區居民死亡的首位原因是呼吸道疾病，一九九五年的死亡率為169.38/10萬人，佔死亡總數的26.38％；農村惡性腫瘤的死亡率逐年上升，由一九九一年的101.00/10萬人上升到一九九五年的111.43/10萬人，佔死亡總數的比例上升到17.25％，成為農村居民第二位的死因。[49]就這樣，農民生育過多使自己陷入了這樣一個經濟「怪圈」：越生越窮，越窮越生，為了快速「脱貧」又對環境掠奪性使用，最後使自己喪失基本生存條件。可以預知，照這樣發展下去，到二十一世紀，中國面臨的首要問題將是巨大的環境壓力，而不是別的任何問題。

在中國目前這種二元經濟結構下，城市現代經濟部門對剩餘勞動力的吸納非常有限，鄉鎮企業在這方面已盡了最大努力。從下列數據可以窺測到這方面工作的艱巨性：中國現有農村勞動力4.2億，預計九十年代中後期農村勞動力年平均增長2.07％，每年新增勞動力達920萬；如果按一九九三年的基數計算，到二〇一〇年預計會達到62,696.7萬——這還不包括那些漏統部份，即生活在城市邊緣、數量龐大的「超生遊擊隊」每年生育出來的人口。大量剩餘勞動力的存在已是不爭的事實，而且其人數並不因經濟的擴張而有所減少。有數據為證：從八十年代改革之初到現在，農村的剩餘勞動力從1.3億增至現在的1.6億，生產能力的擴張遠遠趕不上人口規模的擴張，農村低質剩餘勞動力幾乎呈無限供給趨勢。天文數字般的龐大人口不管怎樣，都必將成為社會危機的潛伏點。

目前中國人口問題的障礙點是在農村，而不是在城市。因為政府的計劃生育政策對絕大多數城市人口有相當大的約束力，而且已有不少城市人已意識到生育問題和生活質量的密切關係。但在廣大農村，多生多育的古老生育文化還支配着人們的生育行為。尤其是近年來各地農村宗法組織的復興，更是使中國那種「多生多育」的傳統生育文化得到了「實踐」意義上的支持：家庭在家族中的地位依賴於家中男人多，家族在農村中的社會地位更是首先由人口數量(主要是男人數量)來決定。在這種社會背景涵蓋下，即便是家中一貧如洗的農民，其生育積極性也決不比富裕家庭遜色。中國人口的總規模就在這種毫無理智的生育慣性下繼續擴大。那些體現人類關懷弱者精神的「希望工程」，其救助對象絕大多數都生長於貧窮而多育的農村家庭。這些家庭陷在「越窮越生，越生越窮」那種自封閉生育怪圈裏，壓根兒不用考慮生育行為的社會後果和後代的教育費用——他們計算「生育成本」非常簡單：有口飯吃就行。但社會出於人道主義，又必須救助這些家庭，使他們的後代享有人的基本權利，接受起碼限度的教育。從馬爾薩斯的《人口論》直到羅馬俱樂部的報告《增長的極限》，人類一切有關人口和資源的憂慮，以及有關人口危機的種種討論，離他們顯得非常遙遠。控制人口在他們看來，只不過是政府的口號和知識份子的大驚小怪罷了。由於農村基層幹部將計劃生育作為罰款的手段，所以農民對中國政府最直接的抱怨之一是計劃生育。

應對過剩人口的所有對策都不是根本性的治本之策，只能說是聊勝於無的補救措施。如將農村城鎮化和工業化作為安置農村剩餘勞動力的主要渠道；注重農村第三產業的發展，等等。說這些措施聊勝於無，是因為這些措施展拓餘地都已不大。比如城鎮化和工業化，在高潮時期都還趕不上新增人口的需要，更遑論今後平緩發展時期。

枯燥的數位所顯示出來的問題，遠遠不如實際情況那般觸目驚心。誰都知道，目前中國勞動者地位低下，其根源就在於勞動力市場的極度傾斜。在勞動者絕對供過於求的今天，即便是《勞動法》的頒佈，也無法從根本上改善勞動者的處境。更可怕的是如前文所述，不少盲目流入大城市而又無法在這些城市裏找到棲身之地的盲流，常常鋌而走險，結成一個個以偷盜、搶劫、賣淫、拐賣人口、逼良為娼、販運毒品的次生社會集團。這些集團無所不為，無惡不作，成為威脅城市安全的毒瘤。各大中城市的外來人口聚集地，往往是各種犯罪行為的集中發生地。這些處於社會邊緣的人群和他們的後代，附生在城市邊緣，他們和現代文明雖然只有一步之隔，但可能永遠也無法跨越這一步，進入現代文明。他們不能為現代文明創造多少有積極意義的東西，但他們的墮落，卻還要社會為他們付出沉重的代價。

必須再強調這樣一個事實：和其他任何危機相比，人口危機才是人類社會一種深刻的內生危機，即便中國沒有通脹、腐敗、收入分配不均等所有令人頭痛的問題，僅僅是解決天文數字般人口的生存，社會也得殫精竭慮，窮於應付。我甚至不敢想像，這樣一個充滿流民的社會，一旦失去強有力的社會管理，會陷入一種怎樣可怕的暴戾之中？這個充滿了流氓無產者意識的杜潤瓊，由於能量還不夠大，其「理論體系」構築也不完備，故此死在她毒藥下的冤魂還只有18個，倘若她能提高自己的檔次，再利用「巫術」之類去「啟民」，向一班流氓無產者灌輸「為辦好國家」的人擁有剝奪他人生命的權力的「文革式」信念，這個社會將會怎樣？其情景之可怖，已有被杜潤瓊毒殺的18條生命和中毒的160多人，及數千被毒死的牲畜擺在面前，實在令人不敢想像再有這樣的場面出現。

借用當年馬爾薩斯在《人口原理》中所說的那名著名的話：「雖然人類制度似乎是人類許多不幸的明顯的突出的原因，其實，這些制度與自然法則（即人口增殖）所引起的根深蒂固的罪惡原因相比，只是輕微而且浮飄的東西。」如今中國雖已到了這種人滿為患的地步，卻也不能因此就賤視人的生命。在人口和環境這個方程中，中國更不能期望單靠技術上的解決方法使自己擺脫這種惡性式循環，還必須依賴教育來提高人的素質。杜潤瓊事件的啟示是：所謂道德教育再也不能依靠單純高唱「利他主義」高調，或者簡單的遵紀守法，應當喚醒每一個人的良知。社會良知已經是中國社會道德的最後一道防線，除此之外，中國已沒有別的防線可守。不過必須強調的是，這道防線還必須與強有力的正義制度相結合，也就是說中國必須建立一個能夠降低社會不滿情緒、能夠體現人類公平正義原則的社會制度，否則前景堪虞。

對中國來說，當前和今後全部問題的關鍵不僅僅只是民族的生存，而是要避免讓中國人在毫無價值的狀態中生存。

第八章註釋

1. 陳鋒：「正北豐村調查」，載《嶺南文化時報》一九九八年十一月二十日。
2. 《半月談．內部版》一九九八年十二月。
3. 「四川人口『黑洞』觸目驚心」，《深圳商報》二○○○年七月十四日 A9 版。
4. 「農村，不可忽視的支撐點」，《中華工商時報》二○○○年七月二十五日。
5. 《財經》雜誌，二○○一年第 10 期。
6. 《中國青年報》二○○一年十一月二十一日。
7. 《粵港信息日報》一九九四年十二月二十九日。
8. 《中國統計年鑒》(一九九七至二○○一年)
9. 「農業和農村經濟面臨新問題」，《中國經濟時報》二○○○年三月三十日第 8 版。
10. 《中國市場經濟報》一九九五年五月二十四日。
11. 《勞動內參》一九九七年四月第 41 頁。
12. 朱敏：「非公有企業女工調查報告」，《北京社會科學》一九九八年四月。
13. 《深圳商報．深圳周末》一九九八年九月二十七日。
14. 《中國合作新報》一九九九年六月二十一日。
15. 「我國職業災害概況和對策」，《勞動安全與健康》一九九六年一月號。
16. 《勞動保護》一九九七年六月：「一九九六年全國安全生產情況通報」。
17. 《勞動保護》一九九七年九月。
18. 《中華工商時報》一九九九年二月二十七日 1 版。
19. 《南風窗》二○○二年六月上，「解密南丹人禍」。
20. 《法制日報》(北京) 二○○一年一月十七日。
21. 《羊城晚報．新聞周刊》一九九九年五月二十日至五月二十六日：「生命的哀號」。
22. 新華社北京二○○一年四月九日電，載《深圳法制報》二○○一年四月十日第 4 版。
23. 《中華工商時報》一九九九年三月十七日 A7 版。
24. 《勞動安全與健康》二○○○年一月：「來自鄉鎮企業的警報」。
25. 《勞動與爭議》一九九九年第 5 期第 17 頁：「一九九九年勞動爭議處理情況分析」。

26.《新華文摘》二〇〇〇年六月號。
27. 均見於《南方都市報》二〇〇一年一月六日 A07 版。
28.《金華日報》二〇〇一年二月十九日第 1 版。
29.《周末》一九九九年三月十二日第 3 版。
30.《羊城晚報．新聞周刊》一九九八年十月二十二日至十月二十八日，第 2 版。
31.《南方都市報》二〇〇〇年一月十七日 17 版。
32.《南方都市報》二〇〇一年三月二十五日 A06 版。
33.《羊城晚報．新聞周刊》一九九九年六月，總第 130 期。
34.《南方都市報》二〇〇一年六月九日，A18 版。
35.《中國經濟時報》一九九八年六月三日第3版：「鄉鎮煤礦為何事故頻發」；《中國礦業報》一九九八年十二月二日：「腐敗：小煤窯之根」。
36. 據一九九六年、二〇〇〇年與二〇〇二年最高人民法院報告。
37.《南方周末》二〇〇一年四月十九日。
38.《粵港信息日報》一九九六年五月十八日。
39.《粵港信息日報》一九九六年五月十八日。
40.《中華工商時報》一九九六年四月二十九日。
41. 余文東：「致命的慫壑——對深圳市涉娼兇殺案件的調查分析」，《深圳法制報》一九九六年一月十日。
42. 見一九九六年六月《深圳特區報》、《深圳法制報》及深圳電視台等傳媒的連續報導。
43.《深圳商報》一九九六年六月十六日。
44.《粵港信息日報》一九九六年八月二十四日：「風塵女子碎屍案」。
45.《深圳特區報》一九九六年十一月十九日：「女性犯罪比例上升案情趨重，粵婦聯女法官共商對策」。
46.《中華工商時報》一九九六年六月五日：「一九九五環境公告發佈：污染從城市流向農村」。
47.《法制日報》一九九六年四月二十二日，《南方周末》一九九六年四月十二日。
48.《南方周末》一九九六年八月二十三日：「脫貧的代價」。
49.《中華工商時報》一九九六年六月五日：「一九九五環境公告發佈：污染從城市流向農村」。

第九章　農村社會的變化與地方惡勢力的興起

自從一九七八年農村改革開始以來，中國農村地區曾經歷過一段短暫的繁榮之後，至九十年代中期，農村發展陷入了停滯狀態。在腐敗泛濫的軟政權化狀態下，一輪又一輪的所謂「改革措施」出台，更多地是為鄉村幹部的既得利益服務。這種社會政策一方面改變了農村社會整合機制，另一方面加速了鄉村的黑社會化進程。本章主要探討農村社會內部控制關係的變化以及鄉村社會的重組過程。

一、農村社會的重新整合

中國的經濟改革，使中國農村地區發生了非常巨大的變化，原來的社會組織農村人民公社已基本解體，代替人民公社和生產大隊這種基層組織形式的村委會，無論從其內涵還是從其與當地人民的關係上，都發生了巨大的變化。但由於各地的歷史文化積澱很不一樣，決定了這種變化呈多種形態。這樣一種變化，可稱之為農村的「重新整合過程」。這一重新整合過程使廣大鄉村處於空前的渙散狀態。但是農民需要組織，在這種情況下，各地農民都根據自己本鄉本土的條件，因地制宜地創造了自己的組織。高工業化、低集體化類型被稱之為「工業化的市場模式」；高工業化、高集體化則被冠以「工業化的組織模式」。但這兩類模式覆蓋的地區不廣，低工業化、低集體化模式才是當代中國農村的主流模式。

1、高工業化、低集體化類型

東南沿海地區屬於這種類型。理論界將這類地區稱之為「工業化的市場模式」，如廣東佛山、中山、順德及浙江溫州等地。其中以「溫州模式」最為突出，這種模式的特點是地方政府比較尊重市場的主導性與民間的自發性。這些地區由於經濟發展較早，經濟類型的多樣化以及相對獨立的自主性社會力量的發育，為經濟精英以及地方政治精英的成長提供了良好的條件。這類農村地區在原有的黨政幹部之外，又產生了大量的經濟能人。這些地區的宗法組織也存在並起作用，但與廣大中部地區相比，宗族組織的作用顯然要小得多。此外，由於這些地區開放較早，已越過了在親緣範圍內尋求資金和勞力的合作階段，人們已經開始以社團的形式尋求社會合作。這類地區的特點是：一方面，原來的鄉鎮政府基層組織仍然存在並起作用，其控制力當然是大大削弱了。另一方面，各種有經濟功能的社團組織，如園林協會、建築協會、家禽協會、水果業者協會等行業協會也日漸發育成熟。這種社團關係純粹是一種市場關係或社交關係，它的發展有助於鄉村的商品化和市場化，比較起廣大中部地區以親緣關係為紐帶結成宗法組織，這自然是一種進步。

2、高工業化、高集體化類型

蘇南地區和京津地區有不少屬於這種類型，如華西村、大邱莊、竇店這些有名的地方就是這類典型，理論界將這些地區稱之為「工業化的組織模式」，又稱「蘇南模式」。這種模式的主要特點是政企不分，基層政府既是鄉鎮企業的管理者，又是企業發展的資金提供者和風險承擔者。在這類地區，原來的鄉鎮政府在新的形勢下及時轉向，發揮了自己固有的組織功能，用行政化組織手段，大辦鄉鎮企業，從而使經濟組織和行政組織合二為一，兩種組織的領導人也合二而一，是典型的強政府對弱社會。經濟類型主要是集體所有制，不像東南沿海地區那樣豐富，個體、私營、聯戶等各種形式的民辦企業都有。這些地方最大的特點就是：基層權力具有繼承性，原有的鄉鎮幹部一直是當地農民信服的社區領袖。像蘇南華西村的吳仁寶，天津大邱莊的禹作敏，河北竇店的仉振亮，河南劉莊的史來賀，這些人在改革開放以前就一直是當地的基層領導，在父老鄉親中享有很高的威信，有相當強的組織能力和社會經驗。對當地農民來說，最幸運的是這些社區領袖有相當強的魄力和把握時機的眼光。這一切使他們成了改革時代的明星人物，在他們的帶領下，他們把自己的鄉土變成了富甲一方甚至富甲全國的地方。據許多實地考察的人說，這些人的統治手法是「胡蘿蔔加大棒」，用他們那種富有人格魅力的管理方式塑造着他們那方鄉土和他們的鄉親。值得探討的是，這樣一種完全依賴於個人能力、魅力發展起來的工業化，究竟能對當地社會組織和社會觀念的現代化起到多大的推動作用？禹作敏的事情表明，這種類型的社區領袖再怎樣有能力，但由於本身素質與價值觀念的局限性，無法在現代化的道路上走得更遠。

高工業化、高集體化地區的頭面人物得到政府承認是順理成章的事，因為這些領導人不少原來就在政治體制內佔有一定地位，是原來農村基層組織的負責人。換言之，他們本就是社會系統內部的基層組織力量的代表人物。如華西村的「大老闆」吳仁寶是原來的村支書，竇店的仉振亮資格更老，從五十年代起就一直擔任當地的村支書。劉莊的史來賀更不簡單，是全國勞模，全國人大常委委員，曾在省、地、縣機關裏兼過領導職務。更兼他們是當地致富的帶頭人，無論是政治上還是經濟上，他們既受到當地人的擁戴，也能獲得政府大力支持。對這些地方來説，不存在基層權力組織更替和頭面人物換代的問題，只不過隨着時代潮流，他們統治的內容和形式發生了變化而已。一般來説，這些人只要不步禹作敏的後塵，威脅到政府利益，他們在政府內擔任各類榮銜及主宰一方政務和經濟事務，無論在民間還是在政府看來，都是天經地義之事。最值得注意的是，從九十年代後期開始，政企不分的「蘇南模式」遇到了極大困難，最主要的弊端一是由於行政權力過多介入資源配置，導致區域經濟結構雷同，企業之間產生了過度競爭；二是社區幹部對集體財產的「灰色私有」，產生了嚴重的地方官員家長作風、裙帶風氣、弄虛作假和腐敗現象，不少集體企業事實上成了家族企業。

3、低工業化、低集體化地區

廣大中部地區及安徽、廣西均屬於這種類型。這類社區農業比重大，非農產業只佔很小的比例，農業人口佔絕對優勢。雖然也出了一些先於他人致富的經濟能人，但數量少，實力也不夠強，在社區內無法形成有影響力的集團對當地事務發揮作用。這類地區在實行承包責任制以後，生產資料和集體財產都已分散到農民手中，原來的鄉村基層組織失去了對資源的壟斷及分配權，行政控制能力嚴重弱化，陷入癱瘓、半癱瘓狀態。在此情況下，由於農民需要有代表自己利益的組織出面和社會打交道，已銷聲匿跡幾十年的家族宗法組織又應運而生，湖南、湖北、江西、安徽等地的宗法組織特別發達，已成為實際掌握當地行政決策權的農村社區組織。

在上述三類地區，「重新整合」過程以不同的方式孕育了新的社會整合力量。「工業化的市場模式」和「工業化的組織模式」，只是中國農村現代化過程中的幾個樣板，他們的存在說明了中國農村在適當的領導和適當的條件下，可以走出這麼一條現代化之路，但是他們絕對不是中國社會轉型期農村社會的主流形態。值得深思的倒是在這些樣板之外的廣大農村社會整合機制類型的變化，無論是宗法組織的復興、基層政權的流氓化，還是農村社會的黑社會化，都明顯地和現代民主政治的目標背道而馳，尤其是後兩類現象，說明中國社會已經進入一種沒有希望的狀態。

二、當代中國農村宗法組織的復興

作為一個農業文明古國，中國農村的文化一直制約着整個中國文化的面貌，影響中國社會的發展進程。八十年代以來在中國農村復興的宗法組織，幾乎淤積了中國農業文化的所有歷史特徵，也從主要方面揭示了中國在現代化進程中還面臨着許多很難解決的非現代化問題。

在低工業化、低集體化地區，取代原來農村基層組織的不是上述那些農村社區精英組成的控制集團，而是宗法組織。

1、中國農村宗法組織復興的社會原因

一九四九年以前，宗法組織一直是中國社會的基本組織，宗族權力也一直是國家權力的延伸和補充，二者處於一種同構狀態。

一九四九年以後，中國政府強制性地大規模開展國有化、集體化運動，力圖打破一切帶有舊社會痕跡的社會組織，剷除以財產和地方聯盟勢力為基礎的權威。在廣大農村地區，中國政府則依靠原來處於社會邊緣的階層如貧僱農之類所蘊含的破壞力打破了原來的權威平衡，並利用人民公社這種新型社會組織形式，重新組織了廣大農民。至此，在廣大農村延續了若干世紀的宗法組織才被摧毀，宗族活動基本停止。

但是要真正消滅宗法組織這種前現代化的社會基層組織系統，唯有依靠現代化的推進來消滅其舊有土壤才可實現，而毛澤東似乎忽視了這一點，毛過分依賴個人魅力和「運動」這種手段從表面改造和控制社會。所以，從中國農村的實際情況來看，僅限於消滅了實體性的宗法組織，對宗法組織滋生的社會土壤卻沒有從根本上加以觸動，這就使得中國農村在一九八三年實行聯產承包責任制以後，宗法組織迅速在中部和東南部的廣大農村滋生蔓延。

所謂宗法組織滋生的社會土壤可以從兩方面加以考察，一方面是宗法組織賴以植根的人文地理條件依然如故。在現代化過程中，人力資源的組織方式和人們定居類型的改變是至關重要的因素。但是在這方面，一九四九年以後，政府採取的措施甚至比前現代化時期的政策更具保守性和閉塞性。前現代化時期的中國，一個明顯的特徵是對個人流動、遷徙和市場買賣的權利不加限制。而一九四九年以後的中國，卻採取了嚴格限制人口流動、遷徙和市場買賣的政策。這種硬性約束政策加強了各地區之間的封閉性和凝固性，不但使由經濟發展狀況、婚姻傳統及居住習慣所決定的農村人口分佈特徵和一九四九年前一樣，還從根本上阻斷了中國通過市場網路達到城鄉一體化的現代化道路。令人難以理解的是與此同時，中國卻提出了與上述手段相反的目標：消滅城鄉差別。由於上述政策，政府在農村推行的一系列旨在改造農村社會的運動，只是使農村社會產生了劇烈的社會震蕩，並沒有將農村社會納入循序漸進的現代化發展進程。現實表明，親族聚居這種人口分佈特徵，必然在同姓人之間自發地產生基於共同利益的相互保護、支援及聯合的要求，促使人們加強宗族性聯繫。所以，即使在人民公社時期，宗法關係還是以隱蔽的形式發生作用。很多農村的集體所有制實際上是同姓宗族所有制，基層權力組織的成員也多由宗族成員擔任，往往是一人擔任黨支部書記，必提攜其血緣近者擔任大隊會計、民兵營長、婦女主任、生產隊長、團支部書記和保管員之類職務。因此，所謂大隊黨支部會議、生產隊幹部會議，在許多地方實際上就是家庭或家族會議。

另一方面，從前現代化時期延續下來、並已深深溶入民族靈魂中的文化價值觀沒有得到改變。兩千多年來，起源於血統、身份的儀式、宗教、倫理以及法律等自成體系的社會價值觀早已成為民族精神，廣大農民的宗法思想更是根深蒂固，要改變這種源遠流長的文化價值觀，並不是幾場「運動」就能奏效的。長期以來，中國民眾早已形成了依靠群體生活的習慣，人民公社代替宗法組織後，只是改變了民眾對群體（亦即對權勢）的依附形式，並未消滅群眾對權勢的依附心理。一九八三年中國取消「隊為基礎，三級所有」的人民公社制度後，一直在依附狀態中生活的農民驟然失去對行政領導的人身依附後，頓時感到痛苦和恐懼，這種痛苦和恐懼並不能用家庭聯產承包所獲得的物質收入來補償，因為大多數人不習慣在沒有「領導」管理自己日常生活的狀況下生存。在農村社會中間組織處於空白的狀態下，血緣關係的義務和便利，很容易使農民把一向寄托於行政領導的信任轉移到同宗、同姓的強人身上，指望這些強人能保護自己，為自己及全家帶來安全感和某些經濟利益。這種心理非常普遍，筆者在調查中發現，被調查者幾乎無一例外地認為，加入了宗族，過日子就有了依靠。

2、宗法組織在中國農村的勃興

從八十年代起，中部地區和東南沿海等地農村中一些有號召力的頭面人物（多半是原來農村中的幹部和家族中的能人），就以祭祀祖先、排輩立傳、振奮族威、維護本族利益的名義，四出頻繁活動，拉贊助，花費鉅資續族譜、建祠堂、修葺祖墳，成立宗法組織，其中尤以湖北、湖南、江西、安徽、浙江、福建等地的宗族活動最為典型。

恢復宗族活動大致有兩方面內容，一方面是挖掘、恢復各種復活宗法組織所需的資源，如重續族譜，維修、擴建舊的宗祠等等；另一方面則是頒佈族規，成立宗族的領導機構。地處江漢平原的紅城、周溝、橋市、觀音、毛市等鄉鎮，從一九八五年以來就陸續開始以自然村為組織的宗族續譜活動。這些續譜活動大多規模浩大，耗資甚巨，歷時往往兩至三年。一般都是先成立「續譜理事會」(名稱不一，有的地方稱「譜局」)，其職責為考核、任命族長、房長、戶長等宗族大小頭目，並制定詳細的續譜計劃。理事會下設財經、聯絡、印刷等若干小組，分管各項事宜。族譜的內容規定從祖宗開始，所有山塘、水面、林地等財產均要入譜。收續譜費時，逢男性則收款若干，欲上「功名簿」者翻番。遇無子之戶，設所謂「望丁」（虛設一男丁姓名，以示有後），收費較一般男子為高。有的宗族還想方設法聯合別處一些同姓氏族，謂之「收族」，被收錄入族的家族須交納「入族費」。錄丁工作完畢後，就開始印刷族譜。經濟實力稍厚的，高額出資請鄉村小廠印刷，實力稍差的就自購設備列印，如湖北黃穴鎮的吳姓家族為續譜購置了影印機，李姓則購置了打字機和印刷設備，均耗資萬餘元。一套族譜少則幾十本，多則數百本。續譜完畢後，請來各地族人，宣佈族規和宗族成員名單，公開大擺筵席，進行慶典活動。這些有了族譜，選舉了族中大中頭目，構成了一定組織網路，訂有嚴密族規，規定了宗族成員的權力和義務，並定期舉行各類活動的宗法組織，已經具有實體性內容。大量調查材料顯示，這些宗法性組織已日漸在農村社會生活中發揮很大的作用，成為和政府基層組織相抗衡的社會組織。[1]從實踐來看，這些組織管理監督農民群眾的能力較政府基層組織村委會要出色得多。如震動南粵的「黎村事件」，就是廣東省博羅縣黎村的宗法勢力與地方政府抗衡的實例，這一事件從一九九一年八月一直延續到一九九四年六月，中間經過多次武力對抗，最後是政府動用武裝力量鎮壓才平息。廣東湛江雷州市草洋村的宗族勢力於八十年代中期就開始組織武裝力量，與鄰村爭奪海灘。自一九九六年開始，地方政府數度干預，都以失敗告終，一九九七年雷州市公安局副局長還在一次武裝行動中被逼得跳入海中逃命。直到二〇〇一年四月，湛江市出動 2,500 餘武裝警察，圍剿這個僅有 1,887 人的村莊，逮捕了 66 人，才算將這一宗族勢力鎮壓下去。[2]

3、宗法組織對農村社會的控制與管理

大量的法庭審理案件與調查材料均顯示：從八十年代以來，宗法活動已滲透到中部農村生活的各方面，農民的行為已逐漸納入宗法組織的控制之下。

首先是宗法組織對祖先祭祀的管理和對農民喪葬活動的監管。筆者近年曾到福建、廣東、湖南的一些地區，觀察到這些地方用於祖先祭祀的舊宗廟、祠堂正在不同程度地修復或興建。[3]至於宗廟和祠堂的建制、祖先神位的排列、祭祀活動的時間、祭祀人員的組成和序列、祭祀經費的籌措等等，不少地方已形成了系統的制度。與此同時，宗族對族人的喪葬事宜也有了成規，死者家屬必須如儀，葬禮舉行過程必須恭請族長和族內長老監看，不得自行變更規矩，否則會招致無窮的麻煩。至於因族內婦女和婆家不和自殺身亡引起的大規模鬧喪事件更是比比皆是，據各地法院公佈的材料，浙江某市一九八八年發生216起，四川省某縣一九八九年發生41起。[4]

其次是宗族對生產經營活動的干預。人民公社制度取消並實行家庭聯產承包責任制以後，不管中國政府在理論上是如何闡釋土地所有權和使用權的差別，但在事實上廣大農村地區已回到了一九四九年以前那種以家庭為中心擁有土地資源的狀態。

絕大多數農民已經習慣了依賴組織和外部世界發生聯繫，在農村社會重新整合過程中，填補這種組織空白的只能是同姓同宗的經濟聯合體。這些經濟聯合體的頭面人物多是人民公社時期的隊長、支書等，因為一方面這些人掌握着重新整合過程之初仍有效力的各種行政權力，另一方面，這些人具有較豐富的組織能力和較廣泛的

社會聯繫。這些都是一般農民必需而本身又缺乏的條件。隨着宗族活動在各地的興起，這些人也開始權力移位，參與宗法活動的策劃和組織工作，並成為宗族經濟聯合體的領導者，對內負責資源的分配和宗族成員工作的安排，對外則負責處理一切經濟糾紛。這種狹隘的宗族經濟聯合體的出現，與中國政府建立市場經濟的目標難以相容。因為市場經濟所賴以建立的經濟結構較宗族經濟要複雜得多，內涵也要廣泛得多。

第三，大多數宗法組織在事實上已對其宗族成員行使司法權力。從很多族規來看，不少宗法組織已經具備對族人進行控制、管理和支配的相當完整的規則體系。幾乎在每本族規中都可看到，當族人違犯族規時，將受到從規勸、罰款直到肉體懲罰的內容。據不少報紙披露，許多地區的農村宗法組織依據族規對族人進行懲罰時，往往直接與國家的政策法令及社會公德的要求相抵觸。如在南方，「罩扮桶」(將受刑者罩在一個不透氣的大木桶下，讓其憋悶而死) 的慘劇時有發生；在北方，「井底沉屍」並不罕見；中原地區則流行「裹屍沉塘」(將人捆起來再吊上一塊大石頭沉入塘中)。據一九九〇年對福建、浙江、湖北、四川、貴州、湖南、廣西等省見諸文字的不完全統計，發生所謂大整家規的事件61起，死14人。這些事實明顯地反映了在某些地區，宗族權力實際上已成為與國家行政、司法權力平行的一種顯性權力。近幾年來這方面的情況更為嚴重，宗族對地方事務的把持已「規範化」和「程式化」。湖南省懷化地委辦公室一九九五年對湘、黔、桂邊界地區4,000多個村的基層組織建設情況作了調查後，毫不含糊地作出結論：宗族勢力已凌駕於共產黨的村級組織之上，族權已代替了基層政權。在湘、桂、黔接壤的5個苗寨村，基本上都是族長把持着村內事務，村黨支部領導説話幾乎無人聽。有的是原有基層組織與現在的宗族組織同一化，如某市桂花村成立的「宗族委員會」統領着村黨支部和村委會的工作。有的則與原來的基層組織分庭抗禮，有效地阻止現政府的政令在該地的執行。如某縣的「嚴氏宗族委員會」公開宣佈：「政府的法律法規要經（宗族）委員會認可，方能執行。」一些地方出現的違法犯罪問題及婚姻、家庭糾紛等，直接由族長、戶老按「族規」行事，以「族規」阻攔執法的事情時有發生。一些地方的宗族頭人違法佔用鄉村土地修建宗族祠堂，政府基層組織根本無力制止。一九九五年元月，某縣老黃腳村的族長帶領族人抗糧抗税，不准縣、鄉幹部進村辦理公務。這些地方的村級基層組織之所以發生這種情況，主要是當地的農村基層幹部對經濟改革以後的形勢難以適應，這些人素質極其低下，閉塞保守，當地村民對他們的「考語」是：「講學習，腦子用不上；辦企業，沒膽量；講致富，自個沒名堂。」[5] 正因為他們在當地村民中無法為鄉親們找出一條致富之路，因而喪失了行政權力賦予他們的聲望與威信，最終導致基層權力移位。

第四，農村宗法組織已成為調整農村社會秩序的重要勢力。近年來，由於農村地區又回復到集體化以前以自然村落（亦即家族）為中心擁有山水林木資源的狀態，農村中因相鄰關係而產生的財產權益爭執如爭山、爭水、爭地、爭礦產等事件時有發生，並往往由此而產生大規模的械鬥。據調查，目前中國農村的宗族械鬥具有組織嚴密、規模大、爭鬥激烈等特點，往往由宗族頭目擔任械鬥總指揮，不少具有基層幹部身份的人參與策劃、組織。一般都制定了嚴密的行動計劃，如械鬥的人力、物力的徵集按家庭人口和土地的數量確定；選派青壯年，尤其是受過軍事訓練的退伍軍人和基幹民兵充當「敢死隊員」、「義勇軍戰士」；婦女、小孩提供後勤服務等等。對械鬥的傷亡者，規定了治療、喪葬、撫恤的標準，一些宗族還給死者發「烈士證書」。所需經費按戶分攤；對「立功者」和抗拒族長命令者，分別規定了獎懲措施。在宗族勢力的組織下，農村宗族械鬥日益增多。每年元宵觀燈、清明祭祖、端午賽龍舟，以及夏秋乾旱少雨、冬季燒山造林時節，都是宗族械鬥發案的高峰期。而與五十年代不同的是，不少地方政府的有關部門並沒有顯示出對農村社會健全發展的積極關心。只有在出現大規模械鬥的情況下，才過問農村的治安狀況，而實際上這種過問也欠缺力度。因為這種宗族械鬥具有參與者眾、組織嚴密等特點，在宗族勢力的掩護、支持下，關鍵性證據往往被人為毀滅，知情人拒絕作證或作偽證的情況突出，使真相往往難以弄清。即使對部份參加者進行懲罰，往往也只懲罰到械鬥的兇手，對幕後的組織策劃者很難進行懲罰。在許多地區，政府對暴力行為已無法控制。在執行法庭判決時往往受到宗族勢力的暴力抵制，少數地區甚至拒交公糧。某省公安機關統計，該省一年內發生的2,568起妨礙公務案中，有279起是宗族勢力所為。這279起案件共打傷公安人員308人，毀壞警車6輛，摩托車21部，槍支27件。[6]這類事件的發生，充分說明了地方政府對農村管理乏力。而地方政府在社會管理方面的無能則使廣大農民更堅定了一種看法，認為「家法大於國法」，「大姓為王，強者為霸」，有問題找政府解決沒用，只有依靠宗族的支援才能保護自己的利益，這就更加強了宗法組織的凝聚力，使宗法組織的復興不可遏止。

4、宗族組織復興對中國現代化進程的影響

進行現代化的關鍵是社會必須重新組織。從宗法組織的形式及其所具有的功能來看，它只是舊文化的復歸，絕不是社會中間組織在現代意義上的創新。

宗法組織的復歸，不能僅僅歸結為文化的歷史關聯性。究其原因，它是有關社會組織政策的必然結果。一九四九年以後，中國政府依照蘇聯模式，部份地解決了現代化所必需的組織要求，但不少政策卻是限制真正利益團體的發展。在很長一段時間內，一切社團組織都被視為異端加以打擊。那些在政府領導下的群眾團體，事實上缺乏連接個人、家庭和政府的能力，所以在個人、家庭和國家之間始終缺乏一種各方面共同認同的、能統一雙方利益的組織上的聯繫。這種將一切都納入組織控制下、並以嚴厲的法律手段禁止人們有任何形式的志願組合的手段，確實非常有效地根除了現代化中間組織崛起的可能性。從其後果來看，雖然滿足了政治集權的需要，但卻喪失了一次現代化進程所必需的社會中間組織改組的良機。對農村社會生活中這種組織上的空白，宗法組織多少是個填補，因為宗族把家族及家庭利益置於優先地位的宗旨，在一定程度上滿足了廣大農民的實際生活需要，在這種情況下，政府僅僅依靠法律和行政手段來取消宗法組織已經沒有多大可能。上述事實證明，從八十年代開始，政府的村鎮基層組織是一個缺乏行政能力，有嚴重缺陷的網路系統。在日益強大的宗族勢力面前，基本上墮入畏畏縮縮、無能為力的境地。

但是，由於宗族文化根植於舊時代整個社會關係的基礎之上，宗族組織的特點對於現代化進程所起的作用是消極的。除了現在已經明顯存在的政府對人口和部份資源失控的情況以外，其消極影響至少將在幾方面顯現出來：

(1) 宗法組織的重新出現在某種意義上是再造了傳統社會家族對個人予以控制的環境。族規之類的出現，無異於在國家權力之外，還存在對個人進行更直接的控制的非國家權力。任這種和國家行政、司法權力不相容的宗族權力發展下去，勢必導致權力移位，社會組織結構退化。因為社會中間組織如以家族為本位，就意味着將個人直接向社會負責的「個人－國家」模式退化為由家族向社會負責的「個人－家族－社會」的模式。而推進現代化進程的社會動力必須以個人為本位。作為現代文明主要推動力的近代個人主義，既植根於堅實而複雜的市場經濟體制之上，也植根於現代化的社會中間組織之上，它的精神本質和宗法組織對人的要求無疑是不相容的，這是「五四」時期的思想先驅們已作過的老文章，此處無須多述。

(2) 宗族組織的復興又一次暴露了一個老問題：中國現代化進程中所發生的問題源於中國人的世界觀。前現代化中國最大的特點就是裙帶風盛行，人情化力量起很大的作用，這份歷史遺產幾乎被當代完全承襲下來，使中國的法律徒具虛名，政府有時也無可奈何地承認自己必須不懈地和這種人情化力量作鬥爭。宗法關係如再度盛行，只會使政府的這種鬥爭進行得更為困難，現代化法制建設舉步維艱。

(3) 強有力的宗族組織對國家具有潛在的危險。如果血統的凝聚力比國家的凝聚力更強大，社會成員都將家族利益而不是正義和公理作為決定個人態度與行為的首要因素，那麼國家再要動員社會來實現那些與家族利益不一致的社會目標，將會困難重重。

可以說，宗族組織在中國農村中的復興，無論從哪個角度觀察，都是一次文化的退潮，必將導致劇烈的社會衝突。它現在的發展和壯大，意味着中國的現代化還有一段漫漫長路。

三、社會整合機制畸變：地方惡勢力的形成

對中國社會最大的威脅是與宗法組織平行發展的另一種地方惡勢力，即黑社會與社會基層政權相結合的地方惡勢力，而這種惡勢力的產生是農村基層政權高度腐敗的必然結果。

1、農村基層政權的高度腐敗

從八十年代以來，中國農村社會面臨的最大問題是基層政權的流氓化。這種「流氓化」最突出的表現首先是基層幹部的高度腐敗，對農民橫徵暴斂；其次是幹群關係高度緊張，時有暴力衝突發生。

中國農民的稅費負擔之重，已經超過中國歷史上任何一個朝代，因為任何封建王朝都有60歲以上免交人頭稅的規定，而中國現在不管任何年齡的老人，都必須繳納人頭稅。雖然地方政府經常以補充民辦教育經費等作為增加稅費的堂皇藉口，實際上主要原因之一是要供養鄉鎮幹部。中國的政權歷來建制到縣，也就是說，國家財政只供養縣一級的幹部，縣以下的幹部實際上依靠農民上交的稅費養活。中國政府所說的平均28個人就要養一個吃皇糧的人並

不包括這部份縣以下的幹部。[7]一九七八年改革開放後解散了人民公社，對鄉一級組織的定性一直不很確定，但實際上鄉鎮政府已經變成了擁有實體財政的一級政權，甚至還變換形式向村一級延伸。對應着從中央、到省、縣政府龐大的機構設置，鄉政府逐年膨脹，也設立了許多機構，這些部門又派生出大大小小的一批事業單位和所屬企業，吃官飯的人越來越多，形成了龐大的利益集團。即使是在村一級，也有很多人利用各種關係躋身此列，成了「不穿官服」的官吏與准官吏。《中國經濟時報》登載過一位老農寫給中央領導的一封信，這位老農談到，一九七八年，他所在的鄉只有30多位幹部，到一九九八年卻有360多位。要養活的幹部，錢從哪裏來？最後必然是從農民身上刮。有多篇調查談到，農民現在種田所得的收入，已經低於上交各種稅費總額，農民必須從非農收入裏拿出一部份來繳納各種稅費。

這些基層官吏們在履行職責方面從來是瞞上欺下，其貪污腐敗程度令人髮指。湖南衡東縣共有24個鄉鎮，有21個鄉鎮大量負債，負債總額超過2,500萬元，相當於該縣一年農業稅收的1.5倍。這種負債與鄉鎮幹部的浪費奢侈有關：大吃大喝，每個鄉鎮每年用於吃喝的招待費用高達十幾萬元甚至更多；配備手機，每個幹部每年用於手機的費用就達上萬元；亂用小車，不少鄉幹部都住在縣城，所以需要配備專車。[8]整個湖南省其他縣莫不如此，到一九九八年底，湖南省鄉鎮財政赤字負債累計達59.3億元，負債鄉鎮比例高達88.4％，平均負債額達200萬元。[9]中國當然不僅僅只有湖南省是這樣，全國農村村委會的財務出現不透明現象是非常普遍的事情。中國國家農業部與財政部曾於一九九八年組織過一次全國農村集體資產大清查，查出集體資產被大量侵佔、流失。[10]山東省郯城縣城關鎮南關三街的一位做了43年黨支書的苗瑞田退休後，村民們終於可以要求苗瑞田說明一九九一至一九九八年1,100萬元是怎麼花的。[11]河南省安陽市前張村一九九四至二〇〇〇年間共出賣土地1,200畝，土地補償費達4,000萬之巨，但村民每人只得到4,000元的補償，而該村這一期間的兩任村支書是父女關係。[12]一位江蘇省的個體老闆就談過他與鄉村幹部的關係是如何維持的，這位老闆說，現在給當官的送禮是普遍與公開的事情，要辦事就得送，不辦事也得送，否則幹部們會找茬子為難你。現在送禮不要送別的，送錢就行了。送禮對象主要是村長、書記、工商、稅務等領導，送一次就得5,000元，一年每人至少送兩次。這位個體老闆說他每年僅送禮一項就得5至6萬元。[13]廣西合浦縣常樂鎮政府一些幹部連續三年在飯店吃喝玩樂打「白條」，白吃白喝白拿，吃垮了當地一家小有名氣的東郊酒樓。[14]與此異曲同工的是天津薊縣馬伸橋鎮，這個鎮的幹部們多年來白吃白喝，吃垮了該鎮數家飯店。[15]黑龍江省肇源縣201個村的村幹部一年吃掉1,000萬。[16]湖南懷化地區某縣在一九九三年對82個村和114個鄉鎮企業進行財務清理，竟查出違紀人員1,505人，違紀金額91.3萬元。一九九四年該縣又對8個村的財務進行清理，發現有6個村的部份幹部存在經濟問題。[17]安徽省太和縣馬集鄉鄉長與書記調離，在離任審計時發現一個巨大的財務黑洞：從一九九五年到一九九八年四月，馬集鄉財政收入1,772萬元，而支出高達3,641萬元，實際負債1,936萬元，是該鄉財政收入的1.1倍，全鄉農民人均攤派500元。[18]山東省萊陽縣西留鄉沈家村，經濟落後，被市政府定為「扶貧村」。但就在這樣一個貧困村裏，自一九九三至一九九五年擔任村黨支部書記的張連波還可以幹出如下一大串「政績」：貪污扶貧款5,000元；價值1,000元的木材一立方米；私自索要糧所和學校修路款1.1萬元；將村民的農業稅、小麥差價款1,500元裝進自己腰包，共貪污公款2.24萬元；採取公款私存、用公款歸還個人借款及借給他人進行營利活動等手段，挪用公款3.236萬元；村吃喝送禮用款20多萬元；數次嫖娼，曾兩次被公安機關抓獲處理。[19]侵吞扶貧款、移民款這類事情也時常發生。[20]

腐敗肆虐使得幹群關係高度緊張。全國已經發生數起農婦因村幹部催逼稅費而被迫自殺的案件。一些鄉鎮官員，經常強買強賣，設私刑，動則非法拘禁拷掠農民，強姦婦女。[21]經常有村民集體上告村官的事情發生，但這些村官往往可以勾結法官，將村民置於被告地位，並被判決敗訴。或者勾結公安警察，將告狀的村民全部抓起來投入牢房。如果有記者仗義執言，往往不是被毆打，就是被貪官告上法庭。[22]如果有勇敢的村民要求清查賬務，輕者被村幹部暗害，如廣東省揭陽舊東山區埔上村村民推選的清賬組長吳文釗；[23]重者乾脆被殺害，如河南省鄧州市陶營鄉徐樓村農民陳中身因對村委會一些不法行為不滿，向有關部門反映，被鄉長段英佔和村幹部派人勒死。[24]官員之間由於利益形成了一種「官官相護」的關係，農民們有冤無處訴，在走投無路的情況下，與基層幹部之間形成的暴力衝突不斷。二〇〇一年十月二十六日，山西省榆次市烏金山鎮大峪口村農民胡文海持槍殺人死了14個人，這件事情被中國社會看作是「官逼民反」的一個典型案例。胡文海曾在三年前代表本村121名村民，多次向政府部門反映本村村支書胡根生、村辦煤礦的貪污、漏稅問題，得不到任何回答，並且還被村幹部打擊報復，買兇謀殺胡文海（未遂）。胡文海最後鋌而走險，採取暴力報復。[25]民眾對貪官的仇視已經成為一種公共意識，甚至在青少年中產生影響，如二〇〇二年六月安徽省太和縣兩位中學生殺了一位平時坐小車上學、行為闊綽的同學（當地鎮長之子），理由竟是他們認為這位同學的父親是貪官，他們殺了這位同學是「反貪」。

基層組織墮落到如此地步，其管理方式不可能對當地民眾有利。絕大多數地區的村幹部的政績，幾乎全部都要造假。這些造假是全方位的：第一，虛報農民收入，其後果是向農民硬性攤派高額稅費。不管農民有沒有收入，按人頭收「個人所得稅」；不管農民有沒有「特產」，一律徵收「特產稅」；實在想不出名目了，還要硬設一個「其他收入稅」。第二，瞞報人口增長數字。第三，虛報教育成績，有的村鎮在脫盲率上集體造假；第四，有鄉鎮企業的村莊，往往隱瞞該村開工廠的污染情況。[26]第五，製造冤案，將普通農民的抗爭當作「地方惡勢力」，一九九八年十一月二十六日發生的「邵村事件」即是非常典型的例子。河北魏縣邵村村民反映該村村支書與村委會主任貪污腐敗問題，幾個為首的村民被村幹部打擊報復，指使打手毆打牽頭的村民並將其誣為「妨害公務罪」進行抓捕。這一「冤案」遭到村民集體抵制後，縣公安幹警出動740人持槍到該村搜捕，結果共開53槍，致使村民1死5傷。[27]

這樣腐敗墮落的基層政權，其行為規則其實已經與黑社會組織沒有本質差別。唯一與黑社會組織不同的是，它是合法的暴力，而黑社會組織則是非法的暴力。種種跡象表明，這種基層政權的形成與其上級政府官員對下級官員的「偏好」有關：一些引起民憤的村官，反而常常得到重用[28]，而一些村民喜歡的村官，則往往被上級政府罷免，即使村民聯名上「保官信」也沒用。[29]

2、社會控制機制的畸變

根據近幾年各方面披露的情況來看，在中國社會基層起作用的地方惡勢力，除了基層政權之外與宗族勢力之外，還有暴發戶和以黑社會團夥為主的地方惡勢力等等，那些「天高皇帝遠」的農村和小鎮，特別容易形成這類勢力。只要對近些年來一些典型案例進行剖析，就會發現在這些地方惡勢力活動猖獗的地方，總能看到一些基層政權掌權人物的身影。這裏列舉幾個實例：

粵北山區連平縣忠信鎮，治安混亂，被過往司機稱之為「鬼門關」，從九十年代開始，忠信地區暴力搶劫過境汽車的惡性刑事案件層出不窮，但查處起來困難重重，案犯者幾乎無一落入法網，或是時抓時放，形同兒戲。一位記者到該地，發現公安幹警竟公然參賭；幾十位在外地工作的原籍為連平縣的幹部聯名給廣東省委、河源市委和連平縣委寫信，反映忠信地區流氓惡勢力和「黃、賭」活動十分猖獗，社會治安非常混亂，忠信公安分局朱局長被一夥多達100人的流氓爛仔押在車上遊街示威，案發3個月後，案犯竟無一人落網。後經查實，造成這種情況的主要原因是公安內部基層單位個別領導和警察與這些黑社會團夥勾結在一起，不但為盜車團夥銷贓，還經常為刑事犯罪分子通風報信，使他們能及時逃脫搜捕。[30]

一些農村基層幹部利用多年來在當地形成的力量，對當地農民竟是生死予奪。近幾年來比較有名的有這麼幾件事情，一是河北朱莊事件，河北省永年縣朱莊農民張彥橋被鄉黨委書記孫寶存指派手下幹部數人活活打死。[31]還有一些村幹部，私設酷刑，拷掠百姓。如貴州省施秉縣雙井鎮龍塘村第六村村支書部國民等為了懲罰觸犯他們的農民，竟製作木籠一個，將一個村民關在裏面長達3個月之久。[32]

山東濰坊市濰城區皂戶村原村支部書記兼村委主任潘效成流氓成性，他依仗權勢，隨意姦污本村婦女，還夥同他人私分公款。一九八七年被判6個月拘役刑滿釋放後，依仗門戶大、兄弟多（號稱35隻虎），在村裏稱王稱霸，尋釁滋事，強佔良田，刁難現任領導班子。菏澤市卞莊村民卞功雲糾集50餘人成立「帝王敢死隊」，立幫規，排座次，劃地盤，立誓言，聲稱要在當地打出一片新天地，先後在菏澤城鄉盜竊、搶劫、強姦婦女、聚眾鬥毆，冒充公安人員進行流氓滋事。一九九四年，山東省在近2個月的專項打擊中，摧毀這類流氓惡勢力團夥330多個，收審團夥成員1,300多人。[33]一些農村幹部更演化到自以為可以凌駕法律之上，公開組織人馬與縣市政府及司法人員對抗。如湖南省耒陽市芭蕉鄉黨支部書記、衡陽市人大代表曹清平，因法院判決其償還欠款，曹為了掩蓋其經濟犯罪行為，竟組織了149名幹部集體滋事，與市政府、市法院對抗。[34]

四川省合江市從九十年代初以來，就一直注意打擊農村地方惡勢力。到一九九四年十月為止，打擊處理具有地方惡勢力犯罪特徵團夥23個，處理地方惡勢力骨幹106名，其中判處5名死刑。合江市公安局對這些地方惡勢力的總結很有典型性。據合江市公安局介紹，地方惡勢力的犯罪特徵，一是連續性作案，惡勢力越發展越大；二是區域性作案，危害一方安寧；三是暴力性作案，視人命為兒戲；四是漸進性危害，小惡成大惡。一些團夥有向黑社會發展的傾向。根據被查獲的惡勢力團夥骨幹的情況分析，這些人普遍具有劣根性，多數是有前科劣跡的勞改釋放或多次被治安拘留過的人員。這些人有作案經驗和反偵察伎倆，有明顯的反社會傾向，一旦時機成熟，他們就會從稱霸一方的地方惡勢力演化為與社會對抗的黑勢力。

上情況説明，中國社會正式控制機制已發生了嚴重畸變。任何一個國家均有社會控制機制，但社會控制機制是為善還是為惡，則全取決於變化的實質內容。上述情況説明一點，從八十年代以來，在部份農村基層社會中，社會控制機制已在很大程度上淪為少數人及其利益集團對人民的一種自私的剝削性控制，在這些人控制下，社會整合機制為惡的時候居多。它對中國社會產生了極大的危害。

3、「黑白合流」：阻斷中國法治化進程的因素

從上述事實可以看出幾個特點：首先，這些為惡一方的地方惡勢力的代表人物，都是主持一方政務的父母官之類。從事實看，除了基層惡勢力從中國共產黨當年要打倒的土豪劣紳換成了今日的鄉村幹部以外，研究者很難看出在這兩種不同時代的惡勢力之間，其行為方式有甚麼本質上的不同。時間在這裏似乎失去了意義。

上述那些事實沒有一件是撲朔迷離、令人難辨是非的冤案，每一件是非都很清楚。但就是這些是非很容易判別的事，往往沒法在基層獲得解決，每一個受害者都要冒着家破人亡的危險到省裏甚至到中央告「御狀」，才有獲得解決的微小可能。如「朱莊事件」和「鄧州事件」，就是在中央干預下才得到處理。這倒不是這些村幹部

的身份有多「尊貴」，而是他們早已用「利益」這根紐帶將當地行政、司法甚至經濟部門的權勢者緊緊地捆綁在一起，也正因有這些憑金錢編織的關係網可依仗，他們才可以恣意妄為，草菅人命。最奇怪的是，中央電視台於一九九六年六月十六日晚的「焦點訪談」節目報導，安徽省某村村長為迫使村民交錢修路，動用武力，而該縣的行政長官竟表揚這村長「一巴掌打出了陽關大道」。當被打的村民找當地派出所所長投訴，該派出所所長竟將被打的村民送到村長處，並要求其向村長賠禮道歉。據後來查實，該派出所所長之所以這樣做，只是因為他的派出所借了村裏4萬元錢沒還。上述這些人的所作所為，在任何現代民主國家都為法律和道德所不容。

最應引起社會警惕的是已出現這樣的現象：「黑社會」幫派和「白道」勢力（即政府中某方面掌權人物）合流，形成一種對人民的奴役性社會整合力量，使當地人民的生存受到嚴重威脅，連起碼的安全保證都沒有。以河南省虞城縣利民鎮為例，這個鎮從七十年代末到八十年代初，鎮辦企業相當發達，十幾家大小工廠年上交利税近100萬元，是豫魯蘇皖幾十個鄉鎮的商品集散地，直到八十年代中期，利民鎮還被列為全國100個小城鎮試點之一。然而這樣一個充滿希望的明星小鎮，到了九十年代初，工廠卻無法生產，學校無法上課，機關無法辦公，經濟急劇下滑。到一九九三年，全鎮鎮辦企業才上交利税 3 萬餘元，財政透支 63 萬餘元，拖欠教師工資達10個月之久。造成這一局面出現的直接原因就是以當地副鎮長何長利為首的一股龐大的地方惡勢力在作祟。何長利自一九八七年與其同夥 11 人結成異姓兄弟之後，不斷穿插結拜，到一九九四年已發展到 69 人，主要成員有鎮黨委分管政法的副書記、鎮武裝部長、副部長、鎮司法所長、鎮派出所治安員、鎮電管所長、鎮企業辦負責人。全鎮7個基層黨支部中，除一個班子癱瘓，一個支部書記為女子外，其餘5個均參與結拜；10個鎮辦企業有7個企業的主要負責人是其拜把子成員；47名鎮人大代表有22名是其拜把子同夥。這樣一夥掌握當地政治、司法、經濟、公共事業大權的人結成了團夥，自然可以操縱選舉，隨意干涉鎮辦企業的經濟事務，撤換不聽命於己的企業負責人。這夥人及其親屬橫行鄉里，任意胡為，甚至屢屢在光天化日之下強姦婦女。整個利民鎮籠罩在一片恐怖之中。在這幫地方惡勢力的把持下，有的基層幹部懾於他們的淫威，參與了拜把子同夥。一些身居要位的領導人對何長利一夥的行為熟視無睹，刻意迴避，有的甚至成了這夥人的幫兇。何長利的外甥劉軍被捕後，縣公安局看守所的幾個民警竟故意將其放跑。其勢力之大，由下列小事可見一斑：就在何長利一夥被抓起來以後，當地群眾還不無擔心地說：「最後處理結果是啥，誰也說不準。」值得注意的是，何長利這種情況在虞城竟不是個別「特例」。據瞭解，一九九三年虞城縣換屆選舉時，在大侯鄉、沙集鄉當選的基層幹部都類似何長利這種情況，在他們任職的地方搶人財物、姦污婦女、拐賣人口，無惡不作。[35]

「黑、白合流」並不只是中國少數不發達地區才有的現象，在中國不少地區都有性質相同的事情發生。如湖南省沅江市四季紅鎮，鎮、村兩級政權就曾被道德素質極差的地方頭面人物把持。這些人生活腐化，貪污受賄，無惡不作，導致當地民眾極為不滿，抗糧抗稅，使四季紅鎮在一九九〇年至一九九五年之間處於嚴重失控的無政府狀態。[36]湖南永州市從一九九五年以來先後對12個「嚴重失控」的村子進行整頓，所謂「嚴重失控」，指的其實就是類似於四季紅鎮這種情況的村莊。[37]

最值得深思的問題是，這些地方惡勢力的行為既不受法律約束，也不受任何「道德」的約束。在當代中國農村，竟看不到傳統習慣（即傳統道德）的限定性控制。從古至今，維持一方秩序的不外乎兩種因素：一是法律，二是道德。自有人類社會以來，道德至少有兩方面的作用，首先，它作為人類行為的規範，可以稱之為「道德權力」，是法律制度的一種必不可少的補充，在法律不起作用或法律與道德相背離的時候，道德甚至可以行使類似法律的功能。這一特點在中國的傳統道德中顯得特別突出。其次，道德是有關個人良心的問題，也是個人用來自律的行為準則。如果將這類人的行為僅僅解釋為「法制觀念不強」或「沒有法制觀念」，那麼，本應對人的行為起約束作用的道德——無論是以「忠恕之道」為基本精神的傳統道德，還是以「為人民服務」為口號的社會主義道德，在這些農村地區，都看不到半點影子。這些地方惡勢力的行為，與正常社會中人的行為相去甚遠，可以說是人喪失社會良知的具體表現。從這些行為可以看出，在這些遠離現代文明的村落裏，政治權力已被少數人嚴重變形地加以濫用，成了他們奴役下層人民的工具。這類毫不珍視他人生命財產權利的行為，是赤裸裸不加絲毫掩飾的流氓無產者行為。只有流氓無產者，才會如此無法無天，如此短視，為了自己的利益如此不擇手段。

上述事實已確切無誤地證明了一點：中國自八十年代以來，社會整合形式和手段均產生了巨大的的變化，從根本上改變了政府的任務和工作方式，並使地方政府和基層社會的關係有了很大的改變。

所謂「社會整合」，從狹義來說，是指（國家）政府對社會的控制；從廣義上來說，是指社會內部各種控制關係的總和，它不僅包括前者，還包括其他類型的控制。對於中國來說，在改革以前，這種控制主要是政府對社會的控制，在城市，（國家）政府對社會的控制主要通過企、事業單位這兩大科層組織對社會成員進行控制；在農村，則主要通過「人民公社－大隊－生產隊」這三級組織進行控制。這種建立在計劃經濟體制上的社會整合體系在很長一段時間內相當有效，其代價則是全體社會成員失去了個人自由。計劃經濟體制的逐漸崩潰，使得以往社會整合機制中的非正式控制機制，即文化、道德習俗、經濟、思想等「軟控制」喪失了存在的基礎。而在社會轉型過程中，恰好是非正式社會整合機制的作用比正式的社會整合機制（法律、政府、軍警）更重要。因為「軟控制」是利用說服、罰款和利益支配等手段，最容易導致社會成員思想的潛移默化。在舊的非正式控制機制喪失存在基礎的同時，是正式控制機制的嚴重變質，在不少農村中出現了權力和權威真空。在這種情況下，宗法組織和地方惡勢力在農村起到了組織和控制基層政治的作用。

上述事實說明了一個問題：中國要向法權體系的現代公民社會行進，必須要遏止地方惡勢力的生長。如果社會整合力量集中在這類人手中，對社會造成的危害性不僅是現實的，更是將來的。義大利及西班牙的黑社會組織帶給社會的種種危害，可說是中國的前車之鑒。

四、草根民主為何難以實現

中國農民在二十世紀的中國政治格局中，所起的作用是其前輩們所不能起到的。在二十世紀以前，中國社會階層的身份變動雖然是開放的，但還是受到一種限制：農家子弟必須成功地通過科舉考試才能進入統治階級行列。而到了二十世紀，農民進入統治者行列只需被某一勢力集團的某一級組織認可就行。吸收未受過教育的農民參加政權，對中國後來的社會政治生活產生了非常巨大的影響，使中國農民在政治中的作用大大加強。在一個政治參與和政治意識不斷擴大的體系內，農民階級成了中國社會一個關鍵性的社會集團。中國的城市文明只是被廣大農村包圍的一塊「綠洲」，不管過去、現在以及將來，決定中國社會面貌的因素歸根結底是中國的農村、農民和廣大農村的鄉土文化。在這種現實面前，學術界關於中國建立市民社會和所謂中產階級的爭論，只是九十年代中國學術界攪起的一堆學術泡沫而已。

在此想討論幾個問題：為甚麼在農村裏，往往是那些充滿了各種社會惡習的人成為當地「社會力量」的象徵？財富集中在素質低下者手中，能否成為促進社會發展的正面力量？

1、產生地方惡勢力的土壤是甚麼

在研究地方惡勢力的興起時，最難回答也是最具有根本意義的問題是：為甚麼在現在的中國農村，一旦農村基層組織面臨重新建立的問題時，竟無法回到往昔那種文明程度要高一點的「鄉紳統治」格局，卻只能讓大批充滿了各種社會惡習、具有嚴重流氓無產者意識的人成為基層統治者？這裏必須分析大批結出地方惡勢力這種酸澀果子的樹木和土壤。

中國科舉時代的鄉紳，很大一部份都受過儒家思想的教育。這種教育一般都培養兩種責任：一是對政府的責任，二是遵循儒家思想的利他主義為地方服務。而這兩種責任基本上是靠「科舉制」這種人才錄用制度支撐的。一九一一年科舉制衰亡以後，無論是官員隊伍還是廣大鄉紳，這兩種責任感都逐漸喪失。與科舉時代相比，他們的行為在很多方面都墮落了。這一點，只要將明清時代及以前的筆記與其他史料都找來看看，再對比一下二十世紀以來官員及鄉紳們行為的記錄，便可知「貪官污吏」、「土豪劣紳」這些詞對他們這一群體中的大多數並非誣稱。

中國四十年代末和五十年代初農村基層幹部的產生機制很有特色：都是處於社會邊緣的人物。這些人一無所有，未受過教育，能當上基層幹部的條件很簡單，只要能絕對遵循上級指示，並能做當時一般膽小百姓所不敢做的事就行了。可惜的是，這些人的形象只在趙樹理的小說中才維妙維肖地被刻劃出來，在與趙同時代的所有理論工筆者及其他小說家的筆下都未能得到如此真實的反映。由這一類人構成的基層統治網路，其遴選幹部的機制後來就演變成以「任人唯親」為主流。所以一九四九年以後的中國農村基層組織開會，往往就是家族會議。由於當時的計劃經濟體制下的農村分配機制主要側重於為產品的分配，在資源的佔有上基本上是鐵板一塊：絕對公有，更兼中央政府的統治非常強有力，所以這種由原來的社會邊緣人物建立的家族化基層統治的危害性還未完全顯露出來。

但在農村實行了家庭聯產承包責任制以後，情況就完全不同了。農民有了完全的經營自主權，生產優劣、生活好壞、貧富狀況在很大的程度上取決於農民自己：善於利用「選舉」這一形式的，將其變為農民們表達意見的渠道，不善於利用這一形式的，還照樣連形式上的「民主」都享受不到。但由於所在鄉村不同，村級幹部素質不同，致使處在同一地區的村與村之間，出現了很大的差別。有些地方的農民被剝奪了選舉權，如「鄧州事件」發生後，新華社記者到當地瞭解張德恩、劉長志這樣的惡霸如何分別當選為市、鄉人大代表，才發現這「選舉」是這樣產生的：由張德恩等人將7～8個村民小組的會計集中到一處，讓大家按照其要求填寫所有選票，填完後裝進了投票箱。廣大村民既無選舉權，又無提意見資格。但在有些地方，村幹部的產生多少取決於農民自己時，情況也不理想。在談到農民選舉村幹部的問題時，必須考慮到農民階級的特點：這個階級對社會進步的理解往往不是針對政治理想和社會體系的整個結構，而是針對非常現實的物質利益。中國歷次農民革命都證明了這一點：他們殺死貪官污吏，奪取土地，卻缺乏更進一步的目標。中國的鄉村政權這種形式，在九十年代初與農民們的選擇有關，因為那時的地方惡勢力還未羽翼豐滿，中國政府也還未墮落到今天這種公然宣稱代表權勢集團的地步，在一定的程度上允許農民自己選舉基層幹部。而以往成功和不成功的教訓都已告訴農民，一個村子或一個鄉的富裕與貧窮，和當村長、鄉長的有直接關係。[38]那麼農民是怎樣進行這種選舉的呢？這裏舉幾個例子，先看一些成功地將形式上的民主變成現實的例子：

在慈禧太后的故鄉吉林省梨花縣，村民們為實現「村民自治」而創立了一種被他們稱之為「海選」的選舉方式，這種方式的特點是：鄉黨委和村黨支部不提候選人，完全放開，權力交給村民。每個村民發一張選票。在有選舉權和被選舉權的村民中，參加選舉者認為誰能勝任村幹部就選誰。然後再經過逐級淘汰的幾輪選舉，由得票最多者當選（另一種方式是由 10 名以上、有選舉權的村民提名或任何一位享有被選舉權的村民自薦）。這個地方的農民對選舉村長有着比較清醒的認識：他們是否能過上好日子，在很大程度上由村長個人的膽識、能力、智慧和人格決定。所以他們積數年選舉之經驗，能夠依照程式不動聲色地將那些躲在上級保護傘下的老資格當權者請下台，就是那些被農民自己推上去的新的掌權者，其所作所為如果讓農民感到失望，也會被農民在換屆選舉時撤換。也就是說，農民對當選者的道德、人品、能力都有機會予以評估。據梨花縣政府提交的一份資料：全縣首屆當選的村長，在第二屆選舉中，連選連任的村長僅佔 76%，其中有 41 位村長在選舉中落馬，佔全縣 336 個村子的 12.27%。[39]

然而農民成功運用「民主選舉」這種例子實在是屈指可數，大多數地方的村民選舉通常被政府或地方惡勢力控制。在受控制狀態下，農民們被迫「選舉」的村鎮幹部基本上都是貪官污吏，這些官員只會利用職權謀取私利，貪贓枉法。農民們既然已經對上面圈定「正式候選人」的選舉結果有親身體驗，在只要有可能的情況下，他們就以各種形式開始了自己的選擇，或是來一點以低價出賣選票的「黑色幽默」，或是通過自己的選舉去碰「運氣」，運氣不好的就碰上了前文提到的何長利之類的地方惡勢力。這種「選舉」能夠成功的原因，一方面是由於一些地方勢力深深懂得「選舉」是他們通向政治權力之路，通過政治、經濟等各種方法進行了參選活動。另一方面則和選舉者的態度有直接關係：他們或是盲目信任「能人」的能力而忽視了「能人」們的道德品質，或是為了那些「物質利益」（包括現實的或承諾將來支付的物質利益）。在這樣一個農村社會中，社會基本準則大都被破壞，政治作用也被奇怪的嚴重顛倒。

2、九十年代以來鄉村民主選舉的真相

鄉村政權落在地痞流氓手中這一事實，迫使中央政府開始考慮「鄉村民主選舉」，這是一項被國際社會視為「中國民主化進程開端」的改革，也有不少學者適應政府需要進行了「典型研究」，並寫出洋洋數萬言的研究報告。但只要去中國的農村進行沒有政府干預的實地考察，就會發現這些研究報告有許多虛假不實的成分。

首先是賄選現象蔚然成風。[40] 一九九五年十一月四川省重慶市沙坪壩區選舉區人大代表，該區郭家埡村村民林洪全以每張選票一元錢的代價和許諾當選後幫村民解決吃水問題，獲得村民支持。在是次選舉中，林洪全共付出55元錢，得到107票，壓倒官方提出的兩位候選人（一位得69票，一位得66票）而當選。後林洪全以破壞選舉罪被判4年徒刑。[41] 據報導，安徽有個當臨時工都不合格的潘漢兵，在其居住的鎮子進行一九九六年換屆選舉中，給23位鎮人大代表一人一盒阿膠，結果竟以過半數票當選為副鎮長。這即是傳媒廣泛傳播的「阿膠換烏紗」事件。[42]

這種以少量金錢拉到選票的事近年來在各地農村都有發生，以「破壞選舉罪」而受到制裁的就有好幾起。只是選票的價格因各地經濟發展水平不同而有差異。最貴的是廣東省恩平市江洲鎮選舉鎮長時的選票，鎮長由鎮人大代表進行選舉，欲參選的岑潮作付出每票

1,000元的代價。[43]

討論這種用金錢誘導選舉是否違法沒有多大意義，因為農民既然認可了這種「競選」方式，那麼不管怎樣對「競選者」進行懲罰，這種形式以後還會在中國農村的廣袤土地上不斷重復出現。值得討論的是這樣一個問題：這些農民難道真是看中了那1元錢或一盒阿膠之類？1元錢或一盒阿膠對農民們其實沒有甚麼經濟意義，即使包括岑潮作那1,000元，如將其與當地人民的生活水平結合起來看，也沒有太大的誘惑力。所以與其説是農民和這些基層人大代表眼光短淺貪小便宜，倒不如説他們是借這種選舉表達一種情緒：你們這些當官的，一年365天除開大會選舉之外，甚麼時候拿我們當個人了？選鎮長副鎮長也只是公差，走走過場畫個圈而已。今天這岑潮作、潘某之類還算把我們放在眼裏，倒不是那1元錢或一盒阿膠甚麼的值幾文錢，就憑這份把我們當作一回事的「情份」，我們也給他畫個圈。

選舉人受沒受到被選舉人的「尊重」，只要看看大貪污受賄犯歐陽德的一次選舉經歷就可知一二。廣東東莞市委在一九九二年換屆選舉時，市黨代會代表普遍對歐陽德投了不信任票，而歐陽德在此情況下仍能繼續當他的市委書記，並在新市委選出來後召開的第一次常委會上，竟説出這樣的話來：「以後不需要你們選我了，而是我選你們了」，隨之將10個他認為信不過的鎮委書記革職調離。歐陽德的「層次」已比村鎮高了好幾級，還是這樣「尊重」選舉者，下面的選舉者受到的「尊重」就可想而知了。又怎能指望通過這樣一種上面定好候選人的的「選舉」，讓農民給自己「創造」一個好的現實生活環境？在上述事例中，那些1元或幾元錢一張選票的近乎兒戲的作法，反映了農民們對基層幹部的深深失望：在這種說是「村民自主」的選舉中，所謂「正式候選人」都已先定好，只不過讓我們來劃個圈，那麼選誰都不見得能代表村民的利益，那就隨便選誰吧。這種對選舉的兒戲態度，主要就源於農民們對「選舉」這一形式，究竟能否真正代表「民意」表示了真切的懷疑。

除了「賄選」之外，農村富裕者當官的現象相當普遍[44]，政府意志仍然起主導作用[45]，不少地方惡勢力操縱選舉，直接運用武力威逼村民[46]，有時乾脆就由地方警察出面，兼以司法暴力脅迫村民選舉。[47] 由選舉而釀成的血案時有發生，廣東潮州市湘橋區城西街道辦事處古美村在直選村官的過程中，就出現了地方惡勢力用每張50元的價格收購選票、搶奪選票、毆打選民的情況。[48] 有的村民只不過在其他村民的推舉下參與村長競選，最後被整得家破人亡，並被當地政府判刑，如山東省棗莊市洪窪村村民張裕彬。[49] 河南鄭州金水區祭城鄉常砦村民選村民組長曹海鑫代表村民，要求清查前任村民組組長曹新豹的嚴重貪污腐敗問題，最後竟然被判處死刑。而保護前任村民組長曹新豹的勢力，就是他多年以來通過權錢交易為自己編織起來的一張巨大的關係網。[50] 經濟發達的廣東省從一九九九年實行村官直選以來，大多數村裏發生了尖銳矛盾，原來的村官們把持着財務，不准查賬，不肯交出財務權與象徵權力的印章；而新當選的民選村官們接管的只是一個沒有財務的空攤子，無法正常運作。一些村在權力交接時發生暴力衝突，如廣州郊區紅星村。據廣東省民政廳官員透露，這類新舊兩個村委會沒有實行交叉任職的村共有10,294個，佔農村村委會總數的43％；到二〇〇〇年五月為止，廣東省就有807個民選村主任在各種壓力下被迫辭職。[51]

這些事例充分說明中國的鄉村民主選舉的推行，既不像官方宣傳的那樣「完全由村民自主，政府力量退出了選舉的主導地位」，更不是官方宣傳的那樣「和平理性」，而是充滿了政治干預與暴力現象。而且最可怕的是這種暴力主要來自於與政府勾結的地方惡勢力。

3、鄉土文化積澱與鄉村社會重組之間的關係

概言之，從一九七八年以後，中國農村的基層組織已普遍發生嚴重的權力移位現象，這種權力移位是通過各種各樣的形式達到的：有的是老掌權者繼續延續其統治；有的地方是新力量借助於宗法組織，在勢力日大以後，老的掌權者還需歸附宗法組織這面旗下；有的地方則是通過「選舉」這種形式。只是這「選舉」既有利用勢力操縱的，如何長利之類；也有用「錢」達到目標的。其中到底有多少代表了農民們「民主」意識的覺醒，則很值得懷疑。但不管獲得權力的途徑有多少，事實是基層的社會整合機制已為不同的人們和集團所利用，既可為惡，又可為善。越是愚昧落後的地方，這些基層利益集團的剝削性和掠奪性就表現得特別突出。這種社會整合機制發生變化的深層根源則是源於人們對一九七八年以前的基層統治喪失信心，原因很簡單：在以往的政治實踐中，政府只注重了社會整合兩大基本活動的一種——調控，卻忽視了另一種——服務。更兼改革在農村那種輕而易舉的成功，以及後來城市經濟體制改革的艱難行進，使大家很長一段時間內只注意了農業的低效益和農村龐大的過剩人口問題，卻忽視了農村的社會整合機制正在發生巨大的變化。還必須引起高度注意的是另一種社會整合機制正在興

起：一些相當愚昧落後的邪教如「門徒會」、「梅花會」也在農村中開始有了活動天地。[52]

造成中國農村目前這種狀況的原因很複雜，既有歷史文化的沉澱，也有許多現實的因素。由於中國自清代以來幫會文化已深深滲透民間，人們早已習慣於成立以血緣或地緣為紐帶的組織來保護自己，人民公社這種組織形式一旦撤銷，人們從還未完全退色的記憶中，很容易找到「宗法組織」這種形式作為自己的社會組織形式——這是「土壤」；而基層幹部選拔制度的嚴重缺陷，以及農民素質偏低，最終導致大批缺乏社會責任感、甚至有流氓無產者惡習的素質低下者成為基層掌權者，他們是這塊「土壤」上生長出來的「樹木」。從中國鄉村社會重組形成的政治格局的特點來看，與現代民主政治的要求正好南轅北轍。

美國著名政治學者塞繆爾・P・亨廷頓曾說過兩句言簡意賅的話：「真正毫無希望的社會，不是受到革命威脅的社會，而是無法進行革命的社會。」中國農村社會現在這種格局，對中國現代化進程將起到根本性的制約作用。對中國來說，最大的難題在於如何將農村納入現代化進程中，而不讓城市文明被農村文化吞沒。近20多年來，探討甚麼是「落後」，已成為發展經濟學家的熱門話題。幾乎所有的發展經濟學著作，開宗明義的第一章往往都是關於如何識別「落後」的學術討論。在總產值、人均產值、國民收入、人均收入、增長速度、生活質量、人口素質等一系列指標後面，發展經濟學家們對於造成「落後」的原因，認識倒也漸趨一致：落後的本質規定，是人的素質差。

上一世紀中人類經歷的社會變革相當多，但對人類生活產生久遠影響、堪稱最偉大的變革可以說只有兩項：首先是民主政治制度成為人類政治制度當中帶有普適性的形式；其次當推小農階級的萎縮乃至消亡，這一變革永遠切斷了人類與以往世代血脈相連的關係。不可忽視的是這兩項變革之間存在着一定的相關關係，因為說到底，政治就是人的各種社會關係的總和。有甚麼樣的人民，就有甚麼樣的政府；有甚麼樣的政府，就有甚麼樣的人民。

在長達兩個世紀的工業化之後，世界上只有印度與中國這兩個巨型國家的小農階級異常頑強、艱難竭蹶地存活下來。不管這兩個國家的政府宣稱自己如何努力，這兩個國家的小農階級始終高居總人口的70％以上，這就使得這兩個國家與以往歷史時代相連的文化臍帶始終不曾完全斷開。尤其是中國，傳統文化中有利於社會整合的積極因素早就被一次又一次的革命運動殘酷消滅，留下的只是傳統文化中的消極負面因素，這就導致中國農村社會目前這種基層官員流氓化、基層政權黑社會化的局面。中國現代化的列車無法甩開農村社會這節龐大的車廂。無論是從社會組織、人口與資源的比例、農村人口受教育的平均水平來看，廣大農村都將成為中國二十一世紀發展的最大包袱。

第九章註釋

1. 《深圳法制報》一九九一年十二月十五日：「愚昧與文明的撞擊」。
2. 《南方都市報》二〇〇一年四月十四日A04版。
3. 《羊城晚報》一九九二年一月二十九日，「聯宗祭祖死灰復燃不容忽視」。
4. 《深圳法制報》一九九一年十二月十五日：「愚昧與文明的撞擊」。
5. 中共湖南懷化地委辦公室：《省際邊界村級組織日漸弱化應引起重視——對湘、桂、黔邊界地區的調查》。
6. 《深圳法制報》一九九一年十二月十五日：「愚昧與文明的撞擊」。
7. 新華社消息，二〇〇三年二月二十八日。
8. 《中國經濟時報》一九九八年十一月二十三日第3版：「鄉鎮財政赤字嚴重——來自衡東縣的報告」。
9. 《半月談》一九九八年第23期。
10. 《中華工商時報》一九九八年四月一日第1版：「農村集體家底可望一年摸清」。

11. 《南方周末》二〇〇〇年八月五日第2版：「1,100萬元是怎麼花的？」
12. 《中國經濟時報》二〇〇〇年六月二十四日第2版：「這個村財務真夠亂的」。
13. 《中華工商時報》一九九九年七月十日：「一私企老闆談鄉村官員腐敗」。
14. 《中華工商時報》二〇〇〇年三月八日2版：「鎮幹部吃垮民企」。《新聞人物報》一九九八年八月二十一日：「清賬組長遭暗害」。
15. 《法制日報》一九九八年十二月五日。
16. 《農民日報》一九九八年四月七日。
17. 中共湖南懷化地委辦公室：《省際邊界村級組織日漸弱化應引起重視——對湘、桂、黔邊界地區的調查》。
18. 《光明日報》一九九九年七月二十六日，「觸目驚心的馬集鄉『黑窟窿』」。
19. 《南方周末》一九九六年十一月二十九日：「扶貧村裏的肥支書」。
20. 《羊城晚報．新聞周刊》第151期；《中國經濟時報》一九九八年八月二十九日：「嶺景扶貧，怎會越扶越貧？」
21. 此節根據下列資料寫成：《羊城晚報．新聞周刊》一九九九年十一月二十五日至十二月一日第7版：「驚動中央的農婦服毒事件」；《南方都市報》二〇〇一年一月三十一日6版，「催收稅費幹部動武，籌不到錢農民服毒」；《粵港信息日報．粵港周末》一九九八年八月一日至七日：「鎮官太惡，欺壓一方無法且無天；農民太苦，萬户血印上告反被騙」；《深圳法制報》二〇〇〇年十月十一日：「被告進監獄的村支書」；《新聞人物報》一九九九年三月十九日第3版：「大渦村黑幕重重」；《中國市場經濟報》一九九九年一月九日第3版：「一個村支書毀掉一個小康村」。

22. 這段據以下資料：《中國經濟時報》一九九八年八月二十九日第1版：「九百村民上告兩村官」；《南方周末》一九九八年二月二十日第7版：「為了吃飯的權利——國內最大規模的行政訴訟案的調查」；《河南日報》經濟生活版一九九八年十一月十一日：「警車聲響，村民遭殃」；《報刊文摘》一九九八年一月一日第4版：「村支書報復毆打記者，官護官兇手逍遙法外」；《南方周末》一九九九年二月十二日第6版：「女記者與億元村村長的較量」。《深圳法制報》二〇〇一年二月十二日，「村長涉嫌買凶砍村民」。

23.《新聞人物報》一九九八年八月二十一日：「清賬組長遭暗害」。

24. 新華社一九九五年三月二十八日電。

25.《南風窗》二〇〇二年二月下，「仇恨引爆悲劇」。

26. 此段據以下材料寫成：《中國經濟時報》一九九九年十二月十八日第1版，「放了衛星，苦了村民」；《南方周末》二〇〇〇年十月十二日第7版，「上訪大縣的費改税」；《南方周末》二〇〇〇年十月十二日，「一本奇書的奇遇」；《中國經濟時報》二〇〇〇年二月十四日，「這裏的農民負擔為何重」；《報刊文摘》一九九八年十一月二十三日，「安徽錢鋪鄉如此斂錢」；《深圳商報》二〇〇〇年十二月十八日，「深莞扶貧急，群官私撈忙」；《調研世界》一九九七年第1期，「中國鄉鎮企業發展的環境代價」。

27.《大時代文摘》一九九九年五月六日至十二日，「河北邵村事件」。

28.《報刊文摘》一九九八年十月二十二日，「一審已經有判決，劣跡幹部反重用，裴家灣農民心裏不服」。

29.《報刊文摘》一九九七年五月一日，「20個指印説明了甚麼？」

30.《南方周末》一九九六年四月二十一日。

31. 新華社石家莊一九九五年十一月二十三日電

32.《南方周末》一九九六年四月二十六日。

33. 袁文忠：「山東剷除一批地方惡勢力」。

34.《中國青年報・青年周末》一九九五年三月二十四日。

35.《南方周末》一九九五年一月十三日，「基層惡勢力」。

36.《南方周末》一九九六年六月十四日，「一個基層政權的失而復得」。

37.《報刊文摘》一九九六年十一月十一日。

38.《經濟日報》一九九五年四月六日，「同是一方水土，反差如此之大——呼蘭河畔兩個農村基層組織的調查報告」。

39.《南方周末》一九九五年七月二十一日，「海選：誰來執掌村中大權——一場黑土地上的『村民自治』大潮」。

40.《南方周末》一九九八年四月三日，「兩個賄選者」；《粵港信息日報》一九九九年一月九日，「賄選鎮長現形記」；《羊城晚報·新聞周刊》一九九八年十二月三十一日至一九九九年一月六日，「官迷心竅買選票」；《金華日報·浙中特刊》二〇〇〇年三月八日，「借款與選舉交織的風波」等。

41.《民主與法制》畫報一九九六年一月二十四日；《報刊文摘》一九九六年一月二十九日。

42.《同舟共進》一九九六年第9期。

43.《南方周末》一九九六年一月十二日。

44.《報刊文摘》一九九八年七月六日，「農村『富者為官』弊端不可忽視」。

45.《當代中國研究》（美）二〇〇一年第4期，深圳大學課題組：「中國大陸鄉鎮長選舉方式改革研究」；《南方都市報》一九九九年四月三日第1版，「一票未得照樣當選」。

46.《中國改革報·時代周刊》一九九八年六月二十五日，「惡勢力持槍攪亂基層選舉」；

47.《中國經濟時報》一九九八年十一月十四日第3版，「推舉村主任，不合領導意；竟然用警力，傳訊又拘禁」。

48.《新聞人物報》一九九九年三月二十六日第3版，「直選村官釀血案」。

49.《深圳商報》一九九九年四月十一日，「洪窪村的選舉風波」。

50.《今日名流》一九九九年第3期。

51.《羊城晚報》二〇〇〇年九月四日A10版。

52. 中共湖南懷化地委辦公室：「省際邊界村級組織日漸弱化應引起重視——對湘、桂、黔邊界地區的調查」。

第十章　黑色經濟與黑社會組織的勃興

黑色經濟是地下經濟活動的重要部份，這裏先簡單介紹地下經濟的含義和門類，以及納入本章研究範圍的「黑色經濟」的內涵。

一、中國「地下經濟」的種類

關於「地下經濟」的稱謂很多，各國對這種經濟的名稱饒有趣味地說明了它在各國的倫理地位：德國稱之為「影子經濟」，法國名之為「秘密經濟」，獨聯體及東歐各國則命名為「第二經濟」，義大利冠以「潛在經濟」之名，英國和印度則呼為「黑色經濟」。一直到二十世紀七十年代後期，義大利經濟學家傑爾吉・弗阿（Giorcio Fua）提出「地下經濟」這一概念，國際上才算是統一了這個稱呼。

對地下經濟的界定有廣義和狹義之分。從廣義來說，「地下經濟」是指官方控制不到的經濟活動，這類經濟活動不納入官方統計的國民生產總值之內，不向政府申報和納稅。它一般可以分為以下幾種類型：1、對外不公開的非法經濟活動，如地下工廠、黑市交易、地下金融機構、走私等等；2、對外不公開的違法經營活動，如毒品買賣、非法賣淫等等；這兩類經濟活動可以稱之為「黑色經濟活動」；3、通過合法經營單位取得非法收入的經營活動，如第二職業、偷稅漏稅經營等等。這類地下經濟一般只向稅務部門申報一項經營活動，對其他經營所得少申報或者不申報，從而獲取非法收入。

中國的經濟學界只熱衷於談論由政府統計機構、銀行及官方調查機構公佈的數據所構成的「地上經濟」。但實際情況是日益肥胖的地下經濟已引起了社會嚴重不安，到了擾亂正常經濟秩序、動搖政府統計的地步。這些未出現在統計公式中的財富、生產及服務，已經形成了巨大規模，它在很大程度上影響着經濟統計的精確性。如 GDP 、生產率、失業率、儲蓄率等，並構成了社會經濟的潛伏力量。至於它到底在中國國民經濟中佔有多大比重，由於一般不公開談論這一問題，也缺乏這方面的統計資料，故無法進行估計。有人認為約佔20％左右，這種估計缺乏依據，事實上遠比這一比例為高。

從目前的情況來看，中國的地下經濟大致可分為非法經濟（黑色經濟）、未申報經濟和未統計經濟等三種類型。非法經濟在中國主要有以下幾種形式：走私、販毒、賣淫、販黃、拐賣人口、貪污受賄、開辦地下企業、製造假冒偽劣產品、製造假票證及貨幣，以及偷稅抗稅等等。未申報經濟是指經濟主體沒有按照國家有關法律、法規和政策的規定，未將其經營活動向行政主管部門申報。與黑色經濟相比，這類經濟除了未申報之外，一般情況下如不造成嚴重後果，不構成犯罪。未統計經濟是指國家統計機關沒有進行統計或遺漏統計的，以及由於錯報、假報等所導致的「統計錯位」，而沒有真實地反映在有關統計報表、統計年鑒上的經濟活動。

地下經濟的存在可以說是全球性的現象，只是在不同的社會制度、不同的經濟體制和不同的政策下，地下經濟的生存狀態各不相同而已。本章所要討論的，主要是中國轉軌期以國有資源和國有經濟為掠奪對象以及一些對社會危害極大的黑色經濟活動。

二、黑色經濟活動分析

本節主要分析黑色經濟運行的幾個方面，包括黑色收入產生的主要經濟活動和經濟部門；黑色收入產生的主要方法；持有黑色收入的重要形式；將黑色收入變為合法收入的最常見形式。

1、黑色收入產生的主要部門

根據近年各種傳媒披露的材料，最容易產生黑色收入的是下列幾類經濟活動（或部門）：

(1) 走私、毒品交易；

(2) 娼妓；

(3) 賭博；

(4) 拐賣人口；

(5) 合同回扣、賄賂和其他金融違法行為；

(6) 各類泡沫經濟，如股票、地產等類市場上的收益。由於中國這兩大市場極不規範，許多「內部人」在這兩大市場上獲得了相當巨大的黑色收入；

(7) 旅館、飯店和娛樂業。由於近些年「黃色行業」大規模介入這類第三產業，故是黑色收入產生的主要部門之一；

(8) 倒賣各類批文和許可證；

(9) 地下工廠，這是近年中國假冒偽劣商品的源頭；

(10) 虛開各類發票，尤其是增值稅發票；

(11) 侵吞、私分、挪用國有資產；

(12) 金融拆借、信貸及其它生產要素調配部門。

上述部門和經濟活動有些屬於法律禁止的行業，如娼妓、賭博、走私、販毒、拐賣人口、虛開各類發票、地下工廠之類。除了虛開發票及開辦地下工廠者之外，前幾類人大都屬於社會邊緣人物，具有各種社會惡習及強烈的流氓無產者意識。有些在中國則是屬於新興行業，如股票、房地產之類。有些則是屬於體制性的漏洞，如金融拆借、信貸和其他生產要素調配部門，及倒賣各類批文和許可證，侵吞瓜分國有資產等，這些都是以國有資產和國有資源為掠奪對象。在新興行業與體制存在漏洞的行業中，最容易得利的是那些掌握資源管理或資源配置權力的「內部人」，這些人在社會上都是「有頭有臉」，在政治、經濟兩大科層組織中佔據一定地位的人物。比如近幾年因參與走私大肆受賄而陸續倒台的十幾位海關關長，就是走私者的最有力的後台。

從上述情況可以看出，黑色收入可以在合法的經濟活動中產生，如合法範圍內的商品生產與服務、資產的銷售與採購、資本構成與商品的進出口；也可以在非法經濟活動中產生，如走私、賄賂的支付方式、接受回扣及賣淫等，而這些收入在任何國度都是無法進行統計的。所以要分析黑色收入在中國到底佔整個國民收入的多少份額，在目前這種極不透明的情況下，簡直沒有任何可能。國外常用的財政分析法、傾向分析法、物量投入分析法、勞動市場分析法與國民賬戶分析法等方法，如用於分析中國的黑色經濟，都無法取得近似值。這裏僅以一九九六年上半年日本海關對中國出口汽車和中國海關從日本進口汽車的數量相對照，就可看出走私活動之猖獗：

表：10-1

一九九六年1-六月日本向中國出口及中國從日本進口汽車數量統計表(單位：輛)							
	1月	2月	3月	4月	5月	6月	備注
日本向中國出口汽車	2,365	2,489	5,047	2,911	3,347	3,840	不含散件
中國從日本進口汽車	338	2,848	2,613	501	1,664	1,020	含散件在內

資料來源：中國汽車貿易中心副總經理陳萍的講話。見《粵港信息日報》(一九九六年九月二日)

兩個海關統計數位相差如此之大，可見走私汽車的情況很嚴重。其他黑色經濟行業的情況有類似之處。雖然無法統計出黑色經濟在中國經濟中到底佔多大比重的精確數據，但以汽車行業推斷，應不低於30％。此外還可以從目前經濟犯罪案發率比較高的行業來推斷黑色經濟活動的大致狀況，如從中國檢察機關的反貪污腐敗重點查處對象可以看出：一九九六年國家司法機關公佈，在金融、證券、房地產、建築工程承包等經濟熱點部門，出現了很多新型經濟犯罪案件。僅從一九九五年一月至一九九六年三月，全國檢察機關共立案偵查在金融、證券業務活動中索賄、挪用資金的犯罪案件3,800多件，4,100多人；查辦房地產開發管理部門構成犯罪的工作人員230多人。此外還查辦虛開增值稅發票1,000萬元以上的犯罪案件、查辦法人犯罪案件多件。[1]一九九九年，因從事走私、騙購外匯、金融詐騙、虛開增值稅專用發票等地下經濟活動而被判刑的就高達22,657人。[2]二〇〇一年被法院查處的走私、金融詐騙、偷稅抗稅、騙取出口退稅、騙匯以及製販假幣等犯罪案件達14,953件，犯罪分子19,972人；危害金融安全的犯罪案件高達6,650件，犯罪分子8,906人，涉及食品、藥品、棉花、農資、醫療器械等生產、銷售偽劣商品犯罪案件764件，判處犯罪分子921人。[3]但這充其量只說明這些領域是黑色經濟活動高發地帶，到底有多少財富流入「黑洞」，永遠是個說不清的謎。據有的研究者估計，僅走私一項造成的損失每年達300億元至340億元。[4]所以有人諧稱，中國現在是「五色經濟」盛行：

黑色經濟——貪污腐敗等權錢交易；

灰色經濟——製假售假，泛濫成災的地下工廠和假冒偽劣商品；

白色經濟——毒品犯罪；

黃色經濟——色情行業；

藍色經濟——走私（因從海上走私，故取海洋之藍色）。

2、黑色財富的持有形式

與世界上其他發達國家相比，中國的黑色收入在最終流向上稍有不同。由於上述財富在中國大多屬於不能公開之列，故大部份收入不是用於投資從而轉化為「地上收入」，而是用於奢侈性消費或通過各種途徑轉移到海外。九十年代中後期香港樓市低迷之時，入市購買者竟多為大陸人，這一點為香港傳媒披露之後，港人輿論譁然。自從中資機構大量進入香港以後，不少中資機構工筆者不但以自己或家屬名義在外資銀行開設賬戶，存放非法所得，還為內地親友存放非法款項[5]，不少人最後都成為未公開的外國資產持有者。這種處理黑色、灰色財富的方式倒是和一般的發展中國家毫無二致。

一般而言，這些黑色財富的持有形式主要是下列幾種：

(1) 轉移到國外的財產；這筆財富無法計算，但隨着中國人出入境自由度及對外經濟交往的增加而逐年增多。本書第五章中的資本外逃中列舉的鉅額數目僅僅只是其中一部份，遠遠不是全部外逃資金。但據有關方面的估計，中國每年通過地下錢莊洗出去的黑錢至少高達2,000億人民幣，其中走私收入洗黑錢約為700億人民幣，官員腐敗收入洗黑錢超過300億人民幣，其餘皆是一些外資企業把合法收入通過地下錢莊轉移到境外，以逃避國家監管和稅收。而中國每年因此受到的財稅損失高達100至200億美元。香港一直是中國大陸洗黑錢的一個主要場所，汕頭眾大律師事務所的一位律師介紹，利用中港兩地洗黑錢主要有三種方式：第一種是與境外簽訂合同購貨匯錢出去，這時通常得境內外互相配合做假單證；第二種是通過地下錢莊把錢匯出；第三種是分散投資化整為零。[6]

(2) 黃金、珠寶和古董。

(3) 處於隱蔽狀態的地下金融投資。

(4) 房屋、土地等不動產。

(5) 銀行存款。據一份時聞資料報導計算，在一九九五年審結的3宗100萬元以上的經濟犯罪案件中，犯罪金額與儲蓄形成額分別為80/500、410/1600、90/700，平均為20.7％。[7]從這一事實可以看出，犯罪所得收入中有不少由於高利率的驅動，最後形成了銀行的長期儲蓄。

現金並不是黑色財富的主要持有形式，主要原因一是因為現金並不帶來任何收益；二是大量現金容易被發現。放置海外的原因主要是不少人在弄到一定數目的錢以後，為了逃避國內法律制裁有意為之。而其他各種形式的佔有只是為了有效地保持資產的價值。

3、將黑色財富變為合法收入的幾種常用方法

儘管中國的「陽光法」是個「軟法」，但許多人還是採用了多種方法將自己的黑色收入變成合法收入。大致來說，有下列幾種方法：

(1) 偽稱自己從國外某親戚處獲得大量遺產和饋贈。深圳一位當地土生土長的官員，在做某區投資管理公司總經理（即區的國有資產管理局）幾年以後，移民澳大利亞。在澳大利亞生活了不到三年即回國投資，聲稱自己得到了5,000萬美元的遺產。而這位總經理的同村人說，這完全是謊話，因為他與這位總經理從小生活在一個村，從未聽說過他有甚麼親戚在國外。

(2) 讓親屬開設商店，假稱自己的收入主要來自該處。如果有那麼一種店子，人們經常看不到多少顧客，但仍能維持下去，多半就是這一類商店。根據筆者調查，有不少公安局警察開的這類小商店就設在自己的管區之內。

(3) 將錢投入股市。這在目前的中國，是一種非常行之有效的方法，尤其是在市場極不規範、黑市交易盛行的一九九一年，根本沒任何記錄可查，使許多人成功地洗了黑錢，將其變為「白色收入」。深圳清查出來的所有貪官，凡一九九一年以前進入深圳工作的人，都習慣性地將自己無法說清來源的財產說成是深圳股市初創時期賺來的錢；凡是一九九一年以後進入深圳工作的人，則將這些錢說是妻子在股市炒股賺來的收入。而事實上，中國股民真正在股市賺了錢的不到1/10。

三、黑色經濟活動的載體：黑社會組織

在中國曾經銷聲匿跡幾十年的黑社會組織，自一九七八年以來

又經歷過從無到有、從小到大、從零散化到組織化的過程。全國各省、區都有黑社會組織，廣東、廣西、雲南、四川、山西等省的黑社會勢力尤為活躍。一九八二年九月，深圳市發佈了《關於取締黑社會組織的通告》，以後每年都取締和打擊了不少「黑社會團夥」(中國官方對黑社會組織的稱謂)。廣東省人大一九九三年十一月十六日通過的《廣東省懲處黑社會組織活動規定》，是中國首部承認中國有「黑社會組織活動」存在的地方性法規。進入九十年代以來，中國大陸的黑社會勢力由於有腐敗官員在背後撐腰，膨脹極為迅速。統計資料表明，一九九二年至一九九九年的8年間，全國警方共查獲並依法懲處各類犯罪團夥100餘萬個、涉案人員376萬名，其中有相當一部份是黑惡勢力。[8]有趣的是零星見諸於報端的地方性資料與「最高人民法院報告」的彙總資料差距極大。以二〇〇一年為例，《中國青年報》報導，二〇〇一年四川省打掉黑惡團夥900個，抓獲團夥成員3,737名。[9]《人民日報》報導，二〇〇一年吉林省共打掉涉黑犯罪團夥379個，抓獲成員1,820人，「治爆緝槍」成果顯著，共收繳各類非法槍枝4萬多枝，9萬多公斤爆炸物品。[10]而二〇〇二年三月「最高人民法院工作報告」則指出，二〇〇一年全國共審理黑惡勢力案件350件1,953人，而這一據報比二〇〇〇年各「增加了6.3倍和3.8倍」的資料明顯低於上述兩省任何一地的資料。[11]中國統計資料之不真實於此可見一斑。

自二〇〇〇年歲末始，中國大陸國家公安部在全國範圍內開始了為期10個月，代號叫做「獵狐」、「怒潮」、「零號」、「狂飆」等打黑專項行動。從公佈的事實來看，中國各地已形成為數不少的黑社會組織，按其類別分析，最主要的是「地緣型」黑社會組織。

中國的地緣系統是按「國家—省—市—縣（或大區與小城鎮）—鄉—村（或居民區）——鄰里」七級劃分，據此，當今中國大陸地區地緣型黑社會組織一般以省或市或縣或鄉或村組成。這些地緣型黑社會組織的基本成員是企業職工、待業青年或農民，基本關係是朋友關係，有部份黑社會組織已形成了較嚴密的仿直線制組織結構，並制訂了嚴格的組織紀律，成員之間等級較明顯，並常以虛擬的血緣關係（以兄弟、義父、義子互相稱呼）作為維繫組織的紐帶。此外還有血緣型（基於成員間的血統關係或生理聯繫而形成的）與業緣型（基於成員間的某種犯罪職業的聯繫而形成的）黑社會組織。三者之中以「地緣型＋血緣型」為主要形態。

從二○○○年這輪「掃黑」的結果來看，可以說中國的黑社會組織已經從一般性團夥犯罪、集團犯罪的階段進入有組織犯罪的高級階段——黑社會犯罪；從黑社會的關係網絡來看，黑社會勢力已經深深滲入中國政界。

1、成熟的組織結構與管理方式

從已有的調查材料與破獲的黑社會組織來看，中國大陸的黑社會組織一改原來團夥犯罪臨時拼湊的現象，犯罪組織化程度越來越高，已經有了比較成熟的「組織規則」與管理方式，其特點比較明顯：基本成員固定，並且多是職業罪犯；有一套分層級呈金字塔型的組織指揮系統，實行垂直領導。居於最高層次的是被稱為「老大」或「領導」的首惡，在其之下一般還有「老二」、「老三」等，依此方式排定座次；職務分工各有不同，比如四川資陽「黑豹」集團內就設有「總管」、「打手」、「殺手」、「後勤」、「踩點」等職務稱謂，有時候還有「降職」或「撤職」等處罰。「老大」身邊常有專門為其出謀劃策的「智囊團」或「顧問團」，由這些「軍師」決定行動計劃。下面則有人專管殺人搶劫，也有人經營合法產業，為他們洗錢；有一套按等級分配的財產與福利保障制度，有嚴酷的幫規和保密制度，違反者或變節者將受到殘酷鎮壓。

四川省公安廳刑事偵察局發表一份調研報告指出，現在有的黑社會性質組織開始模仿現代企業管理模式，比較典型的是該省宜賓縣的「狄紹偉集團」，他們制定了《員工手冊》共四章十七條，儼然是他們的「刑法」，內容含對出賣、背叛、損害組織利益，不服從命令的處以割舌、挖眼、切指、斷雙手、斷雙腿等處罰，直至處死。從總體上看，對傳統民間幫會和舊有黑社會組織的繼承，再加上對國際成熟狀態的黑社會犯罪方式的模仿，形成了現階段中國黑社會犯罪的獨特形態。這種專業化的犯罪組織，與國外尤其是港、澳、台一些黑社會組織沒有甚麼區別。只是中國政府不肯承認現實，非得採取掩耳盜鈴的方式，規定媒體只能談「黑社會活動」而不許說「黑社會組織」。

黑社會組織成員的年齡結構有年輕化的趨向，其中有相當部份是負案在逃、批捕在逃、勞改釋放或解除勞教的人員，有很多人犯過命案，他們年輕氣盛，完全不受道德約束，行事果斷，手段殘忍，有職業罪犯的冷血特徵。還有部份成員是受過正規軍事訓練的退役軍人，這些人往往是黑社會組織的骨幹成員，因為他們懂武器使用和作戰知識，瞭解警方慣常的破案方式，並且容易利用「戰友」關係和「白道」（政府組織）接上關係。

從現狀來看，黑社會組織的武器來源日漸豐富，裝備越來越先進，原來他們多用獵槍、自製的土槍或搶來的槍枝。現在，隨着他們經濟力量的膨脹，黑社會組織購買從邊境走私的槍枝成為風氣，有些槍枝甚至是中國政府賣給該國政府的，通過一定渠道又流回中國。

技術手段的發展，使得黑社會組織犯罪的智慧化程度越來越高。在作案前，他們反覆踩點考察作案現場，瞭解作案對象內部情況，收集各種可能的資料，計算作案時間和逃脫路線，準備多套方案供選擇，對採取何種具體手段反覆進行研究、比較、實驗。有的在鉅額詐騙案中，精心設套，一旦案發，事先聘用的「法人代表」就被推向前台，代他們接受法律懲罰。他們一旦得手，往往借用比較好的交通工具迅速逃離案發地點，頭目則迅速轉移到別的城市，甚至逃到境外。所以在實施對團夥頭目的追捕中，往往要投入大量警力和花掉大筆經費，比如福建建陽某團夥頭目呂偉在案發後先後流竄北京、上海等幾十座城市，在當地也居無定所，經常半夜換宿，警方投入數百個工作日，花費幾十萬元，才將其捕獲。

2、黑白合流：黑老大戴上「紅帽子」

從各種調查材料與已偵破的大案來看，這些黑社會組織之所以能在短時間內迅速崛起，並在其所在地呼風喚雨，最主要的原因是他們早已與當地的政要們——首先是與公安部門的官員們沆瀣一氣，形成了一種保護與被保護人的關係。與西方黑社會組織相比，中國大陸的「黑白合流」還有個特點：西方黑社會組織結納的權力部門主要是警察及司法部門，而中國黑社會組織的觸角更深，不少政務官（各地黨組織與政府部門）與事務官（工商、稅收以及銀行）

都成了黑社會組織的有力靠山，部份黑社會組織頭目還具有各種政治身份，戴上了各種「紅帽子」。如浙江溫嶺的張畏，除了「黑社會老大」這一身份之外，他還具有跨省份的8個其他身份：原湖北省宜都市政協副主席、台州市青聯委員、浙江某報社名譽社長、台州市青年企業家協會副會長、浙江東海集團有限公司法定代表人兼董事長、上海東盛集團有限公司法定代表人兼總經理、溫嶺恒基實業有限法定人兼總經理、台州新世紀裝飾工程有限公司法定代表人兼總經理。前4個頭銜，是張畏採取各種手段，向政界滲透，以尋求庇護時得來的。被張畏一案所牽涉到的67名黨政要員當中，有市長、市委書記、公安局長及黨政幹部42人、司法幹部15人，金融機構幹部10人。張宅門前掛着「溫嶺市公安局重點保護單位」的銅匾，故當地人稱張畏領導的黑社會組織為「紅色黑幫」。[12]二〇〇〇年處決的吉林最大的黑社會性質組織的頭目梁旭東[13]，遼寧黑白兩道聲名顯赫的黑幫頭子劉湧[14]，廣西百色黑幫頭子周壽南等人情況均與張畏相類似。[15]所有這些披露的材料明白無誤地顯示，正是在各地政府官員關係網強有力的保護下，這些黑幫才得以在各地發展成為一種呼風喚雨的社會另類權力。

更為嚴重的是，公安部門最近的報告顯示，黑社會勢力已經滲入縣、市級政府內部，在政府內部選取「代理人」，參與安排地方、人大（縣市議會）與政協的領導人。通過這些公共權力系統的貪污腐敗者，社會公共權力蛻變成了黑社會魚肉百姓的幫手。這種警察與黑社會共同治理社會、「黑白合流」的局面，應該說是所有社會形態當中最糟糕的一種社會形態。

3、黑社會組織犯罪的國際化

中、港、澳、台地區成熟的黑社會組織向中國大陸滲透力量不斷增強，境內境外黑社會組織聯手作案的概率也越來越高。據查，這些罪惡活動的組織者往往利用違法犯罪活動獲取鉅額資金，並與內地一些黨政機關單位的官員拉關係，以獲得種種方便作案。八十年代以來，其主要犯罪活動一是參與國際販毒與製造假幣，估計從福建沿海由「黑社會」團夥經手的假幣流入內地至少在100～200億人民幣，近幾年僅在福建一地就查獲冰毒1,000多公斤；二是倒賣盜竊文物。據國外媒體報導：近20年到達西方國家的中國文物比以往任何歷史時期的總和還要多，甚至連新石器時代的珍貴文物也大量流出；三是拐賣人口，近幾年已由拐賣婦女兒童發展為專門組織偷渡。這些罪惡活動當中，起「骨幹」作用的就是福建的黑社會組織，這個地區的黑社會組織以「走私」、「偷渡」和「國際綁票」聞名。最典型的黑社會組織是向海外非法移民而謀取暴利的犯罪組織——蛇會。據資料顯示，至一九九八年底統計，全省僅捕獲的境內外「蛇頭」就達1,400多名，截獲偷渡人員2萬多人，被遣返的多達3萬多人。九十年年代以來頻頻發生的跨國綁架勒索案尤其引人注目，一九九三年起，福建省這類案件連續發生50多起，勒索贖金數百萬美元，涉及美、英、澳大利亞、泰國和中、港、台地區。這類罪案是境內外黑社會組織聯手犯罪的典型表現。據現有案例和美國聯邦調查局提供的情報資料證實，發生在美國的綁架華人罪案全是在美國的福州人組織的黑幫勾結境內組織所為，他們在美國綁票後，再由國內同夥向被綁票者家屬收取贖金。這一名聲使得所有福建籍的護照持有人在出國簽證上受到連累，往往被歐美使館拒簽。

四、黑社會組織泛濫對社會的惡劣影響

1、黑社會行為方式對社會價值觀的滲透

從九十年代以來，黑社會價值觀念滲透到中國人的社會行為方式上，這方面最典型的表現是權力之爭往往借助於黑社會勢力介入。近年來頻頻發生的「官殺官」事件就是在這種背景下發生的。比較有名的有這麼十幾件：一九九五年江西安義縣縣長陳錦雲買兇殺該縣縣委書記胡次幹、副書記萬先勇；一九九七年三月廣東省陽春市委書記嚴文耀、副市長楊啟周、財辦副主任林啟菊等人密謀殺害原陽春市長等人；一九九九年六月二十八日原舞鋼市委書記李長河殺該市八台鎮鎮長呂淨一夫妻倆；一九九九年三月十六日海南國稅局稅官殺檢察官黃崇華；一九九九年三月二十六日，撫順司法局局長謀殺縣委書記案……這十餘起案件都是政府官員借助黑社會手段買兇殺人，而兇手有些是黑社會成員，有些則是社會邊緣人物。

中國官場競爭本來就極不正常，往往不是憑藉本人的德行、能力、勤政、績效，而是德能勤績之外的東西。這種幹部選拔機制已經讓社會飽受懲罰，現在引入黑社會手段更加劇了這種競爭的無序性。更重要的是，黑社會勢力介入社會政治生活的惡劣做法，使得社會各界都竟相仿效，近年來中國民間社會屢屢發生各種綁票事件與買兇殺人事件，有的後面還有警察做後台。在中國的專制威權體制下，人們本來就缺乏安全感，黑社會這種以暴力為主要手段的社

會另類權力的崛起，更加劇了公眾的不安全感。

2、黑社會組織對經濟活動的介入

黑社會組織早就開始打造自己的經濟基礎。最先滋生黑社會勢力並被其控制的是娛樂圈，這一點與國際社會沒有甚麼區別。《羊城晚報》[16]曾以「黑社會勢力滲入娛樂圈」為題進行過專門報導。這類黑社會組織從事經濟活動主要有以下幾種類型：

(1) 企業化經營型：這是黑社會組織中比較成熟的高級形態。在九十年代上半期，這種成熟形態的黑社會組織還處於萌芽階段，但到了九十年代後半期，這類黑社會組織發展非常迅速，全國各地都可以看到這類黑社會組織的活動。這些人與社會權力部門維持着良好的密切關係，其組織成員已打破了血緣、地緣關係，一些頭目還受過良好教育並有一定的社會身份。其主要財源收入有三大類，一是成立公司，如追債公司，這些公司有的名之為「某某資產重組公司」，讓人還覺得這是「現代企業制度」改革的產物。一九九五年三月五日在瀋陽破獲的「航太清款股份有限公司」，就是由一些黑社會成員組織的所謂「經濟實體」。[17]只是這一黑社會組織無論從組織形式還是從其背景來看，都屬於「初級階段」，不夠成熟，與筆者瞭解到的「深圳某某資產重組公司」的背景與運作方式不能相比；二是躋身於一些新興行業，如啤酒屋、健身行業。其辦法有多種：或由自己直接經營，或與別人共同經營，或參股。這種參股有的是黑社會組織看到該行業有利可圖，用各種方法使原業主無法正常經營，最後擠走原業主；有的是原業主在經營過程中發現諸多困難被迫尋求保護，自己找上門來；三是向「媽咪」（即老鴇）收費。在二〇〇一年全國「打黑」行動中，四川省破獲了一個打着「天鑫經濟貿易公司」的旗號進行經濟活動的黑社會組織，這個公司的「主要業務」就是開賭場、收保護費、報復殺人、綁架勒索。根據披露的材料，該公司成立於一九九八年八月下旬，實際負責人是王勇，但他們聘請不知情的李某某掛名擔任董事長及法定代表人，一個次要頭目張敏擔任總經理。公司將賭場經營、人事、武裝、維持所控地盤秩序、收取保護費等「業務」分給了各個頭目負責。公司成員每10天發放「工資」一次，按等級不同，金額從300元到500元不等，並在每次行動之後，有數額不等的「獎金」。平時，他們在各自的勢力範圍內監控地盤，接受由王勇以公司名義發出的指令，進行違法犯罪活動，這些活動包括下列幾項：在客運市場，按上車人數，收取每人10元的「保護費」；在電腦市場，按批發光碟數量，每月收取攤主高額的「保護費」；在他們自己經營的賭場中，發放高利貸和收回入股錢款等。到一九九九年十月案發時止，該公司已有20名成員，形成了一個分工明確、管理嚴格、組織有序的黑社會性質組織。[18]

(2) 以暴力為資本型：這是當前中國黑社會的主流形態，也是黑社會組織的骨幹力量。這些團夥進行諸如走私、販賣槍枝、偷運毒品、組織非法偷渡、偽造各種證件，欺行霸市等活動。這類團夥成員關係緊密，多以地緣關係或血緣關係為結合紐帶。如活動在廣東深圳市的潮汕幫，主要是由揭陽、海豐、陸豐一帶人組成。這些組織最初主要是在菜肉海鮮批發市場欺行霸市，形成惡勢力，然後走向娛樂業。以後在公安系統也結納了一定關係，漸漸走向「正規化」，打打殺殺之類的事逐漸幹得少一點了。其主要收入來自酒樓、娛樂業的「保護費」及向其「保護」場地的媽咪收「場費」，有些也參股娛樂業。

這些以暴力為資本的黑社會組織，正採用各種形式介入社會正常經濟生活，比較典型的例子有海南的「南霸天」一案。這個案子很清楚地說明了黑社會組織和政府中掌權人物相勾結之後對地方的奴役。

「南霸天」王英漢是海南省澄邁縣金江鎮王宅村人。八十年代初，王英漢擅長武術，以開武館教授武功為名，網羅門徒。一九八五年至一九八九年，他憑藉多種手段當上了王宅村村長，進一步網羅流氓爛仔，為其充當打手和保鏢。一九八八年海南辦經濟特區後，王英漢馬上變「武教頭」為「包工頭」，利用他糾集的黑社會幫會勢力，強佔工程項目。凡金江鎮內的建築工程，絕大多數得由他做，不做也得掛名分利，由此一舉成為暴發戶。這個帶有宗教、行幫性質的黑勢力，其骨幹成員都是「兩抓兩放」或「三抓三放」的刑事犯罪分子。幾年來，這個團夥共打死2人，打殘13人，遭其侮辱、毆打、搶劫、敲詐者不計其數。一位主持正義的縣公安局副局長想依法處理王家的一起刑事犯罪案件，就被莫名其妙地免了職，罪犯也在15天後獲釋。這個團夥在其鼎盛時期，對當地一些企業的負責人和政府的某些部門也進行公開威脅和敲詐勒索。一九九三年十二月，海南順安實業公司經理李某某與縣政府簽訂了一個修路合同，修建縣政府門口至電視塔一段水泥路面。王英漢得知後要求分一部份工程做，遭拒絕後竟用武力威脅工人停工，李最後被迫送了18萬元錢給王，才將此事了結。[19]這種例子在當代中國絕對不是個別。如一九九六年福建惠安縣偵破一個專門發放高利貸，並操縱民間幫會與引發多起刑事案件的黑社會團夥，其頭面人物連希聖認該縣公安局局長鄭媽魁為義父，姐夫任水津又是縣公安局巡警大隊大隊長。這一團夥仗着有這些鐵桿人物撐腰，平日欺男霸女，橫行霸道，大發橫財，無惡不作。[20]

另一個以張國進為首的黑社會團夥，從一九八九年起，就以深圳市文錦渡、皇崗這兩個口岸，專以福建籍的客商為敲詐對象。他們對福建在深圳市做進出口貿易的公司和來往車隊強行收取「保護費」，並迫使福建籍公司、車隊支付其吃喝玩樂的費用。僅福建三遠集團有限公司一家就被收取「保護費」以及被迫支付張國進等人的各種費用累計近 100 萬元人民幣。還有 10 多家公司也遭此厄運，被收取鉅額「保護費」。凡不服其控制的企業負責人均被這黑社會團夥用暴力傷害。這類黑社會組織如不是那種樹大根深者，就容易被繩之以法。但另一類和當地警方有聯絡的，就不是那樣容易清除。

最值得注意的是這樣一種傾向：在經濟信用嚴重失常的情況下，一些經商者和政府基層單位因用正常手段保證不了自己的應得利益，竟起用一些地方流氓來幫助自己收欠款甚至稅費。如江西漳樹市淦陽街財政所和鹿匯街財政所於一九九六年四月分別聘請了3名社會無業人員（其中有勞改釋放後劣行累累不思悔改者），向來往的三輪車收稅。該所所長聲稱：因為人們稅法意識淡薄，有人偷稅漏稅，賴稅不交，故需借助這些地痞的力量，以「毒」攻「毒」。某全國著名的小商品市場的一些個體老闆，因為人家欠債不還，不得已請了一些黑社會人物幫助催討，據說這些人物討債「成效顯著」，只要他們一上門，不僅欠債賴債者會分文不少地送上欠款，連一些多年的「死賬」也被他們討回。[21]

有的黑社會幫會頭目對地方的控制較之上述人物還要厲害得多，如山西臨汾的老百姓流傳一句話：臨汾有兩個市長，一個是白道市長，一個是黑道市長，即黑社會組織的龍頭大哥安小根。據披露，這個「安市長」是個城府很深、謀略智慧型的犯罪行家，他沒有自己的地盤，卻能在平陽府裏任何一個霸區吃香喝辣，可以統領整個臨汾8大黑幫的行動。這位「安市長」不管在臨汾的哪一個歌舞廳裏出現，老闆都要出門迎接，歌手要專門獻歌獻藝，所到之處，群呼「萬歲」。他看中一個村子的地，村民們響應市政府「綠色計劃」而辛苦栽種的3,000株樹苗，頃刻之間就被他手下的爪牙用推土機鏟掉。設局賭博吃大戶更是他的拿手好戲。有人因聽別人呼他為「市長」，出於好奇多看了他一眼，竟慘遭殺身之禍，殺人者卻逍遙法外。他一位手下的妻子因有幾分姿色被他霸佔，只因説了一兩句不滿的活，便被其另外幾位手下打殘。[22]從上述這些事情中，可看出在這個小小的臨汾市，黑幫勢力之「鼎盛」，以及一般民眾忍辱負重的生活狀態。

以上這兩種劃分其實並不總是涇渭分明，從事企業化經營的黑社會組織在從事經濟活動時往往要借助暴力。從二〇〇一年中國大陸各地的「打黑」報告來看，幾乎所有的黑社會組織都有自己的經濟基礎，而這些黑幫在打造經濟基礎時，無一不帶有暴力性質。不少黑社會頭目的財產完全是通過經營非法生意得來，如廣西百色的周壽南，表面上掛的牌子是「百色飯店娛樂總匯」，實際上是通過壟斷廣西百色的賭業經營聚斂財富。而瀋陽嘉陽集團的董事長劉湧，則是非法手段與合法手段一起來，而其合法生意一般也是通過非法手段，在短短幾年間聚斂錢財逾7億元人民幣。比這兩者更絕的是用黑社會手段經營合法生意，這方面的典型是河南許昌的梁勝利黑幫。這個黑幫涉足的是合法生意，但其手段卻完全屬於非法。比如他看中了南陽市場的布匹托運生意，就採用暴力手段驅趕原來的經營者，迫使其他人退出市場。憑藉這種手段，梁勝利黑幫進入了服裝、鞋帽、建築、建材、運輸、飲食娛樂業等多個行業，並在內部劃分了勢力範圍。但其經營手段卻完全不是合法手段，而是採用暴力手段強買強賣，收取保護費，掠奪壟斷利潤。最後形成這樣一種局面：凡屬這一黑幫組織涉足的行業，所有的人都「自動退出」，不敢與之競爭。但更多的中小黑社會組織是採取收取「保護費」等形式建立經濟基礎。[23]

隨着中國證券業的發展，黑社會的觸角已經延伸到股票市場。二〇〇一年披露出來的蘭州黑幫操縱證券黑市，洗劫股民數億元的事件就是一個典型。據調查，這些證券黑市幕後操縱者其實就那麼幾個，掠奪來的錢財都被這些人投入合法行業（主要是房地產），借此發財者儼然已經是蘭州乃至西北商界的的名流。他們的各種關係網已經盤根錯節地伸展到了政界各個角落。工商局以涉嫌詐騙罪將這些案子移交公安局，而當地公安局總以證據不足拖着不辦，任其繼續詐騙。就在中央電視台「經濟半小時」節目對此事進行連續報導的同時，蘭州的證券黑市還是屢禁不止。直到全中國輿論群起指責，這一案件才算是在輿論壓力下受到政府部門懲處。[24]

種種跡象表明，一個通過地下經濟活動——其中既有地下工廠、黑市交易、地下金融機構、走私等非法經濟活動，也有毒品買賣、非法賣淫等違法經營活動的黑色犯罪鏈條——正逐漸深入地影響着中國正常的社會生活。勢力較大的黑社會組織在社會生活中的作用日益增大，已在一些地區與社會底層成員中成為一種「公共權威」，並與當地政府的一些官員相互勾結，相互利用。從社會後果來看，這種社會權力黑社會化的趨勢對社會安全與人民生活形成了極大威脅。

五、黑社會組織與刑事犯罪率上升的關係

大多數黑社會組織從事與黃、賭、毒及拐賣人口有關的違法活動，有些組織且有自己的武裝。據國家公安部公佈，從一九九一年至一九九五年，中國公安機構共破獲拐賣人口案件9.5萬起，查獲拐賣人口犯罪團夥1.9萬個，抓獲人販子14.3萬人，解救被拐賣的婦女兒童8.8萬餘名。共查獲賣淫嫖娼人員153.3萬人，查獲賣淫團夥3.2萬個，摧毀賣淫窩點3萬個，收容賣淫嫖娼人員17萬人。自一九九六年四月開始「嚴打」以來，已收繳各類非法槍枝56萬枝，其中軍用槍1200餘枝。[25]犯罪率現在正以每年60％的比率上升，從各類傳媒零零星星披露的材料來看，黑社會組織的大量存在與中國刑事犯罪率上升、社會治安形勢日益嚴峻有密切關係。

1、販毒活動成為浪潮

近幾年來，中國的走私販毒已成為一大社會公害。從下列資料可以看出毒品在中國的蔓延之勢：僅是公安部門掌握的吸毒人數，一九九一年為14.8萬人，一九九二年為25萬人，一九九四年達38萬人，而到一九九六年更增為52萬人，二〇〇二年六月二十七日（世界禁毒日）中國公佈的4萬多名愛滋病毒感染者，吸毒者佔其中

的 2/3 。全國登在冊的吸毒人數已達 100 萬人。[26]這些吸毒者其中80％以上為青少年。一九九一年到一九九四年，共破獲各類毒品違法犯罪案件8.7萬起，查獲涉案違法人員13.9萬名。一九九五年全國公安機關共破獲毒品違法案件57,524起，抓獲涉案違法犯罪人員73,734名。廣東、福建、北京、上海等地公安部門相繼破獲了一批製販冰毒大案，查出20多個地下加工點。[27]近年來，中國的毒品問題已發展為過境販毒與國內吸毒並存的局面，因吸毒、販毒誘發的各種違法犯罪比例也在不斷上升。截至二〇〇〇年，中國有2,033個縣（市、區）發現毒品問題，據北京等10個省（市）的不完全統計，僅一九九九年，由毒品問題誘發的殺人、盜竊、搶劫、詐騙、傷害等刑事案件就高達 2.6 萬起，各類治安案件高達 3.8 萬起，個別地區甚至已佔刑事案件的70％多，成為影響城鄉社會穩定的重要因素。[28]毒品市場的迅速擴大，對社會造成了極大的威脅。

中國對毒品的量刑不可謂不重：販毒 50 克以上，情節特別嚴重的毒販判處死刑。但由於高利潤的吸引，還是有不少人陸續加入這一行列。從九十年代初開始，廣東的販毒分子呈明顯的團夥化趨勢，其中粵東又以家庭團夥販毒的特點明顯區別於廣東其他地區。一九九六年三月二十九日破獲的一樁跨國跨省大毒案，就是由廣東普寧沈氏三兄弟及其他家族成員組成的販毒集團所為。[29]販賣毒品的利潤一般高達百分之百，這裏只舉一例：號稱一九九五年世界第六大毒案、中國第一毒案的主角王世鑒，其在金三角地區以每只4.3萬元價格買下的海洛因，一到廣州就能以每只9萬元的價格出手。[30]而這裏只是批發價，最後到吸毒者手裏，零售價格還要比批發價格高出百分之百以上。其間的差額，就成了這些販毒的黑社會團夥的收入來源。據不完全統計，一九九一年至一九九九年，全國禁毒執法機關共破獲毒品違法犯罪案件80多萬起，繳獲海洛因39.67噸、鴉片16.89噸、大麻15.079噸，逮捕21萬多名毒品犯罪嫌疑人。[31]

對販毒團夥每年的總收入，國際上有一個形成慣例的估算比例，那就是每年被查獲的毒品只佔整個流通量的5％左右。如以此比例估算，中國每年僅損失在毒品一項上的社會財富就相當驚人。

毒品犯罪發展到二十世紀九十年代，已呈現出許多新的特點，並衍生出許多社會問題。而作為一個應該在國際禁毒中起重要作用的大國，中國有關禁毒的理論研究和指導現在都大大落後於形勢需要。

2、被「黑」「白」兩道控制的「黃色」行業

近20多年來，中國的「黃色」行業發展得很快，其原因主要有兩點：一是娼妓供給呈源源不斷之勢，許多年輕且無法就業的女性走入這一行業；二是中國社會價值倫理觀念發生了巨大變遷，「笑貧不笑娼」的風氣已經被社會公眾接受。[32]

中國黃色行業中的女性，在二十世紀八十年代還大多處於自由狀態，沒有黑社會涉足其中。但由於這一階層基本處於無助狀態，她們的財富很容易成為別人覬覦的對象，導致涉娼兇殺案逐漸增多。[33]在這種情況下，她們比較傾向於找「保護人」，這就是廣東俗稱「雞頭」產生的部份原因。另一方面，由於色情行業獲利巨大，許多黑社會也逐漸介入這一行業。所以到了九十年代以後，色情行業漸為黑社會勢力所控制。一九九六年一月十五日大連破獲的

「三女神」酒吧一案，就是一個由黑社會組織控制的賣淫集團。該酒吧秘設暗道，齊備淫穢物品，形成了自己的一整套管理制度和利益分配規則，並豢養着大批維護妓院規則的打手。警方繳獲的兩本賬本上，詳細記載着自一九九五年七月以來該酒吧接待嫖客420餘人次的賬目。該酒吧老闆安凌雲供認，嫖客只要花上500元嫖資便可通過通道，由暗道裏的服務生送往3樓的包間。賣淫女接待一次嫖客，便可拿到一張小票，憑票可以領到200元錢，其餘300元便歸老闆所得。在這類由黑社會組織管理的妓院裏，賣淫女已失去了「自由競爭」時代的自由和經濟收益，嫖客的嫖資大部份被黑社會組織榨取。[34]

在全國範圍內，黑社會組織介入娛樂業已不是秘密。以深圳市為例，該地的啤酒屋、歌舞廳基本上都有黑社會組織介入。據調查，該城各轄區的派出所都設有內保科，要求賓館、歌舞廳、啤酒屋之類進行治安聯網，繳納治安費。如不加入聯防網路的單位，派出所對其治安問題就不負責。而這些地方向派出所交納，不一定能買到平安，因為派出所無法分出警力坐鎮該娛樂場所。而向黑社會組織交納，黑社會組織會派人「看場子」。故此這些娛樂場所的老闆，一般都需「黑白」兩道能混得開，否則沒法維持。黑社會組織在一個「場子」所得，除了老闆所交的之外，還有在該「場子」內活動的「媽咪」上交的供奉。色情活動在這些地方都是較公開的，如深圳市一九九五年十一月十六日查獲的「金台灣」娛樂城，經常在該處出現的「三陪女」等類從事色情服務行業的人，就有200人之多。這些地方一般都有黑社會組織收取「保護費」，如深圳市冬瓜嶺彩田食街，就有海豐與陸豐兩幫黑社會組織成員強行向各酒家和服務小姐收取保護費，每家酒樓每月交200元，服務小姐每晚交10元，最後發展到向各酒樓每位食客收取10元做「保護費」。[35]一份調查報告指出，重慶的高檔歌舞廳開業，必須邀請黑道、白道各方面的人員玩樂三天。其他地區經營者也談到，如果某一歌舞廳經營過程中沒有對其所在地區的「黑道」力量打點到位，未能獲得其准許和支援，那麼該娛樂場所的經營秩序就有可能得不到保證，經營者也很可能因為無法正常經營而被清除出這個行業。[36]

在廣東沿海一帶，「黃色行業」的老鴇俗稱「媽咪」。這批人一般都是在江湖上久經歷煉，頗有呼風喚雨之能的人物。以深圳市為例，九十年代後期在該行業中稱為「行尊」的「媽咪」已是第二代人物，無論是在素質還是手腕上，都已遠遠超過第一代「媽咪」。

所謂第一代「媽咪」，都是從賣淫女中脫穎而出的人物。本身都是「三陪女」之類，由於時間久，認識許多客人與「三陪女」之類，每逢一家新的娛樂場所開業，往往就被聘請去做「公關部長」之類的角色。這些人手面大，其去留往往能決定一家娛樂場所的興衰。但發展到後來，就有一些並非「三陪女」出身的交際花之類人物介入了這一行業。如深圳從一九九五年以後崛起的「四大媽咪」，就都是受過高等教育的交際花。這些人對黃色行業的介入，竟使這一行業有了「行規」。為了讓大家瞭解這一行業，這裏簡單介紹一下這些「媽咪」的活動情況。

宋某，女，（一九六八年出生），四川外國語學院畢業，原在深圳市某政府部門工作，與高層人物熟悉。後看準了「媽咪」是一個很賺錢的行業，便辭職作了專職「媽咪」。其手下管有7個小「媽咪」，組成了一個龐大的網路，這個網路下統屬的「小姐」有700人之多。在她管理的場子中，「三陪女」陪客的小費都由客人交給「媽咪」，媽咪收上來以後，扣除各種費用以後再發給小姐。不在其關係網絡上的「三陪女」，無法在其場子內「工作」。宋某在一個規模中等的「場子」凱悅啤酒屋上交給黑社會組織的費用為4萬（標準並非一成不變，常根據實際情況修訂），自稱是「中國最大的媽咪」。另一個名列宋某後面、在天X賓館活動的「媽咪」，原為導遊，號稱懂四國語言，其活動手段與宋差不多。這「四大媽咪」由於跟「黑白」兩道都特別熟悉，據說「掃黃」都掃不到她們坐鎮之地。[37]

二〇〇〇年，中國全國人大教科文衛委員會寫出了專門調查報告，指出中國的賣淫嫖娼相當猖獗，陪侍人員在全國範圍內已經形成了龐大而特殊的社會群體，無論是在海南還是在甘肅，無論是在省會城市還是在窮困縣，只要有歌舞娛樂場所，就可以找到「陪侍小姐」(即妓女)。而且這些色情場所的背後，一些公安機關及其他政府部門工作人員為不法經營者充當了「保護傘」，被稱為「白道」。一些政府管理部門對陪侍人員進行統一管理、培訓上崗；還有一些地區對陪侍人員徵收稅、費，更加使陪侍活動趨於職業化。同時，黑社會勢力已經滲透到這些從事非法活動的歌舞娛樂場所，被稱之「黑道」。幾乎所有的經營者和陪侍人員都曾表示，「我們這裏絕對安全，如果有檢查的，有人會先通知我們」。當詢問到是否知道當晚有檢查時，大部份「陪侍小姐」都可以講出檢查組的派出單位。據經營者、陪侍人員及其他群眾反映，部份公安機關及其工作人員通過各種方式參與到娛樂場所的經營之中。

在黑、白兩道的保護下，陪侍活動由公開轉向隱蔽：(1)有些地方的娛樂場所陪侍人員統一服裝，以「服務員」的身份出現，不向客人索取小費，而在經營者的收入(消費者向經營者支付的茶水、糖果、飲料等食品以及場地費用)中提成以掩人耳目；(2)陪侍人員改變過去在娛樂場所內等待客人挑選的做法，主動到娛樂場所外拉客，避開了與經營者的直接聯繫；(3)大批陪侍人員向城鄉結合部、高檔賓館和飯店等管理薄弱地點轉移，逃避管理部門的檢查；(4)在雲南等邊境省份，陪侍人員甚至向國外轉移，為出境的中國客人提供陪侍服務；(5)陪侍人員不斷流動，當某處打擊「三陪」風聲緊時，大批「小姐」就會轉移到相對「安全」的地方，這種流動是全國性的。在北京就可以找到許多在南方坐過「台」的「小姐」，這種情況還被稱為「南燕北飛」。此外，賣淫嫖娼的地點可能不在歌舞娛樂場所，但歌舞娛樂場所實際上已經成為賣淫嫖娼的仲介地。[38]

販毒、賣淫、暴力集團的商業活動，無一不是違法的行為，在其中產生了大量的地下經濟。從上述分析可以看出，地上經濟和地下經濟並不是固定不變的兩個範疇。如上述販毒、賣淫所得的收入如用之於購買公寓、汽車、時裝等，那麼地下經濟又可以轉化為地上經濟。由於中國目前不少人的收入處於不透明狀態，無法斷定地下經濟所產生的收益在國民經濟總產值中到底佔了多大份額。但從消費的最終需求看，有不少還是轉化成了地上經濟。可以說，中國目前的體制上有許多罅隙可乘，在地下經濟和地上經濟這兩個範疇之間，金錢來往自如，穿梭不息。

六、政府官員在黑色經濟活動中所起的作用

必須指出的是，中國目前黑色經濟活動猖獗，與腐敗的政府官員暗中支持甚至直接參與有密切關係。那些以國有資產和國有資源為掠奪對象的黑色經濟活動基本上是腐敗分子所為，即便是那些走私、黃色經濟活動，也有腐敗的政府官員支持，前面談到的惠安縣公安局長只是其中一例。就在一九九六年六月，廣東省政協主席郭榮昌在一個公開場合指出，沿海走私為甚麼屢禁不止，其原因就在於緝私部門出現「護私內鬼」。據有關傳媒透露，廣東部份地區走私非常猖獗，就在一九九六年上半年的兩個月內，僅湛江就先後組織 6 次區域性聯合打私活動，查獲走私案件 86 宗，案值 4,637 萬元。廣東省政協副主席林興勝和康樂書在六月分別帶領視察組到惠東、汕尾、陸豐、惠來、湛江、雷州、徐聞等七個市縣以及走私嚴重的甲子、碣石、江洪、企水等九個鄉鎮港口、碼頭實地視察，發現問題不少，如走私案主犯、團夥頭子未抓獲歸案，緝私部門出現少數護私者等。[39] 如廣東惠東縣自一九九四年十二月二十八日至一九九五年十一月二十日，對走私貨物罰款放行共16,691車（其中掛軍警牌車輛運載10,689車，佔總車次的64％），罰款4,595.7萬元，運載走私貨物約10.9萬噸，貨值估算4.4億元，累計使走私分子逃避關稅約2.8億元。據查，惠東縣對走私貨物罰款放行，首先是縣公安局、縣打私辦於一九九四年底、一九九五年初自行上路設卡、自定標準實行的。對此，縣委、縣政府主要領導和分管領導先是失察，而後贊同、支持，並作出某些錯誤決策，使罰款放行從執法部門的違法行為逐步演變成「工商為主、公安協助、財政監督、

打私辦協調」的政府行為。一些執法部門的負責人為攫取非法利益，不惜與走私分子內外勾結，搞「假罰款」、「假拍賣」，進行權錢交易，使惠東縣一度成為全國的一個走私重點地區。[40]不少企業也參加了走私活動，一九九六年六月十日廣東省高級法院審結廣東湛江富力公司走私案，該案走私物品價值達10.4億元人民幣，偷逃關稅和增值稅達5.4億多元。[41]廣東省湛江市遂溪縣委副書記、縣長劉強輝，因放縱庇護走私，造成國家近億元的損失，於一九九六年九月上旬被湛江市委勒令停職檢查，同時被立案停職檢查或移交司法機關偵查的還有該縣打擊走私辦公室、工商局、公安局、農業銀行遂溪支行的負責人等6人，其罪狀主要是與走私犯罪嫌疑人通謀，或為走私活動提供鉅額資金（貸款）。[42]但由於中國政府的反腐敗運動只是停留在表面上，腐敗官員獲益極大，受懲率不到1/6，政府官員參與腐敗活動支付的「機會成本」極低，導致海關官員參與走私活動的人數越來越多。自一九九八年中國開始打擊走私活動以來，中國沿海地區的海關關長的倒台更像多米諾骨牌一樣，一個接一個。廣東茂名原海關關長楊洪中、海南三亞原海關關長黃貴興、浙江舟山原關長陳立鈞、杭州原海關關長耿永祥、深圳原海關關長趙玉存等人貪污受賄的案件接連曝光，人們才瞭解中國的萬里海關的官員們早已成了走私活動的保駕者。僅在二○○一年，全國海關系統就查處違紀違法案件140起，303位官員因涉貪污腐敗受到處分。[43]

發生於一九九九年的「湛江特大走私案」，最生動地說明了政府官員在地下經濟活動中所扮演的重要角色。湛江市委、市政府、海關、公安邊防、海警、船務代理、商檢、港務等一切政府管理部門都參與了這一大案，涉案官員竟多達259人。[44]號稱「共和國第一稅案」的汕頭、普寧共偽造、虛開增值稅專用發票17.2萬份，虛開金額共約323億元。這一案件也是在地方政府官員直接參與及指揮下發生的，一些基層政府領導直接指揮財政所長、稅務所長為虛假企業服務；有的稅務幹部，自己開辦多家虛假公司，騙稅數千萬元；在犯罪分子的筆記本上，記錄着向海關人員送出的鉅額現金數目。中紀委「807」工作組前後檢查的1,142戶企業中，827戶是虛假企業，有虛開和偷騙稅問題的佔98.33％。[45]震驚世界的「廈門遠華走私案」被牽扯進去的官員的職務更高，人數更多，參與此案的政府官員有原國家公安部副部長李紀周，廈門市委、市政府、市政法委、廈門海關、廈門國稅局、廈門海事局、廈門商檢局、福建邊防總隊、銀行等金融部門的官員共達346人，其中廳級以上高官20多人。連中共政府自己也不得不承認：「這是自從新中國成立以來最大的一起經濟犯罪案件。涉案金額之大，人員之多，案情之複雜，經濟犯罪和腐敗問題之嚴重，觸目驚心。」

至此可以説，自八十年代以來，黑色經濟活動在中國政府的打擊中不斷成長壯大，其原因就是各級政府官員本人就是黑色經濟活動的積極參與者與庇護者。這一點再次證明了中國的高度軟政權化：官員們獲取利益的前提就是破壞國家法律與官員們自身的職業道德。

七、地下經濟泛濫的嚴重後果

地下經濟的泛濫使少數人得利，但是這少數人的得利是建立在全社會受損這一基礎之上。經濟學家忽視地下經濟的存在，其結果使自己對中國經濟狀況的分析嚴重失真。政府根據這些不實的資料和錯誤的理論去制定政策，只會使地下經濟更加泛濫。

概言之，地下經濟的嚴重後果可以從這幾方面進行概括：

1、地下經濟破壞公平競爭的原則，干擾市場進入和退出規則的實施。地下經濟活動的參與者在從事經濟活動時，往往沒有經過規範的市場准入過程。如地下工廠以及走私販私者，根本不具備市場主體資格，他們用非法手段進入市場，從事經營活動的成本很低，更兼他們的利益是建立在消費者利益受損的基礎上，其行為短期化的特徵很明顯，通常是打一槍換一個地方，撈足了就一走了之。正是由於他們的大量活動，整個市場秩序陷入混亂。

2、地下經濟嚴重打亂了人力、物力資源的分配，極大地嘲弄了以勞動生產率為本位的分配法則。使人們看到以投機或機會為本位的分配法則更有利可圖。中國這些年來以機會為本位，憑藉關係網和投機進行分配大行其道，就是黑色經濟盛行的結果。

3、黑色經濟的大量存在是對政府和法律尊嚴的極大蔑視。由於黑色經濟鼓勵違法和投機取巧，最終導致守法者和違法者的收入出現相當大的差距。中國現在有句民諺，叫做「犯大法掙大錢，犯小法掙小錢，不犯法不掙錢」，就是針對守法者和違法者之間收入倒掛這種嚴重不公現象而發的。其結果是嚴重扭曲了人們的道德觀念，毒害了社會心理，使人們普遍寄希望於投機取巧，引導了更多的人鋌而走險去幹違法的事。在這種情況下，政府被迫在有限的國家財政中，不斷增大懲治犯罪的公共支出投入，形成了一種惡性循環。

4、使政府的統計資料嚴重失真。大量的黑色經濟——黑色收入的存在，使得政府在分配和消費方面所公佈的資料均蒙上了一層不可信的色彩。由於大家都覺得統計數位摻水。近十餘年來，每年在全國人大會議上都有人大代表們對中國的統計資料的真實性提出質詢，國家統計局的官員則要按慣例發言，力陳資料的可靠性。二〇〇二年對中國統計資料的懷疑已經不再局限於中國國內，國際社會對此已產生普遍的懷疑。

從目前的情況看來，降低黑色收入的最佳方法莫過於通過政策來加大犯罪的經濟成本，使犯罪變得無利可圖，進而達到減少或制止犯罪的目的。一九九二年的諾貝爾經濟學獎得主、美國芝加哥大學教授加利·S·貝克，就是因他將微觀經濟分析的領域擴大到非市場行為的人類行為及其相互作用的廣闊領域，而摘取經濟學研究桂冠。

與同時代經濟學家有着顯著區別的是，貝克研究分析的社會問題常超出一般經濟學家考慮範圍之外。他在其名著《人類行為的經濟學分析》中，集中論述了罪與罰，亦即犯罪行為和對付犯罪的公共政策問題。貝克根據自己對社會犯罪行為的長期觀察，認為犯罪實際上是一種「經濟活動」，犯罪分子有自己的「成本」和「收益」。犯罪分子之所以實施犯罪，是因為他預期犯罪收益大於成本，所以犯罪是在權衡各種謀利方式的成本和收益以後作出的理性選擇。貝克因此提出，對付違法行為的最優公共政策就是提高違法成本，使違法「不合算」。

貝克認為，一般而言，犯罪成本包括三方面：一是直接成本，即實施犯罪過程中發生的成本，包括作案工具、作案經費、作案時間等直接用於犯罪的開支；二是犯罪的時間機會成本。由於一個人把一部份時間用於犯罪，那麼通過合法活動謀利的時間就會減少，由此自動放棄的經濟活動可能產生純收益，即為犯罪的機會成本；三是處罰成本。即犯罪被司法機關偵破並被判處刑罰對犯罪分子所造成的經濟損失。一流的罪犯就是用最小的犯罪成本獲得最大的犯罪收益，而政府要採取的措施則是通過一系列社會公共政策，使罪犯的犯罪成本最大化，最後達到減少犯罪率的目標。鑒於此，貝克特別強調，一個人犯罪以後被捕的概率比監禁期限有更大的阻遏犯罪作用。

借用貝克的理論來分析中國的現狀，會發現一個非常危險的傾向：黑社會力量滲透社會的範圍越來越廣泛，上述那種官黑結合的直接結果是大大降低犯罪成本，使犯罪分子的受懲罰概率降到最低。而只要犯罪成本低於守法的成本，那麼「劣幣驅逐良幣」的現象就還會存在，黑色經濟活動就不會停止。本章列舉的大量事實證明，從二十世紀九十年代以來，中國官黑結合的結果就是不斷推動中國基層政權的黑社會化。

第十章註釋

1. 新華社北京一九九六年七月六日電。
2. 《人民日報》，二〇〇〇年三月二十日第2版，「二〇〇〇年最高人民法院工作報告」。
3. 新華社北京二〇〇二年三月十九日電，「二〇〇二年最高人民法院工作報告」。
4. 《南方周末》二〇〇一年三月二十二日。
5. 《資訊時報》一九九六年八月九日。
6. 《星島日報》二〇〇〇年十月十二日。
7. 《審判台》一九九五年特號。
8. 《香港商報》二〇〇一年四月十一日，「商報聚焦」版。
9. 《中國青年報》二〇〇一年三月五日。
10. 《人民日報》二〇〇二年一月十四日第6版。
11. 新華社二〇〇二年三月十九日電，「最高人民法院工作報告」。
12. 中新網寧波二〇〇一年四月二十七日消息，「浙江溫嶺『黑幫老大』張畏的最後自白」。
13. 《南方周末》二〇〇〇年九月二十八日，「披着警服的黑社會老大」。
14. 《三聯生活周刊》二〇〇一年三月九日，「瀋陽：豪賭市長與黑幫人大代表的發跡沒落」。
15. 新華社特稿：「瘋狂作惡終有報——廣西『打黑第一案』紀實」，新華社記者程義峰，南陽新聞網二〇〇一年五月十七日。
16. 《羊城晚報》二〇〇一年二月十日B1版。
17. 《粵港信息日報》一九九五年五月六日。
18. 《中國青年報》二〇〇一年三月五日。
19. 《南方周末》一九九六年一月十九日。
20. 《中華工商時報》一九九六年六月五日。
21. 《南方周末》一九九六年十一月一日。
22. 原載《山西青年報》，轉摘自《深圳法制報》，一九九六年八月二十五日。
23. 新華網河南頻道消息二〇〇一年十二月二十三日。
24. 《中華工商時報》二〇〇一年十二月十七日。
25. 新華社一九九六年北京九月四日電；《中華工商時報》，一九九六年七月九日。

26. 新華社二〇〇三年六月二十七日電。
27.《粵港信息日報》一九九五年五月十三日。
28. 新華社北京二〇〇〇年六月二十五日電，登載於《深圳晚報》，二〇〇〇年六月二十六日。
29.《粵港信息日報》一九九六年四月十三日。
30.《南方周末》一九九六年六月二十八日，「中國第一毒案」。僅在這一編號為「9601」的跨境販毒大案中，繳獲的海洛因就達598.85公斤。據各種報導分析，中國現在的走私毒品案規模越來越大，在「3.29」沈氏家族販毒案中繳獲毒品28公斤；惠東縣「4.22」特大販毒案中繳獲毒品42公斤；廣州市盧漢強特大販毒案繳獲80.25公斤。
31. 新華社北京二〇〇〇年六月二十五日電。
32.「被『雞頭』改變的村莊」，《南方周末》二〇〇二年十二月十九日。「女生拍低胸照求職背後的『潛規則』」，中新網2002.11.26 08:53:00。
33.《深圳法制報》一九九六年一月十日，「致命的慾壑——對深圳市涉娼兇殺案件的調查分析」。

34.《中國青年報》一九九六年四月八日「搗毀地下淫窟」。
35. 據筆者調查手記。
36.《中國經濟時報》二〇〇〇年四月八日。
37. 據筆者調查手記。
38.《中國經濟時報》二〇〇〇年四月八日。
39.《報刊文摘》一九九六年七月四日。
40.《羊城晚報》一九九六年七月二十六日。
41.《中華工商時報》一九九六年六月十五日。
42. 中新社湛江一九九六年九月十日電，見《深星時報》一九九六年九月十一日。
43. 中新社二〇〇一年八月三十日消息。
44. 中新社一九九九年九月十六日消息。
45. 中新網北京二〇〇〇年十二月十三日消息。

第十一章　中國社會結構演變的總體性分析

改革開放以前，中國是一個身份制社會，社會分層、精英選擇的重要準則是血統（出身）。而目前中國社會的階層結構已發生了深刻的變化。如果按大類來劃分，可以說，中國社會現在分成了精英層、中下層、邊緣化集團，而構成這些集團分野的條件各不相同。在精英選擇的過程中，雖然「血統原則」仍然存在，但「財產原則」和「成就原則」也開始發揮作用。

新的精英選擇機制導致社會結構發生了巨大的變化。首先，社會中出現了不同於原有政治利益集團的新利益集團，一些經濟利益集團甚至擁有成熟的組織形式和利益訴求管道；其次，依憲法規定居於領導階級地位的工人階級和位於「次領導階級」的農民階級，事實上已處於社會的邊緣狀態；第三，社會中間組織的發展處於「暴發式增長」的過程當中，但這些組織其實並非西方社會那種中間組織，它們實質上只是政府組織的一種延伸而已，政府設置這些組織的雙重目的決定了他們天生具有兩副面孔：對政府而言，它們是民間組織；而對民間而言，這些中間組織又代表政府在行使管理職能。社會結構的這些變化使得國家、社會與個人之間的關係與過去大不相同。中國一旦加入了世貿組織，隨着由此而帶來的社會經濟結構的迅速演變，利益集團將會更加多元化，各利益集團之間的關係也會發生一些微妙的變化。

一、精英集團的利益形成機制

1、資源分配不公平──利益集團形成的基本成因

改革以前，中國是個大一統的一元化社會，政治、經濟、意識形態這三個權力中心高度重疊，黨的利益至高無上，且置於整個社會之上。那時，整個社會的絕大部份資源──包括土地、有形財富、收入等物質性資源，權力、聲望等關係性資源，教育、資訊等文化性資源等，全部由中國共產黨及其政府所壟斷，民間基本上不能獨立地掌握可利用的資源。整個社會沒有中間組織，形成了「國家─民眾」這樣的二層結構。除了簡陋的家具、衣物、炊具、被子等少量生活資料外，民眾沒有其他財產；城市居民的就業完全仰賴政府的人事或勞動部門，收入來源完全依靠政府的分配系統按規定的級別工資發放；而農民則在人民公社體系的嚴格控制下，按照大體平均計算的工分獲得生活必需品。在政治高度一元化和資源的大一統佔有的體制裏，社會的價值判斷也呈一元化狀態。顯然，在這樣的社會中無法形成任何有獨立利益訴求的社會群體。

改革開放的實質就是通過利益調整而逐漸改變社會資源的佔有狀態。但正如筆者在前面十章中一再強調的，中國改革中資源佔有狀態的改變走的是以權力市場化為起點的權貴私有化道路，其最顯著的特徵就是國家資源分配及佔有的不公平，這種起點的不公平是改革以來社會階層形成的基本條件。從政治精英與經濟精英形成的源頭來看，正如中國大陸社會學家孫立平所説的那樣：「中國政治資本、經濟資本、文化資本三者之間可轉換性有重要影響……在對中國社會資本轉換類型研究中，我們發現一種和薩列尼（Ivan

Szelenyi，美國社會學家）的轉換類型相當不同的資本轉換類型。對於這種資本轉換類型，我們可以稱之為『圈內轉換』。如前所述，十幾年改革過程中出現了一個掌握文化資本、政治資本與經濟資本的總體性資本精英集團。典型的就是『不落空』現象：在國家政權層面上總體性血緣資本代際交換，強化了不同資本的可轉換性，換言之，在社會的每一次資本轉換和資源佔有的風潮中，都沒有落下他們。『不落空』的幾次高潮(七十年代末的高考、八十年代的出國、八十年代中期的官倒、八十年代末的第三梯隊、九十年代初的下海、九十年代中期的買文憑)成為他們總體性資本積累的重要環節。由於總體性資本過多地壟斷了社會資源，因而它侵犯了眾多社會階層的利益。中國的中產階級之所以難以形成，部份原因在於原本應被社會中產階級佔有的資源，現在被總體性資本壟斷去了。」[1]

掌握「總體性資本」的精英人數雖不是很多，但他們在政治、經濟、文化方面對社會的支配能力極強。從他們致富的實際過程來看，他們中的大多數不是依靠技術創新和產業化的過程，而是通過權力市場化，利用手中的資源配置大權以及借助壟斷條件的再生產來聚斂財富。

筆者在在第一章至第五章曾詳細描述了權力資本化成為改革中私人財富積累起點的這一過程。但在23年經濟改革過程中，中國政府的腐敗有明顯的階段性演變特徵。八十年代及九十年代初的腐敗主要表現為個人腐敗，貴州國際信託投資公司總經理閻健宏、深圳中信實業銀行行長高森祥、深圳計劃局計劃處處長王建業等人的貪污腐敗即為典型。而到了一九九五年前後，腐敗已由個人行為向組織化行為發展。所謂「組織化腐敗」的特徵可概括如下：一、社會組織的負責人（即一把手）帶頭腐敗；二、組織機構擁有的公共權力成為該組織成員「權錢交換」的主要資本；三、較低一級的社會組織運用組織擁有的公共資源對上級進行賄賂，從而爭取更大的財政支援、更優惠的政策傾斜以及更多的機會。無錫的鄧斌案即體現了這種「組織化腐敗」的特點。在湛江市的走私案中，市委書記、市長及其它相關部門主要官員全軍「覆滅」，以及軍隊走私中所暴露的問題，都是最好的例證。

從一九九八年開始，中國的腐敗已開始從組織化腐敗向制度化腐敗過渡。其具體表現為：第一，腐敗已滲透到政治系統的大部份機構中；第二，腐敗已成為一種制度安排，社會政治資源、經濟資源與文化資源已成為利益再分配的主要對象，減少了現存政治經濟系統內部的磨擦。各地出現的賣官鬻爵就是制度化腐敗的典型現象；[2]第三，反腐敗已在某種意義上成了要挾他人以獲取利益或進行政治鬥爭的工具。浙江溫州地區瑞安市一個鄉村流氓就利用抓當地官員貪污腐敗的把柄，最後控制了瑞安市的部份政治經濟活動及官員人事安排。[3]

「中國特色」的腐敗其實與南美及南亞國家極其相似，儘管表面上中國與那些國家的制度不同。在中國，因腐敗致富的人手中握有的權力與財富都處於社會的頂端，但他們的財富來源不明，因此絕大多數社會成員對這些人財富的正當性都持懷疑的態度，並從道德的角度加以指責。一九九七年及一九九八年上半年，國內報紙上曾出現過所謂的「中國新民主主義理論」，部份理論家對此頗為青睞，試圖藉此把中國現存的社會秩序合理化。但這些人只看到了新民主主義時期（一九四九至一九五三年）那種多種所有制結構並存的表面狀態，卻忽視了今天似乎相近的社會結構有其不同的社會成因：五十年代社會財富佔有的不平等狀態是在以往多年的市場競爭中形成的，而目前的財富佔有的不平等則是通過權力巧取豪奪形成的，因此經不起社會倫理的檢驗。所謂的「新民主主義理論」後來之所以未成為一種理論「時髦」，除了政治因素之外，社會結構形成基點的不同也許是原因之一。

2、社會精英集團的兩大支柱——政治精英與經濟精英

目前中國社會的精英層大致由政治精英、經濟精英和知識精英組成，三者佔有的資源各不相同。本節先分析前兩類精英的狀況。政治精英集團特指執政集團，其形成有延續性特點，不少人原來在集權體制下的政治階梯中就佔有一定的位置，另外一些人則在一九七八年經濟改革後的官員技術官僚化過程中進入政治精英集團。中共政府的黨政高中級官員、地方上的高中級官員、國有大型事業單位的負責人，都可算是政治精英隊伍的成員。若觀察中國轉型期的政治精英更替模式，可以發現，在向市場機制轉型的過程中，黨政幹部裏只有極少數人因退休或在政治鬥爭中失利失去了權力，因而其社會地位有所下降，而大多數幹部都通過原來擁有的權力和其他的社會資源，相當便利地在市場化的過程中獲取了機會和

i　「新民主主義時期」是指中國共產黨成立中華人民共和國以後的一段時期，即一九四九至一九五三年社會主義完成對私有制的改造這段時期。這一時期中共還沒有在中國建立完整的公有制，城市經濟中允許私有制存在，農村經濟中允許農民擁有小塊耕地，所以這段時期是多種所有制並存時期。有人認為那段時期與中國改革開放後形成的多種所有制結構有點相似之處，主張用新民主主義「理論」來詮釋中國社會。

利益。

經濟精英集團由國家銀行及其它國有大型企業負責人、國有大公司經理、大中型企業主管、大中型私有企業主等組成。這個集團中的前四類人與政治精英有密切的血緣關係，是從原來的政治精英轉化而來的。由於中國的市場化以權力市場化為起點，所以，在向市場機制轉型的過程中，一些擁有權力的幹部利用自己掌握的權力，成功地將自己改變成有產階級的成員。換言之，他們原來的政治職務成了私人積累財富的重要手段。

與改革前相比，目前政治和經濟精英主體的成員並沒有根本性的改變，他們只不過是由一種類型的精英轉變為另一種類型的精英而已，即由計劃體制下再分配經濟中的政治精英轉變為市場經濟中的經濟精英。許多實例表明，自八十年代中期開始，中國相當多的官員就開始學會怎樣利用權力為自己牟取私利，也因此而愈發「熱愛市場」了。

大中型私有企業主這類經濟精英的背景通常有如下3種情況。其一是家庭有官方背景的人，他們通過「一家兩制」(父母做官，自己經商)的形式，更方便地獲取財富，因為這種親屬關係更便於尋租活動；其二是通過各種途徑生長出來的民間人士，在中國的大環境下，他們不得不依賴體制內權力資源與體制外物質資源交換這種方式。這兩種情況的發展都與尋租活動有直接關係。可以説，這兩類經濟精英與權力層有着千絲萬縷的關係，但這種關係並不是通過制度通道，而是通過個人關係建立的。他們與官員之間建立這種個人關係以謀求利益，往往以制度的破壞為代價。大中型私有企業主的第三種背景是，一些人主要利用市場機會獲得了成功，這在高技術行業中比較突出。改革前國家對稀缺資源的壟斷不僅包括壟斷物質資源，也包括壟斷社會活動空間，即人們從事社會性活動的場所和領域。23年改革的一個重要結果就是，出現了一個資源自由流動和自由活動的空間，在此基礎上一批民間人士憑藉自己對市場的敏感和對機會的把握而脫穎而出。七十年代末，個體經濟開始出現，但此後私營經濟的發展過程極大地依賴於政治環境的改變。在中國的改革過程中，中共政府對經濟體制的定位不斷變化，基本上表現為4個階段。最早提出的是「以計劃經濟為主、市場調節為輔」，然後發展到「有計劃的商品經濟」，接下來變成「社會主義市場經濟」，最後定位為「社會主義市場經濟體制」。令這種經濟體制定位不斷變化的根本原因是八十年代中後期以來，國營企業日益衰敗，隨着國營企業虧損面的擴大，國營企業難以維持其主要納稅者的地位，反而成了國家財政的嚴重負擔。在此背景下，私營企業才得以不斷發展，其法律地位也逐漸提升。而伴隨着這一過程，私營企業主階層的素質也逐步提高，早期是以被國家的就業體制排斥在外、文化素質不高的社會底層人士為主體；後來，卻漸漸形成了一個平均文化素質高於全國平均水平的階層，到一九九八年，這一群體中受過大專以上教育者所佔的比重已提高到20％左右。

現在，上述政治精英與經濟精英約有700萬人左右，佔全國就業人口的1％。[4]這個階層的崛起反映出目前中國社會最根本的轉型，即私有財產、貨幣、資本、勞動契約、利潤等重要資源不再由政府壟斷，社會經濟結構發生了根本性的變化。世界上大多數國家發展史的一般規律是，資本積累發生於市民社會之中，並受到勞動力市場和商品市場的價格、利潤、投資機制的推動。中國現在雖然也出現了資本積累過程，但並未具備一般市民社會的特徵，其主要原因是，中國對社團組織的嚴格控制使得社會中間組織（包括仲介組織）無法正常地發育成長，因此也就沒有代表這些中間階層的利益訴求團體在社會活動中發生作用，唯一的例外是代表私營企業利益的全國工商聯。

隨着私營經濟的壯大，私營企業主階層的利益訴求也日益強烈，其政治參與熱情不斷上升。除了歷史上遺留下來的全國工商聯開始越來越多地代表他們的利益之外，也出現了表達這個階層利益主張的媒體——《中華工商時報》，這張報紙不斷地為他們的利益大聲呼籲，並對其各種利益主張進行「理論論證」。這個階層在非權力中心的官方政治組織——人大和政協中的席位也越來越多。據一九九六年的一項報導，被選為或推薦為縣以上人民代表的私營企業主已達 5,400 多人（其中八屆全國人大代表 8 人），同級的政協委員達 8,500 多人，還有許多人進入了各級工商聯的領導班子。[5] 最讓經濟精英歡欣鼓舞的是，自一九九八年開始，在中國具有劃時代意義的「修憲」話題終於浮出水面。在這一討論中提出了保護私有財產不受侵犯的觀念，在思想和政治理論上將私人財富納入了社會總財富的範疇。這場討論釐清了許多長期以來模糊不清的問題，使政府的決策層與社會各界對私有經濟的認識向前邁出了重大的一步，從而為一九九九年的修憲做了充分的理論準備。二〇〇〇年江澤民提出的「三個代表理論」與二〇〇一年提出旨在「讓私營企業家入黨」的「七一講話」，只不過是為政治精英與經濟精英之間的金錢與政治聯盟提供一條制度化通道而已。二〇〇三年召開的「兩會」給了這一階層更高層次的政治安排，在政協中擔任的職務也越來越高。

儘管中國的政治和經濟兩大精英集團的生活方式表面上不同，但實際上在一些方面卻十分相似。例如，生活節奏較快，閒暇時間較少，生活消費水平普遍較高，娛樂消費及性消費方式極其相似等。這兩個集團的娛樂消費與性消費方式的相似有一個主要原因，即政治精英集團主要通過權錢交換，從經濟精英們手裏獲得了這種「消費文化覆蓋」的機會。在一些經濟發達的大中城市裏，正在形成這類人的集中居住地。隨着精英集團階層意識的逐漸覺醒與形成，以及適應該階層生活需要的城市微型社區的發展，城市的空間結構將發生很大的變化，不少城市已經出現了富人區與窮人區的明顯分野。

3、知識精英集團的演變及利益集團化

改革以來知識份子[ii]階層的分化非常明顯，知識精英階層的產生與循環和政治、經濟精英的路徑完全不同，在八十至九十年代也呈現出不同的階段性特徵。本節側重分析在社會資源（政治、經濟、輿論）佔有狀態中居於較高層次、對社會具有較大影響力的知識精英，在某種意義上來説，他們是中國目前的「新社會」中的「公共權威」。因篇幅所限，本文將不分析其他對社會影響力較小的專業技術人員。

改革前，受到毛澤東「知識越多越反動」説法的影響，知識份

ii　中國對知識份子概念的使用與西方社會有很大不同。按官方定義，凡受過大專教育以上的即為知識份子。此概念已經為中國社會廣泛接受。本節為分析方便，仍然沿用這一定義，只是將中國的知識上層表達為知識精英，中下層表述為專業技術人員。

子一般被貶斥為「臭老九」。但是，由於某些人文領域的知識份子可以為毛澤東的大批判效力，所以他們仍得到「重視」。改革之初，郭沫若一篇以《科學的春天》為題的文章使知識份子們看到了改革的美好前景，他們中的大多數人都支持經濟改革，同時也比較容易認同政治改革。所以，那時黨內改革派的社會支持主要來自知識份子，而黨內保守派勢力則集中於官僚體系內部。在社會上，人文領域的知識份子（如歷史學家、詩人、作家等）則較受尊重。隨着經濟改革的深化，這一情形已逐漸改變。知識份子本身的知識結構決定了他們在市場化過程中的價值，他們中的一部份人能與新興的利益集團結合，而另一部份人卻無法將自己的知識市場化，因而知識份子階層發生了嚴重的分化。進入九十年代以後，知識份子群體因各自在市場化過程中得到的利益不同，對改革的態度出現了明顯的分化。除了與利益集團相結合的知識精英之外，還有數量相當多的知識份子不但未從經濟改革中得到多少經濟利益，其社會經濟地位還相對下降了。因此，知識份子不再無條件地支持改革，他們對改革的態度變得越來越由利益導向所支配。

改革以來，隨着市場化過程的推進，科技知識及一些與改革密切相關的社會科學（如經濟學、法學等）知識成了一種重要的文化資本，有人將這種現象戲稱為「罷黜百家，獨尊經濟學」。有能力的技術專家、律師、經濟學者、工程師很快地壟斷了社會機構中的高位，成為改革中的受益者，少數人還進入了權力核心。這部份知識精英非常成功地把自己的文化資本轉化為社會資本，他們運用社會關係網在中國這種尋租社會中活動，常有舉足輕重的影響。還有一部份知識精英受經濟利益和單純功利型意識形態的支配，以其擁有的優厚文化資本為經濟精英們服務，並憑藉這種服務關係在積累財富的第一輪競賽中大獲全勝，但同時也逐漸偏離其支持政治變革的原有理念和價值觀。這些知識精英是經濟精英的重要同盟者，因為經濟精英們需要經濟學家、法學家及可與之合作的其他社會科學家、藝術家、尤其是媒體的合作，以鞏固自己的社會政治地位，而上述知識精英恰恰具備影響社會輿論的能力。從前幾年關於發展轎車生產和開發房地產的政策討論中，就可明顯地看出，部份知識精英們與經濟利益集團相結合，積極進行「事前尋租」活動，從輿論與決策這兩個層面影響政府政策。有人諷刺中國經濟學家「一隻口袋裏裝政府給的錢，另一隻口袋裏則裝企業家給的錢」。二〇〇〇年初國內有人在網上撰文，披露某著名經濟學家的家族成員利用特權經商的問題。筆者以為，其實這一現象的嚴重性並不在於經濟學家的親屬能否經商，而在於當學者與金錢結盟後，前者常常把為某一利益集團服務的「理論」或「學術觀點」包裹在為全社會謀福利的外衣裏，對社會的價值觀與政府的經濟政策起了誤導作用。

這部份知識精英與政治精英的關係也與改革前有很大的不同。一九九八年初，留美學者程曉農在一篇文章中專門剖析了目前中國知識精英的分化[6]，該文根據知識精英與各種不同的利益集團相結合的狀態，將知識精英分成「商務派」、「清流派」、「平民派」與「保守派」，基本上符合中國社會當前的實際情況。該文筆者還認為，政治精英中技術官僚們因其相似的教育和社會背景，不像上一代政治精英那樣與知識份子之間有那麼大的理念隔閡，他們的政治理念除了受個人的政治、經濟利益影響外，也會受部份知識精英看法的影響；在知識精英的觀念明顯分化的情況下，政治精英們很可能分別傾向或認同於某一知識精英群體的觀念。筆者認為，這正是部份知識精英們「智囊情結」越來越深的原因之一。

其實，知識份子從來就不是一個獨立的利益整體，在當前社會利益急劇分化之時出現上述情況也是勢所必然。問題在於，有「智囊情結」的知識精英們混淆了政治與學術這兩者完全不同的遊戲規則。政治的遊戲規則是運用各種可能的手段追求利益最大化，並在各利益集團之間達成某種平衡，而社會良心往往不會成為政治家們考慮問題時的主要出發點；而學術研究則以求真為目標，在追求真的過程中，社會良知是學者研究問題的內生需要。目前與決策圈接近的知識精英將兩套遊戲規則混在一起，把一些面向某些利益團體或部門的利益訴求主張包裝為「新理論」，確實對社會產生了巨大的誤導作用。而「清流派」知識份子中最大的問題則在於，他們中有不少人對社會問題往往處於隔膜狀態，這就使他們對社會的批評經常激進有餘而問題意識不足。「平民派」知識份子與前兩類知識精英相比，在理論修養方面相對較弱，他們中的不少人受過去幾十年來的意識形態文化的影響很深，許多人在社會結構方面的看法還無法超出馬克思階級鬥爭學說的影響。從「平民派」知識份子的知識結構之理論來源來看，比較接近中國的「左派」（亦即程文中所說的「保守派」），與近年崛起的「新左派」並不相同。

隨着中國社會越來越迅速的變化，知識份子之間的分化與重新組合會越來越明顯，一些昔日的同道很可能在今後幾年中會成為政治社會理念上的論敵。在發展中國家裏，知識份子與政府的關係始終是一個重要的社會政治問題。從拉美與東南亞國家的經驗來看，一旦知識份子放棄了對社會的責任，將會出現社會的全面腐敗與徹底墮落。這種情況將嚴重傷害國家與民族的尊嚴，那種向發達國家説幾句「你們也有腐敗問題，比我們好不了多少」的辯解，實際上只不過是自欺欺人，根本不可能改變國際社會的觀感和評價。

二、其他社會各階層的地位與現狀

1、中間階層的不發達狀態

這裏所講的「中間階層」主要是用兩個指標衡量，一是職業的社會聲望，二是收入水平。這與西方國家所謂的中產階級範疇相似，在八十年代，美國這一階層佔從業人口的比重是33%，日本是28.7%。目前，中國的中間階層在從業人口中的比例遠遠低於發達國家中產階級的比例。同時，由於中國的中間組織極不發達，這一階層無法通過制度化的管道表達自己的利益訴求，在中國的政治與社會生活中還看不到他們對社會的明顯影響。

從八十年代至九十年代初期，社會轉型期的種種政策縫隙給許多社會下層成員提供了機遇，知識階層的職業和社會地位相對下降，而機關幹部、服務業員工的聲望和地位卻相對上升。但九十年代中期以來，隨着一些技術密集型產業進入中國，一些科技型專業技術人員的知識迅速市場化，其經濟地位及社會聲望迅速提高。目前，處於中國的中間階層上半部份的，包括高級知識份子（大學教授與研究人員）、中小型國有企業經理、中小型私有企業主、外資的白領僱員、國家壟斷行業的職工等，共2,930萬人左右，佔從業人口的4%。處於中間階層下半部份的是一般專業技術人員和科研人員、律師、大中學教師、普通的文藝工筆者、新聞從業者、機關幹部、國有及集體企業中下層管理人員、個體工商業者中的上層等，共約8,200萬人，佔從業人口的11.8%。[7]在中間階層裏，除了部份中小型私有企業主、國有中小型企業經理、個體工商業者及國家壟斷行業的部份職工外，大都有較好的文化素養，也具有積極向上的精神。但是，中國現階段的「中間階層」就其政治屬性來說，不同於西方社會的中產階級，首先，中國的中間階層在政治上對現存政治體制具有極強的依附性，他們與中共政治體制是「皮」與「毛」的關係，這種關係決定了他們沒有獨立的政治訴求並認同現行體制；其次，在公共領域完全被政治精英集團所壟斷的情況下，他們沒有任何制度化管道參與公共領域的活動。

2、工人階層經濟地位的邊緣化

本文所講的工人階層不是中國憲法中所說的政治意義上的所謂的「工人階級」，而是按職業及相關的社會經濟地位來定義的社會階層。中國傳統的對工人階級的定義主要是指國有企業的職工。隨着改革開放的日益深化，中國的工人階層其實已包括兩類人，一類是國營與大集體企業的職工，另一類是在「三資」企業和鄉鎮企業工作的職工。這兩類職工與國家或代表國家的機構、與經營者或資方及其代理人的勞動關係完全不同，因而形成了幾個不同的群體。

在民主國家裏，統治精英的合法性基本上都是建立在民主制度的基礎之上，執政黨從不聲稱自己是某個特殊社會群體的代表。而中國的工人階層與國家的關係卻十分特殊。中國的憲法明確規定，中國是由工人階級領導的、以工農聯盟為基礎的國家。中國共產黨堅稱自己是工人階級的代表，政府官員自稱為人民的「公僕」，知識份子則被稱為「腦力勞動者」並被歸入「工人階級」這一範疇。這種劃分混淆了最起碼的利益關係。事實上，在社會現實中知識份子與工人這兩個階層的利益從未一致過。尤其需要説明的是，自一九四九年中共建國伊始，高度意識形態化的政黨化國家的利益與知識份子及工人的利益也明顯地不一致。改革前的歷次政治運動中，工人總是被共產黨利用來打擊知識份子。

改革開放前，中國的工業勞動力可以被區分為核心與邊緣兩大部份，前者是國營企業的正式職工，後者是城鄉集體企業的正式工和臨時工，僅佔工業勞動力中很小的一部份。在這一時期，工人與國家的關係體現在兩方面：一是管理方與工人在車間發生的工作關係，即生產關係、勞動過程、工人控制生產過程的問題等；二是在國家主導的再分配過程中，工人與所在單位之間的分配關係，這涉及到工資、醫療保險和養老金等。儘管共產黨的理論不承認工人與國家之間有利益衝突，但實際上工人與國家的利益並不一致。雙方的利益衝突主要不是針對勞動制度，而是源於嚴苛的政治專制下的全面控制。在黨支部與黨員的嚴密監督下，普通職工沒有個人生活空間，甚至私下裏説的話也可成為被打成「反革命」的依據。一九七六年在北京發生的「四五運動」中，就有大量工人參加，這是當時工人中的覺悟者反對政治控制的表現。此外，在提職、提薪、分配住房等社會資源的過程中，工人與管理層之間也有摩擦。但在生產過程中，工廠管理層對工人的控制相當鬆散，工人可以按照自己的意願工作，所謂的「國有企業無效率」指的就是這種狀態。改革以前雖然沒有中產階級，但國營企業工人卻實際上處於「類中產階級」的地位，其主體是國營企業的職工和黨政事業機關的普通工作人員。當時建立的嚴格的具社會排他性的戶籍制度，將農民排斥於城市居民之外，維護了城市居民的利益，設置了社會階層之間的流動障礙，由此產生了中產階級的替代物——工人階級這一「類中產階級」。

改革開放以來，工人階層這個「領導階級」正經歷着被逐漸邊緣化的過程。目前，除了歐美國家在華企業的白領員工之外，其餘的幾類工人群體均因利益減少或受損害而處在不安之中，全國到處發生小規模的抗議甚至騷動。雖然在改革過程中政府開放了勞動力市場，國家對個人空間的控制逐步弱化，個人家庭生活不再為國家所關注，職工現在可以私下批評政府，不必再擔心為此坐牢（在公開場合的批評除外），但國營企業工人的地位大大下降，日益喪失了其原有的「類中產階級」的地位，其結果是社會中間層的大大萎縮和社會下層的迅速膨脹，導致社會不穩定因素的增長。

在改革過程中，過去那種國家與工人之間的直接依存關係已經改變。現在，在國家和職工之間楔入了一系列仲介因素，即官僚機構、地方權力層與資本。隨着產業關係模式的多元化，工人與廠方的關係也出現了以下幾種類型，不同類型企業中工人的境遇也大相徑庭。

第一是集體協約型，這種關係多出現於國營與集體企業內，涉及到70％左右的職工，約1.2億人。這些企業雖設有管理部門、黨組織、職工代表大會與工會，但並不能形成企業內部關係的互相制衡。企業的經理時常兼任黨的書記，工會主席卻沒有必然的權力。由於意識形態上認定管理人員（包括經理廠長）和工人都是國家的僱員，因此管理人員與工人享有同等的參加工會的權利，而廠長本人也成了職工代表大會的代表。這種內部機制賦予廠長經理極大的專斷之權。從近幾年集體勞動合同履約的情況來看，不少企業的集體合同有如紙上談兵，有的完全是形式化的東西，有的甚至有虛假成份。更有一些企業經營者將勞動合同視為一紙虛文，根本不按合同條文辦事，合同上寫得明明白白的事，在實踐中卻可以反其道行之。例如，長春某企業的集體合同中規定，對職工實行行政處分時，要請工會參與核實、簽署意見，工會的意見是最後裁決。但當該企業領導人處分一位職工時，工會主席提出了不同意見，該領導不但不聽，反而免除了工會主席的職務。這種情況並非個別現象。因此，大多數工會主席對行政違約行為不得不「謹慎」對待，用他們的話來說：「集體合同的確是帶有法律性的契約，但涉及行政責任問題誰敢去對質？還要不要飯碗？」[8]

另一方面，在八十年代，國營企業主管的主要精力都用來對付工人要求維持或增加物質分配的壓力，並未把提高生產效率和產品質量作為其首要任務。進入九十年代後，在市場的壓力下，國有企業設備陳舊、資金短缺的弊病日益嚴重，產品缺乏銷路，因貪污腐敗而使資金流向非國有企業或經營者小集團的個人腰包。再加上中央政府財力萎縮，無力補助國有企業，於是出現了企業發展方面的惡性循環，失業工人逐漸增多。到一九九九年，失業的陰影已籠罩在大多數國有企業的頭上。雖然政府公佈的失業數據始終徘徊在1,200多萬，但實際上失業工人的總數遠遠超出這一數目。不少學者的研究結果都指出，失業的規模遠高於官方資料（有官方經濟學家在國務院會議上說漏嘴，稱「儘管有4,800萬下崗工人，但不會對社會穩定構成威脅」）。隨着國有企業的虧損面的進一步擴大，失業總數還在不斷上升。甚至連工人中的「貴族」，具有特殊政治地位的全國勞動模範的處境也十分困難。部份「勞模」已經失業，一些離退休的「勞模」收入偏低，甚至拿不到退休工資；部份「勞模」看病難、得不到診治；他們的住房等基本生活條件也很差，全國「勞模」總數中2.7％的家庭人均住房面積在5平方米以下。[9]

第二是西方工業化國家的企業在中國建立的合資或獨資企業的人力資源管理模式。這類合資或獨資企業的投資總額和企業總數並不大，全部歐美資本僅佔中國外資總額的10％左右，其僱用人數也有限。這類企業的重要性在於，它們被看成是引進先進技術和管理經驗的仲介，能為中方管理人員提供出國培訓的資金，或在大城市建立的外國管理學校裏向中方管理者傳授新的管理知識。這些努力無疑將產生一定的效果。在這類企業中，無論是外資方還是中方都認識到，人力資源管理是一種非對抗性的、雙方協商式的、可以成功地凝聚工人向心力的最好的管理方法。這類企業因擁有充足的資金，因此能支付較高的工資、提供更清潔、先進與安全的工作環境，並給工人提供優厚的住房條件與其他待遇。所以，這類企業的工人常常是其他國有企業員工羨慕的對象。在這種情況下，企業的工會、黨支部和中方經理結成了統一戰線，將外資合夥人視為提供福利之源，這種看法與國營企業經理對國家的看法差不多，而企業的管理層與工人的關係往往是非對抗性的。實際上，工人的不滿情緒常常不是針對外國僱主，而是針對中方經理，埋怨他們低能、腐化、任人唯親。

第三是亞洲國家（或地區）「三資」企業與中國本地的私營企業內勞資關係的「返祖」現象[10]，所謂「返祖」是指勞資關係退回到十九世紀工業革命時期的狀態，馬克思在《資本論》裏對此有淋漓盡致的經典性批判。在這些企業裏，工人們報酬微薄，往往被迫每天連續工作10～12小時乃至更長時間，週末不能休息，上廁所限定為3～4分鐘、且有次數限制；工人的工作條件既差又不安全，許多生產有毒產品的企業根本沒有任何防毒設備，工傷事故頻繁；甚至因沒有消防系統或消防系統太差而導致失火，使數十人死亡。此類事件已曝光多起，在台資和韓國的三資企業裏此種情形尤其突出。在東南沿海地區如深圳、東莞、南海等地的三資企業裏，勞資衝突的發生率相當高。廣東省勞動廳雖然發佈過勞動保護法，但外商卻從不認真落實這些法規。

如何處理這類勞資關係，是中國政府面臨的一個非常尷尬的問題。中國號稱是「勞動人民當家作主的社會主義國家」，勞動者應當享有人的基本權利。但是，地方政府為了吸引外資，大多遷就外商；還有不少地方的基層幹部為了自身的利益，與外商保持友好的私人關係。在諸種利益的牽引下，他們儘管非常瞭解三資企業中勞動者的工作與生活狀態，卻從不干預。即使有大膽的媒體聞訊採訪報導，他們也多半採取不合作態度，甚至干擾記者追蹤真相。當嚴重的事態（如大火燒死了工人）發生後，事後的追查往往發現，地方政府有關部門的幹部根本未按規定督促外商裝置消防設施。可是，在「不打擊投資者的熱情、保護地方經濟增長」的藉口下，地方政府往往對這類問題置若罔聞。

在工人階層中，這類企業的工人是最無助的階層。他們遠離家鄉與親人，一般都求助無門。一九九九年八月，筆者就職的報紙曾登載記者採訪撰寫的一件久而未決的勞資糾紛，該報導事實準確，但報社還是接到了該廠一位白領受命打來的電話。他在電話中不談事實準確與否，只一味威脅說，「你們這樣打擊投資者的熱情，立場到哪裏去了？」在長達半小時的電話中，這位白領僱員對同為僱員的「打工仔」根本沒有任何同情心，令筆者十分寒心。

隨着非公有制經濟的發展以及勞資關係中新問題的出現，政府應當通過立法限制企業在這方面的不當行徑。其實，中國現在已經有一些初步的關於保護勞工權益的法規，問題是如何才能將法規落到實處。這就需要讓企業內的弱勢群體有自己的利益訴求組織，這絕不是目前流行的「加強工會權力」之類的空洞口號所能做到的。一九九九年十一月一日，《工人日報》在頭版顯著位置刊登了全國總工會主席尉健行對中國工會組織代表的長篇發言。該文中有「工會與黨完全一致的話，就沒有存在的必要」的說法，但這被視為「嚴重政治錯誤」。第二天，該報不得不公開承認報導「嚴重失實」，再次發行了修正版，將尉健行的上述說法刪掉。嗣後，《工人日報》社長翟祖庚和主編張弘遵還被指為失職而遭到撤職處分。從這一事件中不難看出工會在社會中究竟居於甚麼樣的地位，能起甚麼作用。

3、處於困境中的農民階層

中國的農民在改革之初是受益者，獲得了經濟自由，也提高了收入。但改革的重心轉移到城市後，一些研究「三農」(農村、農業、農民)問題的學者就一再指出，中國的農業已變成一個沒有剩餘的產業。同時農民面臨着三大問題：第一是負擔過重，這首先與基層政府設置的「七所八辦」等一系列臃腫的機構有關，徵收的農業稅根本無法養活這些機構的人員，這些機構就對農民橫徵暴斂；其次與農村基層幹部的工程攤派有關，許多幹部為了表現「政績」或中飽私囊，不顧農民的承受能力而大興公共工程，其費用均由農民承擔，農民不堪其苦。一個最惡劣的例子是，廣東一個村莊竟興建了100多座完全用不着的公共廁所；第二是農民收入偏低，在落後的耕作方式下農產量已基本上達到了極限，人多地少，農民的收入將長期無法提高；第三是農村基層政權的職能與農民的利益間存在着尖銳矛盾，每年收糧派款、推行計劃生育都要誘發不少摩擦事件。農民的民主權力得不到保證，村民選舉多流於形式，村務公開的只是少數，不少農村基層幹部有貪污腐敗行為。更為嚴重的是，不少農村基層政權已落入地方惡勢力之手，農民飽受鄉村流氓的欺壓。

4、龐大的社會邊緣化群體

上述的工人階層、城鄉兩棲階層、農民階層共有4.8億人，約佔從業人口的69％左右。[11] 但他們基本上還算是處於就業狀態，對於文化素質不高且難以適應社會變化的這些社會群體來說，能在劇烈的結構性失業時期暫時性地保住「飯碗」，已算是較好的處境，因為他們隨時可能掉落到一個更為低下的已被邊緣化了的社會群體之中。據估計，中國現有的城市失業人員和農村的困難戶有1億左右[12]，佔從業人數的14％左右。換言之，把工人和農民階層以及失業人員和農村的困難戶合併計算，現有人口的80％以上處於社會下層與邊緣狀態，這種社會結構將是社會不穩定的根源。從一九八八年以來，每年的刑事發案率逐年上升，自一九九六年開始進入了犯罪的第五次高峰。[13]

國營企業工人的失業問題顯然不是暫時性現象。隨着經濟結構的調整和轉變，設備落後、死氣沉沉的國營企業必然被逐步淘汰。有人認為，中國加入世貿組織後，新投入的外資將帶來1,000萬個就業機會，可緩解目前的這種痛苦的失業壓力。這一預測只説對了一半，因為，即使那1,000萬個就業機會能夠兑現，所需要的也是受過專業訓練的高素質勞動力，卻無助於緩解目前的結構性失業現象。這種結構性失業與低素質勞動力的過度供給密切相關。目前，農村裏有數億沒有機會得到任何職業訓練的勞動力，無法進入新興的技術密集型行業就業。同時，城市裏國營企業的失業工人的就業前景也不樂觀，他們的中學時代適逢文革，文化知識學得很少，如今年屆中年，轉行困難，卻被他們一向依靠的國有企業遺棄。腐敗肆虐使得國有企業改革成了貪官污吏積累財富的最佳捷徑，其結果是企業大批倒閉，數千萬職工被甩到社會上。

不少傳媒談到失業工人的處境時，往往認為失業工人再就業難，與他們太嬌氣、對職業挑肥揀瘦有關。這種情況確實存在，但並非所有的失業工人都是如此。還有一些專家則站在一旁冷酷地論證：社會轉型期需要一些群體付出代價，失業工人應該為國家的改革作出犧牲。這些話明顯是站在強勢集團的立場上説話。但其實只要對中國的人口與勞動力結構，以及中國現在正面臨的產業結構轉型有清楚瞭解的人都知道，這一痛苦時期只有等到這一代人完全從歷史上消退才能結束——這還得有一個前提，就是中國人口進入零增長或負增長。這批失業工人既不可能回到原來的就業體制中去，也不可能進入新的朝陽行業，他們是被現代化過程甩落的群體，而且數量龐大。目前，這一代失業職工的困難不僅僅是失業與無收入，還普遍地面臨着子女升學就業的壓力。隨着「教育產業化」政策的推出，教育收費的門坎逐步提高，下層階級都感到難以支付日益提高的學雜費，已被邊緣化的失業職工就更無法支付，而這兩個社會群體又恰恰是多胎率較高的生育群體。從社會發展的角度來看，為了避免「貧困的代際傳遞」，還應該採取有效措施，減輕這些人的後代在教育機會上的不平等。

通過來自一些地區的調查報告，可以瞭解到目前失業職工群體與社會秩序不安定之間的關係。一份對江蘇蘇北地區一九九一年以來發生的197起失業職工犯罪的調查表明，失業職工可能成為一個特殊的犯罪群體來源，必須引起社會的高度注意。該文筆者總結出失業職工犯罪的五大特點：第一，犯罪類型主要側重於惡意謀財型犯罪，與失業後失去經濟來源有直接關係（在197起犯罪案件中，盜竊60起、搶劫24起、詐騙12起、敲詐勒索9起、販毒5起、強買強賣的流氓犯罪26起、強迫、容留、組織、協助他人賣淫9起，佔70.2%）；第二，失業後1～2年內是犯罪高峰期，在收入微薄的特困企業職工中尤其突出；第三，犯罪主體以男性青工為主（在此項調查中，35歲以下的青工的犯罪人數為162人，佔80.7%，其中絕大多數是男性）；第四，失業前無一技之長，文化程度普遍偏低；第五，參與團夥作案的比重高，由於以往工作上的協作性與業務上的關聯性，失業工人比農民更容易形成作案團夥（在這197起案件中，有1/4以上的人介入了團夥犯罪，並有10多名為首犯）。[14]四川省勞教局一九九七年的一份報告則説明，隨着城市失業現象的增多，城市犯罪人口增加了。該省收押的犯人中，一九九四至一九九五年間，來自農村的佔75％左右，文盲、半文盲比例較大；但是，一九九六年一至十月間來自農村的勞教人員的比例下降了20.7％，而來自城鎮的勞教人員的比例3年來卻上升了23％左右。[15]

現在，大量遊蕩在城市及其郊區的農民成了城市刑事犯罪活動的主體。北京、廣州、深圳等大城市的犯罪人員中，外來的「三無」人員高達75％至90％。廣東省勞改部門的一份報告說明，該省收押的外省犯人中，來自四川、湖南、廣西、貴州4省的罪犯佔半數以上，其中來自農村的犯人佔90％以上；犯案中財產型犯罪佔88％以上（盜竊罪48％、搶劫罪佔40％）；案犯的文化層次偏低，60％的人只上了一、二年學。[16]四川是中國的人口大省，湖南毗鄰廣東，貴州、廣西是貧困地區，這些地方的外流人口一向居中國各省前列。

一些調查者對這個犯罪群體做過深入的局部調查，提供了難得一見的詳細資料。例如，江蘇省句容監獄的一位管教幹部調查了其管下的202名犯人，分析了當前農民犯罪的人員構成、犯行和心理特點。他指出，犯罪人員的構成有「三多」現象，即未婚犯人多（64.5％），有技術的犯人多（59％），「二進宮」（指刑滿釋放後再次犯案入獄者）的犯人多（16.5％）。其犯罪特點是，由偽裝隱蔽轉向公開化，由竊盜向匪幫轉化，由單獨作案向團夥作案轉化（其中以盜竊、搶劫、流氓團夥的人數為眾，這些團夥大多形成了組織，有活動計劃、人員分工、任務指標、銷贓地點、分贓標準等），由特長便利轉向智能化——這已成為農民犯罪的一大新特點，如借開中巴熟悉沿線情況的便利多次施盜，用修理摩托車的技術特長偷竊，倒換他人摩托車的要件，藉走村串戶修配鑰匙之機開鎖入室行竊等。[17]

該調查者還專門分析了農民犯罪的心理特點，認為犯罪者已由心理失衡轉向「代償化」（補償心理）。前些年中，許多心理失衡的農村犯人在犯罪活動往往有心理發泄的特點，但一般尚能自我約束，避免過分地觸犯刑律；但一九九六年以後入獄的農村犯人中，許多人犯罪時的種種代償行為已衝破了法律和道德的底線，且往往是故意為之。有的犯人說，別人活得瀟灑有意思，我卻潦倒寂寞，所以要找一些有刺激的東西玩玩，即使犯罪了，也好換一種形式體驗人生。這位有長期管教工作經驗的調查者認為：「眾多深受貧窮之苦、渴望發財的農村青年，對市場經濟的理解帶有很強的主觀性和非理性色彩，把市場經濟中的價值追求曲解並定位於金錢和享受方面。一旦價值觀錯位，就極易形成顛倒的是非觀，貪婪佔有的『幸福』觀，亡命稱霸的『英雄』觀，低級下流的『尋樂』觀。這些價值觀念之間相互聯繫，相互作用，相互制約，並以一定的結構形式支配着犯罪行為。[18]河南省監獄局的一位研究人員也在其調查報告中指出了相似的現象。[19]

現在，在中國的流動人口中已經形成了為數不少的黑社會組織，日益增多的無業人員為黑社會組織提供了龐大的後備隊伍。其中主要是地緣型黑社會組織，此外，也出現了血緣型（按成員間的血統關係而組成）與業緣型（在成員間某種犯罪職業的聯繫的基礎上形成）黑社會組織。[20]地緣型黑社會組織一般依原籍的省、市、縣、鄉組成，比較有名而已被取締的有上海的「新疆幫」、廣東的「北京幫」與「白鯊幫」、江西的「贛州幫」、山西的「狼幫」等。

這些地緣型黑社會組織的基本成員是企業職工、待業青年或農民，一般均為朋友關係，但也有部份黑社會組織已形成了較嚴密的仿直線制組織結構，並制訂了嚴格的組織紀律，成員之間等級較明顯，常以虛擬的血緣關係作為維繫組織的紐帶。目前，黑社會組織在社會生活中的作用日益增大，並已在一些地區與社會底層成員中成為一種「公共權威」，並與當地政府的一些官員相互勾結、相互利用。

三、當前社會結構演變中的若干特徵

1、仲介組織的初步發育及其兩面性特點

現代社會的一個基本特徵就是社會管理具有多元參與性，在社會的決策過程中，各階層都要有自己的利益訴求渠道。由於社會中間層處於便於協調社會上、下層之間關係的地位，因此，社會中間層能否參與決策往往是社會多元化參與的關鍵，而中間層參與社會公共事務決策主要依賴於各種社會中間組織。除了中共政府在體制上對社會中間組織的限制以外，目前社會中間層的弱小也決定了社會中間組織的薄弱。現有的社團組織當中，大多數並不是應社會群體的自發要求而組建的，而是屬於由政府供養的「政府代理人」型社會團體。

「文革」前中國有100多個全國性社團和6,000多個地方性社團，均處於政府的嚴格控制之下。「文革」期間這些社團全都陷入癱瘓狀態。一九七八年改革開放後各類社團組織又復活了。到一九九六年六月，登記在冊的全國性社團已有1,800多個，地方性社團則接

近 20 萬個。這些社團可分為三類：一類是黨政機關為加強對某些領域或行業的管理而設立的，如私營企業協會、工商聯等；另一類是各企事業單位創辦的，如服裝行業協會、裝飾行業協會等；還有一類是校友會之類的聯誼性社團。在這些社團組織中，比較活躍的是各種名目的研究會、校友會、行業協會、律師協會、會計師協會、私營企業協會、個體勞動者協會等。除了校友會的民間聯誼色彩較強、基本上不受政府控制外，其他的各種協會（包括私營企業協會、個體勞動者協會在內）均受政府的嚴格控制。它們以「半官半民」的身份活動，其主要領導人由政府委派並享受公務員待遇。這些社團組織往往有兩張面孔，面對政府時它們代表企業；而在民間社會，他們卻代表政府，儼然「一身而二任」的面孔。

從一九七六年到一九八八年，政府對社會團體實行的是混亂的多頭管理，沒有統一、專責的社團登記和管理機構。一九八八年國務院機構改革後將社團管理歸口到民政部門。一九八九年春天以後，政府認識到了社團管理的重要性，頒佈了《社會團體登記管理條例》，建立了社團的雙重分層管理體制，要求所有的社團組織必須接受民政部門和業務主管部門的雙重領導。一九九八年對原有條例修改後再次頒佈，進一步強化了對社會團體的管理。[21]

中國的社會團體中最有代表性的是所謂的「三師」協會，即律師協會、會計師協會、審計師協會，從這幾個協會的狀態可以瞭解到目前仲介組織的一些特點。律師的職業倫理本是代表委託人的利益，從業者不應該與政府的司法部門串通合流。但是，中國的許多律師卻偏偏與法官相互勾結。結果，涉訟雙方的官司輸贏並不完全取決於事實和法律，而是看哪一方當事人的律師與法官的關係深、手腕高明、在法院「玩得轉」(買通法官按律師的要求審理案子)。所以，中國的律師行內有一句話，「打官司就是打關係」。不少律師承攬業務時誇口展現的「實力」，竟然是自己與某法官「關係」很好。由於律師與法官勾結辦案之情屢屢發生，甚至還有的律師居然身兼一案的原告與被告的訴訟代理人。律師協會本應對律師的行業道德進行約束，但事實正好相反，律師行業協會根本就未能履行這一職能，只是代替政府發放文件而已。

會計師協會和審計師協會因職能重疊而於一九九七年合併。會計師協會的基本職能有二，一是作為會計師行業的利益訴求管道，二是作為本行業公信力的代表，對會計師的職業操守進行約束。但在中國現有的制度環境中，會計師行業協會根本不具有向政府討價還價的能力，也不能對會計的職業操守進行約束。中國會計師行業的活躍，並非出自企業改進內部管理的自發需要，而是因為許多企業需要註冊會計師配合、提供假財務報告。由於政府規定，企業的年度審計、經理廠長的離任審計、國有企業股份制改造及股票上市均需有註冊會計師出具的審計或驗資報告，所以企業不得不在形式上通過審計這一關，以應付政府的主管單位。當這些企業聘請註冊會計師審計財務時，他們需要的恰好不是會計師的敬業精神，而是會計師違背職業道德的靈活性。如果會計師事務所不能滿足企業的「特殊」要求，就會失去業務。一些會計師事務所在業務競爭壓力下，就只能出具虛假不實的財務報告，以滿足客戶的需要。僅一九九八年全國就有 478 家會計師協會分別受到撤銷、警告、整頓、暫停執業和罰款、沒收違法所得等行政處罰，其中103家事務所、近千家分支機搆被撤銷，5,300多名兼職、掛名人員被清理。

[22] 由於會計師行業違法被查出的機率高於律師業，而會計師出具假證明和假財務報告之情又屢屢被披露，會計師這個行業面臨着信譽危機，以至於當中國大陸的公司或企業到境外上市時，國際社會拒絕接受由中國大陸的會計師事務所出具的財務及審計報告。在強烈的信譽危機的壓力下，這一行業已開始自省。但是，如果會計師面臨的那種「逼良為娼」的制度環境不能改變，這樣的自省未必能有效地改進會計師行業的職業道德。而會計師協會在這種狀態下基本上處於無作為狀態，據筆者調查，有的會計師協會還為違法會計師事務所進行掩飾，向法官行賄。

儘管社團組織的發展仍面臨許多問題，也不能捍衛其所代表的利益團體的利益，基本上無法參與社會的公共決策過程，更不具備與政府討價還價的能力，但是，這些社團還是在「鐵板一塊」的社會生活中形成了從未有過的、社會與政府都認可的「交叉地帶」，為公民提供了一個非強制性的、自願參與的公共活動領域。只要這些地帶繼續存在，並且不受到人為的抑制，它在未來的社會轉型過程中發揮的作用與影響就會越來越大。但在目前中國的政治氣候下，對這些仲介組織寄望過高也極不現實。

2、兩極分化的高風險社會

改革之初，中國大多知識精英設想中國將進入一個中產階級社會。因為中產階級佔主流的社會，對穩定社會有極大好處：一、中產階級是社會高層與社會底層之間的緩衝層，當中產階級成為社會主體時，社會高層與底層的衝突會緩和，這是社會穩定的政治原因；二、中產階級在社會上代表溫和的、保守的意識形態，當這種意識形態佔據主導地位時，極端的和激進的思想和衝突很難有影響力。這是社會穩定的思想原因；三、中產階級是引導社會消費的主要群體，當中產階級佔社會的多數時，中產階級的生活方式就保證了社會龐大穩定的消費市場。這是社會穩定的經濟原因。私有經濟的發展，特別是瓜分國有資產的過程，以及幾年來的股份制改造過程，都使人們懷有這樣的期望，部份知識精英認為中國腐敗有利於消除舊體制就是基於這種認識。

然而事實卻令人失望。由於中國以權力市場化為改革的起點，出現了嚴重的利益分化。現在的實際情況表明，中國現在不但沒有形成以中產階級為主的「橄欖形」社會結構，反而與南美國家、東南亞的泰國相似，成了兩極分化社會。本節的分析可看出，各個階層的人數表明中國社會是一個金字塔型的社會結構：上等階層與中上階層少，中下階層、下等階層相當龐大，80％以上的民眾屬於這兩個階層。中產階級（即中上階層與中等階層）從數量來說很不發達。按照世界現代化的經驗來看，大學教育是造就中產階級的搖籃，大學教育的重要功能之一是讓人們通過教育接受主導規範即中產階級的規範。而中國現在能夠到大學接受的教育的人畢竟只是總人口中的少部份。從中國現存的經濟結構、教育結構與職業結構來看，中國現在缺乏造就中產階級的途徑。

階層分化已是不爭的事實，這從中國大中城市基本上已形成窮人居住區，與一個個戒備森嚴的高尚住宅區，以及城市居民消費格局的階層化——已出現專門供富人購物的各種精品店與專門供窮人消費的地攤等消費分層現象可以看出。種種跡象表明，中國已經成為一個貧富兩極分化的高風險社會。

這種兩極化的社會之所以面臨高風險，是因為少數社會精英的地位和財富無法得到佔人口大多數的社會成員的承認。由於政治和經濟精英們贏得財富的主要手段是通過權力市場化，精英的形成在很大程度上是國家政權層面上總體性血緣資本的代際替換，在這樣的現實面前，中下層社會成員有明顯的被掠奪感。最典型的情形是，國有企業大批破產後，數千萬無辜的工人被迫失業，生活無着，但那些對企業破產負有直接經營責任的廠長經理或負有間接管理責任的政府主管官員們，卻無一人因此而淪落到工人們那種貧窮程度。最有諷刺意味的是，一些將企業破產、轉賣掉的經理，居然還被破產企業的購買者請去繼續擔任經理職務。這些購買者絕不是看中了這些已破產企業原經營者的「經營能力」，而是因為這些經理廠長們與破產企業的購買者相互勾結，幫助後者侵吞國有資產，所以後者要給這些原經營者「報答」。許多中下層社會成員在這種相對剝奪感的驅使下，反社會秩序的傾向已越來越明顯，城市中不斷出現的恐怖活動、一些專門針對富人的人身傷害、還有國有企業內出現的破壞生產的活動，都是這種階層衝突的表現。從犯罪率的不斷上升、殺人碎屍等惡性案件的經常發生中，就能管窺蠡測社會的緊張程度。可以斷言，一種制度如果縱容5％的人利用權力搶錢，其他95％的被掠奪者中，總會有部份人要使用暴力將錢搶回來。

3、傾斜的社會基礎

中國的現狀從根子上來説，是中共政府一直奉行落後陳腐、任人唯親的幹部選拔機制的報復。在中國共產黨執政以來的幾十年，選拔幹部一直未形成一套合理的機制。既沒有一套合理的考試制度，也缺乏公開的民主機制，仍然停留在神秘化的封閉狀態。由領導「發現」人才與組織部門「關懷」人才，甚至是「一把手」拍板選「接班人」，至今仍是中國政府從中央到地方選拔官員的基本運作模式。這種模式容易滋生任人唯親，跑官、賣官等消極腐敗現象。前一向報紙上披露一個縣委書記在其任上，先後「賣」了兩百多個官位就是一個例證。中國現在飽嘗這種幹部選拔機制的苦頭。傳媒不斷披露的層出不窮的貪污案件與各種魚肉人民的基層幹部，僅僅只是其中很小部份。大部份案件因各種原因，傳媒不能自由報導。

從目前權力精英的所作所為來看，這是一個整體素質奇差的權力精英集團。作為權力精英，一般來說，除了應該具備較強的社會管理能力之外，還應該具有這樣的基本素質：既要能為本階層利益着想，還要能為其他階層利益着想，只有讓每個階層在現有的利益分配格局中能分到一些份額，才是長治久安之策。而中共政府的權力精英們既不能為其他階級的利益着想，甚至連為本階級的共同利益與長遠利益着想也做不到。不少人信奉「有權不用，過期作廢」，只要其位置具有含金量，就與貪污腐敗結緣。他們自己也知道這樣下去，這個國家必然沒有前途，這就是他們一方面高喊「社會主義中國好」，另一方面卻將其子女通過各種途徑送往國外的真實緣由。

目前中國的經濟決策中，也出現了一個與九十年代中期以前完全不同的特點，即越來越多的政策不再是從國家的整體利益出發，而是明顯地賜惠於特定的利益集團。許多關係到國民經濟興衰的重大政策，如調整重覆建設造成的畸形產業結構、解決銀行的壞賬等，因與部份政治精英及經濟精英的利益密切相關，始終難以真正解決。而一些與調整產業結構直接相違背的政策，如小汽車生產已嚴重過剩，中國交通基礎設施現狀也跟不上，卻一直在享受各種優惠政策，繼續「發展」。房地產大量過剩，造成了銀行大量貸款凍結，但卻還在繼續建造；明知中國老百姓的購買力不行，但房地產降價因觸及到利益集團，一直處於「雷聲大、雨點小」的狀態。而另一些有助於緩解社會不滿的政策，如杜絕公車私開、減少公費吃喝、防止對農民的亂攤派等，卻大多是在各衙門中旅行的公文。而一些運用公眾資源，為特定利益集團謀利的政策，卻出台迅速、實施果斷。近兩年來一系列的裁員、削減社會福利等政策，在經濟蕭條時期都明顯是加快衰退、增加社會衝突的，但其減輕國家負擔的意圖則十分明顯，因而獲得很快推行。如是一九九九年上半年用政策與國家輿論在股市上造市等舉措，只是便於一些利益集團上下其手，先用公款或銀行貸款將低迷的證券市場拉高，再伺機出手，讓普通股民去承擔股市回落的損失。再如對中國環境生態破壞作用極大的「三峽工程」與「南水北調工程」，因為便於精英集團掠奪國家財富，中共政府根本就不顧及任何後果而強行上馬。這樣的政策，顯然不利於國家長遠穩定，只利於造就一批又一批暴富者。這種飲鴆止渴的政策居然能夠行之於世，說明參與決策的政治精英與知識精英極為短視，對由他們親手塑造的中國未來已喪失信心與責任心。

上述種種表明，政府在精英與民眾之間其實已進行了選擇。出現這類政策傾斜，除了與執政黨的社會基礎早已傾斜有關外，還與整個社會已成為一個「尋租社會」有關。近幾年來，經濟上發跡的一部份政治和經濟精英，對經濟政策的方向有相當大的影響力。他們所主張的政策，並不考慮國家和社會的整體利益，其着眼點基本上放在一點：是否有利於自己這個利益集團。這個群體關心的是如何保住自己的權力地位、政府能插手操縱的資源和機會、如何甩掉或減輕政府所背負的維護社會大眾利益的包袱。

中國這條「船」正在由不少掌權的「精英」們共同努力將它鑿沉，而部份權力精英們卻早已為其家庭成員們準備好了後路：做不成共產黨的官，還可以到國外當寓公。這就是本書第五章中談到的當代中國大量資本外逃現象產生的根源。

4 、新聞媒體的功能和面臨的挑戰

中國的新聞媒體一向受黨的嚴格控制，一直有泛政治化的特點。改革開放以來，傳媒經營制度有所鬆動，擴大了報紙的自主經營權，出現了媒體政治、經濟分離化的發展趨勢。但是，至今所有的傳媒仍然基本上受政府的控制，私人或私營機構還不能涉足傳媒業。現在政府讓部份報紙自籌資金辦報、「到市場經濟中闖蕩」的做法，被報刊業稱為「又要捆住媒體的手腳、又要一腳將媒體踢下海」。不過，這也逼得不少媒體必須在不觸怒政府的前提下盡可能地面向大眾，增大自己在讀者市場中的份額。這些報紙過去「吃皇糧」的時候，在編輯方針、報導內容上都不敢創新，甚至不敢越雷池一步。現在，報紙主要靠市場而存活，就必須成為以通俗化與娛樂化為主的大眾化報紙。在大眾化報紙中，雖然也有少數敢刊發一些比較大膽的批評時政的文章，但基本上仍受到嚴格的監控，經常被「黃牌警告」。從一九九八年來被停業整頓以及撤換報社領導的媒體有數十家，記者因揭露腐敗而被殺被關押的也有38位。

媒體是推進政治民主化的重要工具，也是對政府及各種公共權威進行社會監督的重要手段。國民黨在台灣轉向民主化的過程中，就是先開放報禁，這必然導致開放黨禁，將國民黨置於社會監督之下。一九九八年，中國大陸的新聞出版界曾經歷了短暫的有限寬鬆期，敏感的外國傳媒稱之為「北京的春天」。但近年來，隨着經濟形勢疲軟、失業人員增多、貪污腐敗急劇蔓延，新聞主管部門又加緊了對傳媒的控制。二〇〇〇年一月廣東《南方周末》總編江藝平被迫「辭職」，就是政府對傳媒偏離「主旋律」嚴重不滿的又一例證。中共中央宣傳部從一九九九年下半年開始推行報刊業整頓，目的是削弱非官方媒體的力量。近幾年來，另一個值得注意的現象是，不少經濟實體暗地裏收購一些報刊雜誌。這種收購行動不被政府部門認可，有相當的風險，收購後只能按照報刊雜誌的原主管部門與收購者私下在合同中約定的辦。這種情況相當程度促使了這些媒體的商業化與世俗化，但在政治性話題上仍然是不敢越雷池一步。國際社會（包括中國的知識精英）一直存在兩個幻想，一是加入WTO會促進中國的民主化，二是科技進步是對政府控制傳媒的一個挑戰。但事實表明，中國政府在利用科技手段控制社會方面的學習進展相當神速。隨着英特網在中青年人群中的普及，中國政府監控傳媒的手段正在更新，目前由公安部出面，清華大學以及一些外國公司參與的「金盾工程」就是政府加強社會控制的一個高科技網路。[23]這個網路預計二〇〇八年建成，有專家預測，一旦建成，中國將成為世界上最大的一個警察國家。現階段中國政府正在與網路作頑強的鬥爭，從二〇〇二年八月一日起，中國政府開始實施

《互聯網出版管理暫行規定》，這一規定的內容極為寬泛與模糊，凡中國政府不喜歡的內容都可以被納入這一規定。二〇〇三年七月下旬開始的整頓媒體，其目的絕對不是為了進行新聞體制改革，而是為了如下幾個目標：首先是為了減輕政府財政負擔，因為絕大多數媒體的經費來源於財政撥款，並依靠攤派發行；其次是為了減輕政府監管負擔。就連政府自己也聲明，這次改革並不意味着放鬆新聞管制。這一整頓的實際結果是造成媒體行業高度緊張，由於大批煤體被關閉，媒體從業人員失業，為了生存，媒體及其從業人員因而會加強「自律」，更加小心地遵循政府的管制。

5、加入 WTO 對中國的影響

加入 WTO 一直被看作中國政治民主化的一個契機與轉捩點，因而這一事件引起了世界廣泛而熱情的關注。筆者贊成加入 WTO，因為這確實能給中國帶來新的機會，當然比沒有「機會」的僵局要好。目前，在「保護民族工業」的口號下，部份利益集團反對加入 WTO ，因為外國同行的進入會瓜分並動搖他們的壟斷利益，這些壟斷性部門正是專制政治體制的經濟基礎。一部份與利益集團無關的知識精英對此也持反對態度，則是因為他們對中國的經濟現狀缺乏細緻深入的瞭解。加入 WTO 是否會像某些知識精英所期待的那樣，給中國帶來促進政治改革、消除腐敗的機會呢？對此，中國的一些學者提出了極為樂觀的看法。他們認為，中國加入 WTO後，進入中國的外國大公司將會迫使中國接受國際通行的遊戲規則，這會有助於消除中國的腐敗。這一說法顯然忽視了重要的經驗事實，南美和東南亞國家都是 WTO 的成員國，但也都是貪污腐敗盛行之地，在一些南美國家還形成了政治寡頭、經濟寡頭與外國資本三者對弱勢群體的聯合統治。其實，外國企業到一個國家投資時都會入鄉隨俗，如果中國的土壤盛行「尋租」，外商也會設法跟進。例如，中國的有些行業一直不讓民營資本進入，但外國資本卻通過其代理人在中國的上層特殊關係開展「尋租」活動，結果取得了經營特許權，以致於有人憤怒地說，這是「寧贈友邦，不與家奴」。事實證明，不是外國資本改變了中國的遊戲規則，而是他們順應了中國腐敗的制度環境。中國人不能指望通過一個國際社會的經濟協定來改變本國的政治制度與社會狀況。要達到促進政治改革、消除腐敗這兩個目標，唯有通過國內各階層的共同努力、實現中國內生的變化，才能取得進展。

可以預期，入世以後中國現在正在急劇變動的階層分化將會加速。如果說適應市場需要的知識是種資本，社會關係是種資源，那麼擁有這種資本與資源的人士在利用加入 WTO 這一機會時，要比未能擁有這兩種資源的人士方便得多——說得好聽一點，前者有準備，後者沒有準備，而機會從來是給有準備的人預備的。出於同一理由，加入 WTO 將擴大中國現在的地區差距，因為發達地區有利用機會的資源與資本，貧困地區則不具備這些資源與資本。

政治精英集團很快會找到一條與外國資本相結合的最理想道路，知識精英則會進一步發生更劇烈的分化，一部份人會更新自己的服務對象。只有經濟精英們的道路複雜一些，沒有合作價值的行業會在與外國資本的競爭中徹底落敗（這一點有的行業已看到自己的前景，如電訊業），還有一定市場份額、且有自己品牌的廠家大多會走與外國資本合作的道路，外國資本考慮到此舉可降低佔領市場的成本，也會欣然合作。而中小企業主，尤其是技術服務較差、只是靠高額回扣擁有一定市場的鄉鎮企業，則是中國加入WTO以後最可能被淘汰出局者。這一切的結果將是：上層繼續暴富，而中下層人士還會繼續邊緣化。

從中國當前社會結構演變狀態來看，已經形成了與改革以前完全不同的一種新型社會結構，但這種結構是通過「漸變」——即「老權貴帶入新社會」的方式完成的。社會各階層之間的利益結合方式也發生新的變化。要想改變社會正朝着政治利益集團、經濟利益集團與外國資本三者對社會中下層進行聯合統治行進的方向，必須要有大的社會運動。而中國現在缺乏社會運動，只有人口遷徙與人口流動。社會運動蘊含着某種高度的反思性自我調控，是旨在建立一種新生活秩序的集體性事業。以這個標準衡量，中國二十多年改革過程當中，其實只有八十年代中後期有過社會運動的萌芽跡象，但在一九八九年「六四」事件後此萌芽夭折，此後再也未曾出現過。九十年代在中國興起的法輪功，其實是中國公眾在社會認同危機非常嚴重的狀況下，力圖建立新生活秩序的一種選擇（有學者將其稱之為「邊緣性起義」），但因受到中共政府的殘酷迫害而只能在海外生存，加之中共政府對其進行大量的歪曲性宣傳，導致中國本土公眾對法輪功信徒的疏離，對中國本土形成的影響目前看來比較有限。

要解決中國問題，必須要有一場從思想到制度全方位變革的社會運動，那就是以政治體制改革為核心的社會改革。

第十一章註釋

1. 孫立平等，「中國社會結構轉型的中近期趨勢與隱患」，《戰略與管理》(Strategy and Management)，一九九八年第 5 期。
2. 如海南省東方市委書記戚火貴，河南省安陽市市長、市委副書記楊善修，周口地區行署專員、地委副書記曾錦城，鶴壁市市長、市委副書記朱振江等，均在任上大規模賣官鬻爵。見《南方周末》一九九八年四月二十四日。
3. 楊海鵬，「權傾一市的鄉村巫師」，《深圳法制報》一九九九年十二月十六日。
4. 楊繼繩，「中國當代階層結構的總體分析」，《中國社會科學季刊》(香港)，一九九九年秋季號。
5. 胡岳岷、朱雅，「私營經濟的發展與中國社會結構變遷」，《長白論叢》(長春)，一九九六年第 6 期，第 38 ～ 40 頁。
6. 程曉農，「當今社會四派『精英』之分疏」，見《讀者網路——萬維論壇——精華版》，二〇〇〇年一月。
7. 出處同注 4。
8. 《工人日報》，一九九七年二月二十四日。
9. 全國總工會經濟工作部，「全國勞動模範現狀調查」，《中國工人》，一九九七年五月九至十二日。
10. 本段依據下列資料寫成：長平、余劉文，「周立太代民工泣血上訴，近百起工傷案陸續開庭」，《南方周末》一九九九年十一月二十六日第 1 版；趙雲勝、劉如民，「我國職業災害的概況和對策」，《勞動安全與健康》，一九九六年第1期；肖希康，「來自煤城染血的勞動安全法制報告」，《江西勞動》，一九九五年第 2 期；河南郟縣(Jia County)勞動人事局姬文生、李俊閣，「淺談私營企業僱工權益被侵害的主要表現、原因及對策」，《勞動內參》，一九九七年第4期；全國政協八屆五次會議「關於維護『三資』、鄉鎮、集體企業女職工勞動保護權益的提案」，《勞動保護》一九九七年第5期；「一九九六年全國安全生產情況通報」，《勞動保護》，一九九七年第 6 期；唐燦，「城市外來女民工的雙重身份與歧視」，《社會學研究》，一九九六年第4期；劉淵源，「展翊廠黑幕重重，打工仔危機重重」，《羊城晚報．新聞周刊》，一九九八年十月二十二至二十八日；「強令七女工脫褲驗身，一台資企業侵害職工人身權益」，《上海法制報》，一九九八年七月二十二日；「王法何在，公理何在」，《報刊文摘》，一九九八年七月二十七日。
11. 出處同注 4。

12. 這一資料不包括無業可就的人員，因為從未就業者不在此統計口徑之內。
13. 曹風，《第五次高峰——當代中國的犯罪問題》，今日中國出版社，一九九九年。
14. 劉中伏、張清鴻，「對197起待崗職工犯罪案件淺析」，《犯罪與改造研究》，一九九七年第5期。
15. 四川省勞教局，「四川省近三年來勞教人員的調查與分析」，《犯罪與改造研究》，一九九七年第9期。
16. 尹華飛，「廣東省對外省籍罪犯改造工作實踐與思考」，《犯罪與改造研究》，一九九七年第8期。
17. 史修貴：「關於『嚴打』新收押犯中農村青年罪犯情況的調查」，《犯罪與改造研究》，一九九七年第3期。
18. 出處同上。
19. 張南燕，「農民罪犯的構成、思想特點及改造對策」，《犯罪與改造研究》，一九九七年第7期。
20. 雷冬文，「論黑社會性質組織的組織形態」，《湛江師範學院學報》(哲社版），一九九六年第4期。
21. 吳忠澤、陳金羅，《社團管理工作》，中國社會出版社，一九九六年出版。
22. 「全國百家註冊會計師事務所、近千家分支機構被撤銷——整頓『經濟警察』」，《北京青年報．青年周末》，一九九八年八月十四日。
23. Greg Walton,「金盾工程：龐大的中國電訊監控工程揭秘」(“China's Golden Shield: Corporations and the Development of Surveillance Technology in the People's Republic of China”)原文見 http://www.ichrdd.ca/english/commdoc/publications/globalization/goldenShieldEng.html 。

結語：中國改革的得與失

二○○一年中國發生了一件可說是重大轉捩點的事情，那就是江澤民發表了「七一講話」，這個講話的核心是承認政治利益集團與經濟利益集團共同統治中國的利益格局。如果說在此之前，中國改革造成的現實始終是毛澤東創立的意識形態所不能承認的，那麼「七一」講話則表明中共政府在意識形態方面邁出了至關重要的一步。

一、中國的經濟改革：對毛澤東化私為公的逆轉

儘管中國的改革進程錯綜複雜，其理論也被政府蓄意弄得曖昧不明，如一方面在轟轟烈烈地實行「權貴私有化」，另一方面又時不時地在中共中央黨報《人民日報》與黨刊《求是》(前身即著名的《紅旗》雜誌)上發表評論員文章，表示要反對私有化。這種言行不一常常讓民眾摸不清頭腦，不知道風從哪個方向刮過來。但從已經形成的社會利益分配格局來看，這場改革的主線就是對毛澤東領導的「化私為公」式革命實施逆向變革——即「化公為私」。作為改革主導思想的「放權讓利」就是以「私」為槓桿，推動經濟發展。在作為改革發軔的農村改革中，所謂「一包就靈」其實就是「一私就靈」；解散「人民公社」則是從「一大二公」向私有小農經濟的回歸。這一改革確實將破敗不堪的農村經濟從破產的邊緣挽救回

來，但有一點卻一直被理論界有意忽視，那就是中國的農業生產由於人口壓力與土地稀缺等特殊國情而被迫退回到小農生產狀態，從技術進步的角度來看，這其實對中國的農業現代化有着致命的傷害。城市改革也是發端於鼓勵和開放個體經濟；國有企業的改革則先從獎金、計件工資等「物質刺激」手段開始，而後的自主權下放不過是個把「大公」不斷分解為「小公」的過程，最終通過股份制和「權貴私有化」滿足了政治精英與經濟精英的利益需要。

回顧一九四九年以後的中國歷史，可以說二十世紀後半段的中國經歷了這樣一個過程：中共通過暴力革命消滅了一個有產階級，但並未因此將中國引向繁榮富強；相反，整個社會都充斥着貧窮的無產階級，「文化大革命」等一系列政治運動只是使中國陷入了深刻的社會危機。一九七八年在危機推進下開始的改革，雖然使經濟獲得了較快的發展，但其社會後果卻是中共政權的官員群體通過權力巧取豪奪，把自己迅速變成了一個暴富階級。

可以說，中國的「改革」之所以會出現如此後果，完全是由改革方略、改革目標、改革路徑與改革策略本身的局限性造成的。只有對這四者都有了深刻的瞭解以後，才可能對中國「改革」的搖擺性與不徹底性有比較完整的認識。

1、改革方略

中國的改革可說是危機推進型改革。儘管當時毛澤東的專制已將中國推入危機的深淵，但習慣於宣稱自己的制度是世界上最優秀制度的中共領導層並無遠見卓識。鄧小平支持改革的動機只是為了化解社會經濟危機，而不是要改革社會制度。這種改革動機與中國歷史上所有的改革類似。一百多年前晚清洋務派的改革方略就是「中學為體，西學為用」，當時洋務派官僚們認為，西方文明的可取之處只是技術層面的軍事工業，中華帝國的文物典章即社會制度則為西方所望塵莫及。

號稱改革「總設計師」的鄧小平在八十年代初其實並未形成清晰的改革方略，可被稱為「改革思路」的只不過是「開放以引進先進技術」。被政府奉為改革指導思想的「鄧小平理論」，其核心無非是把毛的「公有經濟加極權政治」(即毛宣稱的「馬克思加秦始皇」)中的公有經濟換成了資本主義經濟，而政治形態則仍然是極權政治——不過，中共考慮到以往的意識形態教育與大肆宣傳已把「資本主義」這個詞在中國變得臭不可聞，為了便宜行事，讓公眾在觀念情感上能夠接受，便用「市場經濟」這個詞代替了「資本主義經濟」——這種「市場經濟加極權政治」的新組合，與毛建立的意識形態體系有着無法克服的內在對立。這既是鄧小平時代各種社會矛盾的根源，也為「後鄧」時代留下了無窮的麻煩。近幾年江澤民試圖彌縫這一內在矛盾，於二〇〇〇年提出了「三個代表理論」[1]，在二〇〇一年又發表了「讓私營企業主入黨」的「七一講話」[2]，無非是要克服這一內在矛盾，為政治利益集團與經濟利益集團的結合提供意識形態依據。

曾讓毛後的幾任中國領導人歆羨不已的「東亞龍」模式是「市場經濟加威權政治」，但其專制程度遠比不上中國的極權政治，因為只有在社會主義國家才存在着集政治、經濟、文化、軍事權力於一身的永久執政的黨政一統結構。中國的「市場經濟加極權政治」並不只是中共領導人的個人偏好，而是共產黨與生俱來的天性所使然。鄧小平從來就沒打算放棄毛建立的專制權力；他天生沒有理論興趣，也不想認真解決經濟改革與毛意識形態之間日益擴大的內在分裂。他只是憑藉自己的政治權威選擇了兩個極其短視的方法：一是採納了「實踐是檢驗真理的唯一標準」之說，並用哲學外衣將其包裹起來；二是發出一條他自鳴得意的思想禁制令——「不爭論」，以為如此就可永遠迴避這一矛盾。這兩條與他的「貓論」(不管白貓黑貓，抓住老鼠就是好貓)、「摸論」(摸着石頭過河)結合，就構成了所謂「鄧小平理論」。[3]鄧小平將「實踐」奉為「檢驗真理的唯一標準」，固然避免了經濟行為與意識形態的公開分裂，卻由此而腐蝕了官方意識形態立身的基礎——真誠。他的「不爭論說」又進一步導致了「說一套做一套」的表裏不一，極大地敗壞了社會風氣。

為了維持「市場經濟加極權政治」的社會政治結構，中共將西方民主制度以及與此互為表裏的民主自由觀念視為洪水猛獸。「六四」後中共痛定思痛，把事件的根源歸罪於西方民主思潮，並由此確定了全力鎮壓民主要求和醜化民主制度的意識形態戰略。整個九十年代，從小學到大學一以貫之的政治思想教育一直在為這一戰略服務，從小學三年級開始學生就必須背誦「無產階級文化大革命是在毛澤東主席與周恩來總理領導下進行的無產階級專政下的繼續革命」。蘇聯東歐轉型中的經濟困難和社會危機被政府的宣傳機器成倍地放大，海外民運內部的分裂和醜聞更是讓他們如獲至寶。通過持之以恆的意識形態教育，「民主」在中國早被弄得面目全非；一談起「民主」，不少人就想到中共政府宣傳了幾十年的「民主集中制」下的「少數服從多數」，「當官要為民作主」，或是把民主政治等同為「大鳴、大放、大字報、大辯論」的群眾運動，而這種「文革」式「民主形式」很容易讓民眾產生「民主」與「動亂」相關的聯想，從而贊同當局的口號：為了「生存權」寧可不要「民主」。

八十年代中國的許多知識精英追求民主，與當時市場化程度不夠高、利益集團化的趨勢不明顯有關。而九十年代以來，隨着中國進一步市場化，經濟學界、法學界等可與市場化相結合的專業精英已逐步與政治、經濟利益集團相結合，大學等事業單位也可憑藉壟斷地位輕而易舉地將自己擁有的教育資源轉化為金錢，如出賣博士碩士文憑等。在利益驅動下，不少知識精英也認為這種「市場經濟加極權政治」有其獨特優勢，認同了當局宣傳的「只有經濟發展是硬道理」。

在這種改革方略指導下的中國「改革」，其指向只能是通過發展經濟來鞏固現有的政治權力。這種不觸動社會權力結構的「跛足改革」，決定了中國最開始市場化的不是別的任何資源，而是政治權力；也決定了中國當代社會精英中的大多數只可能通過「血緣繼承」的方式從改革前的舊精英轉化而來，或通過權錢交易而產生。這種利益轉移具有極大的隱蔽性，但其長期危害性卻只有經過一段時間才會顯現出來。如果要解讀中國改革以後的歷史，可以將「權力市場化」視為改變中國財富分配格局的起始點，同時它也是理解中國經濟改革的一把鑰匙。

2、改革目標

由於領導層的既定方略以及為領導層服務的智囊們膽識所限，中國經濟體制的改革只設定了一些階段性目標，如「計劃經濟為主、市場調節為輔」、「建立社會主義商品經濟」、「建立社會主義市場經濟」等等。[4] 每一階段性目標的形成都伴隨着激烈的爭論，這些爭論今天看來當然都讓人覺得不可思議，但當時確實牽涉到一大批政治精英與一小群知識精英的興衰榮辱。由於改革時期社會形勢變化太快，每一具有特定內容的目標都只不過領了兩三年風騷而已；只有九十年代中期中共「十四大」確定的所謂「社會主義市場經濟體制」這一說法的壽命最長，從一九九五年以來直到今天仍被當局懸為經濟體制改革的「目標」。而所謂「社會主義市場經濟體制」的內涵，其解釋則又莫衷一是，有人認為應以國有企業數目逐漸減少為市場經濟體制建立的標準，還有人以為應該以政府審批經濟項目的權力逐漸減少為標誌。這當然都是皮相之談。市場經濟的核心是由市場機制配置資源，而在中國凡涉及有關國計民生的資源，如土地以及各種壟斷性資源的配置，迄今為止仍然由各級政府大權獨攬。由這一根本特點觀之，只能說中國到現在為止充其量只是建立了一個「模擬市場經濟體制」，並非真正的市場經濟體制。

而在社會財富的分配方面，鄧小平在改革初期曾作過非常動聽的許諾：讓少部份人先富起來，再帶動全體人民共同富裕。至於讓哪一部份人通過何種手段先富起來，卻沒有具體的政策解釋。不過23年改革的實踐證明，最終實際上是讓少部份權勢者或與權勢者進行利益交換的人通過大量貪污腐敗活動先富起來了，由此導致了中國社會財富的分配嚴重不公，貧富差距越來越大。

3、改革路徑

所謂「改革路徑」的選擇，簡言之，就是選擇從政治體制改革還是由經濟體制改革入手推行改革。而這一選擇説到底其實完全是由改革方略所決定的。既然中共只願意在保留原有政治權力格局的基礎上推行改革，其結果必然是放縱權力進入市場，導致各種尋租活動的泛濫。

從表面上來看，似乎是鄧小平家族大張旗鼓地下海經商為尋租活動開了先河。鄧在世時，指責他放縱權力進入市場(即其子女下海經商)的聲音就不絕於耳。一些人認為，鄧的家庭觀念很強，因「文革」時期子女遭受了許多痛苦，出於補償心理，對子女下海經商並不約束。於是上行下效，造成了腐敗之風蔓延。有人據此把鄧的個人選擇視為腐敗盛行的主要原因：「在體制缺陷已經成形之後，體制缺陷是造成腐敗的主要原因。但是，在產生這個缺陷之前，在最初的決策者作出最原始決策的時候，人的因素，決策者的一念之差，卻對將來是否產生體制化腐敗，起着決定性的作用。」[5]這種説法認為，中國現存體制的缺陷產生於改革時期的初始政策選擇，實在是對共產黨政治體制的本質缺乏瞭解。

中國走上目前這種改革路徑有其深層制度根源，因為這種改革路徑最容易完成權力和利益的代際傳遞。中共自掌權以來就不斷鼓吹「接班人理論」，其內核就是要承認政治高層的子女們與生俱來就享有繼承父輩壟斷性權力的特權。這一説法其實是為處於中國政治制度核心的權力傳承機制張目。經過「文化大革命」以後，上一代領導人的政治權力顯然不便再像北韓金日成父子那樣通過「父傳子繼」的方式直接繼承，但中共高幹群子女除了享有優先獲得政治高位的特權之外，還可以通過其他方式繼承父輩的權力，而作為贖買政治繼承權的最佳補償物的經濟資源就必然成為首選。中國政治上層從未有人真正反對過這種權力(利益)繼承方式，而且實際上向來互為同僚的子女親屬大開此方便之門。[6]既然上層的權力可以如此繼承，中下層幹部自然樂於群起仿效，最終結果必然是腐敗泛濫成災，導致政府高度軟政權化。這種把控制國家機器和壟斷性資源之權力私相授受的權力傳承機制，實際上就是今日中國的腐敗在現行體制下無法清除的制度性根源。

中國目前無法克服腐敗，還因為腐敗已成了維繫中共統治生命的重要凝聚力。鄧小平將意識形態空殼化的行為本身就蘊含着內在危機，但這種危機在八十年代及九十年代上半期有經濟利益作為替代品時還未顯山露水。但到了九十年代中後期，當局既無法為社會各階層源源不斷地提供利益，又沒有意識形態去整合執政集團成員，那就只能依靠傳統的政治控制手段，即依靠政治高壓(包括日益廣泛地借助安全部門的特務監控)[7]及對社會輿論的高度管制來加強社會控制。[8]

任何政府如只能借助政治高壓來穩定社會，就必須給官員們足夠的利益，以換取他們對專制政府的效忠。而要直接給予龐大的官員隊伍以經濟利益，已頗感困難的中央財政將不堪重負。所以當局表面上並未直接給其官員們太多利益，官員們的工資並不比普通職工高多少，他們可獲得的大量利益除了附着於職務上的各種「待遇」之外，主要是通過權力來攫取，如貪污受賄，此外還有介於合法、非法之間的「灰色」收入。中國的當代政治還有一大發明，即政府部門利用權力「創收」，如此則集體性腐敗就順理成章地成為政治機器運轉的「潤滑油」。

目前中共高層之所以還在打擊腐敗，並不是真要杜絕腐敗之根源，他們一方面是借遏制腐敗安撫民心，但更主要地是擔心腐敗會導致高度軟政權化。因為在高度軟政權化的狀態下，各級政府部門將無力實施高層制定的各項政策，各級官員牟取利益之舉往往是以損害政府政策與國家法律為前提的，最後的結果必然是國將不國、黨將不黨，與黑社會組織的行為方式無異。而歷史經驗證明，沒有一個高度腐敗、只照顧少數特權階層利益的政權能長久維持下去。

4、改革策略

改革策略是改革理論的產物。如前所述，中國事實上沒有稱得上理論的改革思想。鄧小平實際上是一個不事設計的「總設計師」，以「貓論」與「摸論」鼓勵國家機會主義盛行。「貓論」與「摸論」是為了對抗當時黨內高層的教條主義者而提出的「理論」。這種「理論」對消解「兩個凡是」之類的教條確實起了重要作用，但後來用作制定各種改革政策的理論指導，實際後果就是導致國家機會主義泛濫。一個政府在有關國家發展的施政方針上過度地不講原則，只是根據當時的短期利益不計後果地作出權宜之擇，必然會留下相當多的後遺症。最嚴重的後果之一就是造成政策的搖擺不定、朝令夕改，讓公眾對政府政策產生極大的不信任感。比如廣東等地流傳的一句「致富經驗」就是：「凡是政府讓做的事情，千萬不要去做；凡是政府不讓做的事情，就要趕快去做」。一九八九年以後的最初一兩年，執政集團要扭轉改革開放的大方向、打擊私營經濟，曾重新強調公有制的主導地位，強行收回大量原先發給私人企業的貸款，其後果是使一批小企業破產，使國有企業失去了一些客戶與供應商，使一批民眾失去了工作機會。但到了一九九二年鄧小平「南巡」以後，又再次肯定私有經濟的作用。對私有經濟這種拉鋸式的「肯定——否定——再肯定——再否定」過程造成的負面影響極大，私營業主對政府的政策缺乏信任，九十年代的資本大量外逃[9]就是在這種社會背景下產生的。特別需要指出的是：政策的搖擺不定導致中央政府必須不斷地制定各種新政策，而在軟政權化狀態下的各級政府官員卻不斷利用一項又一項新政策出台的機會，前赴後繼地推進着中國大面積的貪污腐敗與黑社會化進程。

不講原則的國家機會主義盛行的又一結果是，鄧時代與後鄧時期的政府已沒有任何政治理念，維繫官員上下級關係的早已只是利益關係，唯利是圖的政治投機行為成了做官的唯一準則。官員們可以在會議上表態要廉潔奉公，會後立刻到酒樓花費公款吃喝嫖娼，從事各種貪污腐敗活動。這種國家機會主義行為還體現在對外政策上。在近幾年發生的幾次中美衝突中，政府一方面通過學校組織學生上街遊行，高喊「反對美帝國主義」、「反對霸權主義」，同時命令所有的傳媒精心製造這種「有理有利有節」的「愛國主義精神」，利用這種反美情緒作為與美國政府討價還價的籌碼；另一方面，政府高層又為了各種無法向公眾說清楚的理由與美國妥協。在這種以國家機會主義行為主導的對外交往中，幼稚的青年學生一再被愚弄，社會公眾甚至都無權知道一些重大的國際條約內容。比如江澤民與俄羅斯總統普京政府簽訂的中俄條約，正式承認了中國官方教科書中一再強調的一系列喪權辱國的不平等條約。而對這些國家大事，國內公眾卻完全無法瞭解詳細情形。

當然，中國政府對外政策的失誤不止這一些，但討論其中詳細得失已超出本書範圍。

二、誰享受改革成果？誰付出改革代價？

中國底層社會的不滿早在一九九二年後就開始了。「六四」事件沒有演化成全局性的動亂，關鍵在於當時的工人還是改革的受益者，農民還在享受着家庭聯產承包責任制的餘蔭。中國民眾歷來有如一盤散沙，只要自己的利益還能保住，就對別人的受壓制與受剝奪熟視無睹，少數不良分子甚至還幸災樂禍。

自鄧小平「南巡」後，中國加速推行了股份制改造、「圈地運動」(城市土地制度改革)、國有企業改制等，這些不斷推陳出新的「改革」除了為政府官員創造了暴富機會之外，還產生了大量的社會問題，因為現有政策與法制體系根本無法對官員們的貪污腐敗行為形成有效的制度約束。這種狀況必然迅速導致權錢交易泛濫成災，並產生嚴重的社會不公，越來越多的社會成員不得不承擔日益上升的「改革」成本，尤其是憲法規定的「領導階級」——工人以及他們的「同盟者」農民被逐步邊緣化，不少人淪為赤貧者。

中國的改革雖然有一些經濟成就，但能夠享受這「成就」的只是佔總人口約1％的上層與4％的中上層，還有11％左右的中層由於「搭便車」的關係也成為改革的受益者。廣大農村人口與城市下層人民則成了承擔「改革」代價的巨大載體。[10]

隨着貧富分化日益嚴重，九十年代中期以後，毛澤東終於重新回到人們的心中，成為底層社會成員表達不滿的觀念依據和捍衛自身利益的思想武器。儘管中國從毛的暴政下解脱還只有20多年，但國人似乎得了「集體健忘症」。毛時代的政治壓力和普遍貧窮，階級鬥爭造成的大量「政治賤民」，為安置城市失業青年而推行的

「知識青年上山下鄉運動」，滿天飛的「反革命罪」，因說真話而被殘酷殺害的張志新、遇羅克、黎九蓮、王申酉等優秀青年[11]，所有這些殘酷的社會現實已被人們蓄意淡忘；而一些幻象，如政府官員的相對廉潔、城市工人的生存保障、意識形態賦予群眾的「主人翁」地位、對官僚主義「造反有理」的權利等，卻魔幻般地回到人們的記憶中，並被說成是真實的歷史存在。中共為了讓自己的合法性不受傷害而制定的不許討論「文革」的規定，既讓年青一代無法正確認識「文革」，也讓經歷過「文革」的工人農民因今日地位的衰落而刻意忘記歷史真實。若仔細觀察社會現實就會發現，這種對毛的懷念與近兩年政府急於通過各種政策與「理論」迫使社會承認現存利益分配格局完全同步。

從一九九九年以來，中國社會結構已經基本成型。政府已經放棄對弱勢集團的利益保護，並採取種種政策傾斜的辦法鞏固現存的利益分配格局。

標誌一：政府成為股市泡沫的造勢者。一九九九年五月十九日《人民日報》以社論的形式公開鼓勵中國公眾入市炒股，為政府「圈錢」造勢，可視作政府為擺脫財政危機已經到了不擇手段的地步。此後證券市場各種醜聞不斷，不少根本不符合上市資格的國有企業都被各地政府推到證券市場上「圈錢」，中小股民（亦即中共一直掛在嘴上的「人民」）的利益則受到嚴重損害。近幾年最著名的醜聞有一九九九年海南公司「瓊民源」事件、二○○一年的「興業聚酯事件」、「銀廣夏事件」[12]；上海證券交易所監察部證券分析員趙綱根據交易所資料完成的兩份報告「基金行為分析」與「基金風格及其評價」，更使國內不少著名基金管理公司的違規操作曝光，由此將中國引入了一場大揭基金黑幕的漩渦。[13]

標誌二：政治利益集團加速與經濟利益集團合流的步伐。第一步是一九九九年通過修改憲法承認私人財產的合法性，其要害在於實質上承認不少通過貪污腐敗手段聚斂的財產具有合法性。第二步是提出所謂「三個代表」理論。這一理論中的所謂「先進生產力」與「先進文化」的代表顯然已經不是佔人口83％的下層人民。[14]第三步則是二〇〇一年的「七一」講話，公開為政治利益集團與經濟利益集團合流開闢了一條制度化的通道。

標誌三：政府在政策選擇上公開向強勢集團傾斜，放棄下層人民。九十年代後期出台的一系列政策多屬施惠於上層、中上層，而那些幫助窮困民眾度過難關的政策卻一再削砍或推延放空。比如，在公務員階層生活顯然優於一般民眾的情況下還要不斷給這一階層加薪：一九九九年下半年公務員薪資提高三成，二〇〇一年公務員薪資又在四月和十月分別提高一點五成，三次加薪合計提高薪資七成，二〇〇二年又再次表態為公務員加薪，短短3年內公務員薪資將實現政府提出的翻一番的目標[15]；而就在二〇〇一年政府卻規定，下崗工人失業半年後即不再予以補助。二〇〇〇年旨在減輕農民不合理負擔的「費改稅」[16]在少數省剛開頭就無疾而終。又如，政府從一九九八年開始造勢的「債轉股」，因為對一些經濟利益集團相當有利，雖然有極大的經濟和政治風險，也強行在二〇〇〇年初出台；只是後來因為這一打通中央財政與中央銀行這兩個錢袋的舉措有導致國家信用崩潰的危險，才不得不草草收兵。

標誌四：推行損害下層民眾利益的所謂「教育產業化」政策。其核心就是提高教育收費以滿足高等院校的利益要求，結果近幾年高等學校收費以每年平均高達50%的環比增長率快速上升。這項措施與所有發展中國家的義務教育政策完全背道而馳，對社會發展具有長遠的負面影響。在「教育產業化」的名義下，部份學校大幅提高學費、雜費等各種費用。有關方面一九九八年對全國14所高校的抽樣調查顯示，一個大學生一年的平均總支出為5,929元；近年來這個數位又有明顯增長，其中僅學費一項就達到4,000～5,000元，個別學校每年需交的各種費用加在一起近萬元。有的學校包括中學甚至在「教育產業化」的旗幟下違規招生，違規收費。[17]「教育產業化」政策造成在校大學生中15％以上的學生淪為「貧困生群體」[18]，而政府為「貧困生」設立的助學貸款卻是杯水車薪，且貸款擔保門檻太高，令許多「貧困生」望而卻步。截至二〇〇一年五月底，全國向四家主要的國有銀行（工商銀行、中國銀行、建設銀行與農業銀行）申請貸款的學生共有53.4萬人，申請助學金額為33.37億元，但只有17萬名得到了貸款，全部貸款合同金額為12.62億元[19]，分別是申請人和申請額的31.8%和37.8%。許多貧困的農家子弟與城市下崗工人的子女因交不起高昂的學費只得放棄上學機會。據二〇〇二年一項調查所示，高校學費在10年間漲了100倍，農民種10畝地的收入養不活一個大學生。[20]

與此同時，中國還出現了一種其他任何發展中國家未曾出現過的現象：在整個國家文盲與半文盲率偏高的情況下，過早出現了「知識型」勞力過剩的現象。從一九九七年開始，大學畢業生找工作日益艱難，二〇〇二年全國普通高校共有畢業生123萬，比上年的115萬又增加了9.4%，二〇〇三年將有212萬大學畢業生，比二〇〇二年多出67萬。在二〇〇二年一月四日、五日的深圳招聘會上，出現了10萬大學生競爭1.5萬個職位的局面。[21]二○○三年在北京、廣州的大學生畢業生招聘會上出現的勞動力供求關係極度失衡現象表明：中國已經真正進入「就業的嚴冬」。[22]這種「知識型」勞力過剩的狀況已延續了好幾年，導致不少大學畢業生只好繼續考研究生，高校將這種現象戲稱為「就業問題緩期三年執行」。結果，中國的研究生招生規模從一九九九年開始連年擴大，一九九九年增長27％、二○○○年增長35％、二○○一年增長35％[23]，二○○一年的研究生招生數量急劇擴大到一九九八年的2.31倍。二○○三年全國79.9萬人報考碩士研究生。[24]在教育資源如師資、設施等未相應擴大的情況下，高等學校為「創收」而實行的研究生擴招，實際上是為數量而放棄質量的典型短視行為。

中國的大學生只佔適齡人口的4％，相當於現代化國家這一比例（一般是10％至15％，平均為12.5％）的1/3，僅及世界平均水平的22％，居世界第79位。任何國家實行長期反貧困策略最關鍵的一環就是實行義務教育，提高國民受教育水平，逐步減少下層社會成員，改善社會階層結構。中國的這一「教育收費體制改革」事實上是將佔人口83％的下層人民[25]的子女排斥在高等教育的門檻之外，使他們無法達到現代化社會要求的技術素質與文化素質。

與此同時，當局為了貫徹「穩定壓倒一切」的方針，又重新撿回了改革前的統治策略：一是加強政治高壓，消滅一切在工人農民中出現的社團活動；二是加強輿論控制，除了嚴格控制主要官辦傳媒這架不斷製造謊言的機器之外，還大力整頓那些「不聽話」的地方傳媒；三是嚴厲打擊對政府持批評態度的獨立知識份子。政治高壓與輿論控制互為表裏，已成為一九九九年以來當局的主要統治方式。

三、關於「保守派」與「改革派」的政治神話

遭受了種種「改革」痛苦的中國目前陷入了兩難處境：在現有的軟政權化狀態下開出更多的改革處方，有如在難以癒合的傷口上繼續撒鹽，九十年代以來出台的每項「改革」都反覆證明一點，這些措施最終都成為貪污腐敗的官員們牟取私利的最佳藉口；但停止改革也困難重重，因為整個社會等級秩序還未從法律上完全到位，如果不繼續「改革」，只是用「三個代表」與「七一講話」之類的說詞從意識形態上為現存的社會利益格局「正名」並營造合法性，那麼社會將繼續為這種「跛足改革」付出更多的代價。因為不公正的改革製造了大批邊緣化階層，而這些邊緣化階層為了要活下去，必然要以種種鋌而走險的形式為這個社會的上中層製造種種不安。所以有識之士早就看清了一點：改革是找死，不改革是等死。

筆者近年來所到之處，尤其是在海外，總遇到不同的人問同一個問題：黨內高層的「改革派」推行改革措施時是否遇到了「保守派」的阻撓？彷佛「保守派」是裝「改革」錯失的「垃圾桶」。筆者以為，從近年情況看，黨內的「保守派」與「改革派」其實只是大家幻想出來的一種對立。可能在某一具體政策上，總書記與總理的看法不完全一致，總理與副總理的看法也有差別；但在面對下層騷亂時採取專制手段維護社會安定，在面對少數有識之士對社會的深刻批評時採用箝制輿論與人身迫害的手法上，高層其實無所謂「保守」與「改革」之分。

九十年代以來的改革史證明：所謂「保守派」代表左的勢力，「改革派」代表前進的方向，其實只是個政治幻覺而已。就維護極權政治這一點而言，所謂的「保守勢力」與「改革勢力」所起的作用完全一致。「保守派」總是以防止中國走上資本主義道路為藉口，要求賦予他們更大的權力，以便由他們來堅持「正確的」方向。他們懷念毛時代的專制與思想禁錮，並宣稱這種「懷念」代表着廣大人民的獨立思考。而「改革派」則總是以發展經濟為由，拒不實行政治體制改革，他們熱衷的只是利用自己掌握的權力瓜分社會資源，而這種瓜分永遠是有利於改革派歸屬於其中的利益集團。大量附屬於他們的學者尤其是部份經濟學家，則總是在論證這種「市場經濟加威權政治」(他們一向避免用「極權政治」這個詞)的合理性，渲染「中國人的素質低、與民主政治無緣」之類說法。

當局固然可以向本國民眾和世界撒謊，宣稱中國的經濟如何在世界上一枝獨秀，但事實是自一九八九年以來，中國經濟除了一九九二年鄧小平「南巡」之後由「開發區熱」造成的經濟「虛熱」之外，經濟增長與社會狀況一直不如人意。所有的改革措施在這十餘年中都處於「雷聲大、雨點小」的狀態。不管政府控制下的傳媒向世人公佈的改革「成就」是如何巨大，也不管中國政府怎樣將「申奧」與「入世」炒作成「中國人民站起來了」的偉大象徵，無可否認的是：失業者越來越多，邊緣化階層越來越龐大；無法進入現代化生活的廣大農民與處於破產半破產狀態的農村經濟已經成為中國一個無法擺脫的夢魘；生態環境嚴重破壞的陰影也日益迫近；無法克服的制度性腐敗與使社會越來越不安的黑社會化現象更使公共生活缺乏安全感；越到後來，為政者越感到自己虛弱不堪。

二○○一年下半年雲南省省長李嘉廷案發後，當局對貪污腐敗已無法直接面對，只好在內部規定，以後公佈貪污腐敗數額不得超過2,000萬元，以免損害黨和政府的形象。與此同時，近幾年又整肅了好些媒體，其中最著名的是《南方周末》報與《書屋》雜誌[26]，還整肅了一些知識份子，逮捕了一些敢説真話的記者（一九九八年至二○○三年初已經逮捕了38位）[27]，加強了對互聯網的管理。但這種「鴕鳥政策」只是當局的「面子工程」，不能從根本上解決問題。

可以越來越清楚地看出，這個政府的本質與「人民共和國」這一國體的距離越來越遙遠：「人民」的尊崇地位只是體現在宣傳當中；在現實生活中，一旦「人民」要為自己受到的壓迫與不公而抗議時，他們就立刻成了危害「國家」安全的「敵人」。無論「改革派」還是「保守派」，都毫不猶豫地利用國家機器對人民實行鎮壓。現實表明，與其説所謂的「保守派」與「改革派」之間存在政治理念的差別，還不如説僅僅存在政治口號的差別。「保守」也罷，「改革」也罷，只不過是政治利益集團內部爭奪利益的旗號而已。在利益的佔有方式上，二者幾乎沒有甚麼差別。尤其是高層人物，無論是被視為「保守派」還是「改革派」的代表人物，從來都不排斥讓自己的子女及親屬用佔有經濟資源的方式來實行變相的權力繼承。而為社會改革付出代價的，始終只是廣大下層人民。

筆者認為，由於言論空間的狹窄，由於爭論的真正主題被有意掩蓋，二十世紀末中國最引人注意的所謂「自由主義」與「新左派」之爭，是一場看起來非常熱鬧，其實混亂不堪的所謂「思想爭論」。許多問題不是越爭論越清楚，而是越爭論越糊塗。其原因有以下幾點：首先，「新左派」刻意迴避對專制政體的必要批判，相反卻對現存專制政體的「母體」——毛體制與「文革」、大躍進讚不絕口。雖然當局不再奉行毛體制及「文革」路線，但目前的專制制度與毛體制在政治上有非常親密的血緣關係，因此儘管「新左派」對毛體制與「文革」的稱頌完全不符合歷史事實，卻為當局所寬容，「新左派」實際上是通過這種變相的「幫閒」而贏得了他們的話語空間。其次，與自由主義涉及各領域、主張過於寬泛有關。自由主義政治學主張的民主與憲政真正指向的批判對象其實就是中共現在的專制政體，因之也是「六四」以後中共意識形態戰略加以禁止並長期加以醜化的對象，根本不可能公開討論。而自由主義經濟學者們提出經濟學家應該與利益集團相結合，主張「腐敗有理」等言論，在中國其實正是適應權勢集團需要、為目前利益格局張目的「理論」，不但政治上沒有遭受打壓之虞，反而受到一些淺薄的傳媒追捧，加之持這些主張的學者們不少還以西方經濟學在中國的傳人自命，互相唱和，在九十年代蔚為奇觀，儼然成了佔統治地位的經濟學觀點。這在很大程度上使得社會公眾尤其是大學生們認為自由主義學說就是為腐敗張目、為權勢集團服務的學說。新左派們並非不明白在中國的「自由主義經濟學家」與其他學科的自由主義之間這種差別，但他們聰明地利用了雙方話語權不對等這一情況，將自由主義經濟學家最容易在中國引起非議的「腐敗有理論」作為自由主義學說的「精髓」加以批評，因此似乎搶佔了「道義制高點」。所以這場爭論的結果不免流於滑稽，因為在「新左派」的批判聲中，中國產生腐敗的根源似乎在於自由主義學者鼓吹「腐敗有理」，而專制政體這一制度性因素反而逃過了他們聲色俱厲的批判。而自由主義陣營的團結精神也遠不如新左陣營，常常是被視為代表人物的人在孤軍奮戰，缺乏後援。在一個沒有真正的言論自由的國度裏，爭論雙方迴避了當下中國需要解決的緊要問題與真正應該批判的批判對象進行爭論，除了模糊人們的視線之外，充其量表示了在社會急劇商品化過程中，中國人文知識份子不甘於被迅速邊緣化的一種缺乏力度的抗爭。

四、二十世紀中國革命到底解決了甚麼問題

現實是歷史的延續。持續了將近四分之一世紀的「改革」給人們的啟示是：僅有經濟改革是遠遠不夠的。人類歷史的發展經驗證明：任何大規模的社會變遷都需要從三個層面展開：政治制度、經濟制度與文化制度(意識形態)。以此標準考察中國就會發現，中國在政治曠野裏漂泊了整整一個半世紀以後，只不過還在歷史輪迴中苦苦掙扎：一個半世紀的革命與現代化歷程，除了一片混亂的北洋軍閥政府時期，中國總共經歷了三個形式完全不一樣的政府：帝制的清政府、國民黨政府與共產黨政府。統治形式雖然有變，但專制本質卻一脈相承。清政府是「自然經濟＋專制政治」，國民黨政府是「半資本主義半自然經濟＋專制政治」，而中共政府改革前是「計劃經濟＋極權政治」，改革後是「市場經濟＋極權政治」。

至於經濟制度的變遷，中國只不過在半個世紀裏完成了一個從「化私為公」到「化公為私」的輪迴。整個世界從一九一七年以後的歷史，包括中國二十世紀後半葉的歷史只證明了一點：私有財產制度是人類經過千百年自然選擇而形成的經濟制度；凡想改變這一制

度的國家與民族，在二十一世紀還得繼續為當初這一選擇付出代價。中國在一九四九年以後用暴力消滅了有產階級，而在一九七八年以後的「改革」進程當中，掌權者們卻利用權力將自己及其家族變成了一個暴富階級。「革命」的全部意義就是用無數的人頭將一部份社會的邊緣者送到了權力中心位置，用「紅色新權貴」代替了舊權貴而已。

而意識形態的控制，從思想自由方面來説，除了八十年代有一段短暫的放鬆之外，很難説現在就比一九四九年以前的輿論環境寬鬆。一些經歷過國民黨政府與共產黨政府的文化人的命運就説明這一點：敢於議論風生批評國民黨政府的新聞記者如浦熙修、彭子岡等，在共產黨領導下卻成了只會寫歌功頌德文章、寫悔過書與認罪書的文史館資料員而苟活着。[28] 而巴金、老舍等優秀的文化人在中共建國後再也寫不出任何像話的作品。中國政府在控制思想方面永遠樂此不疲，雖然二十一世紀有了互聯網等先進技術，但當局同樣有辦法應付，在全國大量招聘電腦專業人員充當「網路警察」，對技術上不易控制的網路媒體繼續施以故伎。二〇〇二年八月，中國政府實施《互聯網出版管理暫行規定》[29]，將網路輿論控制公然納入國家法律控制範疇。一個旨在全面監控公民行動的「金盾工程」正在建立過程當中，用每個人都能明白的語言來類別這個方案，那麼這個「金盾」監視網路的目的就是能夠「看見」、「聽到」、和「思想」。所謂「聽到」，就是通過自動監聽電話對話，搜尋關鍵字和字句，進行言語訊息處理。同樣地，視像訊號處理能夠令監視攝影機有能力「看見」；即是在一群人中認出某個人的面貌。這兩種「偵測」，其實是一種數位信號處理(DSP)的應用，被稱為「監視運算法則」，是通過複雜的運算法則來分析資料，從而仿真人類神經系統。「金盾工程」一個重要的目標是在公眾場所建立一個全國性閉路電視或CCTV攝影機網路，對中國公民，尤其是要求民主與自由的人士實施越來越微妙和複雜的鎮壓。[30]

喬治·奧威爾的名作《1984》是斯大林時期社會主義蘇聯的寫照，那裏的人們生活在一個受到全面監視、失去尊嚴的環境裏，但那種監控還主要是依靠人工與處於起步階段的科技手段。而「金盾工程」一旦完成，中國人將生活在一個用全新科學技術裝備起來的最大的警察國家裏。《世界人權宣言》第十二條裏所宣佈的「任何人的私生活、家庭、住宅和通信不得任意干涉，他的榮譽和名譽不得加以攻擊。人人有權享受法律保護，以免受這種干涉或攻擊」，中國人為這一權利奮鬥了很長時間，但似乎離這一目標越來越遙遠。

二十世紀的歷史輪迴表明：這種由新專制政體取代舊專制政體的「革命」，無非是讓人閉着眼睛往黑暗裏一跳，前途如何，只能聽天由命。在這段歷史中，中國人民有如枯枝敗葉在狂風中翻滾的苦難命運，只再次證明了元代詩人張養浩在他的曲子《山坡羊》中所感歎的：「望西都，意踟躕，傷心秦漢經行處。宮闕萬間都化了土，興，百姓苦；亡，百姓苦。」

如果將中國當代的「改革」放置在已經延續了一個半世紀的中國現代化歷史進程中來看，也許對中國今後面臨的問題容易理解一些。

筆者曾研究過清代中葉以來的歷史，自從人口超過4億以後，中國就形成了人口與資源關係緊張這一特殊的資源秉賦，以後兩個半世紀以內，中國所有危機的核心問題其實都是一個如何養活龐大人口的問題；而所有科技進步、經濟發展的成果，大部份都被用來養活新增人口。[31]對這一問題的歷史思考雖然不少，卻始終未成為一種全民族的共識。而另一種認識卻通過教科書深深地沉澱於民族意識當中，並時不時地成為一種社會動員的口號，那就是我們所有的不幸都是外來侵略造成的。所有的歷史教科書當中，凡涉及到鴉片戰爭前夕的狀態，都先列舉一連串資本主義萌芽的表現，然後再用一句這樣的「經典名言」加以總結：「如果不是外國帝國主義入侵，中斷了中國社會的自然發展進程，中國社會也會緩慢地、逐漸地進入資本主義發展階段。」這種通過教育強行灌輸了幾十年的虛假知識最後化成一種民族潛意識，在二十世紀末二次中美衝突（一九九九年五月八日中國駐南斯拉夫大使館被炸事件、二〇〇一年中美撞機事件）中，輕而易舉地成為中共政府反對美國的精神動員資源。到二〇〇一年美國發生「九一一」事件後，中國大學生中表現出來的那種幸災樂禍情緒，更說明這種潛意識「冰凍三尺，非一日之寒」。

然而歷史不止一次地告訴人類，只有正確地認識問題才能找到問題的解決之道，中國的這種流行歷史觀將社會的不發展、人民所遭受的種種災難輕而易舉地算到所有的外國侵略者頭上，但這種歷史觀只有為統治者開脫責任的功能，於解決中國本身的問題卻並無裨益。在人口問題的認識上就是如此，馬寅初先生的《新人口論》遭受的命運就是一個最好的注腳。

筆者曾於一九九八年戊戌變法一百周年紀念時寫過一篇文章[32]，其中談到一八九八年「戊戌變法」時期的中國除了面對西方列強的侵略之外，還有幾個亟待解決的深層次社會問題，社會的過度不平等（包括政治、經濟）、農業內卷化、人口過多、教育水平低下、政府的極端腐敗；只是當時的思想家與政治家們沒有適當的解釋工具，只能將這些問題均概括為「積貧積弱」。比較一下100年來解決前述五大問題的辦法（即反貧困的總體戰略）就會發現，這些問題作為世紀性的難題，歷經100多年的努力，卻並未獲得解決，反而以更複雜、更嚴峻的形式向中國人提出了挑戰。

若清醒地觀察中國問題，就會發現中國社會已出現「拉美病」的五大症狀：

第一，政府的高度軟政權化。腐敗已經成了當局無法克服的政治之癌，從每年最高人民檢察院在全國人大會議上所作報告中公佈的資料只能得出一個結論：貪污受賄的官員人數越來越多，級別越來越高，數額越來越大。一九九九年共立案偵查貪污賄賂、瀆職犯罪案件38,382件，比上年增加9.4％；查辦涉嫌犯罪的縣處級以上幹部2,200人，其中廳局級幹部136人，省部級幹部3人。[33] 二〇〇〇年全國檢察機關共立案偵查貪污賄賂、瀆職犯罪案件45,113件，比上年又增加了17.5％；因職務犯罪被立案偵查的縣處級幹部2,680人，廳局級幹部184人，省部級以上幹部7人。[34] 據中國學者胡鞍鋼在接受中國新聞社採訪時表示，目前每5個涉及腐敗的公務員中，只有1人受到懲處。[35]

面對這種局面，當局為自己開出的「藥方」就是拒不承認腐敗的泛濫和制度根源。二〇〇〇年三月筆者在湖南的《書屋》雜誌上發表了「當前中國社會結構演變的總體性分析」一文[36]，尖銳批評了中國現在陷入的制度性腐敗的困境；認為在現行政治體制下進行

「事後懲治型反腐敗」已起不到遏制腐敗的作用；並指出整個統治精英集團已集體墮落，貪污腐敗成了政治運轉的「潤滑劑」等。政府對這種批評的回應是，下令從此不讓中國的任何報刊雜誌登載筆者的文章，強迫筆者工作單位找各種理由整肅筆者，並動用國家安全局的特工實行二十四小時監控。更為荒謬的是，中紀委在二〇〇〇年十二月二十八日發佈的第五次全會公報中竟針對筆者的批評作如此表示：「我們要理直氣壯地肯定我們黨反腐敗的指導思想和方針政策以及取得的明顯成效；理直氣壯地闡明我國現階段出現的腐敗絕不是根本制度性的腐敗；理直氣壯地肯定我們黨和幹部隊伍的主流是好的，我們黨完全有能力解決腐敗問題。」[37]與此同時，中國政府動用從宣傳機器直到安全部的所有專政手段，嚴厲打擊不受當局控制的批評腐敗者。各地政府更是把有點正義感的記者視為大敵，採用各種手段防堵他們對腐敗現象的揭露，以致於一些地方官員提出了這樣的口號，「防火防盜防記者」；在這樣的嚴厲管制下，新聞工作者不敢理直氣壯地講自己是人民的喉舌，而只能充當「黨的喉舌」，結果時下在新聞業界內外出現了一首流傳甚廣的順口溜：「輿論監督是條狗，天天蹲在『長』門口，『長』叫咬誰就咬誰，叫咬幾口咬幾口」（這裏的「長」是指長官）。[38]

第二，農業經濟陷入破產半破產境地[39]，大量無地農民湧入城市，附着在城市邊緣，成為犯罪群體的後備軍。中國每年5,000多萬民工流向沿海大中城市的民工潮[40]，他們當中不少人在大城市找不到工作，結果成為犯罪群體的後備軍。比如二〇〇〇年夏轟動中國的張君兇殺集團一案，其參與者基本上出身於多子女貧困農民家庭，沒受過教育，也未受過任何技能訓練，在城市裏根本找不到工作，最後只好鋌而走險，以搶劫殺人為業。[41]《南方周末》就是因為發表了「張君案件反思」與「張君案件再反思」，指出只要產生張君的社會土壤還存在，就會源源不斷地製造新的「張君」，成為社會毒瘤，因而被當局指為「否定了湖南省政府改革 20 多年來為湖南人民所做的巨大貢獻」遭到整肅。

第三，地下經濟勃興，黑社會組織泛濫成災，並與政府官員合流。從各種調查材料與已破大案來看，這些黑社會組織之所以能在短短時間內迅速崛起，並在社會上呼風喚雨，最主要的原因是他們早已與當地的政要們——首先是公安部門的官員們沆瀣一氣，形成了一種保護人與被保護人的關係。與西方的黑社會組織相比，中國大陸的「黑白合流」還有個特點：西方黑社會組織結納的權力部門主要是警察及司法部門，而中國的黑社會組織的觸角更深，不少幹部都成了黑社會組織的有力靠山，部份黑社會組織頭目還具有各種官方身份，戴上了「紅帽子」。例如，浙江溫嶺市張畏領導的「紅色黑幫」。[42]二〇〇〇年處決的吉林最大的黑社會組織的頭目梁旭東[43]、遼寧黑白兩道聲名顯赫的黑幫頭子劉湧[44]、廣西百色黑幫頭子周壽南[45]，所有這些披露的材料明白無誤地顯示，正是在這些官員的關係網強有力的保護下，這些黑幫才得以在各地發展成為一種呼風喚雨的社會另類權力。

第四、貧富差距繼續拉大，極少數人佔有社會總財富的絕大部份。「富人一席酒，窮人一年糧」的情況在中國已非常普遍。一九九九年，中國城鄉居民儲蓄為58,000多億，有人根據城鎮居民收入抽樣調查的資料推算，其中 47％的存款屬於 3％的富裕人口所有。[46]此外，反映收入差距的基尼係數已從改革開放前的0.15上升到二〇〇一年的4.58。[47]由於中國的統計資料歷來有「摻水」問題，所以人們普遍懷疑，真實的基尼係數可能遠大於這一資料。

第五、政治利益集團、經濟利益集團與一些外商相結合，聯合對廣大中下層人民進行統治。

此外，中國的生存基礎已被嚴重破壞，生態環境高度劣化。據有關資料介紹，目前中國已成為世界上荒漠化最嚴重的國家之一，荒漠化面積約為360萬平方公里，佔國土面積的38％，在有的地方民眾已無生存之地。中國林科院研究員蔣有緒尖銳地指出，中國國土的生態環境已不再安全，若不及時加以治理，人民則有禍於旦夕之虞。[48]中國農民人均佔有土地資源的狀況也非常嚴峻。二十世紀中國的人口與資源問題是通過打土豪分田地、讓資源平均化得到了暫時緩解；而這個世紀中國面臨的首要問題則是如何為數億沒受過多少教育與技能訓練的農村人口找到「飯碗」，而這一問題的解決將是「天字第一號」的難題。

今後的中國社會必將經歷又一次深刻的社會危機。一個社會如果縱容5%的權勢者利用權力搶錢，最終很可能是95%的受剝奪者運用暴力將被搶去的錢再搶回來，這是一個在中國歷史上不斷重復上演的「戲劇」。從中共當局目前為肯定現有社會利益格局所作的「不懈」努力來看，腐敗還將繼續蔓延。在中國加入WTO以後，以權力支撐的國內壟斷資本將會繼續發展，並與國際資本內外融合，共同支撐着中國的政治利益集團，形成一種「政治利益集團—經濟利益集團—外國資本」三者聯合統治的格局。而隨着社會危機的逐漸加深，政府的主要任務似乎又回到歷史老路上來：運用武裝力量與政治專制手段防止中國一個半世紀以來不斷重復出現的傳統危機：下層動亂。

中國歷史轉了一個圈後，又進入了一次歷史輪迴。

結語註釋

1 《人民日報》，二〇〇〇年二月二十六日第1版。

2 「江澤民在慶祝中國共產黨成立八十周年大會上的講話」，《人民日報》，二〇〇一年七月一日第一版。

3 《鄧小平文選》，中共中央文獻編輯委員會，人民出版社。

4 中共中央文獻研究室，《十四大以來重要文獻選編》，北京，人民出版社，一九九五年；《中國共產黨第十五次全國代表大會文件彙編》，北京，人民出版社，一九九七年。

5 「改革開放簡史及兩極分化的成因」，二〇〇一年十二月二十二日，貼於《世紀中國》網站的「世紀沙龍」討論區，網名「同志們曬黑了」。

6 由於中國嚴厲的言禁，這方面的材料幾乎不可能見諸於國內的報紙與各種媒體，但有些事情國內盡人皆知。例如，「六四」時期學生的反腐敗批評曾針對鄧小平長子鄧樸方創辦的康華公司；前北京市長陳希同的案子就涉及其子陳小同與前首鋼公司黨委書記周冠五之子周北方及鄧質方的經濟合作關係；《證券市場周刊》二〇〇一年十一月二十四日刊登了馬海林的文章，「『神奇』的華能國際」，披露了全國人大委員長李鵬的兒子李小鵬、妻子朱琳參與華能公司運作的內幕，該文在北京政界引起相當大的震動，據海外媒體報導，武警總隊除迅速將馬海林軟禁外，同時致信李鵬，強調武警部隊同中共中央保持一致，並表示此文是由馬海林的妻子撰寫，以馬海林的名義投稿；香港明鏡出版社出版的《中共太子黨》一書也提供了很多這方面的材料。

7 台灣綜合研究院戰略與國際研究所專任研究員陳梓龍於一九九九年發表的研究報告：「當前大陸政治、社會穩定性之評估」該報告根據《時代周刊》、《遠東經濟評論》、加拿大《環球時報》、法國國際廣播電台、美國之音、自由亞洲電台、中國大陸《經濟日報》等多家媒體自一九九八年以來的報導，整理出兩份表格附於該報告之後，其一為「近年來大陸各地重要示威抗議活動情況」，其二為「大陸異議人士組黨及中共鎮壓情況」。該報告列舉的事實部份反映了大陸社會不穩定的狀況。查閱該報告的網址為 http://www.dsis.org.tw/pubs/reports/rp-mh9903001.htm 。

8 參見任不寐發表於美國《民主中國》期刊二〇〇二年第一期的系列文章(www.chinamz.org)，這組文章列舉了新華社山西分社記者高勤榮因披露運城地區假噴灌工程而被捕判刑，香港《文匯報》駐大連記者姜維平因揭發大連市長薄熙來劣跡而被捕等案件；中國新聞社二〇〇一年八月二十五日的消息也曾披露，《工人日報》披露河南盧氏縣縣委大搞形象工程後，該縣委通知在全縣收繳《工人日報》；此外，海南的《天涯縱橫》網站也因類似原因被暫時關閉。

9 資本外逃詳情見本書第五章。

10 參見拙文「當前中國社會結構演變的總體性分析」，《書屋》(湖南)，二○○○年三月，第3頁至第16頁；未作刪節的全文刊登於《當代中國研究》(美國)，二○○○年第三期，第68頁至第93頁。

11 張志新、遇羅克、黎九蓮是在「文革」期間被殺害的，中共把責任完全推到「四人幫」頭上。上海市華東師大學生王申酉係「文革」期間獲罪，但那時「四人幫」控制的上海市政府並未殺他；「四人幫」垮台後，在新任上海市委負責人蘇振華、彭沖等人主持下，王申酉不但未獲平反，反而被判死刑並立即執行。此案明明是錯殺，但至今無人承擔任何責任，甚至禁止公開案情。

12 分別見《財經》雜誌一九九九年四月號，二○○一年四月號「興業聚酯疑竇」，以及二○○一年八月號「銀廣夏陷阱」。

13《財經》，二○○○年十月號。

14 參見拙作，出處同注11。

15《世界日報》(北美)，二○○二年一月四日，引自香港《文匯報》報導。

16「費改稅」是一項農村稅收政策的改革。從九十年代初以來，中國農民負擔太重，除了中央政府收的稅之外，更重的是地方政府攤派的各種費用，如教育費、修路費、人頭費、特產稅、教育附加費等等。一九九八年經過農業部統計，有些地方政府向農民攤派的費用（稱之為「亂收費」）多達40多項，最少的也有20多項，導致農民種田無利可圖，苦不堪言。中央政府曾想改革，將各種地方政府徵收的費用合併成幾種名目確定的稅收，以禁止地方政府亂收費，並充實中央財政。但因為地方政府官員的工資福利許多來自於亂徵收的費用，據說高達60%的份額，因此這項「費改稅」的政策遭到地方政府的強烈抵制，所以中央政府剛在幾個省搞了試點，立刻就在地方政府的強烈抵制下停止辦理。二○○一年六月下旬，受命到各省推行「費改稅」的吳邦國還在山東省省委擴大會議上大講費改稅的重要性，以及中央推行這項政策的堅定決心，朱鎔基就在清華大學對學生的一次講話中說要在全國停止這項政策的推行。

17 新華社瀋陽二○○一年二月十三日電：「教育產業化不能等同於教育商業化」。

18「來自貧困大學生的調查報告」，《北京青年報》，二○○○年一月二十五日第16版。

19「央行(中國人民銀行)要求切實落實國家助學貸款各項政策」，新華網貴州頻道，二○○二年一月十四日。

20「唸書賠本？——來自湖北京山縣的鄉村調查」，《南風窗》二○○二年九月下。

21「今年求職有點冷」，《北京青年報》，二〇〇二年一月十四日。

22 中青在線，2003-01-16 07:49:00；「大學生趕集」，《南方周末》二〇〇二年十二月三十一日。

23「考研全接觸」，天津《今晚報》今晚網，二〇〇二年一月十四日。

24 大洋網，2003-01-14 21:24:00。

25 資料參見拙作「當代中國社會結構演變的總體性分析」。

26 參見任不寐發表於美國《民主中國》期刊二〇〇二年第一期的系列文章（www.chinamz.org）。

27《三秦都市報》二〇〇二年一月三十日，「親朋推斷是黑社會報復殺人:陝西一記者神秘死亡」；www.jwb.com.cn2002，《今晚報》(天津）網路版；《中國社會導刊》二〇〇一年第一期：「一名記者的功罪是非」；《南方周末》二〇〇〇年一月十一日：「耗費億元製造抗旱神話，樣板工程原來漏洞百出」。

《南方周末》二〇〇〇年十月十二日頭版：「一本奇書的奇遇」；CPJ International Press Freedom Awards 2001, The price of Intergrity.

28 朱正，「從新聞記者到『舊聞記者』」，《書屋》，二〇〇一年第六期。

29 新聞出版總署、信息產業部令(第17號)：，《互聯網出版管理暫行規定》。該規定經二〇〇一年十二月二十四日新聞出版總署第20次署務會和二〇〇二年六月二十七日信息產業部第10次部務會審議通過，二〇〇二年五月公佈，自二〇〇二年八月一日起施行。

30 Greg Walton，「金盾工程：龐大的中國電訊臨近工程揭秘」(“China's Golden Shield: Corporations and the Development of Surveillance Technology in the People's Republic of China”)原文見http://www.ichrdd.ca/english/commdoc/publications/globalization/golden ShieldEng.html。

31 何清漣，《人口：中國的懸劍》，《走向未來叢書》，四川人民出版社，一九八八年出版。

32 何清漣，「一個世紀的飄泊——戊戌變法百年祭」，《南方周末》一九九八年四月十七日。

33《人民日報》，二〇〇〇年三月二十日第3版。

34《人民日報》，二〇〇一年三月十一日第2版。

35 此消息二〇〇二年一月九日貼於「陳岩鋒思想之家」(cyfgg.xilubbs.com）的「當前論壇」。

36 出處同注11。

37 「中國共產黨中央紀律檢查委員會第五次全體會議公報」，《人民日報》，二○○○年十二月二十八日。

38 《南方周末》編輯鄢烈山，「輿論監督不是狗」，貼於《世紀中國》網站的「世紀沙龍」討論區，貼出日期為二○○一年十一月二十八日。該文說：「『防』的手段有多種。首先是牢牢控制本地的新聞傳媒，嚴令傳媒老總這個不准報導那個不准披露，違者即摘掉烏紗帽或砸他的飯碗；對於上級和中央傳媒的記者，則授意本地有關人員不得接受採訪，有的地方甚至由政法委另外專門製了記者證，只認他們這個證，不信國家新聞出版署製發的證。文明的設防手段是封鎖現場和消息來源，不文明的就乾脆採用暴力驅趕毆打記者，搶奪記者拍攝的音像資料。當然，威脅受訪的群眾也是其中一招。記者的人身安全越來越沒有保障：揭發山西運城地區領導製造虛假的節水滲灌工程的記者高勤榮身陷囹圄；為主持正義曝光海南一起賣淫嫖娼案的記者劉洪以被逼瘋；重慶女記者羅俠在採訪現場被人打成重傷……一起接一起傷害記者案令人髮指，也令從事輿論監督的人心寒。如果說『新聞記者是條狗』，則毫不誇張地講，從事輿論監督的記者在某些官員眼中是威脅他們官運的惡狗、野狗，無人保護的記者則很像一條條喪家狗。CCTV的記者在《偷拍實錄》一書的後記中寫道：『很牛的中央電視台記者，帶着偷竊般的心態，忍着內心的憤怒，以一名弱小平民百姓的身份，目擊着欺騙、淩辱、威脅、謾罵、違法、亂紀等一系列精彩表演』，這是中國新聞史上很特殊的一種現象。」

39 何清漣、程曉農，「已走到盡頭的小農經濟——關於中國農村、農民與農業的對話」，《當代中國研究》(美國)，二○○一年第3期。

40 「昆蟲正成為城市化新的威脅」，《深圳特區報》，二○○一年十月三十一日；「重典治亂，安寧重上行人臉」，《羊城晚報金羊網》，二○○一年十月二十九日。

41 「一個極端暴力集團的成長」，《南方周末》，二○○一年四月十九日。

42 「浙江溫嶺『黑幫老大』張畏的最後自白」，中新網寧波二○○一年四月二十七日消息。

43 「披着警服的黑社會老大」，《南方周末》，二○○○年九月二十八日；「中國一九九八第一號黑社會案大揭秘」，《深圳商報》，二○○○年八月十八日。

44 「瀋陽：豪賭市長與黑幫人大代表的發跡沒落」，《三聯生活周刊》，二○○一年三月九日。

45 新華社特稿，「瘋狂作惡終有報——廣西『打黑第一案』紀實」，新華社記者程義峰，南陽新聞網，二○○一年五月十七日。

46 楊宜勇，「收入差距為何拉大」，《中國經濟時報》，二○○○年五月十五日。

47 見《經濟日報》二〇〇一年十月二十九日。

48「國土生態：一個沉重的話題」，《中華工商時報》，一九九九年三月十四日第3版。

各地購書聯絡處

香　港：全力圖書有限公司
Tel: (852) 2494 7282
Fax: (852) 2420 3936

印　尼：TEJA MUSTADJAB
Tel: 62-31-70991785
Fax: 62-81-2350 1077

新加坡：Winnie Tai
Tel:90057194
Email: daife@myrealbox.com

加拿大：孫小姐
Tel: 1-604-2738753 /1-778-8822588
Email: zhiyuwang@safe-mail.net

英　國：李小姐
Tel/Fax: 44-121-6246454

法　國：王泓
Tel: 33-1-42041527
Fax: 33-1- 42 04 64 39
Email: xlzsr@nerim.fr

德　國：袁小姐
Tel: 49-40-41354064
Fax: 49-40 - 4102932
Email: min.ye@epochtimes.com

日　本：莊金鐘
Tel: 81-3-56150976
Fax: 81-3-56150977
Email: so@djy.co.jp

澳洲悉尼：陳小姐
Tel: 612-85686188
Fax : 61-2-25686166
Email: epochtimes@optusnet.com.au

澳洲墨爾本：Helen Chen
Tel: 61-410-349058
Fax: 61-3-86250099
Email: lfhchen@ziplip.com

新西蘭：Max
Tel / Fax: 64-9-5769926
Email: max@epochtimes.com

中國現代化的陷阱（最新修訂本）

China's Descent into a Quagmire

作　　者　何清漣

出　　版　博大出版社

Broad Press Inc.,

Mailing Address: P. O. Box 70456

Sunnyvale , CA 94086

Tel : 1-408-4729980

Fax : 1-206-3500947

Email: contact@broadpressinc.com

http://broadpressinc.com

發　　行　香港博大出版分社

Tel: (852) 2877 4848

Fax: (852) 2488 2584

Eamil: amy@epochtimes.com.hk

規　　格　*153 X 225 mm*

國際書號　ISBN 1-932674-00-4

定　　價　*HKD98.00*

USD15.00

CAD18.00